Étonnants voyageurs
collection dirigée par Michel Le Bris

PETE McCARTHY

L'Irlande dans un verre

Traduit de l'anglais
par Catherine Richard

HOËBEKE

Ouvrage traduit avec le concours
du Centre national des lettres

ISBN : 2-84230-168-4

Édition originale anglaise :
McCarthy's Bar
A Journey of Discovery in Ireland
publié par Hodder and Stoughton

Imprimé en France

À Irene, Alice, Isabella et Coral,
et aussi à Margaret et Ken,
qui m'ont emmené là-bas

Prologue

Le joueur de harpe dégringole de la scène, s'ouvre le crâne sur le verre de bière d'un touriste italien, sous les acclamations. Conan, le serveur, sonne la cloche du bar.

C'est la Saint-Patrick, dans un *McCarthy's Bar* en folie.

La 8ᵉ Règle du Voyageur est impérative : *Ne manque jamais d'entrer dans un bar qui porte ton nom.* Parmi les autres règles, figurent notamment la 7ᵉ : *Ne mange jamais dans un restaurant aux menus plastifiés* ; la 13ᵉ : *Ne redemande jamais un verre de vin à une hôtesse de la British Airways tant qu'elle n'est pas totalement disponible* ; et la 17ᵉ : *N'essaie jamais d'acheter de l'herbe à des juifs hassidiques que tu prends pour des rastas* (incident qui est arrivé à quelqu'un de ma connaissance, un dimanche après-midi, à Central Park).

Il y a un excellent *P. McCarthy*, en haut de la rue principale de Westport, comté de Mayo, où l'on a préparé, un jour, dix-sept toasts oignons-fromage pour cinq d'entre nous, sur l'unique toaster de l'établissement, sans l'ombre d'une protestation. J'aime aussi le *Pete's Pub* de Boston, Massachusetts, toujours bondé de postiers irlandais deuxième génération qui continuent de s'embrouiller à propos de JFK et de Nixon… du moins, c'était le cas la fois où j'y ai passé l'après-midi et que le barman m'a donné sa chemise (geste on ne peut plus généreux, surtout de la part d'un type aussi gros).

Mais c'est dans un autre *McCarthy* que j'ai choisi cette fois de passer la Saint-Patrick, même s'il porte son nom, tout simple, sans le moindre « P » en initiale. J'ai investi 149 £ dans un « forfait spécial Saint-Patrick » – trois jours/deux nuits au départ de Gatwick –, poussé par le vague souvenir de ma première visite, quand, voyant son enseigne, je m'étais contenté d'appliquer la Règle n°8 et de traverser la rue.

... Pour découvrir que Conan, le barman, était originaire de Skibbereen, à douze kilomètres de l'endroit où ma mère a grandi. Dans une vitrine, derrière le bar, il y avait – il y a – une collection imposante de boîtes d'allumettes irlandaises des années 1930 et 1940, et une autre des maillots portés par Roy Keane dans l'équipe de Manchester United. Le vieux bois veiné et les petits carreaux poussiéreux ont beaucoup de charme, tout comme les lunettes du joueur de harpe.

Ce qui m'a décidé à revenir, c'est la sinistre perspective de passer une nuit de Saint-Patrick de plus dans les faubourgs de Londres. Chaque année, le 17 mars met en lumière l'incapacité des classes moyennes anglaises à régler le Problème irlandais – puisque l'Irlande paraît un problème, du seul fait de son existence. C'est le moment où les standards téléphoniques des radios et le courrier des lecteurs des journaux locaux sont pris d'assaut par les Chevaliers de St Georges, la Ligue des loyalistes antieuropéens et autres dégénérés aigris, adorateurs de drapeaux.

Ce qui alimente leur rancœur, à tous ceux-là, c'est que, malgré leur glorieux empire, deux Guerres mondiales, les Malouines, Margaret Thatcher et une reine mère conservant à l'approche des cent ans une résistance impressionnante au gin et au Dubonnet, les Anglais persistent à refuser de fêter la Saint-Georges. Personne n'en connaît la date, et de toute façon, l'Alsace aussi se revendique de saint

Georges. Pourquoi laisser ces ploucs d'Irlandais faire un tel tapage autour de leur saint à eux, qui de toute manière était gallois ? Et pendant qu'on y est, comment se fait-il qu'on autorise les immigrés irlandais à voter, au lieu de les enfermer ? Après tout, les Irlandais ne sont pas seulement catholiques, ils sont *païens*, par-dessus le marché, et ça, ça ne passe pas.

Donc, à un moment donné de février (le pire mois de l'année en Angleterre, quand le désir d'hiberner ou de fuir devient presque irrépressible, de même que les envies de meurtre à l'égard des Australiens, avec leur climat toujours au beau fixe, que nous montre la télé à chaque retransmission d'une rencontre de cricket), l'idée m'est venue : et si je partais fêter la Saint-Patrick ailleurs, cette année ? Pourquoi passer un jour de fête (associé à mes tout premiers souvenirs d'enfance) dans un pub anglais, à boire de la Guinness hors de prix en écoutant une compilation des meilleurs morceaux de Van Morrison, alors que pour 149 £ à peine, d'après le journal du week-end, je pouvais faire exactement la même chose dans un pub irlandais, mais en plus chaleureuse compagnie ?

Un instant, j'ai envisagé New York et sa bière verte, ses flics irlandais rougeauds, débonnaires et homophobes. Puis Dublin, avec son riche héritage littéraire et ses ribambelles de groupes d'Anglais, venus enterrer une vie de garçon, qui gerbent dans les rues de Temple Bar, le quartier branché. Mais au fond de moi, je savais déjà que ce serait chez *McCarthy*. Après tout, c'est un pub qui porte mon nom.

Eh bien, disons que la soirée a tenu ses promesses ! Irlandais et Anglais mis à part, il y avait là des Américains, des Italiens, des Français et des Écossais, quelques Russes sinistres pleins aux as, et même un couple de Hongrois, hurlant dans une demi-douzaine de langues que, ça oui, on s'en payait une sacrée tranche ! À un moment donné, le joueur de harpe s'est recassé la figure, mais en arrière, cette fois. Il devait être un peu plus de 11 heures quand j'ai découvert que vraiment, au fin fond de mon cœur, Conan le barman était mon meilleur ami, et sans aucun doute un proche parent. Il fallait d'urgence le mettre au courant. J'ai commencé à lui expliquer que non, décidément, je ne me sentais pas anglais.

– Il me semble bien pourtant que vous avez l'accent anglais, sirrr.

– Mais c'est ce qu'on éprouve en dedans, qui compte, Conan. Là , dedans ! Et moi…

Il fallait à tout prix le convaincre que je ne disais pas ça sous l'emprise de l'alcool, que je le pensais vraiment, que je continuerais même à le penser le lendemain. J'ai empoigné Conan par le maillot, en braillant :

– Moi… en dedans, je suis irlandais. L'Irlande, c'est mon pays !

Et pour attester ma sincérité, j'ai renversé mon verre.

– Et ben, c'est super, sirrr ! Et puis, allez, ça va vous porter chance.

Une fois dehors, je me suis arrêté un instant pour contempler l'enseigne ornée d'un trèfle vert au néon : « McCarthy. Le meilleur pub irlandais de toute la Hongrie. »

J'ai relevé le col de ma veste. Il peut faire frisquet à Budapest en mars.

Et merde, tiens, je me suis dit ! L'an prochain, j'irai en Irlande.

1

Relent de clapier

Un an plus tard, me voici dans l'avion pour Cork.

Je sue de trouille.

Le type à col d'ecclésiastique, de l'autre côté de la travée dégage des vibrations menaçantes. D'accord, c'est un prêtre, mais quelque chose en lui – sans doute la brutalité qui émane de sa personne, même en plein sommeil – me fait soupçonner qu'il s'agit d'un Frère chrétien.

À l'âge de dix ans, j'ai été envoyé à l'école des Frères chrétiens : la méthode de la carotte et du bâton, mais sans la carotte. Sur mon premier bulletin scolaire, on pouvait lire : « Pete est un garçon pénible et dissipé. Il est trop bavard et n'arrivera jamais à rien, mais il encaisse très bien les coups. »

À l'école primaire, avant les Frères, j'avais eu droit aux Sœurs. Six naïves années à tâcher de découvrir si oui ou non les bonnes sœurs avaient des cheveux. Curieusement, mes deux écoles primaires sont aujourd'hui des pubs. Les Frères chrétiens, quant à eux, fabriquent un alcool qui porte leur nom. Les voies du Seigneur sont impénétrables, surtout après quelques verres.

Il a été établi très tôt que Jésus était catholique, Dieu lui-même irlandais, et que j'étais venu au monde dans un sale pays de mécréants. Le jour de la Saint-Patrick, on repérait les gamins de familles irlandaises aux énormes bouquets de trèfle qu'ils épinglaient à leur blazer pour afficher fièrement leur héritage religieux et culturel, ce qui permettait d'engager bien plus facilement les bagarres. Mon père avait beau être anglais, un demi-sang devenait un Irlandais plein pot dès que les insultes commençaient à pleuvoir.

On habitait Warrington, dans le nord-ouest industriel de l'Angleterre, une ville où l'air ambiant était saturé du détergent fabriqué par l'usine de lessive locale. Au moins, on savait que l'air était propre. L'équipe de rugby s'appelait les Barbelés, en l'honneur de la principale production du cru. L'école des Frères était à douze kilomètres de là, à St Helens, ville tellement défigurée par l'industrie lourde qu'en comparaison, Warrington passait pour un coin de nature d'une éblouissante splendeur.

J'avais douze ans quand je suis allé à l'étranger pour la première fois.

On allait en Irlande chaque année depuis ma naissance, mais ça ne comptait pas comme un pays étranger. D'ailleurs c'était beaucoup moins loin que Londres, Bristol, Newcastle ou Édimbourg, et pour nous, il s'agissait simplement d'un prolongement du territoire familier. Mais pendant ma deuxième année chez les Frères, on est partis en voyage scolaire dans un vrai pays étranger. Dans la ville jumelée avec la nôtre.

À savoir Stuttgart.

Le principe du jumelage ne m'a jamais emballé parce qu'on couple immanquablement des villes qui se ressemblent. Donc, si on habite, par exemple, une cité médiévale magnifique avec château parfaitement conservé, ou une station balnéaire classe comprenant port de pêche et kilomètres de plages, on sera jumelé avec son délicieux équivalent continental. Et si on habite Warrington, ou St Helens, ce sera avec un autre furoncle industriel.

À savoir Stuttgart.

C'est comme ça qu'après avoir passé les douze premières années de ma vie au milieu des usines de produits chimiques, de barbelé et de verre, je me suis retrouvé dans un endroit où le clou du séjour était la visite de l'usine de roulements à billes. Pour ne rien arranger, j'ai attrapé une hépatite, perdu six kilos en une semaine et viré au jaune citron, phénomène du plus haut intérêt quand on a douze ans. Le médecin est donc venu – un vieux monsieur allemand à l'air plutôt sévère derrière ses lunettes à monture métallique, pas ce qu'il y a de plus rassurant quand on vient de passer un trimestre à préparer un dossier sur Josef Mengele, l'Ange de la mort.

La vie, jusque-là, ne m'avait pas confronté à l'existence des suppositoires. Le choc de la découverte fut brutal. Le médecin m'en expliqua l'utilisation dans un allemand pour débutants. Comme j'écarquillais des yeux jaune d'œuf incrédules, il mima le geste, mais ça restait difficilement concevable.

Non, quand même pas ! Pas ces grosses fusées ? Après tout, si mes parents avaient voulu qu'on m'introduise des corps étrangers dans les fesses, ils m'auraient inscrit dans une école laïque.

Le message finit toutefois par passer. Le traitement durait une semaine. Les deux premiers jours furent les plus difficiles. Après quoi, le médecin revint, mima comment ôter l'emballage en alu, et tout alla beaucoup mieux.

Mais ça m'a fait, un temps, passer le goût de l'étranger.

Dans les cinq années qui ont suivi – jusqu'à mes dix-sept ans, où je suis reparti pour Stuttgart, sans doute par la force de l'habitude – je m'en suis tenu prudemment à l'Irlande. L'ouest du comté de Cork, pour être précis. Aujourd'hui, c'est une destination de grande classe, un paradis pour touristes friqués, Anglais expatriés et importateurs hollandais de cannabis, mais dans les années cinquante et soixante, c'était le trou du cul du monde, et encore, c'est beaucoup dire.

Nous passions nos vacances à Butlersgift, la petite ferme où ma mère a grandi. Dans un de mes premiers souvenirs d'enfance, je me vois au bord d'un petit chemin boueux, près d'une barrière ouverte, qu'une énorme truie franchit en couinant et grognant. Quand elle tourne la tête vers moi, le soleil fait scintiller le terrifiant anneau doré qu'on lui a passé dans le groin. J'éclate en sanglots et prend mes jambes à mon cou, direction la ferme, en appelant à l'aide, la truie sur mes talons, trottinant lourdement, lancée à ma poursuite. C'est du moins ce que je m'imaginai – alors qu'elle voulait sans doute juste rigoler un peu.

À vingt ou trente mètres de là, mon grand-père, debout contre la porte, à l'arrière de la maison, hurle de rire en me regardant débouler. À l'époque, je ne devais pas avoir plus de deux ou trois ans, puisque j'en avais quatre quand il est mort.

Je suis allé à l'enterrement avec ma mère. Mon père avait dû rester en Angleterre pour fabriquer son barbelé. Après beaucoup d'hésitations et de palabres sur le palier du premier étage, mes oncles m'ont emmené voir le corps. Aujourd'hui, tous les membres de ma famille soutiennent que je me trompe, mais moi, je me souviens du grand-père, habillé d'un costume marron et d'une ceinture dorée, aussi clairement que je me rappelle ne pas avoir eu le droit d'assister à la cérémonie. Cet après-midi-là, je l'ai passé chez une tante qui habitait au diable près d'un marais, au bord d'un lac. Je me rappelle le bruit des pas de ma mère, crissant sur le gravier, quand elle est revenue. Les parents ont beau garder à peu près toujours le même âge dans les souvenirs, je revois distinctement ma mère plus jeune – plus jeune que moi aujourd'hui – et je me souviens comme elle avait été attentionnée envers moi, alors qu'elle revenait tout juste d'enterrer son père.

Pendant les vacances d'été, on faisait les foins à la fourche, on tirait l'eau du puits dans un seau émaillé et on allait au marché en carriole à cheval. Dans les champs, le travail s'interrompait quand sonnait l'angélus. Les messes étaient dites en latin. Armés de filets et de seaux, on faisait des battues aux lutins dans les haies de fuschias qui entouraient les prés. Et même si, statistiquement, c'est impossible dans un pays aussi humide que l'Irlande, je suis sûr qu'il faisait toujours soleil.

Ces merveilleux souvenirs d'enfance me posent pourtant un problème : aujourd'hui, quand je retourne en Irlande, j'ai le sentiment d'en être originaire – ce que je n'ai jamais éprouvé vis-à-vis de la terre où je suis né. L'Angleterre me laisse froid, même si j'ai adoré grandir dans le Nord : comme si j'étais resté un étranger ou un observateur extérieur, qui ne faisait que passer. En Irlande, au contraire, dès que je pose le pied sur un tarmac ou sur un quai, je me sens concerné, impliqué – comme si je rentrais chez moi, alors que je n'ai jamais vraiment vécu en Irlande.

Du coup, je m'interroge : est-il possible qu'on garde une sorte de mémoire génétique du lieu d'origine de ses ancêtres, même si on n'y a jamais vécu soi-même ? Ou bien ne suis-je qu'un crétin sentimental au jugement obscurci par la nostalgie, la Guinness et le charme romantique de la diaspora ?

De l'autre côté de la travée, le Frère chrétien dort toujours. Je le réveillerais volontiers pour lui demander son avis, mais l'expérience m'a enseigné que, poussé à bout dans un espace restreint, le clergé peut se révéler meurtrier.

J'avais envisagé, un temps, de passer les vacances à Dublin, mais les rénovations et la commercialisation à l'emporte-pièce du quartier de Temple Bar m'en ont vite dissuadé.

La mode des cafés « continentaux » a fait son apparition, et c'est maintenant une invasion de comptoirs chromés, de *latte* au goût amande, ou de tartare de thon albacore à la mélisse et au suc de rhubarbe. Derrière les devantures, des tapettes de journalistes sapés chez des créateurs japonais sirotent des bouteilles de mauvaise blonde hors de prix arrivée de Mexico et autres hauts lieux de brassage jusqu'aux rives de la Liffey. Les vrais pubs, tout simples, sans ornementations, inchangés pendant des décennies, se mettent à empester le bois neuf et la peinture pour cause de rénovations destinées à les rendre encore plus irlandais aux yeux des groupes venus de Northampton pour un enterrement de vie de garçon ou de Francfort pour un colloque, et qui envahissent les rues, tous interchangeables avec leur lippe repue et leur faux maillot de foot de Manchester United.

La dernière fois que je suis allé à Dublin, j'ai rencontré un Allemand qui croyait mordicus que « Manchester United » était le nom d'une ville irlandaise. Cela dit, une fois, en Allemagne, dans la ville d'Erlangen, j'ai vidé quelques verres en compagnie de trois GI américains qui projetaient d'aller en Angleterre parce que « ça serait super de voir l'endroit où John Lennon et Elvis ont grandi ». Ils se demandaient aussi s'ils pourraient utiliser des dollars et si les indications, dans les rues, seraient en anglais. J'ai essayé de leur expliquer qu'Elvis était du Tennessee, mais apparemment, ça leur a donné envie de m'étriper. La 28e Règle stipule : *Ne picole jamais avec des soldats* (surtout dans les villes de garnison).

Le jour où j'ai lu dans la presse que je ne sais quel spécialiste arrivait des États-Unis pour colorer la Liffey en vert, j'ai décidé de laisser tomber Dublin. Définitivement. De toute façon, Cork s'imposait tout naturellement. C'est peut-être la deuxième agglomération d'Irlande, mais avec une population de 180 000 habitants (contre un million à Dublin), elle reste une petite ville. Et puis, à moins de soixante-dix kilomètres à l'ouest, il y avait Butlersgift, le village où ma mère a grandi, où mon grand-père est mort, et où ma cousine continue d'exploiter la ferme…

Cork. Au moment de traverser la piste de l'aéroport en direction du hall des arrivées, un type déguisé en saint Patrick vient nous souhaiter la bienvenue. Son compère (je jure que je n'invente pas) porte une combinaison en latex frappée de la croix celtique. Ils singent les prêtres et la religion qui ont exercé dans le pays un pouvoir absolu du XVIIe siècle à… disons, mercredi dernier. Des mioches en costumes de lutins sèment une pagaille noire dans le hall des bagages. Par chance, je n'ai qu'une valise de cabine.

Je viens pour le grand défilé de ce soir, mais mon chauffeur de taxi, un homme affable à cheveux gris, m'annonce qu'il a commencé à 2 heures, il y a à peu près une heure. Peu importe. Je lui demande de me déposer à l'hôtel Ambassador, s'il le connaît.

« Oh ! oui. C'est l'ancien hôpital des Phases terminales. Il paraît qu'à l'intérieur, c'est superbe. (Et il enchaîne :) Vous voyez ce panneau d'interdiction de tourner à droite, là ? En ce moment, ils sont très stricts sur le respect de ces trucs-là. »

Là-dessus, il me conseille de bien regarder à gauche parce que ce carrefour est une vraie chierie, et comme les trois autres voitures qui nous précèdent, on tourne à droite.

« Très stricts, ça oui ! »

À l'entrée de la rue, une pancarte annonce : « Soins palliatifs : tout droit ». Le premier bâtiment, c'est la morgue, vision sans doute très réconfortante pour qui entre à l'hôpital. Une fois installé à l'ancien hôpital des Phases terminales, dans ma chambre tout confort (dont un presse-pantalon), je prends juste le temps de calculer combien de personnes ont dû mourir dans ces murs pendant les quatre-vingts ans d'activité de l'hôpital – environ 4 000, d'après moi – avant de filer dehors. En traversant le hall d'accueil, je remarque, perception presque subliminale, des familles endimanchées encore à table en train de manger du saumon pendant qu'un prêtre joue du piano. Je fais mine de trouver ça normal, sourire aux lèvres.

Dehors, un flot de gens remonte de Patrick's Bridge avec des drapeaux tricolores et des ballons. Il ne me faut pas dix minutes pour piger que le défilé est déjà fini. Je croise des bandes de gamins dégourdis aux joues roses couvertes de taches de rousseur. Ils ont les yeux larmoyants et la mine un peu pincée, comme s'ils étaient restés au froid. En dépit de la politique économique du Tigre Celtique[1], les gens d'ici ont l'air plus pauvres que là où je vis, en Angleterre.

En l'espace de cent mètres, je passe devant deux marchands de journaux, trois boutiques d'antiquités, quatre restaurants et plus de pubs que tous les autres commerces réunis. Faute de défilé, il ne reste plus qu'à appliquer la Règle numéro 1 du Voyageur : *À l'arrivée, achète le journal du coin et va boire un coup.* On apprend bien plus à la lecture des jugements, ventes immobilières et avis d'obsèques que dans n'importe quel guide de voyage, et boire un coup permet de comprendre des choses normalement hors de notre portée. Le *Greyhound*, au nord de Patrick's Bridge, fera l'affaire pour commencer. J'ai besoin de renouer en douceur avec la cohue sympathique qui peuple les pubs irlandais, et celui-ci est assez calme, malgré la télé (course de haies à Cheltenham) et un CD (Van Morrison) qui se disputent en fond sonore.

Combien de fois entend-on Van Morrison, à l'entrée des pubs irlandais ? Dans les brasseries, sa musique doit être ventilée dès l'entrée, comme l'odeur de pain chaud dans les supermarchés. Ou alors, le gouvernement impose un certain quota de Van Morrison à respecter rigoureusement. Je commande une pinte de Guinness et un sachet de chips nature – autrement dit, en Irlande, goût « fromage et oignons » – et après que le cheval irlandais a remporté le Champions Hurdle à Cheltenham, je déplie mon journal.

En première page, trône la photo de quelqu'un que je connais – vaguement, d'accord, mais que j'ai quand même

1. L'expression *Celtic Tiger* (tigre celtique) est une référence humoristique au terme *tiger economy* appliqué depuis une quinzaine d'années au système économique des nations asiatiques les plus prospères, et réservé à l'origine aux *Quatre Tigres* (HongKong, Singapour, Taiwan, et la Corée du Sud). Le Tigre Celtique désigne la république d'Irlande après son entrée dans l'Union européenne, extrêmement bénéfique car assortie d'un afflux de subventions et d'investissements d'entreprises. (*N.d.T.*)

interviewé une fois : Dan Costello, le propriétaire du complexe hôtelier de Beachcomber Island, aux îles Fidji. Sur la photo, on le voit lever vers l'objectif une pinte de Guinness tandis qu'à l'arrière-plan deux Fidjiens nonchalants déchargent des barils d'un canoë sur une plage de catalogue, sable blanc et palmiers. Dan, dont le grand-père était irlandais, lance la Saint-Patrick dans le Pacifique sud pour la première fois. Le battage tous azimuts autour de ce qui est irlandais n'a pas encore l'air en voie d'extinction.

Un Irlandais, à l'heure actuelle, c'est quelqu'un qui rencontre un accueil chaleureux presque partout. La meilleure gnôle va couler, les filles seront pomponnées, on dansera sur les tables. Les gens feront la queue pour lui montrer une édition portugaise de Seamus Heaney ou une vidéo pirate roumaine de *Riverdance* en Betamax. Les Irlandais sont perçus comme des individus jeunes, pleins de verve, romantiques, musiciens, mystiques, drôles, et grands fêtards devant l'Éternel. Et pour couronner le tout, de même que les Anglais sont deux fois mieux reçus à l'étranger sitôt établi qu'ils ne sont pas Allemands, les Irlandais sont bien accueillis parce qu'ils ne sont pas Anglais.

Mis à part la Saint-Patrick aux Fidji, le journal énonce les principales nouvelles locales : UN INVALIDE CRACHE AU VISAGE DES POLICIERS DE LA GARDAI, annonce le gros titre. « Un homme cloué dans son fauteuil roulant a craché à plusieurs reprises au visage des policiers de la Gardai venus l'arrêter parce qu'il avait troublé l'ordre public dans le centre-ville. Il s'est ensuite plusieurs fois jeté à bas de son fauteuil en arrivant au poste de police de Bridewell... Pendant que la cour du district de Cork débattait de son cas, Paul O'Mahoney, lui, buvait une bouteille de Lucozade. »

Apparemment, la plupart des journaux irlandais ont désormais une rubrique consacrée au harcèlement sexuel dans les rangs de l'Église. UN ENFANT DE CHŒUR ACCUSÉ DU VIOL [d'un autre enfant de chœur], annonce l'un d'eux.

Ou encore : DEUX FRÈRES CHRÉTIENS DEMANDENT AU PROCUREUR DE LA COURONNE DE REJETER LES PLAINTES DE PÉDOPHILIE DÉPOSÉES CONTRE EUX.

Je dois dire que s'il y avait beaucoup à reprocher par ailleurs aux Frères chrétiens de notre école, ils n'ont jamais cherché à nous tripoter. Les coups tombaient souvent au jugé, et le sang coulait parfois, mais personne n'en était vraiment traumatisé. J'imagine que ça devait figurer dans le règlement intérieur de l'établissement. Les Frères étaient durs, mais, curieusement, asexués.

Cette mixture infâme de sexe, de religion et d'alcool m'a donné faim.

De retour dans la rue, requinqué par mes deux pintes, je me penche sur la vitrine d'un restaurant chinois typique des années soixante – le genre d'établissement où, en Angleterre, les gens se plaisaient à aller insulter le personnel quand les immigrés du Bengale et du Bangladesh n'étaient pas encore là pour leur servir de souffre-douleur. Le meilleur critère pour juger si un pays est cher ou pas, c'est le prix des restaurants chinois. Un savant calcul établi à partir du coût d'un plat de nouilles sautées permettra de déterminer le taux de croissance économique en vigueur. « Nouilles sautées » annonce en l'occurrence le menu, juste en dessous d'une mouche bleue momifiée : « 7,80 £ ».

Sept livres quatre-vingts ? Pour un plat de nouilles ? Le meilleur chinois de Londres, derrière Leicester Square, les propose à 3,30 £ alors qu'il faut amortir les frais du loyer, du coût de la vie et des Triades mafieuses. Je vais voir celui d'en face : 7,20 £. Le bar à vin thaïlandais affiche le Pad Thaï à 8,95 £. C'est un phénomène général en Irlande, et franchement, je ne comprends pas pourquoi. L'an dernier, à Galway, j'ai mangé en compagnie d'une équipe de tournage dans un tout petit restau à l'étage d'une boutique, tenu par une matrone chinoise et quatre adolescentes à taches de rousseur, chevelures carotte et robes Suzie Wong. Les nouilles étaient à

9 £. C'est un scandale national. Qu'est-ce que ça veut dire ? Existerait-il en Irlande une taxe supplémentaire sur les importations de nouilles, à laquelle l'Angleterre échapperait ? Ou bien un impôt « spécial féculents » sur tous les hydrates de carbone, à l'exception des pommes de terre ?

Plus loin, une ardoise placardée à l'entrée d'un pub – le *An Siol Broin* – annonce : « Musique traditionnelle : 2 h 30 ». Parfait : je vais y descendre une ou deux pintes de plus, puis j'irai me chercher un plat chinois à emporter. Vu le prix, je vais sûrement devoir engager des gardes du corps pour escorter mon dîner jusqu'à l'hôpital des Phases terminales.

Le pub se limite à une seule petite salle imprégnée de nicotine, et le bar lui-même se trouve à gauche en entrant, le long du mur. Des gamins se coursent entre les tables sur fond de vrai bon *diddly-di* traditionnel, semble-t-il.

Mais ce qu'on chope à plein nez en entrant, c'est l'odeur de champignonnière, fade et vieillotte. J'ai humé plus frais sous une tente-buvette pleine de chiens mouillés, au festival de Glastonbury. Ce puissant relent de clapier, c'est celui des hippies version rustique, ceux qui considèrent que l'encens, le patchouli et les huiles essentielles, c'est bon pour les lopettes. Pendant des années, j'ai cru que l'odeur d'humus qui émanait d'eux dans les tipis, les festivals et les marchés de plein air venait de je ne sais quel produit en bouteille ou en pot, dont ils s'enduisaient parce que son parfum, disons… particulier, leur plaisait. Je n'ai aucune preuve de ce que j'avance, mais je soupçonne que c'est plutôt l'indice d'une aversion pour le savon.

Au cœur de ce puissant remugle, cinq violoneux et guitaristes moulinent un air traditionnel languissant, mollement accompagnés par deux visiteurs dans les vapes, qui tapotent leurs *bodhran* (un instrument pas facile à épeler, surtout dans une fumée aussi épaisse).

Une soirée irlandaise traditionnelle réunit en général toute une variété de classes sociales et de sexes. De jeunes musiciens viennent apprendre en regardant leurs aînés. Ici, curieusement, le public paraît plutôt homogène. D'abord, ce sont tous des hommes mûrs – la trentaine, dreadlocks, et barbes plus ou moins fournies. En bout de table, de part et d'autre de la brochette masculine, siège une tribu de femmes teintes au henné, tatouées et « piercées » à qui mieux mieux, avec sur les genoux des gosses barbouillés de maquillages psychédéliques. D'autres enfants jouent sous les tables et dans les jambes des adultes, comme le veut le code des usages de tout pub irlandais qui se respecte. Les femmes portent des cotonnades indiennes amples et des frusques maculées de boue, les hommes sont en pulls feutrés et gilets de grands-pères. Un des mecs a la barbe tressée. Tous, des deux sexes confondus, portent des grosses bottines de chantier à lacets.

Et toujours, ce relent de clapier. Pas l'odeur de transpiration qui envahit les avions quand les cadres anglais retirent leur veste, non, rien d'aussi agressif. Mais caractéristique, ça oui ! Comme si des champignons inconnus poussaient au cœur du riche compost qui tapisse leurs replis secrets. Et l'odeur est exacerbée par le Samson à rouler que fume tout ce petit monde. Côté consommations, ça donne dans le costaud : Scrumpy Jack, Diamond White, Pils. Bienvenue à bord du Coma Express.

En tendant l'oreille, je commence à distinguer les accents : Manchester, sud-ouest de l'Angleterre, sud de Londres, encore Manchester, Midlands. Bon sang, mais qu'est-ce qui se passe ? Ils sont tous *anglais* !

Toutes les femmes ont leur piercing à la narine, mais une seule a des dreadlocks. Celle-là n'a pas l'accent anglais, mais j'arrive pas à en savoir plus, dans cette puanteur, et cette musique. Elle pourrait être irlandaise. De Dublin, par exemple, ou peut-être de Belfast ? Elle porte un caleçon, comme sa voisine, une fille de vingt ans, enceinte, en débardeur batik. Un caleçon... misère ! Les grosses dondons se figurent toutes que ça amincit la silhouette, mais la majorité des femmes, là-dedans, ont des allures de sacs à patates. La musique s'interrompt et je perçois enfin son accent. Hollandaise. Elle se déplace sans doute dans un vieux bus scolaire bourré de Samson chaque fois qu'elle prend le ferry pour retourner chez elle.

Je remarque à quel point son amie et elle sont gentilles avec les enfants, qui s'amusent comme des fous. Mais je me demande quand même si, à leur manière, ces gosses ne sont pas en train de se forger une vision de la réalité aussi étriquée que la nôtre – et si en plus, ça ne serait pas un peu sombre et enfumé pour eux, là-dedans ? Mais je me rappelle aussitôt à l'ordre : pas question d'oublier que je suis un partisan invétéré, irréductible, de la marmaille au pub. La mémoire dûment rafraîchie, je me dirige vers le bar.

Étant donné le luxe de patience et de soin déployé pour tirer une pinte de *stout* en Irlande, l'astuce consiste à commander la suivante cinq minutes avant que la première soit prête, ce qui permet d'éviter les ruptures intempestives d'imbibition. Malheureusement, il me faut toujours un jour ou deux pour reprendre cette saine habitude aussi, en attendant que repose ma pinte à demi tirée, j'entame la conversation avec mon voisin. Un zonard de Manchester pur jus : deux clous à l'oreille, yeux bleu clair, coupe dégradée avec cheveux longs derrière et courts dessus, genre plouc néo-zélandais ou Rod Stewart grande époque. Je crois qu'on appelle ça un *mullet* – l'autre nom du rouget. Pauvre bête.

Il m'explique qu'il était *roadie* pour les groupes de Manchester et me demande si je connais la devise de la corporation. Non, je ne connais pas.

Si c'est liquide : bois,
si c'est sec : fume,
si ça bouge : baise,
et si ça bouge pas : fous-le dans le camion.

Là-dessus il disparaît, avant que j'aie le temps de lui demander par quel hasard ils se trouvent ici, tous. Ont-ils été chassés par Thatcher ? Par la police, après une des échauffourées de Stonehenge ? Sont-ils simplement des fous de musique ? Ou les héritiers de la tradition rurale d'une Angleterre bucolique à la Wordsworth[1] ?

À moins que, tout bêtement, il soit plus facile de toucher le chômage ici ? C'est ce qu'affirme Bridie, la mère d'un ami, une Irlandaise sans doute un poil plus à l'extrême droite que les Carmélites d'Auschwitz qui dressent des croix au pied des murs de l'ancien camp de concentration. « Il y en a plein les petites rues derrière Dunmanway, Pete ! Et sales, ces gens, crasseux ! Ils vivent comme des romanichels et ils font pousser de la drogue. Ce sont eux qui ruinent l'Irlande, pardi, ces Anglais qui viennent ici pour toucher le chômage et se soûler ! Ils feraient mieux de rester chez eux. »

Là-dessus, elle tiraille férocement son abondante barbiche, sans se rendre compte le moins du monde que, depuis cinquante ans, les Anglais n'ont pas cessé de dire exactement la même chose d'elle et des immigrés irlandais en général. Bridie est une intégriste qui n'a jamais digéré Vatican II. Elle a une petite bouche pincée en cul de poule et considère tous les hommes politiques qu'a connus l'Irlande après De Valera[2] comme des réformateurs païens méritant d'aller rôtir en enfer avec Boy George. Malgré tout, je l'aime bien.

Il y a quelques années, j'avais été amené à passer par les petites rues derrière Dunmanway, dans l'ouest du comté de Cork. Des amis de Brighton m'avaient chargé d'apporter des cadeaux à leur copain Dominic, un hippie version

1. William Wordsworth (1770-1850), le grand poète du romantisme anglais, célèbre notamment pour ses odes à la nature. (*N.d.T.*)

2. Eamon de Valera (1882-1975), homme politique irlandais, dirigea la révolte des Volontaires (1916), puis le parti Sinn Fein (1918). Premier ministre à deux reprises (1932-48 et 1951-59), il fut deux fois élu président de la République d'Irlande (en 1959 et 1966). (*N.d.T.*)

crado qui s'était installé dans une vieille roulotte de gitan au bord de la route, au beau milieu de nulle part, avec son petit garçon, un bébé du nom de Merry. On avait bu du whisky maison qu'il conservait dans une bouteille de limonade Tizer planquée dans le fossé. J'ai quelques photos, mais je ne les ai jamais montrées à Bridie. J'attends le moment propice, le jour où, par exemple, elle sera à l'agonie, clouée au sol sous une armoire en chêne massif.

Je vide le fond de ma bière en me disant que je pourrais peut-être m'arrêter un moment chez les velus et les chevelues de Dunmanway, d'ici quelques jours, quand je serai dans leur coin. Ils sauront peut-être me dire, eux, pourquoi les Crados anglais migrent en Irlande en si grand nombre. Faut-il y voir un hommage culturel à l'art de vivre irlandais ? Ou la dernière vengeance de Cromwell[1] ?

Je regarde une dernière fois autour de moi avant de m'en aller. Peut-être que maintenant, c'est comme ça. Peut-être que les types d'âge mûr à crânes dégarnis et vestes en tweed ne jouent plus de musique traditionnelle. L'Irlande est devenue un pays moderne. Je suis peut-être dépassé. En tout cas, je suis quasi fauché. Il n'y a plus que 15 £ dans mon porte-monnaie. Juste assez pour quelques chips aux crevettes avec les nouilles, et encore, si j'ai de la chance.

Au moment où je sors, un mec de Bristol entonne *Kevin Barry*[2].

Relent de clapier.

Ça serait pas mal, comme nom de groupe.

1. Oliver Cromwell, homme politique anglais (1599-1658), reste particulièrement haï des Irlandais. Aujourd'hui encore, son nom évoque la reconquête du pays par les Anglais (*ca* 1650), menée avec un fanatisme et une cruauté rares. (*N.d.T.*)

2. Chant patriotique irlandais à la mémoire d'un étudiant en médecine de dix-huit ans que les Anglais exécutèrent en 1920. Kevin Barry, membre des Volontaires, fut torturé en prison, mais ne livra aucun de ses compagnons. (*N.d.T.*)

2

Les pierres levées, Michael Collins et la « Jimi Hendrix Connection »

L'Irlande n'est pas un pays bon marché.

Un jour, à Dingle, comté de Kerry, c'était en 1993, on m'a extorqué 99 pence (à l'époque, ça représentait plus d'une livre anglaise) pour un seul poireau. Mais on peut encore dénicher des prix corrects. En cherchant bien, on arrive à louer une voiture pour la semaine à pas tout à fait mille livres. J'en ai donc loué une – la chignole de base, un modèle d'usine avec tous les gadgets dernier cri, par exemple une radio que je n'arrive pas à faire marcher – et je fais route vers l'ouest. Je sors de la ville, et dépasse l'aéroport, direction Bandon et Clonakilty. J'irai peut-être voir la famille à Drimoleague, mais pas maintenant. J'ai envie de passer un moment, aussi, avec les hippies de Dunmanway, mais seulement quand je ne pourrai plus supporter les douches et les draps propres des hôtels. J'ai également l'intention vague de visiter deux ou trois sites mégalithiques obscurs, mais je tiens surtout à me réacclimater un peu à l'Irlande, pour voir si ça me réussit toujours. Par moments, il faut savoir se perdre à bon escient. Il est parfois utile d'avoir un but quand on voyage, mais la plupart du temps, c'est carrément superflu.

J'ai fait du stop sur cette route-là quand j'étais adolescent. Un fermier s'était arrêté, au volant d'une Jag flambant neuve. Mais aujourd'hui, il n'y a pas de stoppeurs. D'ailleurs on n'en voit presque plus, par les temps qui courent, surtout en Angleterre. Autrefois, il y avait toujours une bonne dizaine de stoppeurs alignés à la sortie des stations-service d'autoroutes, des étudiants pour la plupart, ou des types brandissant un jeu de plaques minéralogiques rouges pour prouver qu'étant routiers, ils méritaient d'être pris avant les étudiants.

La pratique du stop a disparu dans les années quatre-vingt, quand je ne sais quel politicien ou quel fonctionnaire des services sociaux a répandu cette perfide rumeur que les stoppeurs finissaient tous découpés en morceaux sur les aires de stationnement par des tueurs en série. Les jeunes, depuis, prennent donc le bus, judicieuse institution mécanique qui les prépare à une existence moins mouvementée et plus prévisible, et qui permet à la patronne de la compagnie Stagecoach de se faire des couilles en or – si je puis me permettre.

Pour en revenir au fermier, il avait enlevé la banquette arrière de sa Jag pour installer deux bidons de lait, des aliments pour bétail, et un petit mouton. Il m'avait déposé à Clonakilty.

Aujourd'hui, Clonakilty est une petite ville irlandaise de catalogue. Les maisons et les boutiques de l'étroite rue principale toute en longueur ont été repeintes, il y a déjà quelques années, en rouge, vert, jaune et bleu, ces teintes vives qu'on voit sur les cartes postales dernier cri. C'est la nouvelle couleur locale, dans un pays où, avant, tout était gris. À Clonakilty, les façades ont eu le temps de se délaver un peu, elles ne sont plus maintenant que vulgaires.

La ville, malgré tout, a du charme. Il s'y fabrique un boudin noir réputé, vendu dans un grand nombre de boutiques de la rue. Autant dire partout. On doit sûrement en trouver à l'étude notariale et au centre de Sécurité sociale.

Pas trace du moindre chinois faisant des nouilles sautées – quoique à mon avis, dans un décor pareil, ça irait probablement chercher dans les 8 £. Je gagne le West Cork Museum à pied, où sont conservés, paraît-il, des souvenirs de Michael Collins. Le musée, installé dans une petite salle de classe désaffectée, étant fermé et bien fermé, je me rabats sur une demi-pinte de Murphy au *De Barra*.

De Barra est un bar connu pour ses soirées de musique irlandaise. Au mur, sont épinglées des tas de photos du patron, flanqué de types en gros pulls avec des barbes formidables, qui le serrent dans leurs bras. Je m'installe au bar avec l'*Examiner* : LE JAPON, DINGUE DE TOUT CE QUI EST GAÉLIQUE. « Je trouve que la musique irlandaise a beaucoup en commun avec la musique orientale. Les Japonais n'ont aucun mal à la comprendre », affirme Ysasui Takashi, l'un des musiciens du Eiri Na Greine, un groupe irlandais nippon qui joue deux fois par mois au *Shamrock Bar* de Shinjuku, à Tokyo. Ça me rappelle mon séjour en Laponie. J'avais pris une chambre au Ice Hotel qui, comme son nom l'indique, était entièrement en glace : murs, bar, lits, sols, chapelle. L'établissement fond intégralement à chaque printemps, et on le reconstruit à l'automne. Un bal y était organisé, comme chaque samedi soir. Des quantités phénoménales de bière étaient arrivées, dans des fûts recouverts de peau de renne pour éviter qu'ils gèlent. Les musiciens s'étaient pointés en parkas de fourrure et après-skis, pour attaquer *Whiskey in the jar* en suédois. Ils se faisaient appeler le « Meilleur orchestre irlandais de Laponie ».

Je demande au barman si, ce soir, il y aura de la musique.

« Ouais, bien sûr. Le Noel Redding Band.

– Qui ça ?

– Noel Redding. Vous savez, le type qui jouait dans le Jimi Hendrix Experience. »

C'est bien ce que j'avais cru entendre. Mais qu'est-ce que le bassiste de Hendrix peut bien fabriquer dans un pub de

Clonakilty, un mercredi de mars, trente ans après la mort de Jimi ?

Pauvre Jimi. Un tas de gens disent que ça doit être horrible de mourir étouffé dans son propre vomi, mais en regardant le type à côté de moi, au bar, avaler une soupe de légumes bien épaisse, je me dis que ça doit être bien pire de s'étouffer avec celui de quelqu'un d'autre.

Dehors, j'achète un sandwich au poulet fumé et une bouteille d'eau (« *Aussi limpide que le voile de Notre Dame* ») chez un traiteur, puis je quitte Clonakilty sous le soleil en prenant vers l'ouest, en direction de Rosscarbery. L'ouest de Cork fait partie des plus beaux endroits de l'Irlande. Les paysages n'y sont pas d'une mélancolie sauvage et majestueuse comme dans les comtés du Connemara, de Mayo, ou du Donegal, mais riants, tout en prés verdoyants qui se déploient par vagues successives jusqu'à la mer, jamais distante de plus de deux ou trois kilomètres de la route. Grâce aux subventions de la CEE, les routes principales sont très bonnes et bien signalisées. En revanche, dès qu'on s'en écarte, on a l'impression de remonter le temps et on se perd dans un embrouillamini de panneaux contradictoires (quand il y en a), porteurs d'indications kilométriques aussi approximatives qu'un devis d'entrepreneur.

Juste avant la digue sur laquelle la route franchit l'estuaire, à Rosscarbery, j'avise un panneau quasi invisible planté de traviole qui indique sur la droite, au nord de la route principale : « Maison natale de Michael Collins : 3 kilomètres ». Ma foi, pourquoi pas ? J'exécute un demi-tour serré qui m'oblige à mordre l'herbe du bas-côté gauche, rase le fossé d'en face, saute par-dessus un rocher – les voitures de location servent à ça, non ? – et me voici parti sur des petites routes désertes où rien ne laisse deviner que le tourisme est aujourd'hui la première industrie du pays.

Chose étonnante, je ne me perds pas, et après avoir parcouru les trois kilomètres indiqués (phénomène unique en

Irlande, à ma connaissance), je tombe sur la maison natale de Michael Collins. L'endroit est désert, comme tous les monuments historiques d'Irlande hors saison. La vue s'ouvre sur une vaste étendue de campagne qui s'élève en pente douce vers une colline proche. À deux pas de là, un homme jardine devant une maison moderne. Il n'y a pas d'autres constructions. Le silence règne.

Le site est simple et bien mis en valeur. On pousse une barrière et on découvre les fondations de la maison construite par les parents Collins. La famille s'y installa en 1900, à Noël, et elle fut brûlée le 7 avril 1921 par les Black & Tans[1] sous le commandement du capitaine À. E. Percival. Une photo montre Collins à côté des ruines calcinées, l'air mauvais.

Je suis tombé récemment sur un entretien avec Jack Ryan, un contemporain de Collins au sein de l'IRA, aujourd'hui âgé de quatre-vingt-dix ans. Apparemment, Percival était haï dans l'ouest du comté de Cork. Il affectionnait particulièrement les promenades matinales dans la campagne au volant de sa voiture décapotable d'où il tirait à vue sur les paysans qui travaillaient dans les champs car, disait-il : « Ils n'apportaient rien au pays. »

Un jour, en fuyant les soldats britanniques après l'échec d'une livraison d'armes de contrebande, Ryan tomba nez à nez dans un champ avec Percival, l'homme exécré.

Il décrit la scène : « J'avais toujours deux pistolets sur moi, que je dissimulais en croisant les bras, comme ça je gardais en permanence le doigt sur la détente, prêt à tirer. J'ai sorti les deux, mais il y en a un qui n'est pas parti, le percuteur était cassé. J'ai tiré avec l'autre, celui de gauche, et Percival s'est effondré. »

1. Détachement auxiliaire de la Police royale irlandaise (*Royal Irish Constabulary*) employé par les Anglais en 1920-1921 pour combattre les nationalistes du Sinn Fein. Ce surnom (Black & Tans, littéralement : noir et brun) fait référence aux couleurs de leur uniforme (kaki, avec couvre-chef et ceinturon noirs). (*N.d.T.*)

Ryan prit la fuite, mais Percival, qui portait une cotte de mailles sous sa tunique, ne fut que passagèrement sonné.

Le vieillard conclut avec amertume : « J'avais tellement envie de le descendre, ce salaud, ça reste le regret de ma vie. »

Un peu plus loin, au-delà des ruines, se trouve la maison natale proprement dite de Collins, une construction très rudimentaire reconvertie en bâtiment de ferme une fois la famille installée dans la nouvelle maison. Michael avait alors dix ans. Né en 1890, il était le huitième des onze enfants de la famille. Il allait à l'école à Clonakilty, ce qui représentait un bon bout de chemin à pied. À l'âge de quinze ans, il partit pour Londres où il passa neuf ans, successivement employé à la Caisse d'épargne britannique, à la Bourse et dans la fonction publique, avant de rentrer au pays et de participer à l'Insurrection de Pâques 1916, ce qui lui valut d'être interné au pays de Galles. Il prit ensuite la tête des Volontaires de l'IRA, et en 1921, il négocia lui-même avec les Britanniques les accords boiteux et contestés du Home Rule. Il fut abattu dans une embuscade en 1922, pendant la Guerre civile, sur le bord d'une route, dans l'ouest de Cork. Un petit panneau retrace les grandes lignes de son histoire en anglais et en irlandais, et conclut par ces mots : « Le reste, laissons-le aux historiens. »

C'est un coin paisible. Pourvu que les excursions en bus oublient encore longtemps de venir ici et s'en tiennent à Killarney ! Il n'y a pas de voitures, pas d'entrée payante, pas de boissons à vendre, pas non plus d'écouteurs, de guides touristiques, de photos de Liam Neeson dans le film, tout juste trois ou quatre bancs de pierre brute où s'asseoir pour regarder, si on le souhaite.

Je m'accoude au mur pour discuter avec le brave campagnard irlandais d'à côté, qui est en fait un Anglais du Nord-Est. D'après ce qu'il dit, à part une courte affluence dans les semaines qui ont suivi la sortie du film, l'endroit attire peu de visiteurs. Sa femme et lui habitent ici depuis deux ans.

Son propre père était né près d'ici et bien qu'il ait lui-même grandi et vécu toute sa vie dans le Tyneside, il s'est toujours senti chez lui en Irlande. Il se tourne vers moi.

« Vous savez ce que j'apprécie chez les Irlandais ? »

Je secoue la tête.

« Qu'ils n'aient pas l'air de toujours en avoir après l'argent des autres. C'est le cas partout ailleurs dans le monde. Mais les Irlandais, eux, ils s'en fichent. Par contre, ils veulent tout savoir de vous. J'adore cet esprit. »

Nous y voilà. Deux Anglais rêvant d'être irlandais, campés sous le soleil printanier, devant le mémorial d'un héros républicain. Quand je pense qu'il a acheté la maison d'à côté, bon sang. Je lui demande s'il se rend compte que Michael Collins allait à l'école dans la ville où le bassiste du Jimi Hendrix Experience joue au pub avec un groupe, et il avoue que ça ne l'avait pas frappé mais que le monde est petit, c'est sûr. Je prends note mentalement d'aller punaiser cette remarque au tableau de l'office du tourisme. Ils pourraient éditer une brochure : *De Michael Collins à Hendrix (« Scuse me while I kiss the Blarney Stone*[1] *»).*

Après avoir dit au revoir à l'Angliche voisin de Collins, je pars à la recherche d'un cercle mégalithique du nom de Bohonagh, décrit dans le gros bouquin savant que je lis comme « sans doute l'une des plus belles formations circulaires encore debout dans l'ouest de Cork ». Cork regorge d'un nombre particulièrement élevé de tels sites, dont plus de trois cents dans la seule partie ouest du comté. On m'a pourtant prévenu qu'assez peu d'entre eux sont officiellement accessibles au public ou signalés sur les cartes. Pour la plupart, ils sont hors de la vue des promeneurs, dans des

1. Citation « bricolée » de Jimi Hendrix : « Scuse me while I kiss the sky » (in *Purple Haze*), qui fait référence à la Blarney Stone, pierre sacrée du château éponyme, dans le comté de Cork. D'après la légende, quiconque baise cette pierre acquiert le don de l'éloquence. (*N.d.T.*)

champs privés, et on ne peut les visiter qu'avec l'autorisation du fermier. J'ai une carte sommaire situant Bohonagh juste au nord de la route de Rosscarbery, à quelques kilomètres de la maison de Collins, mais si c'est en effet le cas, mon ami l'Angliche n'en a jamais entendu parler.

Je me dirige vers le nord par des petites routes où l'herbe pousse au milieu, ce qui trahit toujours une erreur d'itinéraire, quelle que soit la destination visée, et bientôt, j'arrive à un carrefour. Une femme d'une soixantaine d'années attend à côté de son Austin 1100 quasi neuve garée au beau milieu de la chaussée, mine de rien. Elle approche en souriant tandis que je descends de voiture.

Si vous devez voyager en Irlande, il est important que vous sachiez en quels termes demander poliment votre chemin. Ce qui ne se fait *pas*, c'est de lancer brutalement : « Excusez-moi ! Pouvez-vous m'indiquer la route pour… ? » Ça, c'est la technique anglaise, dont le message sous-jacent est le suivant : « Je vous saute dessus sans y mettre les formes dans le seul but d'obtenir un renseignement nécessaire. Cet échange n'a, par ailleurs, aucune raison d'être et ne sera pas source d'agrément. Alors allez-y, dites-moi. »

La méthode d'approche préconisée en Irlande consiste à transformer la rencontre en événement social, comme ça se passe quand deux inconnus lient connaissance dans une fête ou à une réception de mariage. Un préambule détourné s'impose, quelque chose du genre : « Ah ! quelle jolie haie vous taillez-là », ou : « Splendide journée, n'est-ce pas ! », surtout si ce n'est pas le cas. Un grand nombre d'informations personnelles vont ensuite s'échanger, parmi lesquelles figureront peut-être les indications recherchées, mais pas forcément. Les meilleures conversations qu'on puisse avoir en Irlande commencent parfois ainsi.

Un jour, je voyageais dans le comté de Clare en compagnie d'un homme extraordinaire du nom de John Moriarty, chrétien mystique qui, soit dit en passant, croit dur comme fer que je conserve la mémoire génétique de mes ancêtres irlandais, donc que je suis véritablement chez moi dans le pays. Nous roulions aux confins du désert connu sous le nom de Burren, à la recherche de St Colman's Well, un des anciens puits sacrés d'Irlande. Nous nous étions perdus plusieurs fois dans la matinée sans rien trouver, et la balade prenait la tournure d'un souvenir de voyage de première catégorie.

Un homme marchait, un peu plus loin sur la route. Pas une maison n'étant visible à des kilomètres à la ronde, impossible de deviner d'où il venait ni où il allait. Il devait approcher des soixante-dix ans et portait une grosse veste de tweed luisante de crasse ceinturée d'une ficelle, et une casquette qui avait dû essuyer les tirs du capitaine A. E. Percival. Visiblement, cet homme-là n'avait jamais été bichonné de sa vie. « Ah ! tiens, s'écrie John. Un célibataire. »

J'arrête la voiture et John va à sa rencontre – pas question de faire le coup du j'abaisse-ma-vitre-et-j'aboie-une-question. Les voilà qui entament une longue conversation sur toutes sortes de sujets comme la météo, l'histoire naturelle, l'anatomie, la théologie et la podologie, jusqu'au moment où John glisse habilement la question primordiale, comme s'il venait d'y repenser.

– Nous cherchons le puits de St Colman.

– Ah ! c'est bien, c'est bien.

– Vous le connaissez, alors ?

– Oui, bien sûr, oui.

– Vous sauriez nous dire où ça se trouve ?

Un silence, puis :

– Dans quel pays ?

Voilà pourquoi, en voyant la femme approcher de la chignole de base, je rassemble mes rudiments d'étiquette mondaine. Vais-je m'en sortir honorablement ? Elle réussit une entrée en matière de toute beauté :

– J'attends ma fille.

Évidemment. Raison pour laquelle elle est garée en plein milieu d'un carrefour. Elle a un air impassible et concentré à la fois, comme si elle avait passé un trop grand nombre d'années au service d'un prêtre. Mais je ne m'y laisse pas prendre et je décoche à mon tour quelques précisions sur ma propre famille. Puis nous devisons un moment, de récoltes et autres, jusqu'à ce que je juge le moment venu. Et là : paf ! Je me jette à l'eau.

– Je me demandais si par hasard, vous sauriez me donner quelques indications ?

– Ah ! Mais c'est que, voyez-vous, je ne suis pas du coin.

– Ah, d'accord. Et où habitez-vous, alors ?

– Là-bas.

Elle montre du doigt une ferme blanche à flanc de colline, un ou deux kilomètres plus loin, au-delà de quelques champs.

– Je vois. Eh bien ! ma foi…

Je sors le gros bouquin savant et montre à mon interlocutrice un dessin du cercle de Bohonagh. De toute évidence, elle ne connaît pas, bien qu'elle ait passé toute sa vie à moins de quinze kilomètres du site, à en croire l'historique familial touffu qu'elle expose avec entrain. Le nom lui dit quelque chose, mais comme il existe un autre endroit portant presque le même, explique-t-elle, c'est peut-être à celui-là qu'elle pense. À moins que non. Finalement, elle suggère un itinéraire.

– Retournez un peu plus bas, prenez à droite, encore à droite, puis à gauche, je crois. Vous connaissez la route de Dunmanway ?

J'acquiesce en souriant. Il n'y a que moi pour savoir que non.

– Bon, alors vous la prenez. Vous arrivez à un vieux pub tout délabré, là vous tournez et vous montez la côte. Il est peint en jaune. Du moins il l'était il y a vingt ans.

Un rien perplexe, je m'éloigne poliment dans la direction

indiquée, content de laisser enfin derrière moi la maison natale de Michael Collins. Pour mieux la retrouver une dizaine de minutes plus tard, au sortir d'un virage. L'Angliche me fait un grand signe, tout sourire.

J'enclenche illico le Plan B qui, en l'occurrence, consiste à rouler au hasard jusqu'à ce qu'il arrive quelque chose. C'est important de pouvoir compter sur un Plan B, surtout quand on n'a pas de Plan À. Au bout de quelques minutes, j'arrive à un embranchement où il ne me semble pas être déjà passé, quoique rien ne me permette d'en être sûr. Et il y a un pub – le nom ne figure pas, mais c'est probablement *McCarthy*. Malheureusement, il est fermé, concept difficile à appréhender. N'ayant encore jamais vu un pub fermé en Irlande, je ne sais pas trop comment prendre la chose. Intellectuellement, je sais, bien sûr, que le but du voyage est de se frotter à ce qu'on ne connaît pas, mais émotionnellement, je trouve cela difficile. Je descends une lampée d'eau minérale de la Vierge Marie, et je fais le point.

Je suis perdu, et le pub, fermé. La situation pourrait-elle être pire ? On peine à l'imaginer. Pas question pour autant de laisser ce site mégalithique introuvable m'échapper. Retrouver ces pierres est désormais à mes yeux une question de dignité morale. Quelques kilomètres de petites routes en lacets, encore, et je tombe sur un panneau indiquant Rosscarbery (« maison natale de Michael Collins : 1,5 km »). Et là, tout près de la route principale que j'ai quittée un peu plus tôt dans la journée, j'aperçois une affichette jaune vif collée sur un panneau à l'entrée d'un pré :

avis :
le propriétaire de ce pré décline
toute responsabilité
vis-à-vis des visiteurs.
entrée interdite

Dans le pré, à une cinquantaine de mètres à peine, mais protégé par une barrière et une clôture en barbelé électrifié, se dresse un énorme cromlech[1] : une structure marquant l'emplacement d'un site funéraire. Plus loin, en hauteur, sur la pente ouest d'une colline, se profile la silhouette d'un ancien château fort. Si je suis bien orienté, l'endroit s'appelle Templefaughnan, et Bohonagh doit se trouver tout près. Le livre m'apprend que saint Fachtna (qui a, paraît-il, introduit le christianisme dans la région au VIe siècle) a prêché l'Évangile ici même, dans ce pré.

Cela dit, il n'aurait pas grand succès aujourd'hui. Cinq pavillons modernes disposés en demi-cercle gardent le pré au cas où la clôture électrifiée ne suffirait pas à décourager le visiteur. J'envisage un instant de passer par-dessus la barrière pour aller voir de plus près, mais l'image d'un gros fermier musclé embusqué derrière les voilages, des touffes de poils roux aux oreilles et au nez, crevant d'envie de décliner toute responsabilité vis-à-vis d'un enfoiré d'Anglais en violation de propriété me dissuade et je poursuis ma route.

Au débouché du premier tournant, en face d'un pavillon aux montants de portail ornés d'un parement de pierres genre nougat, sur le bord du chemin, je découvre une petite grotte-sanctuaire. Comparé aux gros menhirs trapus du pré, le sanctuaire fait aussi impeccable qu'un portrait de Daniel O'Donnell[2] sur la cheminée d'un couvent de banlieue. L'autel en pierre est flanqué de la Vierge Marie et d'un type qui doit être saint Fachtna en personne, mais qui ressemble trait pour trait à Willie Nelson[3]. Étant donné qu'on apprécie la musique country, par ici, on ne sait jamais.

1. Ensemble mégalithique composé de menhirs dressés en cercle. (*N.d.T.*)
2. Chanteur de variétés irlandais très populaire. (*N.d.T.*)
3. Chanteur de country américain. (*N.d.T.*)

Chercher des pierres païennes au cœur de cette iconographie catholique me donne l'impression d'être un sataniste, égaré dans la basilique Saint-Pierre, qui ne trouverait plus la sortie. Un autre virage, brusque, et s'amorce une descente à flanc de colline vers un croisement, à deux cents mètres de là. En rétrogradant pour aborder la pente, je lève les yeux et là, droit devant moi, se découpant à l'horizon de la colline d'en face et surplombant le paysage environnant, surgit Bohonagh.

Le temps d'arriver au croisement, les mégalithes ont disparu. Je prends la route dans les deux sens, mais nulle part les pierres ne sont plus visibles. Pour les trouver, il faut savoir qu'elles sont perchées là-haut, et connaître le chemin. Il n'y a ni indication, ni repères : les gens doivent passer en voiture à une centaine de mètres sans se douter le moins du monde de leur présence.

Mais je sais maintenant qu'elles sont juste là, au sommet de la colline, à deux prés de distance.

Un large fossé hérissé de prunelliers me barre le passage. C'est un arbuste sacré, certes, mais pour le moment, ça ne me console guère. Trente mètres plus loin, se dresse une barrière. Pas la moindre affichette jaune en vue. Je m'approche d'un pas guilleret. Et là, j'avise le bout de carton déchiré, accroché à la barrière par un bout de ficelle, plus menaçant que n'importe quel panneau officiel. Dessus, une inscription au crayon Bic rédigée d'une écriture griffue qui trahit l'étroitesse d'esprit :

DANGER !
TAUREAUX ! !
ENTRÉE INTERDITE

Mmmh !

Je n'ai jamais été du genre à taquiner les taureaux, surtout dans un pays catholique. L'Espagne, par exemple, est un endroit merveilleux, mais je n'ai jamais compris que tous les Espagnols puissent adorer à ce point faire chier les taureaux. Il arrive que ça précède l'abattage, certes, mais souvent c'est simplement pour le plaisir.

J'ai une vidéo amateur que je chéris entre toutes, filmée il y a quelques années sur la Costa Blanca, à la fiesta de Jávea où on lâche les taureaux dans les petites rues de la ville avant de les rabattre sur la place principale. Au moment où ils surgissent sur la place, on voit le super mâle du cru, dieu local du sexe en pantalon noir et chemise blanche à manches bouffantes ouverte jusqu'au scrotum, bondir devant le premier taureau, gesticuler et grimacer, tortiller du cul et faire l'équivalent espagnol du geste du branleur.

« Ah ! ouais ? Branleur ? » relève le taureau qui lui fonce dessus et l'empale d'un coup de corne désinvolte. Le dieu du sexe tombe à terre. Plusieurs spectateurs accourent pour lui porter secours et détourner le taureau étonné. Deux organisateurs entrent dans le champ. L'un relève le dieu du sexe, l'époussette, arrête son hémorragie et lui demande s'il va bien. Le blessé acquiesce, et à ce moment-là, l'autre organisateur lui colle une grosse mandale, sans doute pour avoir fait chier le taureau avec un culot aussi retentissant. Après tout, sans règles, une société s'effondre. Tout comme le dieu du sexe, qu'on transporte, inconscient, hors de l'arène.

Cela dit, si je dois être éventré ici, à portée de corne des mégalithes spectaculaires, mais pour l'heure invisibles, il n'y aura personne pour accourir et me coller une mandale, mais personne non plus pour me sauver. Pas un chat en vue alentour. J'essaie de me persuader que je suis respectueux des lois, que j'ai fait de mon mieux, que je suis allé le plus près possible, et que je m'en sors sans déshonneur, mais je me sens le dernier des nuls. Il est vrai que j'ai peur aussi des chiens. Et des oies.

Je reprends à pied le chemin escarpé que je viens de descendre en voiture pour revoir les pierres à l'horizon, qui m'appellent. De l'endroit où je me trouve, j'ai vue sur tout le paysage environnant. Pas un seul taureau à la ronde.

De toute évidence, la pancarte DANGER ! TAUREAUX !! n'est qu'une ruse, un faux destiné à dissuader les voyageurs New Age, païens, hippies et autres relent-de-clapier de sillonner les prés en se peinturlurant la figure et de perpétrer leurs libations rituelles de Scrumpy Jack au milieu du cercle de mégalithes. Pas l'ombre d'un problème pour moi en perspective : il suffit d'escalader la barrière, de grimper au sommet de la colline, d'examiner les pierres, pas un taureau, puis de retourner à la voiture avant de trouver un chouette coin pour manger mon sandwich.

La première chose sur laquelle mes yeux se posent une fois la barrière enjambée, c'est une cartouche de chasse toute récente, sans doute tirée depuis la barrière dans le dos du dernier violeur de propriété privée.

Et puis merde !

Ce n'est pas ce que je pense, mais le truc dans lequel je patauge. Un bourbier de merde. Et tout autour de moi, des empreintes que je ne peux qualifier que de taurines. L'estomac noué, mais les idées bien arrêtées, je m'avance dans le pré, puis me surprends à franchir, un peu fébrile, une clôture électrique en reptation commando : je me retrouve couvert de traînées vertes, avec un petit claquage au bas du dos en prime.

Le petit chemin est maintenant à demi effacé, entre deux prés. Tout en fredonnant à mi-voix pour éviter de sombrer dans une totale déconfiture psychologique, je gravis la colline à bonne allure, en esquissant un petit pas chassé de temps en temps, histoire d'esquiver les tirs de carabine et les taureaux. Au sommet, derrière un muret de pierres sèches sur la droite, idéalement situé de façon à dominer la campagne onduleuse déployée alentour, le cercle mégalithique de Bohonagh : treize menhirs de granit dont certains sont plus hauts que moi, dressés là depuis quatre mille ans.

Une clôture électrique court le long du muret, doublée d'une autre qui encercle les pierres elles-mêmes. Connards de fermiers. C'est faire preuve d'une sacrée mesquinerie à l'égard de gens qui ont seulement envie d'aller toucher les mégalithes. Puis un doute me vient : et si une telle précaution avait d'autres motifs ? S'il fallait simplement y voir l'effort d'un petit fermier gagnant honnêtement sa vie – visiblement agrémentée de méga-subventions de la CEE – pour mettre le patrimoine national à l'abri des bêtes ?

Quelles bêtes ?

Le mugissement vient de la droite. L'animal est noir et blanc, tout en muscle, campé à moins de cent mètres en contre-bas, dans le coin opposé du pré. La barrière, la chignole de base, et le reste de ma vie sont quelque part au-delà. De même que la clôture électrique, sous laquelle je vais devoir passer si je veux avoir une chance. Mais de toute façon les taureaux sont capables de sauter par-dessus, non ? Et dans le cas contraire, ils sont tellement coriaces qu'ils doivent pouvoir tout arracher, en chargeant celui qu'ils prennent à tort pour je ne sais quel exhibitionniste espagnol.

Le cœur battant, le dos douloureux, les boyaux soudain turbulents, je tourne le dos aux crétins de mégalithes qui m'ont foutu dans ce pétrin et entame une redescente vers la gauche. Le taureau recule, tête baissée, dans une attitude qui laisse entendre que reculer ne sert qu'à prendre de l'élan avant la charge. Je presse le pas en piquant vers le point le plus proche de la clôture électrique, un pitoyable petit couinement ininterrompu accompagne ma course en même temps que je retrouve mes promesses d'enfant de ne plus jamais faire de bêtise à condition que Dieu me sorte de là pour cette fois.

Au moment où je vais plonger sous la ligne électrifiée, je trébuche au creux d'une empreinte et tombe, le front sur le fil. Rien. Si ce n'est du soulagement. La clôture n'est là que pour la parade. Elle n'est même pas sous tension. Dans toute l'Europe, les bêtes se font couillonner par des fermiers qui tiennent à réduire leurs factures d'électricité

– sans s'abstenir pour autant de réclamer le maximum à Bruxelles, j'imagine.

Mais le taureau le sait peut-être ?

La clôture nous sépare, mais l'animal amorce une tangente visiblement malintentionnée dans ma direction. Étalé sur le dos, les jambes dans tous les sens, je dois faire une cible tentante. Je ne me sentirais pas plus exposé si je portais un jean moulant à l'espagnol orné de flèches rouges braquées vers l'entrejambe, indiquant : « Insérer les cornes ici ».

Mais la barrière d'accès au chemin, et à la sécurité, n'est sûrement pas loin ? Tout en restant parfaitement immobile, j'entreprends – lentement, très, très lentement, pour ne pas attirer l'attention du taureau – de tourner la tête.

Il y a un homme à la barrière, qui me regarde.

– Vous vous êtes fait mal en tombant, ou c'est que vous avez peur de la vache ?

Une fois à la ferme, environné de seize ou dix-sept de ses enfants, il m'apparaît que, de toute évidence, Mr. Goggin ne se moquait pas de moi. Sa question exprimait une réelle inquiétude. Il a l'air dépourvu de toute malice, paisible et maladivement timide, avec la mine de quelqu'un qui redoute en permanence qu'on lui demande s'il compte avoir encore beaucoup d'enfants.

À côté de la maison, une bergerie du XIXe siècle a été récemment transformée en un gîte de trois chambres, avec cheminées, mobilier ancien en bois, et lits à barreaux repeints dans des tons aussi vifs que la rue principale de Clonakilty. Mr. Goggin me fait visiter et pique un fard chaque fois que je lui pose une question, même s'il est évident que je n'ai aucune intention de lui demander de m'engrosser. Pas l'habitude de côtoyer des inconnus, je suppose.

Il a tout retapé lui-même, aidé d'une douzaine de ses plus grands enfants. La peinture est sèche depuis deux jours à peine. Il a une réservation pour la semaine suivante, mais je suis son premier hôte. Les gosses ricanent et chuchotent, une main devant la bouche. Je remarque qu'ils ont tous les joues particulièrement roses, comme si les rougissements paternels étaient passés dans les gènes. Leur mine effrontée, par contre, est nettement héritée de la mère.

Nous trouvons la dame à la fin de la visite, au salon du gîte. Elle vient d'allumer un feu de tourbe et a apporté un pain blanc encore tout chaud du four. Elle se présente en souriant et me tend poliment la main, que je serre.

– Ah çà ! on voit que vous avez jamais travaillé dur de votre vie.

Elle palpe la paume de ma main droite avec dans ses yeux verts une lueur malicieuse, voire démoniaque. Comme tirade d'accueil à un hôte payant, voilà qui est d'une originalité décoiffante. La balle est bien fichée dans mon camp, à présent.

Je retire ma main et contemple ma paume dépourvue de cals. J'aperçois alors Mr. Goggin qui bat en retraite vers la porte, convulsé de gêne, et je décide de mentir.

– Oh ! vous savez, quand on est représentant de commerce, on ne travaille pas tellement de ses dix doigts. On passe le plus clair de son temps au volant.

La chignole de base est visible depuis la fenêtre. Le portemanteau chargé de vêtements pendu à l'arrière confirme mes propos.

– Alors vous passez sans doute des heures sur les aires de stationnement, en faisant croire que vous êtes en rendez-vous ?

Deux des gamins les plus rubiconds suivent maintenant la scène par la fenêtre avec des mines hostiles.

Le bruit d'un loquet signale que Mr. Goggin a finalement réussi à détaler, puis un soupir se fait entendre dehors, à moins que ce soit un gémissement. Mrs. Goggin s'éclipse tout à coup, puis resurgit, tel un djinn, à l'autre bout de la pièce.

– Voilà les serviettes et les draps.

– Ah ! très bien.

Elle est tout sourire, à présent.

– Vous voudriez peut-être que je fasse le lit ?

Et comment donc, que je voudrais ! Pour quoi s'imagine-t-elle que je raque 18 £ ? Il est temps de lui faire savoir qui commande, ici.

– Ma foi, oui, si ça ne vous ennuie pas.

L'espace d'un instant, elle se campe sur ses pieds en plissant les paupières. Puis elle lâche le morceau :

– On est feignant, c'est ça ?

Rien ne nous prépare à ce genre d'agression quand on ne fait que louer une chambre, transaction qui, dans la plupart des pays et des circonstances, reste émotionnellement neutre. Cela dit, je ne crois pas qu'il faille y voir la moindre méchanceté de la part de Mrs. Goggin. Elle est intriguée, voilà tout, et ne possédant pas le système de filtrage mental auquel on soumet généralement les pensées avant de les formuler, elle dit tout ce qui lui passe par la tête.

– Bon allez, je vous laisse. Je suis sûre que vous avez *des choses à faire*, ajoute-t-elle avec dans l'œil une lueur quasi pornographique.

Elle disparaît, pour revenir presque aussitôt avec une escalope de saumon sauvage, de la salade, des pommes de terre, une bouteille de *stout*, et huit ou neuf de ses petites rouquines qui se massent en gloussant dans l'embrasure de la porte pour regarder le drôle de bonhomme qui paie pour dormir dans leur bergerie.

– Et voilà. Vous m'avez l'air d'avoir besoin d'un bon repas. Si vous voulez boire un coup, et moi je crois que oui, il y a un pub un peu plus loin. Après le croisement. Allez, bon appétit.

Quoi de plus merveilleux qu'une pomme de terre irlandaise ? Dense, moelleuse, bourrée de saveur, elle n'a rien à voir avec sa cousine anglaise qui, à côté, paraît sortie de quelque sombre fabrique où on l'aurait trop arrosée avec de l'eau trop liquide. D'ailleurs en Angleterre, de nos jours, on importe des légumes du monde entier. « Acheminés par avion, fraîcheur garantie », peut-on lire sur les mange-tout du Zimbabwe. « Cultivées pour leur saveur » affirme l'étiquette des tomates hollandaises de supermarché. Ma foi, pour quelle autre raison pourrait-on cultiver les tomates ? Pour leur aérodynamisme ? Leur confort ? Leur luminescence nocturne ? On fait venir du maïs de Thaïlande, des patates douces des Caraïbes, du chou chinois de Corée. On importe même des pommes de terre d'Égypte – d'Égypte ! – au goût de vieux ticket de train, et on paye 2 £ le kilo pour des Jersey Royal dont il pousse des quantités anormales compte tenu de la taille de Jersey. D'ailleurs, je leur trouve un suspect arrière-goût égyptien. Mais dans le tourbillon de la mondialisation culinaire qui submerge l'Angleterre ces dernières années, personne n'a pensé à importer des pommes de terre irlandaises, l'un des légumes les plus goûteux du monde, qui pousse devant notre porte. Saloperies de supermarchés. On nous sert la merde qu'on mérite.

À ma grande surprise, j'ai déballé tout ça au patron moins de dix minutes après être entré dans son pub, au croisement. Il n'y a que deux autres clients. L'un d'eux lève les yeux et renchérit :

– Putain de poivrons hollandais.

À Dingle, dans le comté de Kerry, je connais une boutique de cycles qui fait aussi pub. On ne peut pas la manquer : il y a un vélo en vitrine, et une enseigne Guinness au-dessus de l'entrée. Ici, dans l'ouest sauvage du comté de Cork, à l'extrême lisière de l'Europe, c'est un magasin de drapier qui vend de la *stout* et des alcools, en sus du tissu, des vêtements de travail, et des bottes en caoutchouc. À l'inimitable manière irlandaise, cet endroit-là fait à la fois pub et magasin. J'ai eu du mal à le dénicher. Les petites routes des environs sont plongées dans une nuit noire, et je n'ai pas de lampe torche. Je n'ai pas osé en emprunter une à Mrs. Goggin de peur qu'elle dise : « On est trouillard, c'est ça ? » ou qu'elle s'écrie que ma mère n'a pas de quoi être fière de moi.

Le magasin est disposé comme une épicerie classique, avec ses rangées de boîtes de conserve, ses pyramides de paquets de céréales, son choix de sucreries et quelques oranges fatiguées, plus un grand sac béant plein de patates d'où s'élève une incroyable odeur d'humus qui imprègne toute la boutique, comme si les odorants musiciens de Cork étaient planqués derrière le comptoir – lequel comptoir est un simple meuble en bois avec un tiroir ouvert en guise de caisse, et deux pompes à bière, l'une de Guinness, l'autre de Harp. Plus quatre doseurs à alcool, à côté des peignes et des barrettes à cheveux.

Le commerçant-barman a une soixantaine d'années, et un cardigan. Deux des quatre tabourets du bar sont occupés par un agriculteur barbu buriné, et un professeur glabre et couperosé, tous deux d'âge à avoir connu livres, shillings et pence. Ils se taisent à mon entrée. Pas dans le genre « quel est l'inconnu qui s'aventure au *Mouton Égorgé* par cette froide nuit de brouillard, battons-lui froid, puis entraînons-le dehors, dépeçons-le et jetons-le en pâture aux blaireaux » mais simplement pour me ménager une place dans la conversation. Le modernisme a beau gagner du terrain (championnats de première division de foot sur Sky, poulet cajun micro-ondes et Pisse-d'âne-d'Irlande-dernière-nouveauté-brassage traditionnel), il existe encore des tas de pubs en Irlande qui servent avant tout de lieux de conversation, et celui-là en fait partie. Je ne sais même pas comment il s'appelle. J'y serais bien retourné le lendemain matin pour noter le nom, mais vous savez ce que c'est. Cela dit, je pourrais vous indiquer comment y aller. Vous connaissez la route de Dunmanway ? Alors à mi-chemin, vous tombez sur un vieux pub tout délabré…

Une fois tirée la moitié de ma pinte de Guinness, le patron la laisse reposer trois minutes, comme le veut la tradition séculaire. Ça permet à la bière de se clarifier. Et au barman de demander qui on est, d'où on vient, et pourquoi on se trouve là. Les autres clients écoutent en hochant la tête. Ensuite il finit de tirer la pinte, lisse la mousse avec la lame d'un couteau au manche tout jauni, et attend qu'on trempe les lèvres dans le breuvage.

À ce moment-là, la conversation reprend.

– On parlait du gars Charlie Haughey, notre ancien Taoiseach, notre Premier ministre quoi. Vous le connaissez, des fois ? Ah si ? Un sacré faux-cul, celui-là.

– Et comment ! C'était un baratineur de première.

– Mais un bon baratineur, le salaud. C'est pas lui qui s'est acheté une île, des fois ?

Et la discussion continue. La CEE, le milliard de livres qu'elle nous a versé. C'était pas plutôt 34 milliards, d'ailleurs ? Hilarité générale. Puis Sinead O'Connor. *Riverdance*. Et le gars Terry Wogan[1]. Adams, Paisley, Blair. Internet. Les débauches sexuelles de Clinton. Les chalutiers espagnols. Et chaque fois : qu'est-ce que j'en dis, moi ? Ah, tiens donc ! C'est vrai ? Ça fait bien longtemps que je n'avais pas tenu une conversation pareille. Un échange d'opinions à assimiler, plutôt que de divergences à disputer. Pas de musique, de machine à sous, de télé, pas de plats cuisinés, pas de tiroir-caisse. À peine trois interruptions : deux fois pour des gosses venus acheter des bonbons, une fois pour vendre un chou et des collants à une femme. La soirée idéale, dans le pub idéal. Le genre de moment qui réchauffe l'intérieur. Surtout agrémenté de sept pintes de Guinness.

Avant de partir, je demande d'où viennent les pommes de terre locales si odorantes.

– D'Égypte.

En rentrant à mon gîte, je me suis étalé par-dessus un muret. Je crois que ça n'a pas échappé à Mrs. Goggin.

1. Animateur radio de BBC 2. (*N.d.T.*)

3

Le blues de Drimoleague

Le lendemain matin, au volant de la chignole de base, je sillonne les petites routes de l'ouest du comté de Cork et tout en cherchant la plage de Red Strand, je tâche de me rappeler si, oui ou non, le taureau avait des pis. Cela fait un moment déjà que je cherche Castlefreke. À cause de son nom, pour le moins pittoresque et aussi d'une certaine ancienne maison gothique. À en croire le guide, on peut marcher de là jusqu'à la plage, à travers bois, mais ses informations restent quelque peu évasives. Je finis tout de même par dénicher la poste de Castlefreke, sise en bonne place, avec son inscription « Bureau de Poste de Castlefreke », au centre du charmant village de Rathbarry.

Je mets cela sur le compte de la gueule de bois, tandis que je me traîne à quarante-cinq à l'heure en triturant l'autoradio, rétive, qui s'obstine depuis le premier jour à rester en mode « recherche ». Un flot ininterrompu de friture, délivre de loin en loin de petites bribes de questions d'auditeurs à propos d'adultère, ou d'évêques pédophiles.

Je gravis une colline en pente douce en essayant d'oublier la tête de Mrs. Goggin devant mon refus d'avaler au petit déjeuner son boudin noir, blanc, et sa troisième saucisse quand, soudain, à la sortie d'un virage en haut de la côte, une voiture jaillit. Elle décolle, comme un bolide de rallye, complètement déportée de mon côté. Elle m'évite d'une embardée et passe dans un rugissement de moteur non sans expédier dans l'angle de mon pare-brise un petit caillou qui provoque un éclat. Au passage, j'entrevois distinctement le chauffard : une vieille dame d'une soixantaine d'années à l'air légèrement allumé, qui m'adresse un grand sourire aimable et un signe de l'index, en s'éloignant à tombeau ouvert. Elle n'a pas l'air de réaliser qu'il aurait suffi que je roule un tout petit peu plus vite, ou que l'on se croise cinquante mètres plus loin, pour que nos deux véhicules s'encastrent l'un dans l'autre. Depuis que je roule sur les routes irlandaises, ce n'est pas le premier chauffard que je croise et la plupart du temps il s'agit de petites vieilles avec une lueur étrange dans le regard. En Angleterre, les mêmes fous du volant seraient âgés d'à peine vingt ans.

Leur conduite n'a pourtant rien d'agressif. Simplement, elles sont… *rapides*, vous voyez le genre. En tout cas, elles conservent cette courtoisie autrefois en vogue dans les campagnes, qui consiste, au volant, à lever l'index pour saluer, comme si elles n'avaient croisé que nous de toute la semaine. Du moins je pense qu'elles le font pour saluer. Mais si ça signifie : « Va te faire mettre, connard d'Anglais », je dois dire que c'est exprimé avec beaucoup de charme.

Le temps de trouver Red Strand, j'ai plus que besoin de me détendre. Je découvre une belle étendue de plage entre deux promontoires tapissés de verdure. Plus loin, à l'ouest, on aperçoit l'ancienne forteresse de Galley Head. Mais pourquoi donc a-t-il fallu qu'au beau milieu des prés, juste là, face à la mer, on installe une quarantaine de ces horribles mobile-homes ? D'accord, elles ne sont pas supposées être des habitations permanentes, et elles permettent à des gens aux revenus modestes de venir profiter de l'endroit. Et puis, personne n'a encore eu l'idée d'y ajouter des baraques de jeux vidéo ou des pubs de pacotille, alors qu'est-ce que j'ai à dire, moi, avec mes valeurs esthétiques écolos de petit-bourgeois ? Après tout, comme il n'y a que les mobile-homes qui gâchent le paysage, il suffit d'en occuper un pour ne plus les voir…

Ounahincha, par contre, quatre ou cinq kilomètres plus loin sur la côte, n'a aucune excuse. Je sais que j'y allais, gamin, mais je n'en garde pas beaucoup de souvenirs, si ce n'est que ça se trouvait au bord de la mer, et qu'il y avait du sable. Ma cousine avait la phobie des plumes. C'est sans doute pour ça que je mettais tant de soin à en planquer sous les coquillages, au fond des seaux, et dans toutes sortes d'autres endroits sur lesquels elle ne pouvait manquer de tomber. À ma décharge, je précise seulement que j'observais sa réaction quasi hystérique avec plus de fascination que d'allégresse.

Je l'avais oublié : le site est splendide, avec sa vaste plage, ses rochers plongeant à pic dans la mer et son écrin de collines verdoyantes. Malheureusement, le paysage a été sévèrement bousillé dans les années 1960 et 1970. Le Ounahincha Hotel a probablement été entièrement construit avec des éléments de récupération trouvés dans un vide-grenier, et s'affirme comme un solide prétendant au titre de l'immeuble balnéaire *le plus laid* d'Irlande. À côté, sur ce qui ressemble à un cabanon en ruines, une grande enseigne proclame : SOUVENIRS FRITES BURGERS. Au-dessous, une plus petite précise : BOUTIQUE ! – à l'intention sans doute de ceux qui hésiteraient. Tout au bout, à droite de ce désastre, une colline donnant sur la mer est défigurée par un immense parc de caravanes – tellement grand qu'ils y ont même installé une succursale de la Banque d'Irlande. Une bouffée de compassion me vient pour tous ceux qui ont choisi de passer leurs loisirs ici. Comme moi, par exemple, en ce moment.

Si, arrivé au bout de la digue qui traverse l'estuaire de la rivière, à Rosscarbery, on quitte la route principale pour tourner à gauche – on ne peut pas se tromper : il y a là un affreux hôtel tout neuf qui rappelle la banlieue d'Oslo – et si l'on ne perd pas de vue sa destination, un court trajet de dix minutes à un quart d'heure vous conduit au cercle mégalithique de Drombeg. J'y suis déjà allé trois fois, mais je n'y ai croisé des visiteurs qu'une seule fois. Une famille américaine, si ma mémoire est bonne. Les trois enfants braillaient, juchés au sommet des pierres – à vrai dire, ils y étaient montés à la demande de leurs parents qui voulaient prendre une photo. Comme pour la maison natale de Collins, ce site-là est entretenu par le ministère des Travaux publics, instance un peu vieillotte et c'est très bien comme ça. Ici, ni Cafétéria, ni vente de souvenirs et encore moins de Reconstitutions-Historiques-Interactives-sur-Ordinateur. Personne n'essaie de vendre au visiteur des confitures ou des chutneys hors de prix. Il y a juste un petit parking, vide en ce moment, et un sentier qui mène jusqu'aux pierres à travers prés.

Le cercle en compte dix-sept. Pour entrer, on franchit un portail formé par les deux plus grandes pierres (un peu plus hautes qu'un homme). Pile en face, de l'autre côté du cercle, se trouve une pierre gravée que les archéologues qualifient de « couchée » ou « axiale », ce qui signifie qu'elle est posée sur le côté au lieu d'être dressée. Certains chercheurs prétendent que les motifs représentent des haches, ce qui prouverait que ces cercles n'étaient pas des lieux religieux, mais les points de convergence d'un culte de la hache présent dans l'Europe occidentale à l'époque néolithique. D'autres suggèrent que les pierres délimitent l'enceinte d'un ancien marché, la pierre couchée servant de comptoir sur lequel s'échangeaient les marchandises.

J'avoue cependant que l'idée du commerce ne me paraît pas très plausible. Les promoteurs de cette théorie, certes ingénieuse, comparent les cercles mégalithiques à des centres commerciaux, eux-mêmes considérés comme les temples modernes. Les clients en seraient les fidèles, McDonald's incarnerait l'eucharistie et Nike fournirait les habits sacerdotaux, mais tout ça n'est qu'un ramassis de foutaises, bien sûr, surtout dans une région du monde où les centres commerciaux n'existent pas et où on peut encore acheter un vélo dans un pub. La pierre couchée, c'est quasi évident, n'était autre qu'une table d'autel, sur laquelle on posait l'objet de la célébration – ou du sacrifice.

Quand le site a été fouillé en 1957, on a trouvé au centre du cercle une jarre en terre retournée contenant les restes incinérés d'un jeune homme vieux de trois mille cinq cents ans. C'est sans doute en son honneur que quelqu'un a déposé six jonquilles nouées d'un ruban vert, dix « cents » américains, et une Vierge Marie phosphorescente pour tableau de bord de voiture. Le 21 décembre, le soleil se couche dans l'alignement de l'autel, des deux pierres formant le portail, et d'une petite encoche dans les collines situées au sud-ouest, par laquelle on aperçoit l'Atlantique. Ça, on ne le trouvera pas au centre commercial de Thurrock Lakeside.

Une soixantaine de mètres plus bas, en direction du sud-ouest, à côté des fondations d'une cahute ou d'un abri en pierres, une cuvette a été creusée par l'homme. Une sorte de sauna cérémoniel néolithique ? Plutôt un *fulacht fiadh* – un lieu de cuisson préhistorique. Les pierres étaient chauffées dans un feu tout proche, puis on les immergeait dans l'eau de la cuvette pour cuire du cerf et des légumes. Des expériences récentes ont montré qu'on pouvait amener à ébullition près de trois cents litres d'eau en dix-huit minutes, et que l'eau restait ensuite chaude pendant trois heures. Voilà qui explique enfin pourquoi, en Irlande, les légumes ne sont jamais servis *al dente*.

Les pierres ont été dressées sur un socle naturel, pratiquement une estrade. Au-dessous d'elles, des prairies ondulent jusqu'à la mer, distante d'un petit kilomètre, et que l'on peut apercevoir par le creux des collines. Instant magique. Les seuls bruits perceptibles sont le braiment d'un âne et le teuf-teuf d'un tracteur travaillant dans un champ, au sommet d'une colline (je suis sûr qu'il s'agit du même type sur le même tracteur que lors de ma précédente visite).

L'après-midi tire à sa fin. Je redescends la colline en voiture, en longeant le somptueux port naturel de Glandore, avant de rejoindre la route principale à Leap (prononcer Lepp) pour continuer vers l'ouest jusqu'à Skibbereen. La ville a connu son heure de gloire avec la chanson intitulée *The Reasons I Left Auld Skibbereen* (« Pourquoi j'ai quitté cette brave ville de Skibberen »). Les raisons, de fait, n'ont pas manqué au cours de l'histoire : la famine due à la maladie de la pomme de terre y a fait des ravages, et plus de la moitié de la population de la région, entre 1911 et 1961, a du émigrer à cause des mauvaises récoltes et du manque d'emplois. De nos jours, il règne une indéniable effervescence à Skibbereen, trait d'union entre l'Irlande de jadis et l'ouest de Cork, région nouvellement cosmopolite et friquée à l'image de Jeremy Irons et David Puttnam, qui y résident[1].

Il y a dix ans, j'y étais venu à l'occasion d'un fastueux mariage de famille. La réception au West Cork Hotel avait été un modèle du genre, et aurait même parue au-delà du vraisemblable si elle avait été portée à l'écran. À 2 heures de l'après-midi, alors que nous étions cent vingt personnes attablées autour d'un repas gargantuesque, le sommelier s'était penché vers moi, trois bouteilles à la main, en me demandant sur un ton d'une exquise politesse, que je n'entendrai certainement plus jamais nulle part ailleurs : « Rouge, blanc, ou whisky, sirrr ? »

Quand l'orchestre a commencé de jouer, sur le coup de 5 heures, on n'a rien vu des hésitations et des bousculades vers le bar typique de ce genre de manifestations en Angleterre. Au contraire, La noce entière s'est ruée sur la piste de danse pour une java d'enfer qui a duré jusqu'à minuit, heure à laquelle les participants ont hissé les jeunes mariés à bout de bras pour les balader à l'horizontale autour de la salle à toute vitesse en poussant de grands cris. Puis la foule

1. Acteurs l'un et l'autre (D. Puttnam est également producteur). (*N.d.T.*)

a soumis les deux jeunes époux à une série de collisions aériennes complexes et suggestives, les percutant l'un contre l'autre jusqu'à ce qu'ils se retrouvent entremêlés tels deux chérubins lascifs au plafond d'une chapelle vaticane. Là-dessus, tout le monde est retourné à la ferme familiale pour boire du whisky – il ne devait plus y avoir ni rouge ni blanc – et écouter jusqu'à l'aube des cassettes de Richard Clayderman, pour des raisons qui encore aujourd'hui m'échappent.

Tout ça pour dire que je me sens en territoire totalement familier à Skibbereen. À juste titre d'ailleurs, puisque je longe les devantures de Patrick McCarty, avocat, Charles McCarthy, agent immobilier, P.J. McCarthy, agent d'assurances, et bien d'autres encore, ce qui me permet de me fondre confortablement dans le décor. Cette belle harmonie est quelque peu rompue par l'irrésistible ascension de la dynastie Hourihan : le Hourihan's Bar jouxte le Hourihan's Fast Food, lui-même voisin de la toute nouvelle laverie automatique du même nom. Ma boutique préférée, source inépuisable de ravissement depuis des années, reste le Salon de coiffure moderne. Cette fois, l'affiche présentée en vitrine est une publicité pour un voyage à Lourdes. Lourdes : la solution miracle pour vos cheveux.

Je descends à l'hôtel Eldon, une petite auberge du XIXe siècle située dans l'étroite rue principale. L'endroit était resté à l'abandon pendant des années, mais il a récemment subi de vigoureuses rénovations dans le style rustico-moderne typiquement irlandais. Quelqu'un m'a dit que Michael Collins a passé là sa dernière soirée avant de s'en aller à la rencontre de son destin, mais aucune plaque commémorative ne vante la chose. C'est peut-être vrai, peut-être une invention. La prochaine fois que je passerai devant chez l'Angliche, je lui poserai la question.

À la tombée de la nuit, je m'expatrie sur le trottoir d'en face au Baby Hannah, un bar sélect. Avec sa décoration dépouillée, son gros fourneau à bois dans un coin, son plafond à chevrons et sa couche de sciure par terre (qui date peut-être de l'assemblage du plafond), la petite salle incarne le pont idéal entre le passé et le présent. Deux gamins, un garçon et une fille, rôdent en quête d'une bêtise à faire, et se décident finalement à venir me dévisager bouche bée, plantés comme deux coucous de Midwich[1] version irlandaise. Au début, je me dis qu'ils ont dû s'enfuir de chez les Goggins et me suivre jusqu'ici, puis je comprends qu'ils appartiennent plus ou moins à la demi-douzaine d'adultes en train de discuter et de rire bruyamment – de beugler, autant le dire tout net – sur ma droite.

Le groupe comprend deux femmes irlandaises plus grandes que nature qui doivent être chanteuses de blues ou videuses. Elles sont au centre des conversations, qu'elles le méritent ou pas, et les jurons pleuvent dru à raison d'environ deux *putain*, trois *bordel* et un *nom de Dieu* par phrase. Même pour des gens aussi gaillardement embouchés que les Irlandais, ça représente une belle moyenne.

Lorsque j'étais plus jeune, de temps en temps, ma mère déplorait les valeurs païennes des Anglais, qui erraient à la dérive sur un océan de péché, sans la moindre boussole morale. Je me rends compte à présent qu'elle ne faisait ainsi qu'exprimer son regret inconscient d'avoir du renoncer à l'incomparable beauté naturelle de l'ouest de Cork, pour s'installer dans le dépotoir chimique qu'est le sud-ouest du Lancashire. Quelle ironie, vraiment, que ma mère – comme tant d'autres Irlandais de notre connaissance – ait choisi de vivre précisément à Warrington, ville au centre de laquelle trône la statue de Cromwell, l'homme le plus haï de toute l'histoire d'Irlande ! Quoi qu'il en soit, cette fois-là, ma mère avait été scandalisée par les grossièretés proférées par

1. Roman de John Wyndham (auteur anglais de science-fiction) intitulé : *Le Village des damnés, les coucous de minuit* mettant en scène des personnages d'enfants mi-humains, mi-extraterrestres à la physionomie hallucinée. (*N.d.T.*)

un groupe de jeunes, en particulier un détestable petit rouquin à lunettes, devant le magasin de chaussures Freeman Hardy & Willis de Warrington.

– Quel vocabulaire ! Jamais on n'entendrait quelqu'un parler aussi mal en Irlande !

Maman croyait dur comme fer que les Irlandais ne juraient pas, et en toute honnêteté, je pense que ceux qu'elle connaissait ne le faisaient pas – raison pour laquelle ils ne sont jamais apparus dans les bouquins de Roddy Doyle. Mais l'usage vivant de la langue, qui place les Irlandais parmi les plus grands auteurs de la littérature anglophone, leur vaut aussi d'être d'une grossièreté de première catégorie.

Bien sûr, les Australiens, qui font de la langue anglaise un usage si brillant et coloré, sont également d'une somptueuse grossièreté, mais, à mon avis, ils la doivent intégralement aux irlandais. Les premiers forçats qui s'installèrent en Australie étaient pour la plupart irlandais. On dit même que leur déportation aurait été une tentative anglaise (ratée) de plus pour régler le Problème irlandais. Casser des cailloux sous un soleil inhumain a sans doute très vite enrichi le répertoire des imprécations blasphématoires de l'Irlandais moyen, et c'est ainsi que les sportifs australiens sont aujourd'hui capables de battre les équipes anglaises à la seule force du juron.

Le petit garçon du Baby Hannah vient de se rapprocher, sans me lâcher des yeux, pour essayer de voir ce que j'écris. Bon, très bien.

VA TE FAIRE FOUTRE, FISTON.

Apparemment, ça a eu l'effet escompté.

Je me suis dit que je dînerais d'un petit quelque chose tard ce soir, une fois rentré à l'hôtel, mais en sortant du pub, je passe devant un minuscule restaurant chinois mal éclairé que je n'avais pas remarqué jusque-là. Un coup d'œil à la vitrine et me voici entré. Le menu annonce : « Nouilles sautées : 5,80 £ ». Une affaire.

C'est seulement quand l'addition arrive que je comprends : le prix affiché concernait la vente à emporter. À l'intérieur, assis à table, c'est 8,50 £. La TVA par là-dessus, plus le service, la boisson, le riz, les légumes et un beignet d'ananas, et j'aurais eu de quoi emmener une famille de quatre personnes aux Seychelles pour les vacances de Noël avec en prime un curry.

À douze kilomètres au nord de Skibbereen, se trouve Drimoleague, le village où ma mère a grandi et où mon grand-père s'esclaffait quand la truie essayait de m'assassiner. Ça ne représente qu'une courte distance, mais le paysage devient très sauvage dès qu'on quitte Skibbereen. La nature a l'air d'autant plus rude que Drimoleague est en dehors des principaux sentiers touristiques, donc vierge de tout falbala cosmopolite. La ligne de démarcation est franchie, nous voilà hors de la Zone Nouilles Sautées. Plus qu'une quinzaine de kilomètres de distance jusqu'aux montagnes sauvages, derrière Dunmanway, où les voyageurs New Age anglais ont installé leur campement.

J'ai décidé de passer à l'improviste chez ma tante, qui habite encore la ferme. L'allée bordée d'arbres est toujours là, tout est tel qu'autrefois, mais, curieusement, en beaucoup plus petit. De la barrière de la truie à la porte de derrière, par exemple, il y a qu'une vingtaine de mètres à peine, au lieu des deux kilomètres de mon enfance.

En frappant à la porte – que je ne me rappelle pas avoir jamais vue fermée jusque-là – je suis gagné d'une impatience de plus en plus vive. Quel dommage que ma tante soit partie passer le week-end à Dublin ! Bien entendu, je ne l'apprendrai que plus tard. Pour le moment, je m'attarde encore cinq minutes, le temps d'essayer de retrouver l'atmosphère des étés passés là.

Mes tout premiers souvenirs des voyages en Irlande sont ceux du *Glengarriff*, le bateau qui assurait la liaison entre

Liverpool Pier Head et Cork. Les ferries transportant les véhicules, avec fauteuils à dossiers inclinables, discos et boutiques de parfums détaxés n'existent pas depuis toujours. Le *Glengarriff* était une barge à bétail, équipée en prime d'une quarantaine de couchettes. Je me souviens que mon père m'emmenait voir les bêtes, sous le pont des passagers. Elles étaient parquées dans une sorte d'étable garnie de paille. Pas de saletés de caisses, à l'époque. Tout semblait parfaitement normal. On était bien en peine de deviner si les vaches partaient en vacances, ou si elles en revenaient.

On quittait Pier Head de nuit, départs qui prennent dans mon souvenir des allures de scènes de vieux films avec des hommes portant le chapeau, du brouillard, et des officiers des douanes maniant la craie. Aux petites heures du jour, passée la pointe sud-est de l'Irlande, la traversée devenait quelque peu agitée, quand la houle de l'Atlantique venait gifler la mer d'Irlande. Le mal de mer était grandiose. Les ferries sont peut-être élégants et confortables, mais ils privent la jeunesse de l'inoubliable expérience qui consiste à se trouver aux premières loges quand une vache se met à vomir. On ne peut sans doute pas barrer la route au progrès, mais les départs en vacances sont devenus un peu mornes, sans les projections de dégueulis bovin.

Les prêtres et nonnes malades offraient un spectacle de qualité, eux aussi. On n'a pas l'habitude de voir le clergé aussi vulnérable. En milieu de matinée, cependant, le grand dégobillage cessait quand on entrait dans des eaux plus calmes, à l'embouchure du magnifique port de Cobh, connu sous le nom de Queenstown à l'époque de l'Empire britannique. Cobh fut la dernière halte du *Titanic*, et aussi le principal port d'embarquement des émigrants irlandais vers l'Amérique. Plus de trois millions de personnes sont parties de là en un siècle, dont un ancêtre à moi. Les larmes de leurs proches ont imprégné la ville d'une indéniable mélancolie, bien qu'elle ait de nos jours un côté plus léger.

Il y a un an ou deux, un chômeur de Cobh a gagné à la Loterie nationale. L'une de ses premières actions a été d'acquérir les locaux qu'occupait l'Agence pour l'emploi, et d'en doubler le loyer. Il projette maintenant de faire aménager un restaurant à l'image du *Titanic*, sur le port. Une nouvelle catastrophe de grande ampleur en prévision.

En repartant de Cobh, le *Glengarriff* remontait la rivière Lee jusqu'à Cork. Je me souviens de champs, de part et d'autre, et de gens nous faisant signe pendant que nous nous essuyions le menton. Ils ont l'accueil facile, les Irlandais, mais on ne peut pas s'empêcher de remarquer à quel point ils rechignent à saluer le drapeau anglais. Beaucoup d'Anglais n'arrivent pas à comprendre ça.

Pendant longtemps, je me suis demandé si, par hasard, je n'avais pas imaginé la barge à bétail et les nonnes, mais voilà qu'il y a de cela quelques soirs, dans un pub de Winthrop Street, à Cork, là où de grosses pièces de viande sont débitées au tranchoir industriel par de braves femmes en tablier blanc dont certaines ont encore tous leurs doigts, j'ai trouvé de quoi corroborer mes souvenirs.

Au mur, était encadrée une coupure photocopiée du *Cork Examiner* en date du 23 octobre 1952. En première page, figurait un encart publicitaire :

LIAISONS DIRECTES : PASSAGERS, MARCHANDISES, BÉTAIL
CORK/LIVERPOOL LES SAMEDIS ;
LIVERPOOL/CORK LES MARDIS
PAQUEBOTS-VAPEUR DE CORK, CIE DE 1936
TÉLÉGRAMMES « PAQUEBOTS », CORK

Je m'apprêtais à dire qu'évoquer les traversées qu'on fait pendant l'enfance, c'est se pencher sur des façons de voyager d'une autre époque, mais c'était *bel et bien* d'une autre époque qu'il s'agissait. Avant 1960, on ne partait en vacances à l'étranger que si on avait de l'argent, ou de la famille chez qui séjourner.

Nous, nous avions la famille.

Au village, je visite le cimetière autour de l'église récente qui n'a rien de transcendant. J'y trouve mon grand-père, enterré aux côtés de la grand-tante Hannah et de l'oncle Jack. Son nom est orthographié « MacCarthy », avec un « a » supplémentaire. Comme pour beaucoup d'autres noms ici, c'est une transcription de l'irlandais. Le « a » est facultatif, donc susceptible d'apparaître, puis de disparaître, au fil des générations.

Un homme est en train de nettoyer une tombe tout près de là. Sa voiture est garée à côté, et les Spice Girls braillent par les portières ouvertes. J'avais espéré trouver là un contact ancestral par-delà la tombe, voire l'illumination foudroyante quant à la raison pour laquelle je me sens chez moi sur le sol irlandais. Au lieu de ça, l'animateur radio donne l'antenne aux auditeurs désireux de réagir par téléphone sur la question des chatières.

Par intérêt pour le passé, je décide de traîner un moment dans l'église qui, de toute façon, est bien plus vilaine dehors que dedans. Juste à l'entrée, un feuillet A4 maintenu à l'ancienne à l'aide de deux punaises attire mon regard :

PURGATOIRE ST PATRICK, LOUGH DERG
CENTRE UNIQUE DE SPIRITUALITÉ CELTIQUE,
LIEU D'ÉPANOUISSEMENT ET DE GUÉRISON
PÈLERINAGE DE TROIS JOURS
LES PARTICIPANTS DOIVENT ÊTRE ÂGÉS
DE 15 ANS MINIMUM,
EN BONNE SANTÉ, CAPABLES DE MARCHER
ET S'AGENOUILLER SANS AIDE

JEÛNE OBLIGATOIRE À PARTIR DE LA VEILLE
(MINUIT)
PRÉVOIR VÊTEMENTS CHAUDS
ET IMPERMÉABLES

PRIX : 20 £ (TRAVERSÉE EN BATEAU
ET HÉBERGEMENT INCLUS)

Au bas, en petites lettres, on peut lire :

POSSIBILITÉ DE RETRAITES D'UNE JOURNÉE N'EXIGEANT NI DE JEÛNER, NI DE MARCHER PIEDS NUS.

Purgatoire ?

Marcher pieds nus ?

Voilà qui pourrait tomber à pic : un mélange détonant de flagellation catholique intégriste et de fantaisie celtique New Age, avec en plus rien à manger. Si quelque chose peut m'éclairer sur mon impression d'appartenance métaphysique à l'Irlande, c'est bien ça. Et même si ça ne marche pas, 20 £ pour trois jours, hébergement et tour en bateau inclus, ça reste moins cher que deux plats de nouilles sautées avec TVA.

Je note le numéro de téléphone et me dirige vers la cabine du village. Au bout de vingt à vingt-cinq sonneries, quelqu'un décroche. À la voix, on devine un prêtre aux genoux écorchés. Je lui demande combien de kilomètres il faut faire pieds nus, et si le terrain est très caillouteux.

« Oh ! ne vous en faites donc pas pour ça. On a des dames de soixante-dix ans qui viennent, et des jeunes garçons de quinze ans. »

Une image déplaisante se forme dans mon esprit, que je refoule aussitôt. La mauvaise nouvelle tombe alors : « Les retraites ne commencent qu'à partir du 1er juin. » Quand il raccroche, il me semble bien entendre craquer ses tendons.

Nous ne sommes qu'en mars. Ma révélation sado-masochiste devra attendre.

Dans l'intervalle, j'irai voir ces voyageurs New Age allergiques au savon qui ne sont bons qu'à vivre du chômage, cultiver de l'herbe et picoler du whisky maison dans leurs caravanes de la zone de Dunmanway.

4

Montagne Sauvage

« C'est vrai ce qu'on dit, que vous, les Anglais, vous craignez de rencontrer des Allemands quand vous êtes en vacances ? »

La question m'est posée par un Allemand en vacances. Après le petit déjeuner, nous nous sommes installés au salon pour un petit air d'accordéon – qu'il nous a gracieusement offert, accompagné par son fils à la trompette. Il prend des notes dans un carnet recouvert en cuir.

« Comment nous surnommez-vous en général ? Les Teutons ? Les Fritz ? Ou plutôt les Boches ? »

Gunter est un musicien professionnel bavarois, en vacances en Irlande avec sa famille. À ses moments perdus, il compose une chanson qu'il compte présenter à Londres plus tard dans l'année.

C'est ainsi qu'au lieu de prendre le petit déjeuner à la ferme où ma mère a grandi, comme je l'espérais, je me retrouve dans un pavillon aménagé Feng-shui, à jouer les consultants en langue anglaise pour une pièce satyrique intitulée : *S'il vous plaît, soyez gentils avec les Allemands*. En Irlande, l'inattendu se produit plus souvent qu'on pourrait s'y attendre.

S'il vous plaît, soyez gentils avec les Allemands
Nous ne sommes pas ceux que vous croyez
Notre couleur préférée c'est
Le rose et non
Le brun
Ne vous payez pas notre tête
L'humour allemand ne vaut pas tripette
Mais il est bien organisé...

Après avoir fait chou blanc à Drimoleague, j'ai du rebrousser chemin vers la côte, en quête d'un endroit où passer la nuit. Près de Ballydehob, dans un tout petit pub lino-Formica à clientèle choisie de paysans bardés de fumier, j'ai dîné du plat national des pubs irlandais : le Toast Spécial (un sandwich jambon, fromage, oignons, tomates et tout ce qui traîne dans le frigo ou sur le plan de travail, le tout servi à la température du magma en ébullition). Au mur, une affichette vantait un « Bed & Breakfast – Produits bio » alors j'ai téléphoné et réservé.

Nous sommes hypersensibles en vérité
Depuis la guerre, on préfère baver que défiler
Guindés, arrogants, austères et de sinistre humeur
Tout ça n'est qu'une rumeur
Notre humour vous étonnerait
Bien qu'en 1939, nos gags n'ait pas fait rigoler...

Moi qui rêvait à une vieille ferme, j'ai fini par échouer peu après 11 heures du soir devant un grand pavillon moderne, au bout d'une petite route plongée dans l'obscurité totale. La propriétaire, Doreen, m'avait attendu – pour m'accueillir, bien sûr, et surtout me raconter sa vie.

Il y a de cela cinq ans, son mari l'a quittée. Après vingt-cinq ans de mariage. Sans prévenir. Il est parti un après-midi et n'a donné aucune nouvelle pendant dix-huit mois.

Il vit désormais à San Francisco avec une stripteaseuse. La pièce est envahie de cristaux, de carillons et de livres New Age. Un petit autel païen à la Déesse trône dans le coin, en lieu et place du Sacré-Cœur ou de la Vierge Marie.

« À l'intérieur, c'est non-fumeur, explique Doreen. Moi-même, je fume, en fait, mais dehors. Vous voulez voir le jardin ?

– Demain matin, peut-être, quand il fera jour ?

Elle précise qu'elle a aussi une famille d'Allemands sous son toit, mais qu'ils se couchent tous de très bonne heure.

– Des gens adorables. Lui est musicien. Il m'a demandé de l'aider pour une chanson qu'il compose, en anglais hein, mais aucune idée m'est venue. À mon avis, ça lui ferait plaisir si vous lui donniez un coup de main demain matin. Bon, mais dites, vous mangeriez peut-être quelques sandwiches ? Ou un bout de gâteau ? Je vais regarder *The Late Late Show*[1], vous pouvez vous joindre à moi si vous voulez. »

Mon lit est pourvu d'un de ces abominables alèses en plastique initialement conçues pour faciliter la vie des infirmières soignant les mourants incontinents, qu'on trouve de plus en plus souvent dans les hôtels et les chambres d'hôtes. Ces trucs vous tirent la sueur du corps comme des pompes aspirantes. Autant dormir en K-way dans un sauna. Mon rêve de noyade dans la saumure tiède est interrompu à 7 h 30 par des roucoulades teutonnes soutenues par accordéon et trompette.

Deux guerres mondiales ? Trois coupes du monde,
Voilà ce qui compte,
On mangerait même ce que cuisinent les Anglais
Et on clamerait ensuite qu'on s'est régalés…

1. Émission américaine de divertissements diffusée dans la nuit sur CBS, animée par Craig Kilborn. (*N.d.T.*)

Le petit déjeuner consiste en une énorme assiette d'œufs de poules élevées en plein air, de bacon bio, de saucisses végétariennes, de champignons des bois à l'ail, le tout agrémenté d'un pissenlit. Gunter et moi entamons la conversation, et moins d'une demi-heure plus tard, nous sommes en train de peaufiner les paroles de son œuvre. En fait, on vient juste de se mettre d'accord sur le couplet final.

L'heure n'est plus au repentir, aux pleurs,
Alors merci Rolls-Royce et Rover.

Je lui dis qu'à mon avis, ça fera fureur à Londres. Je règle mes 18 £ à Doreen, qui me donne un reçu et un petit cristal. Quand je me mets en route pour Dunmanway, elle est dans le jardin, en train de faire du tai-chi, pendant que Gunter improvise à la flûte.

Pour aller chez les voyageurs, je dois d'abord trouver Dominic. Depuis ma dernière visite, il a quitté sa roulotte pour une maison sans adresse. « C'est un peu dur à expliquer, m'a-t-il dit quelques mois plus tôt à Brighton. Vaut mieux demander en ville. » De passage chez ses parents, il était venu ce jour-là avec eux à mon anniversaire, en jean et pull noirs avec une minerve blanche au cou. Après douze ans d'Irlande, il ressemblait à une pinte de Guinness.

Les douze kilomètres qui séparent Drimoleague de Dunmanway, je les connais plutôt bien. Quand j'étais gosse, il y avait une foire aux bestiaux à Dunmanway, les mardis je crois, et j'y accompagnais l'oncle Jack. On s'asseyait dans la carriole, derrière le cheval, et mon oncle me laissait parfois prendre les rênes, bonheur grisant pour un citadin de huit ans fou de Lone Ranger. Quand il a vendu le cheval et acheté un tracteur, le rêve s'est évanoui. La mécanisation a amélioré les ressources des petits fermiers, mais de nos jours, les enfants grandissent dans un monde sans chevaux, sans carrioles, sans meules de foin. Quel romantisme trouver dans l'ensilage ?

À mi-distance des deux villages, une petite station-service fait aussi épicerie. En payant mon essence, j'avise, sur le comptoir, un carton de pains blancs tout chauds et de scones[1] aux raisins. Calé par le petit déjeuner – je n'ai même pas pu finir le pissenlit – je dois me contenter d'acheter le journal, avant de repartir.

J'ai déjà parcouru un bout de chemin quand soudain, je réalise que j'arrive chez Dominic les mains vides. Pour tout arranger j'ai appris en route qu'il a été malade. Une sale pneumonie attrapée en travaillant sur les toits par mauvais temps. Ou bien après un soir de fête, pour s'être endormi par terre dans un tipi. Lui-même ne savait plus très bien. Il avait fait un séjour à l'hôpital, chez les religieuses de Bantry qui réveillent les malades tous les matins au point du jour pour la prière, mais à ce que l'on m'avait dit, il s'en était remis. De la pneumonie aussi. Le moins que je pouvais faire, c'était de lui apporter quelque chose de nourrissant.

Je fais demi-tour, roule une dizaine de minutes. La femme est toujours derrière son comptoir. « Rebonjour ! » lance-t-elle en se demandant comment j'ai pu consommer autant d'essence en si peu de temps.

« Je n'ai pas pu résister à votre pain.

– Ah ! c'est sûr, il est vraiment bon. C'est une ancienne pâtissière qui nous le fait. Elle habite par là-bas dans la campagne, et nous livre trois fois par semaine, les lundis, mercredis et vendredis. »

Je prends un pain et quatre scones, et pendant qu'elle emballe le tout, je me surprends à révéler des détails de ma vie personnelle totalement étrangers à la transaction. Mes gènes irlandais doivent commencer à prendre le dessus.

1. Petits pains nature, aux raisins ou aux fruits confits, servis chauds avec le thé, qu'on ouvre pour les garnir de beurre, confiture ou crème fouettée. (*N.d.T.*)

« Ma foi, je vais justement voir un ami qui a été malade, dernièrement, alors je me suis dit : qu'est-ce qui pourrait lui faire plus de bien qu'une bonne odeur de pain chaud ? Et me revoilà.

La femme me tend le pain et les scones.

– Eh bien ! vous lui direz, à votre ami, que le pain, c'est un cadeau de la maison, et qu'on lui souhaite de se rétablir bien vite. Ça vous fera juste 1 £ pour les scones. Allez, au revoir. »

À l'entrée de Dunmanway, une pancarte annonce fièrement : « Village le plus propre de l'année 1982 ». Aucune mention de ce qui s'est passé depuis.

Le bourg se résume à une petite place animée, au carrefour de trois routes. Les foires auxquelles m'emmenait mon oncle, quand les rues et les pubs étaient bondés de centaines de fermiers, relèvent de l'histoire ancienne. Aujourd'hui, un véhicule de fonction typique de l'ouest de Cork – un tracteur – est garé parmi les Toyota et les Volkswagen. Son propriétaire, un fermier célibataire hirsute, doit être en train d'acheter ses surgelés et ses légumes en boîte au supermarché. C'est ça, le progrès.

Dunmanway s'est surtout développé au XVIIe siècle – comme beaucoup d'autres bourgs de l'ouest du comté de Cork. Les Anglais s'y étaient alors implantés, dans une sorte d'enclave. Trente familles anglaises, en 1700, d'après les archives, vivaient là. Eh bien ! ils ont à nouveau investi les lieux. Pas des propriétaires de bateaux friqués comme à Kinsale, Glandore ou Schull, mais des hordes de cradingues, de hippies, de camés, de païens et de voyageurs new-age. Dans les deux cas, on trouve un politicien anglais à l'origine de l'invasion : Oliver Cromwell d'abord, puis Margaret Thatcher, dont le perçant regard réprobateur (et les forces de l'ordre) ont poussé un grand nombre de jeunes marginaux britanniques à poursuivre leur vie dissolue de l'autre côté de la mer d'Irlande. Ce qui a dû faire profondément jubiler la dame.

Au cours d'un débat télévisé diffusé il y a peu par une chaîne irlandaise, j'ai vu un homme d'affaires milliardaire décrire sa rencontre avec Mrs. Thatcher, lors d'une réception officielle, à Londres.

« D'où êtes-vous originaire ? lui demanda-t-elle.

– De Cork, répondit l'homme.

– Pouah ! s'exclama la Dame de Fer en tournant les talons.

– Ne vous frappez pas, vieux, fit alors Denis Thatcher en guise de consolation. Prenez plutôt un gin-tonic. »

Je loue une chambre dans un petit hôtel bar des abords de la ville, annoncé comme « familial », « deux étoiles » et, chose plus inquiétante, « catégorie B ». Elle est équipée d'une petite télé posée sur un socle métallique fixé tellement haut qu'il faudrait grimper sur l'armoire pour pouvoir la regarder. Il y a, comme annoncé, de quoi se faire du thé et du café, et même ces petits berlingots de lait UHT qui ont tant amélioré la condition humaine. Je jouis d'une vue imprenable sur le toit de la discothèque. J'engloutis les pots de flan vanille offerts aux clients, dont un est cassé, avant de partir à la recherche de Dominic.

Mon plan est simple : attendre qu'apparaisse un type à dreadlocks, ou n'importe quel clodo traînant un accent anglais et un chien au bout d'une ficelle, et lui demander s'il connaît Dominic. Étrange tout de même que, parmi tous les points de chute possibles, cette nouvelle vague d'émigrés anglais ait justement choisi Dunmanway, le petit trou paumé de mon enfance… En remontant vers la place, je reconnais la maison de tante Annie, la sœur de ma grand-mère. C'était là qu'elle vivait, toujours vêtue de noir de la tête aux pieds – d'après mes souvenirs, en tout cas –, dans un dénuement quasi médiéval : pas d'eau courante, une cuisinière à tourbe, et son pauvre vieux mari infirme, l'oncle Willy, enveloppé dans une couverture sur le canapé.

On était allé la voir un dimanche après-midi, en sortant de table après un repas pantagruélique, à Drimoleague, de poulet, de jambon, de chou et de pommes de terre. On n'avait pas plus tôt franchi le seuil que des bouteilles de *stout* avaient surgi pour mon père et moi, bien que je n'avais que quatorze ans à l'époque, et détestais la bière. Ma mère, mes sœurs et mon petit frère avaient eu droit à des boissons sans alcool, puis Annie nous avait offert à son tour – nous n'avions pas osé refuser – un déjeuner pantagruélique de poulet, de jambon, de chou et de pommes de terre. Gavés jusqu'aux oreilles, déchirés de culpabilité à la vue des quantités de nourriture qu'on nous servait – de quoi subvenir aux besoins de ma tante et de Willy pendant un an – on avait fait passer le tout à la force du poing pendant qu'Annie nous couvait d'un regard ému en attendant d'apporter le dessert. Le temps de dire une courte prière, et il était déjà l'heure de regagner Drimoleague, où une table surchargée de viande froide et de pommes de terre chaudes nous attendait. Sans oublier les sandwiches à la disposition de ceux qui auraient eu un petit creux avant d'aller se coucher.

Après avoir patienté une demi-heure sans repérer le moindre individu ressemblant même de loin à un gratteur de chômedu ravagé par la dope, je renonce, comme plus d'un explorateur intrépide avant moi, pour une station au pub. La plupart des Américains, ou quiconque ne connaîtrait pas le sud-ouest de l'Irlande, pourrait penser qu'une telle démarche dénote un problème d'alcoolisme, mais je ne vois pas en quoi le fait de boire une pinte ou deux dans la journée serait un signe de débauche, surtout quand on est loin de chez soi. Ça vaut mieux, en tout cas, que d'aller jouer au golf dans je ne sais quelle île perdue, comme un si grand nombre de crétins. Au lieu de la morne clientèle de comités d'entreprise, animée par un agent immobilier ou un flic à la retraite, qui peuple à l'heure actuelle les pubs dans la campagne anglaise – et je n'insiste même pas sur leur locaux infestés de soupe musicale et de mobilier pseudo-ancien, dans lesquels des couples furtifs consomment côte à côte des pommes de terre cuites au micro-ondes – en Irlande, au moins, on trouve encore des bouges familiaux typiques sans plats chauds ni décoration d'intérieur, de véritables temples d'hospitalité, de conversation et de picole. Ils n'auraient pas de prix si, en plus, ils servaient du café, mais, ne rêvons pas, ce n'est pas encore près d'entrer dans les mœurs. Comme je suis le seul client, je m'assois au bar et je commence à lire le journal. La patronne observe une attitude tout à fait inhabituelle dans cette partie du monde, qui consiste à me laisser entamer la conversation, mais je doute de toute façon qu'elle connaisse Dominic. Elle n'appartient pas à la même génération, et n'a pas une tête à frayer avec un ramassis de fêtards païens d'Anglais. Cela dit, elle vend de la poudre à priser derrière le bar, à 69 pence la boîte, alors sait-on jamais.

La journée a l'air fertile en faits divers éthyliques : LES JOURS ALLONGENT. BIENTÔT LES FÊTES DU CIDRE EN PLEIN AIR ! s'exclame un gros titre à la une, mais à mieux y regarder, l'article semble affirmer qu'il s'agit là d'une perspective affligeante. Il est également question d'un procès en cours qui éclaire sous un jour nouveau la politique officielle sur la consommation d'alcool en soirée. « Un patron de pub qui ne respectait pas l'heure légale de fermeture s'est vu infliger une amende de 50 £… Mr. Delaney a déjà à son actif neuf condamnations au même motif. » Le pauvre doit être mort de trouille à l'idée de se faire choper une nouvelle fois.

Mais la patronne ne résiste pas longtemps à sa curiosité naturelle. Je demande un paquet de cacahuètes et la voilà qui accourt ventre à terre, en me demandant si par hasard, je ne serais pas en vacances dans le coin. L'individu qui aime à s'entourer d'une aura de détachement énigmatique, ou qui apprécie tout bonnement la solitude, a intérêt à fuir comme la peste les petits villages du sud-ouest de l'Irlande.

« Je cherche quelqu'un dont j'ai fait la connaissance en Angleterre. Mais je ne pense pas que vous…

– Un des gars de la Montagne Sauvage, c'est ça ? Ce sont pas de mauvais bougres, allez. Ils se sont construit des maisons superbes, là-haut. Ah ! bien sûr, il s'en dit des bêtises comme quoi ils vivraient tous du chômage et tout ça. Ma foi, il y en a qui le touchent, ça c'est sûr, mais ils sont bien moins subventionnés que les fermiers, et d'ailleurs, personne a rien à leur reprocher. Et ça, au moins, c'est réinvesti dans l'économie de la région. Moi je dis que c'est le Bon Dieu qui redistribue les richesses de Dublin à sa manière, et de toute façon, ces gens sont bien plus à leur place ici que tous ces richards d'Anglais et d'Allemands qui achètent les maisons pour les laisser vides cinquante semaines par an. Moi, ce que j'en dis, c'est qu'ils ont leurs façons à eux de se détendre et de s'amuser, mais bon, on en est tous là, hein, et vous saviez qu'ils ont monté leur propre équipe de cricket ? D'ailleurs, dès la première année, ils ont remporté la coupe. Tenez, regardez ! »

Je m'efforce de suivre. Elle attrape une photo encadrée juchée sur une étagère, à côté du doseur à gin. Les voilà donc : onze velus en pantalon blanc de cricket, tout sourire, l'air vainqueur, et pour autant qu'on puisse en juger, pas plus défoncés que Ian Botham[1].

« Vous ne connaîtriez pas quelqu'un qui s'appelle Dominic ?

– C'est pas lui qui est venu jouer avec le groupe, hier soir ? Il a été bien malade, vous savez. Une pneumonie. Mais il va mieux, maintenant. Un garçon adorable.

– Vous pourriez m'expliquer où il habite ? Il m'a dit que c'était un peu compliqué.

1. Célébrité du cricket au sourire particulièrement sain. (*N.d.T.*)

– Ah ! oui, un peu, je suppose. Mais je crois quand même que c'est assez facile une fois qu'on sait où ça se trouve.

Certes.

– Je peux vous donner son numéro de portable, si vous voulez. »

Deux heures plus tard, chez Dominic, je peux méditer à loisir sur la complexité d'une existence avec portable, mais sans salle de bains ni W.-C. L'intérieur de la maison ressemble à une brocante récemment fouillée par des cambrioleurs dérangés avant d'avoir pu emporter quoi que ce soit. Guitares, cannes à pêche, outils, assiettes, jouets, chapeaux, bâtons, légumes, un accordéon, des livres, un mors, des rênes, un arc, un ampli et quelques animaux se disputent l'espace laissé libre entre les rares meubles délabrés. Il y a là un évier traditionnel en pierre et une cuisinière en fonte comme chez tante Annie, mais en plus anciens. Le petit Merry, qui a sept ans, n'arrête pas d'entrer et sortir à toutes jambes, et de temps à autre, me gratifie affectueusement d'un tir de son fusil à fléchettes entre les deux yeux.

« Ça a l'air d'un vrai bordel, hein ? dit Dominic avec un grand sourire. (Il ouvre deux cannettes de Murphy et exhume un paquet de papier à cigarettes coincé sous le chat.) Mais je sais exactement où trouver ce que je cherche. »

Il n'a pas eu la vie facile, et n'a pas toujours pris soin de lui. Ça se voit à son allure : il fait plus vieux que ses trente-quatre ans. Après avoir été vagabond New Age un temps en Angleterre, il a débarqué un week-end en Irlande pour un festival. Douze ans, trois gosses et une roulotte de gitan plus tard, il est propriétaire de sa maison. Et dans un pays qui, par tradition, exporte ses jeunes gens en Angleterre comme main d'œuvre dans le bâtiment, lui est devenu maçon.

La vue se déploie sans obstacle vers le nord-ouest, jusqu'aux montagnes. La ville est à neuf kilomètres. La maison et un grand bout de terrain lui ont coûté 12 000 £, ce qui ne lui aurait même pas permis d'acheter une place de parking à Brighton. C'est un deux pièces en duplex nécessitant travaux, comme dirait un agent immobilier en masquant un sourire sarcastique. Pour quiconque arrivant tout droit de son cottage anglais joliment retapé, ou d'un pavillon irlandais moquetté de frais, ça pourrait passer pour une bauge à hippie. À moins que ce fouillis d'outils et de combustible, d'enfants et d'animaux, de musique et d'alcool, entassés sous un seul toit – par un individu ne réussissant pas à joindre les deux bouts –, soit une résurgence de la manière de vivre irlandaise rurale par ailleurs disparue.

« T'as vu mon bonnet ? »

Il trône sur l'étagère entre une photo de ses parents, quelques carottes et une épée. Je l'essaie. C'est chaud et confortable, au toucher on dirait de la laine brute, d'un obscur hybride péruvien de chèvre et de lama.

« Mes dreadlocks ! Je me le suis tricoté moi-même quand je les ai fait couper. Ça m'a payé quelques pintes en ville, quand les fermiers essayaient de deviner en quoi il pouvait bien être… »

Il ramasse l'accordéon et commence à rugir d'une voix rauque mélodieuse, les yeux clos, la tête renversée en arrière, en se balançant d'avant en arrière. Ses mains, égratignées, couvertes de poussière de ciment et de brique, sont aussi abîmées que les touches du vieil instrument italien. Merry s'asseoit sur mes genoux en faisant des grimaces, les joues gonflées comme par d'énormes bonbons. Puis il met les doigts dans sa bouche et en sort les deux bidules métalliques qu'il a découpés dans les cannettes de Murphy. J'admire. Je n'avais encore jamais vu de bidules.

Deux femmes nous ont rejoints pendant la musique, une Irlandaise et une Écossaise. Elles arborent des tatouages voyants et d'ahurissants piercings au visage, mais elles ont l'air d'avoir beaucoup d'affection pour Merry, qui de toute évidence ne déteste pas les caresses. La chaîne crache un accompagnement de reggae, à présent. Dom précise que ç'a toujours été une maison à fêtes. Le couple qui y habitait avant lui jouait aux cartes pendant des nuits entières. Quand il a emménagé, un vieux se pointait souvent au beau milieu de la nuit, avec une bouteille de whisky, pour venir jouer au poker. Il tapait au carreau, puis en voyant Dominic, il se souvenait que les précédents occupants avaient déménagé. « Oh, bordel ! s'écriait-il. Tu taperais pas un petit carton quand même ? »

Sur le coup de 7 heures, on démarre à la poussette une voiture curieusement équipée d'une plate-forme juste à l'endroit où devrait se trouver le siège du passager, et c'est ainsi que je me retrouve embarqué dans une java qui devrait durer jusqu'au dimanche soir, minimum.

Nous sommes vendredi.

« Moi, ce que j'en pense, c'est qu'on est en train de repeupler un endroit qui s'était vidé à cause de la famine et de l'émigration », déclare Dominic.

Le long chemin plein d'ornières sur lequel on s'éssouffle, à pied, mène à une ruine au sommet d'une colline. Je ne crois pas que la chignole de base aurait survécu. Les moustiques attaquent, tandis que Merry discute avec son grand-père sur son portable en plastique. Un petit vent du soir, frisquet, porte jusqu'à nous une musique tendance afro-celtique-anarcho-psychédélique. Je me sens aussi à ma place qu'un leader du parti conservateur au carnaval de Notting Hill. J'affecte une mine détendue. Après tout, quelle est la pire chose qui puisse m'arriver ? Que quelqu'un me prenne pour un gars des Stups, ou pour une balance, et conséquemment me colle une rouste qui me laisse sur le carreau, me bourre de crack, de champignons hallucinogènes et de colle à sniffer, avant de me jeter en pâture à l'énorme chien-loup bâtard qui vient de me renverser dans un buisson de fuchsia ?

Il y a peut-être pire que ça. On pourrait m'obliger à jongler avec des torches, moi aussi.

« Allez, viens, lance Dominic. Je vais te présenter Danny. »

Nous sommes chez Danny, et c'est son anniversaire. Il a fait une affaire encore meilleure que celle de Dominic : 7 000 £ pour mille deux cents mètres carrés de terrain et quatre murs en pierre qu'il retape depuis six ans, en dehors de ses cinq jours de travail par semaine en tant que maçon. Combien de maçons anglais y a-t-il dans le coin, au juste ? Et si un Irlandais est taxé de Paddy[1], sur un chantier anglais, comment appelle-t-on un ouvrier anglais par ici ? Un Nigel ? Un Jeremy ?

Danny est un petit homme d'une trentaine d'années, aux cheveux noirs en brosse. Il porte une boucle d'oreille en argent et un pantalon en cuir noir, mais je n'irais jamais critiquer les goûts vestimentaires de quelqu'un le jour de son anniversaire. Il parle avec un fort accent du Norfolk, bien qu'il soit en Irlande depuis maintenant neuf ans. Pas les moyens de vivre dans le Norfolk, explique-t-il, vu que les gens qui vont bosser à Londres tous les jours font grimper les prix. Fallait pas compter acheter même un appartement dans un HLM en ville ; pas moyen de vivre en nomade vu les préjugés, la législation, les plaintes à propos du tapage nocturne. Alors qu'ici, il y a la place. Il dit que la maison est habitable depuis six mois.

Ça fait six ans qu'il y vit avec sa femme et ses enfants.

« Mais regarde un peu ça, mec. »

Nous sommes au sommet d'une colline qui dégringole dans une petite vallée bordée de montagnes de l'autre côté.

« Quand tu vois ça le matin, au réveil, et qu'en bas, c'est tout plein de brume… jamais on aurait pu vivre comme ça en Angleterre. »

Est-ce qu'il se sent intégré à la population locale ?

1. Diminutif irlandais du prénom Patrick, ou Padraig. (*N.d.T.*)

« Irlandaise ? Non. Les gens me tolèrent, mais je serai toujours un étranger. Ça sera peut-être différent pour les gosses, un jour ou l'autre. Mais je ne resterais pas là si je m'y plaisais pas. »

Fier comme tous les nouveaux propriétaires, il me fait visiter sa maison. Il n'y a pas l'électricité, simplement des bougies et des lampes à huile. Pas l'eau courante non plus, alors il a creusé un puits. La cheminée de la grande salle est tellement vaste qu'il y brûle des bûches de deux mètres cinquante. Une bûche de cette taille, c'est un arbre, non ? Une mezzanine en construction court tout autour de la salle. Et la fête bat son plein.

Il doit y avoir là une trentaine d'adultes, et presque autant d'enfants. Les premiers, comme dans toutes les fêtes du monde, s'entassent dans la cuisine sans raison apparente. Ils braillent, rigolent et se déchirent la tête selon leur moyen de prédilection. Un vendredi soir comme partout ailleurs, en somme, avec juste un peu plus de piercings. Je constate avec étonnement que ça ne dérange pas les adultes de se laisser aller devant les enfants. Un tas de gens trouveraient à y redire, mais d'un autre côté, les gosses ne restent pas tout seuls, gardés par un étudiant maussade payé 3 £ de l'heure.

Ils n'ont pas l'air non plus d'appartenir à je ne sais quel quart-monde marginal, contrairement aux gamins hippies qui empoisonnaient tout le monde dans les foires et les festivals où je me produisais avec le Cliffhanger Theatre, dans les années 1980. Ceux-là, avec leurs regards hallucinés, leurs batiks, c'étaient des sous-monstres tout droit sortis de *Sa majesté des mouches*[1]. Beaucoup d'entre eux, m'a-t-on dit, gagnent aujourd'hui des petites fortunes en tant que DJ et producteurs de musique branchée à l'usage de la génération post-ecstasy. Mais bon sang, c'étaient de véritables pestes, à l'époque : ils venaient foutre la pagaille sur

1. Roman de William Golding. (*N.d.T.*)

scène, ils sabotaient les spectacles. Et puis un jour, un comédien bien frappé a débuté sa représentation en leur pissant dessus. Certains disent que le Flower Power est mort le jour où les Hell's Angels ont tué un spectateur à Altamont[1], en 1969, mais la plupart d'entre nous considère que le moment décisif, ce fut celui-là.

Les gosses présents ce soir ne sont pas du même acabit. Les garçons se contentent de faire du kick-boxing, les filles sont polies, curieuses, et dansent chaque fois que la musique n'est pas trop déjantée. À l'oreille, ils ont tous l'accent anglais, mais quand je leur demande s'ils sont anglais ou irlandais, la réponse est invariablement la même :

« Irlandais, bien sûr. »

Une heure plus tard, Dominic beugle de vagues ballades en chancelant au milieu de la cuisine. Danny déballe un cadeau et en sort un soutien-gorge bleu lavande. Il se déshabille et le met, salué par des sifflets, des rires, des flashes et de la tequila. Un type très gros, très vociférant, très excité, me tend une bouteille d'un liquide transparent, mais parano comme je suis, je fais passer quand il ne regarde pas, des fois que le breuvage ait été coupé avec une substance louche. Puis j'en viens à me demander si ma parano ne serait pas due à une substance déjà ingurgitée. Je finis par me trouver débile, à traînailler comme ça dans ma voiture de location, avec mes souvenirs sentimentaux, dans le pays où eux, ils vivent pour de bon. C'est moi, qui aurais dû l'acheter, cette ruine, mais nul comme je suis, il aurait fallu que j'engage un maçon. Anglais, probablement.

Je me retrouve devant la flambée de troncs, en train de discuter avec Dessy, un des rares Irlandais de la soirée. Derrière nous, un type à coupe de cheveux futuriste qui a l'accent de l'Essex vacille, les yeux clos, au rythme d'une

1. Concert tristement célèbre des Rolling Stones. (*N.d.T.*)

bande-son imaginaire, pendant que son fils lui tient la main. Une clameur s'élève de la cuisine quand Danny remet le soutien-gorge. Dessy et moi évoquons nos souvenirs des Frères chrétiens. Il me parle de son prof de latin, Frère Théodore.

« Il était grand, ce salaud, mais grand. Grand, maigre et mauvais, avec un crâne chauve, une tête d'ampoule. Il nous faisait corriger les copies de nos potes, et à chaque mauvaise correction, on se prenait une beigne. Comme ça – il s'interrompt – chacun prenait part à la souffrance des autres. »

En général, les gens qui ont eu affaire à ce genre de traitement ajoutent : « Ma foi, ça ne m'a pas traumatisé. » J'ai l'impression que Dessy, lui, en a gardé des séquelles.

« Il régnait un climat de terreur abominable, dans ce cours ! D'avance, on savait qu'un tiers du temps serait consacré à des violences physiques. Après, le Frère se détendait. Comme s'il s'était libéré de je ne sais quelle tension. »

Moi mon prof de latin aussi aimait bien nous tabasser. Mais c'était un laïc, pas un Frère. Il faisait mine de nous mettre une droite dans la figure et nous flanquait une gauche en traître, là où ne l'attendait pas. Il était craint, mais admiré en même temps : ma classe étant composée en majorité de supporters de rugby à treize qui savaient apprécier un gnon bien ajusté.

Dessy a une quarantaine d'années, des yeux verts perçants, et semble toujours sur le qui-vive. Certes, il a fait des études, mais il donne l'impression d'avoir morflé en route. Il sort une bouteille de limonade de sa veste et propose fièrement :

« Whisky maison. Le meilleur de toute la région ! »

Cette partie du comté de Cork a toujours été réputée pour sa gnôle de grande qualité. Mais qu'est-ce qui me dit que c'en est vraiment ? Et si elle avait été coupée à l'eau de Javel, ou au cirage ? Ou pire, au Bailey's ?

« Ça fait cinquante ans que ce type-là distille. Plus pur, y a pas. Meilleur que celui du commerce, ça c'est sûr. Tiens, goûte. »

Je décide de tremper les lèvres, mais sans avaler. C'est doux, fumé, et je n'ai pas la sensation de devenir aveugle.

« Un petit truc pour faire passer ? »

Dessy me montre deux cachets dans le creux de sa main. Il en avale un avec un peu de whisky. Je me cramponne à l'idée qu'il fait partie de ces mordus de la santé qui prennent leur complexe vitaminé tous les soirs.

« Non merci, je vais devoir reprendre le volant dans un moment pour rentrer.

– Faut pas partir tout de suite. C'est super doux, comme acide. La soirée va pas tarder à devenir beaucoup plus marrante. »

Marrante ? Pardi ! Le bon vieux mélange whisky-acide devrait arranger ça... C'est dans des moments comme celui-là qu'une vie entière passée à lire les faits divers de la presse à scandales prend tout son sel.

De retour au Catégorie B, comme je ne décèle aucun signe de paralysie due au whisky maison, j'en commande un officiel au bar. Il est loin de valoir son cousin illégal. Comme il est trop tard pour manger, je file à la chignole de base chercher le pain que j'ai oublié de donner à Dominic, et le rapporte en catimini dans ma chambre. Quand on a été élevé dans les bons principes, c'est fou comme on arrive à se culpabiliser pour des broutilles.

Je regarde la télé, le temps de boire mon whisky et de manger mon quignon de pain. Le débat de deuxième partie de soirée, en irlandais, porte sur les subventions accordées aux arts. Une jeune femme branchée en baskets, avec un anneau au sourcil, ponctue son élégante diction irlandaise de « quoi » et de « je veux dire ». Mais bon, quoi, c'est intéressant, je veux dire, que ce genre, disons, de tics verbaux arrive, je veux dire, à transcender les langues, quoi ! La météo irlandaise prend le relais, mais mes paupières s'alourdissent et mon menton dodeline dangereusement sur ma poitrine. Avant de dégringoler, je descends de l'armoire et me mets au lit.

Le lendemain matin, je trouve à la réception deux jeunes femmes blêmes, grises et replètes à qui la lumière du jour et des aliments non frits feraient le plus grand bien. L'une d'elles me conduit jusqu'à une petite salle à manger sans fenêtres, à laquelle on accède par une fausse porte voûtée. Il y a là sept tables. Toutes jonchées des reliefs gerbatifs de précédents petits déjeuners : graisse de bacon figée, jaune d'œuf solidifié, toasts froids, thé visqueux, Weetabix délétère gorgé de lait. Tous ces déchets-là devraient déjà être enfouis. Seule, une expertise médico-légale permettrait de déterminer de quand ils datent. La moquette gluante recèle des proliférations fongiques rares.

« Installez-vous à n'importe quelle place libre.

– Merci, mais à laquelle ?

Elle glousse.

– Je n'ai pas encore eu le temps de les débarrasser toutes. »

Tu veux dire que tu n'en as pas débarrassé une seule, grosse feignasse, me dis-je pendant qu'elle s'en prend à la plus proche, qu'elle déblaie d'un avant-bras puissant comme un bulldozer. Avant de détourner les yeux, j'entrevois l'image cauchemardesque de vestiges de boudin noir et de fond de théière dégoulinant dans un bol de muesli entamé déjà à demi-figé. Elle chasse quelques miettes récalcitrantes d'une main ornée d'un Elastoplast hors d'âge.

« Petit déjeuner formule complète ? »

J'acquiesce. Comment faire un esclandre alors qu'on m'a témoigné tant de bienveillance, cette semaine ? Soudain, les baffles déversent un pot-pourri tonitruant d'airs traditionnels irlandais, dont le générique de « Skippy » et celui de « Match of the Day[1] ». Un petit mélange de whisky et

1. Grand classique de l'émission de sport, diffusé par la BBC. (*N.d.T.*)

LSD me semblerait moins nocif. La sonnerie réconfortante d'un four à micro-ondes – succès garanti, quel que soit le restaurant – annonce que le réchauffage est terminé.

« Attention, l'assiette est brûlante, » déclare la fille en me la posant sur la main. Deux œufs au plat durs comme du bois me lorgnent du fond de l'assiette, aussi roides et agressifs qu'une paire de petits seins siliconés. Ils virent au violacé sous l'effet de la chaleur, et menacent d'exploser d'une seconde à l'autre. Une saucisse ouvertement hostile et du bacon rose comme du jambon de Parme complètent le festin. La serveuse lâche sur la table une tasse et une soucoupe, puis une de ces théières en inox qui versent toujours de travers, avant de filer à la cuisine reprendre une louchée de ce à quoi elle carbure.

Je verse un peu de thé dans ma tasse et beaucoup sur la nappe. Le thé a une drôle de teinte caramel foncé. Et je n'ai pas encore versé de lait ! Il doit déjà contenir un ingrédient lacté. Oh ! mon Dieu, non, pas ça. *Elle m'a servi le fond de tasse de quelqu'un d'autre !*

En repassant à la réception, j'annonce à son amie que j'ai un empêchement et que je ne vais pas pouvoir rester.

« Ah ! mais de toute façon, vous auriez pas pu. C'est complet. On a une noce. »

Les mariés vont être contents du voyage.

Les prix débutent à 28 £, petit déjeuner compris, mais il reste peut-être encore un bout de pain dans la chambre 7, sur l'armoire.

En allant chez Dominic, hier, une pancarte indiquait une auberge de jeunesse, à trois kilomètres de la ville. Je décide d'aller y jeter un œil, à contrecœur. Comme je traverse la place en voiture, j'aperçois des gens de la noce en redingote et cols durs qui attendent, impatiemment, l'ouverture des pubs. Un vieil homme tient à la main une canne à pommeau d'or.

Je ne me suis jamais remis de ma première expérience en auberge de jeunesse. C'était au cours du fameux voyage scolaire à Stuttgart. On dormait tous dans le même dortoir. La deuxième nuit, Mr. Chisholm, notre prof d'allemand, un fou furieux, m'a tiré d'un profond sommeil en me sommant d'arrêter de jouer l'endormi et d'avouer que j'étais l'auteur des bruits incongrus. Il m'a jeté en travers de la couchette supérieure et m'a fessé le pyjama à coups de pantoufle devant tous les autres. Deux jours plus tard, Mengele s'amenait avec ses suppositoires. C'était pas ma semaine, faut croire.

Depuis, j'ai toujours fui les auberges de jeunesse sous prétexte qu'elles devaient regorger soit de randonneurs à dents de lapin qui astiquent leurs pommes et repassent leurs chaussettes, soit de jeunes routards branchés pratiquant les échanges d'adresses, de drogues et de petites amies. Deux options aussi déprimantes l'une que l'autre. Mes voyages d'aventurier fauché, moi je les ai passés à dormir par terre dans les salons de malheureux inconnus dont les adresses m'avaient été refilées par d'imprudents Australiens bourrés.

L'auberge de Dunmanway n'abrite que deux autres clients : un Anglais au crâne ovoïde qui a l'air – je sais qu'on ne devrait pas faire de généralités – d'un pédophile en goguette, et un cycliste allemand brun de poil arborant une déplorable petite moustache en ticket de bus. Un charmant Français du nom d'Éric me fait faire le tour des installations. J'admire la vue splendide et je choisis ma chambre : une roulotte de gitan reconvertie, dans le parc, à 10 £ la nuit. L'endroit étant trop exigu pour y faire quoi que ce soit d'autre, je m'y repose un moment, avant de me lancer à la recherche de Dominic.

Il n'est pas encore rentré. Je me perds dans la montagne, en cherchant la maison de Danny, avant que d'un coup, me vienne une idée de génie : et pourquoi ne pas l'appeler sur son portable ? Personnellement, je trouve la vie bien plus agréable quand, à certains moments de la journée, on n'est joignable pour personne. D'un autre côté, je me suis souvent demandé comment les hommes d'affaires s'en sortaient avant l'ère des téléphones mobiles. Comment informaient-ils leurs femmes qu'ils étaient dans le train ?

Finalement, Dominic est à cinquante mètres de là, sur le parking d'un supermarché, à Dunmanway. Faute d'avoir moi-même un portable, j'ai dû en effet retourner en ville pour trouver une cabine. Dom a la voix un brin cassée, mais, pour quelqu'un qui s'est couché à l'aube sur un tas de gravats, je le trouve en forme. Merry est resté chez Danny avec les autres gosses pour continuer la fête, si bien que son père et moi pouvons vider une pinte avec les invités de la noce, histoire de nous mettre en train avant de repartir pour la Montagne Sauvage.

Les voyageurs New Age ont commencé à affluer là dans les années 80. Au début, ça a soulevé un tollé, alimenté par la presse locale, mais depuis, les choses se sont calmées. Quand on aborde la colline, on remarque quelques habitations insolites, certaines couvertes en chaume, d'autres de bâches, plus deux ou trois mobile-homes. L'ancienne ambulance garée dans un pré pourrait bien être celle qui, jadis, vendait des chapeaux farfelus et du tofu à Glastonbury. Mais pas trace de misère sordide, ni de cultures extensives de cannabis gardées par des junkies armés de machettes. Le moraliste de province vindicatif qui chercherait de quoi s'indigner aurait du mal à trouver, – jusqu'à ce qu'il avise certain gigantesque bâtiment de ferme délabré en béton, aux fenêtres borgnes ou en passe de le devenir…

On y entre à pied par une brèche béante dans le portail, droit dans une jungle de mégafuchsias et d'orties géantes. Pas une mauvaise herbe n'a été fauchée, pas un coup de peinture passé, même vite fait mal fait, depuis une bonne vingtaine d'années. L'arrière de la maison, orienté au sud, est baigné d'un soleil radieux. Deux chats roux dorment au milieu d'un amas de cannettes. Un type d'une cinquantaine d'années, assis dans l'embrasure de la porte, sur une chaise en bois, garde le regard rivé au sol.

Il porte une chemise blanche sale à carreaux bleus et jaunes, un cardigan vert boutonné jusqu'en haut, le tout sous une veste de chasse élimée. Les bottes en caoutchouc, et le pantalon gris, sans doute d'une autre couleur au départ, trahissent un authentique célibataire. Il a un visage rond et plein, et une tignasse châtain abondante, quoiqu'un peu crêpue, implantée presque au ras des sourcils, comme s'il portait une perruque mal ajustée. Ça ne peut pourtant pas être un accident de postiche. L'homme est trop soûl pour en porter une.

« Pete, je te présente Stephen, le propriétaire de la montagne. »

Le type lève la tête, sourit. Dominic lui tend une cannette de blonde hollandaise forte en degrés, sortie d'un sac en plastique et s'en ouvre une à son tour. Je décline, en espérant ne pas avoir l'air asocial, bien que les convenances, ici, n'aient pas l'air de poser de problème. Sa longue chevelure épaisse donne à Stephen des airs d'Oscar Wilde, en plus âgé, et avec pellicules. Il a les idées embrumées, mais le cerveau fonctionne, et son petit sourire engageant révèle que, du fond de son demi-abrutissement, il est parfaitement conscient d'être à demi abruti.

Je m'assieds à côté des chats, dans l'allée en ciment envahie de végétation.

« Les chats ont l'air en forme, Stephen, lance Dominic.

– Oueilleuh… mmmh… gngn… chatons… blorrrrh, juste là.

– Combien de petits ?

– Ah ! ça, j'en sais rien, pas regardé, encore. Quelques-uns, d'après les bruits. »

Il désigne une porte de placard, sous l'escalier juste derrière lui. J'aimerais voir ce qu'il y a d'autre dans cette maison, derrière les lambris éclatés et les portes pourries, ou en haut de l'escalier défoncé, mais je crains de trouver des choses innommables. Ça pue très fort dans les parages, comme si quelque chose était mort dans le coin – ou bien c'est son pantalon ? Il m'offre une cigarette Major, sourit, et dit que c'est bien agréable d'avoir de la visite. Sa situation pitoyable m'émeut. La ferme familiale a été sacrifiée à la bouteille.

En venant, Dominic m'a expliqué que ce type-là possédait autrefois la majeure partie de la montagne et des terres alentours. Il y a quinze ans, il a commencé à louer des parcelles aux nouveaux arrivants anglais, puis, pour gagner un peu d'argent, il s'est mis à vendre du terrain. Et c'est ainsi que, de flacons en ivresses, tout a été dilapidé au rayon alcool, pendant qu'il louait et vendait ce qu'il lui restait de terres pour se maintenir à flot. Après un long silence, Stephen se plaint que certains locataires ne paient plus les loyers. Dom lui suggère gentiment que, peut-être, il a pu encaisser et oublier.

« Ah ! ça, c'est possible. »

Grand sourire à nouveau. Un moment, il retrouve un peu d'allant, s'emporte même jusqu'à traiter son avocat de voleur et d'enculé. Puis il me prend par le bras.

« Je vais te dire un truc, petit gars. Si c'est vrai ce qu'on dit, que le whisky c'est mauvais pour la santé, et ben moi ça fait des années que je devrais être mort. »

On le laisse à la contemplation des ruines du château McCarthy, dans la vallée, même si le somptueux panorama est complètement masqué par des orties d'un mètre quatre-vingts.

« Revenez quand vous voulez, les gars, ça fait plaisir d'avoir de la visite. »

Dominic lui passe le bras autour des épaules.

« Allez, à bientôt Stephen. Et bon courage. »

Je m'attendais à trouver une sorte de communauté, mais en fait, c'est un village qu'ils ont construit : diverses familles, couples et célibataires vivant sur leur terrain privé, partageant le même genre d'aspirations, mais menant des existences indépendantes.

« C'est pas mal. Autrefois, c'est comme ça qu'on vivait dans les villages, chez nous en Angleterre, mais tout a changé. »

Davie est un costaud de trente ans, originaire du Devon. On est assis dans l'herbe devant son mobile-home délabré, à côté de la maison qu'il est en train de construire. Plus loin, en contrebas, il a planté un verger. Des poneys broutent sur notre gauche.

« En Angleterre, tout a changé dans le courant des années 1970. Tout s'est modernisé, uniformisé. Il fallait que tout le monde vive de la même façon, et les particularités régionales ont commencé à disparaître. Les citadins sont venus s'installer à la campagne, mais ils ne parlaient pas aux gens du coin. Et maintenant, tout le monde a son alarme domestique et son 4x4 pour amener les gosses à l'école. Je déteste ce que l'Angleterre est devenue. Jamais je pourrais retourner y vivre. »

On rentre se faire du thé. Sur un poster, au mur, un extraterrestre fume un joint, avec pour légende : « Tu me présentes ton dealer ? » Je demande comment ça se passe avec la Garda[1].

« Oh ! ils savent ce qu'on fabrique. C'est un petit monde, les nouvelles circulent. Tu vois, on aurait monté un labo à coke ou va savoir quoi, ici, ça serait autre chose, mais c'est pas notre truc, et ils le savent. On a des dégaines un peu choc, et on aime bien faire la fête, mais on travaille dur pour vivre, et on aime nos gosses. Ça, je crois que les gens du coin apprécient. »

1. Police irlandaise. (*N.d.T.*)

Plus haut dans la montagne, se trouve le foyer collectif que Dominic a construit avec les autres. Ils y ont posé un dallage en pierres de la montagne taillées et maçonnées de leurs propres mains. Il y a là un bar sans alcool, des jouets pour la garderie, et une grande citation de Bob Marley s'étale sur le mur : « One world, one love, let's get together, it'll be all right[1]. »

On passe devant des cases, des rotondes, un truc genre yourte et un dôme. Je ne peux m'empêcher de penser aux permis de construire. Et si les instances concernées envoyaient les bulldozers ?

« Je crois pas que quelqu'un vienne un jour nous exproprier. Ça leur ferait trente familles à reloger, plus de cent personnes. »

Laurence, un type calme et mesuré, portant les dreadlocks, est le père de cinq enfants. Il habite la maison la plus extraordinaire que j'ai jamais vue : une chaumière à la Hansel et Gretel. Dans l'immense salon, un tronc d'arbre encore en terre fait office de fauteuil, parmi des meubles plus conventionnels. Récemment, il a agrandi en installant un jardin d'hiver, sur le devant. Là encore, tout est dallé en pierre locale, sauf devant la fenêtre du jardin d'hiver, où des fleurs poussent en pleine terre, dans une plate-bande. On est haut dans la montagne. En Angleterre, un million de livres sterling ne suffirait pas à s'offrir une vue pareille.

« De toute façon, poursuit-il, quand une construction date de plus de cinq ans, plus personne ne peut rien dire, il y a moyen d'obtenir un permis rétroactif. »

Laurence, lui, est couvreur, spécialiste des toitures en chaume. Il travaille dans tout le comté de Cork. Ils ne sont pas nombreux à perpétuer la technique. Les gens viennent le regarder travailler, explique-t-il, ils ont envie d'en discu-

1. Mot à mot : un même monde, un même amour, unissons-nous, et tout ira bien. (*N.d.T.*)

ter, de parler du passé qui disparaît. Ses gosses fréquentent l'école du village – une des femmes de la montagne y est institutrice – et il se sent chez lui, à présent, pour de bon.

« Tu as le sentiment d'être intégré ? »

Il réfléchit, et sourit.

« J'ai pas de liens de famille par ici, alors bon, je resterai toujours un étranger. On est une communauté au sein d'une communauté, je suppose, mais je m'en accommode. C'est des braves gens, les Irlandais. »

Les gosses bouquinent, ou regardent le cricket à la télé. Je demande à leur père s'il va à la fête chez Danny.

« Je me fais un peu vieux pour ce genre de trucs. Je crois que, ce soir, je vais rester là regarder une vidéo. Tu reprendras du thé ? »

Le soir, vers 9 heures et demie, je dépose Dominic au bout du chemin qui mène chez Danny et rentre à Dunmanway. Je meurs de faim. Le temps de me garer, il est largement plus de 10 heures. Le mieux qu'il me reste à faire, c'est de retourner à l'auberge de jeunesse et d'engloutir ce que le pédophile et le cycliste auront eu la naïveté de laisser dans le réfrigérateur. Quoique à la réflexion, le *Shamrock Bar*, qui donne sur la place, ait l'air engageant. Il me semble vaguement qu'avec l'oncle Jack, on y allait les jours de marché. Un panneau, derrière la vitre, annonce : *Repas de 12 à 14 heures*. Je suis en retard de huit heures et vingt-cinq minutes.

À l'intérieur, l'éclairage est tamisé et par chance, il n'y a pas de télé, pas de juke-box, pas de Van Morrison, de Shane McGowan ou de Saw Doctors[1], rien que le brouhaha paisible d'une vingtaine d'individus en train de discuter. Pendant que le patron laisse reposer ma pinte, je lui

1. Chanteurs et groupe de rock irlandais de réputation internationale. (*N.d.T.*)

demande si par hasard, je pourrais trouver de quoi manger à cette heure un samedi soir.

« Je peux vous faire de la soupe et un sandwich, si vous voulez.

– Ça serait parfait.

– Attendez voir, j'aurai peut-être même mieux à vous proposer. »

Au bout d'un quart d'heure, il arrive à ma table avec une énorme assiette fumante de poulet, de jambon, de chou et de pommes de terre. Le festin commémoratif de la tante Annie, un samedi soir, à 11 heures moins dix, dans un pub qui ne sert pas de repas ! Je regagne ma roulotte, heureux.

Le vent forcit, secoue les volets, il commence à pleuvoir, mais à l'intérieur de la roulotte je me sens en sécurité. Ça rappelle un peu la première nuit sous la tente quand on est gosse, et cette sensation d'être bien à l'abri, quand la pluie martèle le double-toit. Je me redresse, essaie de lire un peu de l'histoire de Dunmanway trouvée sur une étagère de l'auberge, mais le présent occupe trop mes pensées.

Ils m'impressionnent, ces gens que je viens de rencontrer. Par la forte conscience qu'ils ont de leurs droits, la façon dont ils ont pris en main leur existence. Vu qu'ils remettent sur pied des ruines et repeuplent une région dévastée par l'émigration, ils mériteraient à mon avis d'être subventionnés plutôt que persécutés. D'ailleurs – sans faire entrer le catholicisme en ligne de compte – on voit bien qu'ils reviennent aux valeurs que la majeure partie de l'Irlande s'est dépêchée de laisser tomber ces trente dernières années. Celles d'une vie fruste, gagnée à travailler dur, à récolter ce qu'on a planté, à réparer les vieux engins ou à les désosser pour récupérer les pièces, à creuser des puits, et à se débrouiller pour maintenir un toit au-dessus de sa tête.

Je suis sûr que certains vieux Irlandais voient dans cette existence sans électricité, qui burine les mains, un rappel choquant de leur propre passé. Pourtant, la plupart des gens font bon accueil aux membres de la communauté. Personne ne les montre plus du doigt dans la rue. Clodos ? Musique de dingues ? Fêtes ? Week-ends de soûlerie ? On ne peut pas dire que ce soit franchement nouveau, dans la région.

Je me surprends à lire et relire une page sur les origines de Dunmanway en tant qu'enclave anglaise. Dans un sens, l'histoire est en train de se répéter. Les immigrants d'alors furent rapidement assimilés. La nouvelle génération s'est organisé une vie à part, mais peu à peu, par le biais du travail, de la musique, des pubs et de l'école, elle s'intègre. Détail décisif, les enfants se sentent eux-mêmes Irlandais, et d'ici une ou deux générations, leur origine anglaise sera tombée dans l'oubli. On conduira les touristes amateurs de patrimoine dans la montagne pour leur montrer les curieuses maisons anciennes. « C'est là que vivaient les hippies anglais, leur expliquera le guide. Mais la région ne compte plus que des Irlandais, de nos jours. »

Au moment où j'éteins la lampe de chevet, un cri étrange déchire la nuit : sans doute un renard, ou un oiseau. Ou un des autres résidents de la maison qui glapit d'extase. Je me lève pour boucler ma porte, mais il n'y a pas de clé.

Le lendemain, à l'heure du déjeuner, je remonte chez Danny pour dire au revoir à Dominic. Un feu de camp finit de rougeoyer devant la maison, mais personne ne danse au son du drum'n'bass assourdissant qui s'élève d'un petit chapiteau, apparu après ma dernière visite. Une poignée de gens assis autour du feu sirotent des boissons chaudes, l'air ravagé par la fête. Dessy gît endormi, ou mort, au fond d'une carriole. Les gosses, eux, ont toujours l'air aussi en forme. Un gamin de douze ans montre à un petit de sept ans comment jongler avec des torches. Ça ne se passe pas trop mal. En tout cas, pour l'instant, aucun des deux n'a pris feu.

J'ai l'impression d'avoir découvert Dominic. Qu'il ait fait quelque chose d'aussi positif et personnel d'une vie qui, à un moment donné, ne semblait plus mener nulle part m'épate. Au cours du week-end, beaucoup de ses amis m'ont dit qu'ils enviaient mes liens de famille, que mes ancêtres irlandais représentaient de vraies attaches. Il y a peut-être du vrai là-dedans, mais je ne peux pas m'empêcher de penser que Dominic, lui, a réussi à établir un lien bien plus profond avec ce pays.

Planté au bout du chemin, il regarde ma voiture s'éloigner. Avec son visage tanné, buriné, sa grosse veste en tweed, son pantalon informe, ses grosses bottes et sa casquette, il n'a plus du tout l'air d'un marginal anglais, mais de ce qu'il est devenu : un campagnard à l'ancienne, qui fait son possible pour élever sa famille, joindre les deux bouts et prendre du bon temps, dans un petit coin sauvage d'Irlande.

5

Bateaux et avions

« Alors, Liam, sur quel fleuve est bâtie Louxor ?
– Euh... le Danube ? »

Le soleil brille et les ajoncs sont en fleurs tandis que je roule en direction de l'aéroport de Cork. La veille de boucler mes deux semaines de séjour, j'ai fini par venir à bout du « mode recherche permanent », sur la radio de la chignole de base. En fait, il suffisait de maintenir enfoncée la touche que je martelais depuis quinze jours. Un de ces quatre matins, quelqu'un réinventera le système du bouton qu'on tourne pour chercher les stations, et on criera au génie technologique.

L'influence de l'Église catholique a décliné ces deux dernières décennies, à mesure que se répandait la pratique des questions directes d'auditeurs à la radio irlandaise. C'est là, désormais, qu'une nation entière confesse ses plus noires hérésies et ses déviances sexuelles les plus ahurissantes à une nouvelle prêtrise composée de disc-jockeys à la langue bien pendue. La radio offre un anonymat cathartique, et un sentiment d'autojustification qui font bien défaut quand il s'agit d'avouer les mêmes turpitudes à un soi-disant célibataire au cœur de pierre, un samedi soir, au fond du confessionnal, pendant que, tout près de là, nos voisins, assis en rang d'oignons rajustent leur sous-vêtements, l'oreille aux aguets.

« Kathleen, vous êtes en route pour le comté de Sligo où vous allez fêter votre vingt et unième anniversaire. Pouvez-vous me dire qui a écrit *Il importe d'être constant*[1] ?

– Euh… Benjamin ? Benjamin Constant ? »

À l'heure actuelle, on peut normalement compter sur la radio irlandaise pour régler à l'amiable une palpitante kyrielle de conflits mettant en cause des évêques ivres de testostérone ou des fermiers bourrelés de remords avouant qu'ils ont tripatouillé l'élastique de la petite culotte d'une baby-sitter à demi illettrée. Mais voilà que j'ai droit au deuxième épisode du jeu-concours matinal. Or la 16e Règle du Voyageur déclare : *Si exotique que soit le pays visité, le questionnaire du jeu-concours de la radio locale anéantira impitoyablement chez le voyageur tout appétit de vivre.* En traversant Bandon, à une demi-heure de distance de l'aéroport, la situation connaît une brusque amélioration quand j'entends parler d'un projet visant à installer un grand lampadaire au sommet de Croagh Patrick, la montagne la plus sacrée d'Irlande, qui se trouve au diable dans le comté de Mayo. La lumière en question illuminerait le monde entier, ou du moins le comté, et serait le symbole de la foi irlandaise. Le cerveau à l'origine de ce projet controversé appartient à un type du nom de Gerry, qui a l'air d'avoir bien pensé son truc.

« Dites-nous, Gerry, avez-vous réfléchi au problème de l'alimentation électrique ?

– Euh, ben, on a envisagé toutes les possibilités, hein, mais le mieux, ça sera de creuser une tranchée jusqu'au sommet.

– Une tranchée jusqu'au sommet de Croagh Patrick, Gerry ?

– Ouais, c'est ça.

– Et vous avez pris contact avec le propriétaire de la pelleteuse ?

1. Pièce d'Oscar Wilde. (*N.d.T.*)

– Ben, euh, c'est qu'en fait, j'en ai une à moi, de pelleteuse.

– Mais dites-nous, Gerry, qu'est-ce que vous envisagez comme aménagements là-haut, au sommet de Croagh Patrick ? Est-ce que vous…

– Ben, en fait, juste un grand lampadaire, quoi.

– Un bar à burgers, peut-être, un café, quelque chose du même genre ?

– Ah ! ben ça, non. Juste un coin pour pique-niquer, ça serait super.

– Qu'est-ce que saint Patrick a bu, tout là-haut ? On a une idée là-dessus, Gerry ? »

Quand j'arrive à l'aéroport, le pauvre Gerry est en train de se faire massacrer par les auditeurs fous de rage qui le traitent de blasphémateur, d'idiot congénital, et lui précisent que le sommet de Croagh Patrick est dans les nuages neuf jours sur dix. Le moral de Gerry est en chute libre, car il a sans doute déjà commencé à creuser la tranchée sacrilège et se dit qu'il va probablement en baver, maintenant, pour tout remblayer. Si ça se trouve, il a déjà acheté le câble électrique.

Je gare la chignole de base dans un terrain vague truffé de nids-de-poule, parmi une douzaine de ses semblables, avant de me diriger vers le hall des départs.

Mis à part la fois où, après avoir distraitement mangé tout un paquet de chips rances en attendant mon avion à l'aéroport de Dar es-Salaam, j'ai cherché les dernières miettes au fond et me suis aperçu que ça grouillait de fourmis, je ne connais pas de moment plus déprimant, dans un voyage, que celui où l'on rapporte une voiture au guichet de location de l'aéroport. Personne, bien sûr, au bureau d'accueil. Le jeune employé pas vraiment qualifié de la compagnie nous a vu arriver et s'est planqué sous le comptoir en espérant qu'on va glisser les clés dans la boîte et s'en aller. Ce qui permettra à la compagnie de nous envoyer un formulaire de carte de crédit, chose infiniment plus confortable que d'assister à vos réactions à la lecture de la facture.

Je reste planté là deux ou trois minutes, et tout à coup, le jeune homme surgit de sous le comptoir, l'air faussement étonné. À en croire son badge, il s'appelle Ruaraigh, et il est totalement écarlate. Les explications qu'il s'apprête à me donner doivent le gêner d'avance, ou alors il n'était pas seul sous ce comptoir.

« Ah ! euh… bonjour, hèh, je ne vous avais pas vu arriver. Je cherchais un rouleau de papier pour le fax. Je peux vous aider ? »

Les réflexes commerciaux reprennent alors le dessus et Ruaraigh oublie jusqu'à mon existence, celle de la chignole de base, et cherche laborieusement l'introuvable dossier.

« Désolé de vous faire attendre, Mr. McCarthy. »

J'ai déjà calculé de tête combien tout ça allait me coûter. Treize jours, arrondissons à deux semaines, à… combien, déjà ? Vingt-deux livres quatre-vingt-quinze par jour. Disons 165 £ par semaine. N'oublions pas la TVA, plus quelques assurances que ces enfoirés ne mentionnent jamais, et on arrive à 380 £, mettons 400 pour faire bonne mesure, prix exorbitant vu les sièges de mauvaise qualité, l'absence de système de verrouillage central et l'image de paria qui va avec le véhicule, mais bon, c'est le monde dans lequel on vit.

« Et voilà, Mr. McCarthy. Désolé de vous avoir retenu, hein. »

Au lieu d'une facture toute simple annonçant : *Voiture, deux semaines, 400 billets*, l'imprimante se met à cracher des colonnes incompréhensibles de chiffres couvrant au bas mot trois feuilles à en-tête. Ça prend un peu la tournure de la liste des prestations non comprises sur la note d'un hôtel Happy Mondays. Quand la machine se tait, Ruaraigh arrache la liasse, détache la bande latérale perforée et jette un coup d'œil au total avant de me tendre le tout avec un grand sourire crispé.

« Jésus-Marie-Joseph ! mais c'est pas possible ! »

Cette lamentation désespérée toute proche émane d'une grande femme en état de choc dans son survêtement de velours incongru. Elle a en main la facture que vient de lui remettre la compagnie Budget si joliment nommée. Je consulte la mienne, et me sens pris de nausées.

« Six cent trente-deux livres ?

– Oui, monsieur. Six cent trente-deux livres trente-quatre. C'est de la devise irlandaise, je vous le rappelle, Mr. McCarthy. »

Je me sens tout cotonneux et l'espace d'un instant, je sombre dans la confusion mentale. Devise irlandaise ? Mais qu'est-ce qu'il raconte ? Y aurait-il une contrepèterie qui m'échappe ?

« Compte tenu du taux de change, ça ne fait donc plus que…

– Six cent trente-deux livres trente-quatre pour louer deux semaines une caisse à savon pareille ? Mais bon sang, comment ça se fait que les locations de bagnoles coûtent si cher, dans ce pays ?

– Pas deux semaines, monsieur, seulement treize jours.

– Exact. Ça fait donc au moins une journée de location à déduire, non ? Il y a forcément une erreur quelque part.

– Eh bien ! non, Mr. McCarthy. En fait, la première semaine, vous avez bénéficié du tarif hebdomadaire qui est de, voyons, 210 £ plus TVA, mais la deuxième semaine n'est pas complète, vous me suivez ? Elle ne totalise que six jours, ce qui fait, au tarif journée, je vérifie sur ma calculette : 223,95 £ plus TVA.

– Alors c'est plus cher pour six jours que pour une semaine ?

– En effet, monsieur, à cause du tarif préférentiel sur le forfait, vous comprenez.

– Mais je pourrais peut-être payer pour une semaine complète et vous rendre la voiture un jour plus tôt, comme ça tout le monde y gagne, non ?

– Je ne peux pas faire ça, Mr. McCarthy, à moins que vous conserviez la voiture jusqu'à demain. À ce moment-là, ce sera effectivement moins cher. C'est ce que vous souhaitez faire ?

– Mais nom de Dieu, qu'est-ce c'est que tous ces suppléments, là ?

– Ça, monsieur, c'est l'assurance : 11 £ par jour.

– Quoi ?

– Ah ! mais c'est que vous avez paraphé le contrat ici, là et là, vous voyez ? L'assurance garantit une couverture tous risques. Le montant de la TVA apparaît là, là et là. »

Et ainsi de suite. Une avalanche de frais. Assurance optionnelle, assurance spéciale, assurance dépannage, assurance sur les biens mobiliers, frais de bureau, service en chambre, vidéo pour adultes, consommation de gaz, pourboire facultatif et deux pizzas Quatre-saisons, le tout s'élevant au faramineux total annoncé.

« Et ça, qu'est-ce que c'est ?

– Le prix à la journée, monsieur. Tarif spécial BBC.

– Mais je ne travaille pas à la BBC, bon sang !

– Ah, mais c'est que l'ordinateur vous a enregistré comme personnel BBC, Mr. McCarthy.

– Ce n'est pas le cas. J'ai travaillé pour eux une fois, il y a deux ans de ça, un point c'est tout.

– Donc ça doit venir de là. Pour l'ordinateur, vous êtes personnel BBC, donc la tarification spéciale est appliquée.

– Qui est de 30 £ par jour. Alors que moi, j'ai signé pour 22,95 £.

– C'est le tarif BBC, monsieur.

– Sept livres de plus par jour que le prix ordinaire ?

– On dirait bien, monsieur, hin hin. D'ailleurs, à mon avis, il serait temps de renégocier cette clause. Il doit y avoir un bon moment que personne ne s'est penché là-dessus. »

Un jeune boutonneux sournois aux oreilles en feuilles de chou, portant une chemise au logo de l'entreprise, surgit soudain et tend un papier à Ruaraigh.

« Écoutez, ce que je peux faire, Mr. McCarthy, c'est envoyer une demande à la direction pour qu'on recalcule votre facture sur la base du tarif normal, au lieu du tarif BBC. Je ne peux rien vous promettre, mais bon, peut-être qu'ils vous feront une petite ristourne.

– Merci Ruaraigh, j'apprécie.

– Le seul problème, monsieur (coup d'œil de mauvais augure au papier remis par le sournois à la tête de chou), c'est qu'apparemment, il y a eu des dégâts sur le véhicule.

– Mais c'est impossible, je viens de la garer à l'instant sur le parking, nom d'un chien !

– Je n'en doute pas, monsieur, mais nos employés l'ont inspectée. »

Tête-de-chou, un peu en retrait, me dévisage avec un air de gargouille revancharde.

« Il y a un pare-brise fêlé, monsieur.

– Un minuscule éclat, en effet, de la taille d'une tête d'allumette. Causé par un gravillon, mais votre garantie tous risques doit couvrir ça.

– Oui mais la franchise de 75 £ reste à votre charge, Mr. McCarthy. »

Cette fois, je fonds presque en larmes en comprenant que la seule chose vraiment garantie, c'est que je me suis fait pigeonner dans les grandes largeurs.

« Avec ça, le plein n'a pas été fait, monsieur. On vous comptera donc 7,50 £ d'essence. C'est toujours plus avantageux de faire le plein avant de rapporter la voiture, parce que nous, on est obligés de vous le facturer au prix fort. »

Ce putain de réservoir n'était pas plein quand j'ai pris la voiture. C'est toujours comme ça, avec les bagnoles de location. L'aiguille passe du plein aux trois quarts dès qu'on sort de l'aéroport, parce que derrière les sourires faux cul des types de l'accueil, sur les parkings d'aéroport du monde entier, des jeunes sournois frais émoulus de l'école, tous calibrés à l'identique, gavés de vapeurs d'essence, tètent des durites pour siphonner les réservoirs et couillonner le client.

« Ce qui fait donc un total de 714,84 £, pour être précis. »

Moins la ristourne de non-personnel BBC, bien entendu, si j'en vois jamais la couleur. Pour moins cher que ça, j'aurais pu acheter une voiture.

L'aller simple Cork-Londres, en revanche, coûte 21,30 £, un de ces vols à prix plancher qui font qu'on se demande comment la compagnie peut s'offrir les services d'un pilote qualifié. Juste avant le décollage, soit longtemps après l'heure, la famille qu'il a fallu attendre finit par se pointer. Je les avais repérés au bar : trois gosses, la mère, le père, et un beau-frère en liberté provisoire, arborant diverses variantes de l'intégrale Manchester United, sauf maman, qui a opté pour une réplique Glasgow Celtic, bien qu'un de ses tatouages célèbre Manchester aussi, me semble-t-il.

Le placement est libre, à bord de ces vols, comme dans les bus ou aux urgences des hôpitaux. Visiblement très en forme, la famille, qui a sans doute préféré filer incognito avant l'arrivée des assistantes sociales, s'installe quelques rangées devant moi, sur la droite. Seul, le plus grand des rejetons, un gosse de neuf ans, sosie de Paul Gascoigne[1], se trouve relégué plus loin dans la travée, à côté de moi. Quand il proteste, puis se met à hurler, son oncle – bière entamée à la main, paré au décollage – arrive et menace de lui en coller une, puis lui donne une cannette de Coca et un sachet format familial d'où s'élève un fumet de chips crevettes et crackers périmés goût tabac russe. On n'a pas encore quitté la piste que, déjà, le gosse a descendu le Coca et gobé les amuse-gueules Technicolor. Au moment où on commence à rouler tout doucement, il entonne un crescendo monocorde, « M'man, m'man, m'man », qui

1. Joueur de foot adulé en Grande-Bretagne. (*N.d.T.*)

passe totalement inaperçu auprès des autres membres de la famille, de plus en plus animés, qui en sont maintenant à disputer des parties de bras de fer. Il a juste le temps de bredouiller « M'man, j'vais dégueuler » et le voilà qui renvoie Coca et chips périmées par le nez et la bouche à la fois, comme je ne peux pas manquer de le remarquer de si près. Par chance, une femme assise de l'autre côté de la travée bondit aussitôt avec un sac étanche spécial-vols-prix-plancher, si bien que je m'en sors sans plus de dégâts que quelques éclaboussures bénignes.

À mesure qu'on prend de l'altitude et que la toile de mon pantalon moucheté commence à gentiment se raidir sur les parties couvertes d'éclaboussures, je réfléchis aux raisons qui me poussent à interrompre ainsi mon voyage. J'ai décidé de passer beaucoup plus de temps dans l'ouest de l'Irlande, mais, juré, plus en voiture de location. Et puis je ne peux pas faire le pèlerinage de Loch Derg avant le mois de juin. Et de toute façon, le travail m'appelle.

Enfin, pas exactement le travail, mais une de ces mascarades imposées par les équipes dirigeantes et qui empoisonnent un si grand nombre d'entreprises, tout particulièrement la télévision. Plusieurs fois par an, les cadres supérieurs de la BBC, de Channel 4 et ITV quittent leur poste pour aller faire la même chose sur une chaîne concurrente. Là, ils virent aussitôt le personnel en place pour faire venir les copains qu'ils avaient dans leur poste précédent. Puis ils annulent les programmations et confient à un échantillonnage représentatif de spectateurs diurnes – des groupes composés de caractériels incapables d'assumer un emploi – le soin de déterminer les attentes du public.

Pendant ce temps-là, les scénaristes des quatre coins du pays sont sommés de trouver des idées palpitantes, nouvelles, originales – « Faites-nous savoir ce que nous voulons » – qui passent ensuite à la trappe au profit d'émissions sur les animaux de compagnie, la cuisine, le jardinage et le bricolage domestique, ou un peu plus de feuilletons à la con. Cette fois, j'envisage de leur balancer l'histoire de deux chiens malades qui changent de maisons. Pendant la durée de l'échange, ils sont soignés par des vétérinaires sexy, leurs niches et jardins respectifs subissent des transformations, puis ils meurent, et Ainsley Harriott[1] les passe au barbecue. Il me faudra à peu près un mois pour voir les divers profiteurs, charlots et snobinards qui se font appeler producteurs en Angleterre, et ensuite je pourrai retourner en Irlande aussi longtemps que ça me chante.

Au moment d'atterrir à Stansted, une altercation féroce éclate, causée par la gamine de trois ans assise au milieu de la rangée qui précède la mienne. Elle a passé la totalité du vol debout sur son siège, à faire des bonds en donnant de grands coups de tête dans l'épaule de la femme assise côté hublot. La mère de la gamine est assise devant mon Dégueuleman – qui avale son deuxième Lion à grand renfort de Seven-Up – et pas d'erreur, c'est un cas.

Trente et quelques années, blanche et irlandaise, elle porte une longue tunique biblique brodée, au bas de laquelle dépassent les jambes d'un pyjama rayé, des sandales d'ermite et un voile bleu façon Vierge de crèche – tableau harmonieusement complété par une couche de cinq centimètres de fond de teint orange (comme en ont les harpies du rayon cosmétiques, chez Boots), un brillant à moue rose tyrien et un mascara charbonneux appliqué à la truelle.

On a tellement l'habitude de situer les gens sur l'échelle sociale d'un seul coup d'œil, en Angleterre, qu'on reste contrarié quand l'image d'ensemble, comme dans le cas de cette femme, est tout bonnement indéchiffrable. Elle doit appartenir à une de ces fumeuses sectes intégristes catho-

1. Grand cuisiner qui anime des émissions culinaires sur les chaînes télévisées de la BBC. (*N.d.T.*)

liques qui rejettent les livres et le paracétamol. La malheureuse a sans doute eu droit à un baptême par immersion, peut-être même dans des charbons ardents, et on l'a contrainte à pratiquer la polygamie à répétition avec des types maigres à barbes blanches coiffés de bonnets au crochet, dans des immeubles mal chauffés du comté de Sligo ou du Suffolk.

Cette existence a visiblement eu des répercussions sur la petite, qui est perturbée et totalement ravie de l'être. Pendant le temps de vol, la mère a mollement tenté de la calmer en lui serinant son mantra, « Tu veux une claque ? », une bonne cinquantaine de fois. À moins que ç'ait été « Tu veux du crack ? ». Je ne sais pas trop. En tout cas, c'est maman qui a eu droit aux claques, finalement : une première fois quand la petite a soigneusement examiné le jouet qu'on venait de lui donner pour la calmer, avant de le lancer à bout portant sur le visage de sa mère, puis une deuxième fois quand, sans prévenir, la gamine a gratifié la même d'une méchante droite dans la mâchoire. Là, on sent bien que sitôt de retour à l'ashram, la gamine va lui tomber dessus en beauté.

« Alors, c'était quoi cette histoire de claques, dans l'avion ?

– Mais rien, ma chérie.

– Amène-toi un peu ici, maman ! »

Au moment où s'abaisse le train d'atterrissage, maman, la femme côté hublot et deux hôtesses se débattent toujours avec la gamine pour la forcer à s'asseoir et boucler sa ceinture. L'angelot pousse des hululements à retourner l'estomac de n'importe qui. Celui de Dégueuleman, en tout cas : cette fois, il se dispense de prévenir. Il se contente d'éructer une fois, avec un bruit d'oie malade, avant de gerber avec une violence incroyable. Un mouchetis de fragments de Lion baveux, telle une pluie de météorites, s'incruste sur le voile bleu. La mère du gosse déboule dans la travée et lui colle une bonne beigne.

Le prestige dont s'auréolaient les voyages en avion commence à faiblir. La prochaine fois, pour renouer avec l'atmosphère sereine de mon enfance, j'irai en Irlande par le ferry.

Un bon mois et demi plus tard, me voici dans un pub au pays de Galles. attendant le ferry de nuit à destination de Cork. Ma dernière traversée remonte à plus de vingt ans, aussi je suis en proie à ce que j'appellerai, faute d'un autre terme, une forte impatience nostalgique. Pour des raisons énigmatiques, la télé perchée à l'angle du bar diffuse Jimi Hendrix en noir et blanc. Il jouait *Purple Haze* à mon arrivée dans le bar et il en est maintenant à *Hey Joe*. Tiens, voilà Noel Redding, à côté de lui. Les cinq ou six clients du pub regardent comme s'ils voyaient ça pour la première fois. Le trajet jusqu'au ferry m'a-t-il fait remonter aux années 1960 ? Rien, dans ce bar, ne témoigne du passage des trente dernières années. Ce que j'y vois de plus moderne, c'est du Formica et des grattons. Je n'ai jamais compris comment on pouvait ingurgiter des couennes poilues à l'apéritif.

J'espère que la voiture ne craint rien, dehors. C'est une grosse berline Volvo, un tank de vingt ans ou presque, mastoc, bleu, totalement ringard, qui ne m'a coûté que 290 £. Qu'est-ce que tu dis de ça, Ruaraigh ? Moins cher qu'une semaine de location ! Je l'ai trouvée à Brighton, dans un petit garage au fond d'une ruelle, pas loin de la gare. J'ai essayé l'engin, discuté les 400 £ du prix initial, conclu le marché, et je suis parti avec. Six cents mètres plus loin, l'embrayage a lâché, plus moyen de passer les vitesses, et je suis tombé en rade au beau milieu de Old Shoreham Road. J'ai dû appeler l'Association Automobile[1].

1. La AA, vénérable institution britannique, joue dans la vie des automobilistes un rôle beaucoup plus important que son équivalent chez nous, l'Automobile Club. (*N.d.T.*)

Comme il n'y avait pas cinq minutes que j'avais acheté cette voiture, je ne savais pas encore ouvrir le capot, et ç'a été un grand moment de honte. Le type de la AA n'a pas caché qu'il me prenait pour un couillon. Dire que, quand j'étais gamin, les adhérents étaient salués avec tous les égards. Qu'est-ce qui a bien pu se passer pour qu'on en arrive là ?

Cela dit, je me serine que mon Tank reste une affaire, surtout si on fait abstraction des 720 £ investies à ce jour en réparations. Plus la vignette, le contrôle technique, l'assurance avec malus, et la facture de Ruaraigh par là-dessus – la ristourne annoncée ne s'est jamais matérialisée, soit dit en passant –, me voilà déjà délesté de deux mille livres. Et je ne suis même pas encore en Irlande. Je le disais à l'instant : je suis au pays de Galles, comme un con.

J'ai dû répéter trois fois ma commande avant que la serveuse me serve une pinte de bière. Ils ne m'ont jamais aimé, les Gallois. Une fois, à l'Arms Park de Cardiff, le stade était tellement bondé pendant un match Angleterre-Galles qu'il n'y avait plus moyen de bouger, et à la mi-temps, les spectateurs des gradins d'en haut nous ont pissé dessus parce qu'on était anglais. J'ai essayé de leur expliquer que j'étais celte, comme eux, mais finalement j'ai préféré redresser mon col.

Oh ! bon sang, voilà qu'on passe de Hendrix au groupe Marmalade, qui chante *Ob-La-Di, Ob-La-Da*. La télé locale est quand même capable de diffuser mieux que ça, j'espère ? Cela dit, les mecs n'ont pas l'air de remarquer. Ils ont entamé une partie de fléchettes, quatre gros lards, avec des bedaines énormes qui dépassent de leurs T-shirts. Il y en a un, là, dont on voit le nombril en relief. Et ce qu'ils peuvent être grossiers, bon Dieu ! Plus grossiers que les Irlandais. Les seules bribes que j'arrive à percevoir entre deux tirs de fléchettes sont des jurons. Et voilà que la serveuse s'y met aussi. Ils doivent me prendre pour une tapette finie, avec mon accent anglais, occupé à écrire dans mon coin. Pourvu qu'ils n'engagent pas la conversation !

« Hé, toi, là, qu'est-ce t'écris, hein ? Fais voir un peu ?

– Oh ! c'est rien. Une petite description des gros enfoirés que vous êtes. Hé, attendez les gars, c'est de l'humour… »

Des gens super, les Gallois, sans rire. D'ailleurs saint Patrick est passé dans le coin, non ? Alors, vous voyez bien. Et voilà que c'est Nancy Sinatra qui chante, maintenant, ça devient du pur délire. Mieux vaut éviter de reboire un verre avant de monter dans le bateau. Me diriger vers la porte. Ne pas me retourner, quoi qu'il arrive. Ils pourraient se figurer que j'ai la trouille.

20 h 20

Je fais la queue entre une Saab turbo et une Land-Rover Discovery tout en écoutant les nouvelles à la radio.

Treize rugbymen de l'équipe junior de Côte d'Ivoire ont pris la fuite, ou disparu en tout cas, à l'occasion d'un tournoi qui se disputait à Cardiff. Un après le match, six pendant le dîner, et six autres le lendemain, au cours d'une expédition de lèche-vitrines en ville. Ils ne savent pas un mot d'anglais, n'ont pas d'argent sur eux et pas d'autre tenue que celle qu'ils portent : un survêtement bleu turquoise. La police recherche donc treize gigantesques jeunes Blacks sapés fluo qui ne parlent pas la langue et n'ont pas un sou.

« Ils ont disparu sans laisser de trace, explique un flic gallois gradé. Pour le moment, on n'a aucune piste. On prend cette affaire très au sérieux. »

Je viens d'être soumis à un interrogatoire musclé mené par un agent, un douanier ou je ne sais quoi. Gallois, lui aussi. Ils n'ont jamais pu me sentir, je vous dis. Un jour, il y a des années, je me trouvais dans un pub à Merthyr Tydfil avec mon copain Rod, quand le bruit a circulé parmi les clients de l'autre salle qu'il y avait un Anglais dans le secteur. Ils sont venus voir, et se sont plantés devant nous pour se payer ma tête. Il est vrai que je puais l'urine puisque je revenais tout juste du match.

Le type m'a posé toutes sortes de questions sur la raison de mon séjour. Bien entendu, je n'allais pas lui raconter que j'avais l'intention de me balader pendant une durée indéterminée en entrant dans tous les pubs *McCarthy* devant lesquels je passerais, puis d'entreprendre un pèlerinage sado-masochiste, tout en m'efforçant de découvrir si oui ou non, j'étais irlandais à je ne sais quel niveau métaphysique compte tenu de la mémoire collective de mes ancêtres, passée dans mes gènes et restée active au tréfonds de mon âme. Je me suis contenté de répondre : « Vacances ». Lui a dû penser, pauvre connard d'Anglais solitaire, puis il a commencé à poser des questions à propos du tank Volvo. Par exemple, depuis combien de temps je l'avais ? Il a pris note de l'immatriculation. Visiblement, il croyait que je l'exportais en fraude. Ça pourrait bien être le cas, mais je n'allais pas lui faire le plaisir de le dire.

21 h 20

Animation musclée style Happy Shillelagh[1] au bar du ferry. On vient juste de quitter le port.

Treize grands Noirs en survêtements bleu électrique attendent leurs consommations au bar. Mais non, je rigole. C'est bien plus démentiel que ça, en fait. L'endroit évoque une gravure de Hogarth[2]. On dirait que, dans cet espace restreint, on a rabattu un troupeau composé de centaines d'alcooliques dûment imbibés auxquels on a

1. Le *shillelagh* est un sport de combat irlandais comparable à la discipline dite de la *canne*, utilisant des armes (bâtons) classées en catégories selon leur longueur (canne ou *shillelagh*, massue, canne plombée, etc.). (*N.d.T.*)

2. William Hogarth (1697-1764), peintre, dessinateur et graveur britannique célèbre pour son trait satirique. (*N.d.T.*)

ensuite injecté des doses carabinées d'adrénaline et d'amphétamines. Le vacarme est assourdissant, le niveau d'énergie terrifiant, mais la Guinness ne coûte que 1,75 £ la pinte, et comme c'est très long pour se faire servir, je viens d'en faire tirer deux. Il va m'en falloir quelques autres pour espérer m'aligner sur le reste de l'assemblée. Si tout ce monde-là chope le mal de mer, ça ne va pas être triste. À bien réfléchir, je crois que je crains moins les vaches qui vomissent.

La traversée dure dix heures et je n'ai pas de cabine. Apparemment, je suis loin d'être le seul dans ce cas. En remontant du pont où sont garés les véhicules, le moindre hectare d'espace disponible – il s'agit d'un grand bateau – est encombré de sacs de couchages, d'oreillers, de couettes et de matelas pneumatiques. Matelas pneumatiques ? Les gens ne savent donc plus dormir à la dure ? Certains ont des gonfleurs à pied, bande de chochottes, et j'ai même vu un gros balaise en pyjama. Moi, tout ce que j'ai, c'est un de ces ridicules petits oreillers d'avion en suédine, et encore, je l'ai oublié dans le Tank. Trop tard. Mon plan était de me trouver un chouette canapé moelleux, ou une banquette bien rembourrée où dormir, mais pour ça, j'aurais eu davantage de chances dans un camp de réfugiés, le choléra aurait sûrement facilité les choses. Sitôt descendu de voiture, j'ai été submergé par un raz-de-marée d'individus hurlant de soif, les yeux exorbités, qui m'a entraîné jusqu'au bar où je me trouve actuellement. Ici aussi, j'ai dû répéter trois fois ma commande pour que la serveuse me comprenne. Putain, encore une Galloise, à tous les coups, quoique à vrai dire, je lui trouve plutôt l'accent – comment dire ? – russe.

Toutes les tables ont été prises d'assaut par des buveurs professionnels en rangs serrés qui rient, braillent et se comportent globalement comme s'ils étaient en train de fêter leur sortie anticipée d'un pavillon psychiatrique de haute sécurité. Des hordes d'enfants déambulent qui font tous semblant d'être soûls aussi. Une grappe s'est agglutinée autour d'une femme qui, dans sa risible naïveté, a installé son matelas gonflable dans un coin, et ils imitent le bruit d'un pneu qui se dégonfle. Voyant qu'elle ne réagit pas, ils piquent son matelas avec une fourchette. Plusieurs dizaines de télés fonctionnent en même temps, toutes branchées sur des vidéo de variétés ou des matches de foot différents. De toute évidence, il n'y a plus le moindre espace où s'asseoir, et encore moins s'allonger, mais, contrairement à toute attente, je repère un mètre cinquante de banquette libre, légèrement à l'écart du cœur de la mêlée. Je décide de me l'approprier et, malgré les pintes que je transporte, à l'issue d'un sprint effréné je coiffe au poteau deux consommateurs de crack. Le temps d'acheter un *Big Issue*[1] à un sans-abri qui passe avec son chien, et je me plonge dans ma Guinness. Ce sera ma chambre pour ce soir. Impeccable.

21 h 50

Je comprends vite pourquoi cette place était la seule encore libre de tout le bateau. Autour, sur, et sous les tables juste à côté de la mienne, beuglent, boivent et dansent trente types en maillots verts identiques dont j'apprends qu'ils forment l'équipe du Bourrin Rugby Club de Perpète-les-Burnes, dans le Gromerset. Ils partent faire une tournée en Irlande pour clore la saison, et apparemment, ça les réjouit au plus haut point. Je me suis trouvé la pire place de toute la mer d'Irlande. Il y en a déjà quelques-uns que ça énerve de me voir écrire dans un cahier, activité que, dans leur village, on apparente sans doute à de la sorcellerie, alors ils me crient des insultes et envisagent

1. Journal édité par les sans-abri (équivalent du journal *Macadam* en France). (*N.d.T.*)

vraisemblablement de passer aux représailles. Je décide de finir mon verre et d'aller me balader dans le bateau.

Au moment où je me lève, une meute glapissante de gamins de onze ou douze ans s'amène : des Noirs et des Blancs, des garçons et des filles, un à béquilles et un autre qui porte un genre de prothèse en ferraille à la jambe. Un groupe d'adeptes de la Parité Totale. Pour une raison inconnue, ils sont tous coiffés d'un calot écossais et d'une perruque carotte. Il n'y a pas une heure qu'on a quitté le port, et déjà, la traversée prend une tournure nettement hallucinatoire. Est-ce l'effet que produit sur les gens la perspective d'arriver en Irlande ? Dieu sait ce que ça doit être en plein mois d'août, au plus fort de la saison touristique ! Il doit falloir les calmer au Kärcher, ou fournir au personnel une protection rapprochée.

22 h 20

Dans le couloir principal, deux religieuses sont en train de réciter un rosaire devant les toilettes pour handicapés. La boutique d'alcool est aussi bondée qu'un supermarché Sainsbury le vendredi soir avant Noël. Quatre filles de quinze ans juchées sur talons aiguilles, avec piercing au nombril et décolleté pigeonnant grenu de froid, partagent quelques blagues et une bouteille de Bailey avec deux types à tronches de tueurs à gages sud-américains.

Je me réfugie dans un tout petit bar, malgré l'enfer des décibels de la disco voisine. Au milieu de la salle, un homme est assis sur un tabouret. On dirait une parodie d'Irlandais tout droit sortie d'un film de Hollywood : teint rougeaud, feutre informe, veste en tweed élimée, gros croquenots et bâton de marche. Je ne sais pas vraiment s'il s'agit d'un passager ou d'un genre d'ornement traditionnel, d'animation vivante dépêchée par l'office du tourisme.

Je m'assieds juste au moment où la meute de pseudo-écossais surgit dans le couloir en tapant dans les mains et en scandant des chants tels des supporters de foot miniatures en quête de baston. Imaginez le tableau : Anglais, Irlandais, Écossais, Gallois vociférants, le regard halluciné, en train de se chahuter les uns les autres comme les acteurs d'une reconstitution débridée de notre histoire nationale. Que penseraient des passagers italiens ou cantonnais, de ces visions consternantes ?

Deux membres de l'équipage sont assis là, devant une glace et un verre de vodka. Peut-être sont-ils russes, eux aussi ?

22 h 40

Je fais un petit tour dehors, du côté des canots de sauvetage. Apparemment, il n'y en a pas beaucoup. J'espère que je n'aurai pas à me battre à mains nues contre tous les fous furieux du bateau pour avoir une place.

22 h 50

C'est l'heure des dernières commandes dans un des restaurants du pont B. J'ai demandé deux entrées histoire de tuer un peu le temps, mais je n'ai pas vraiment faim. On a le choix entre deux restaurants, un irlandais et un grec, qui servent exactement le même menu. J'ai pris des champignons de Paris à l'ail et une salade César, qui n'ont rien de grec ou d'irlandais. Les deux plats et le rouge français « cuvée du patron » trépident de façon inquiétante au rythme du bateau, ce qui donne l'impression bizarre que l'on est en train de vomir pendant qu'on ingurgite la nourriture.

Quand je m'enquiers de quelle région de Grèce il vient, mon serveur répond qu'il est polonais. Il y a beaucoup de Polonais à bord de ce bateau, ajoute-t-il, et aussi de Lettons et de Russes, ce qui confirme mes soupçons. Pour le moment, mon serveur et deux de ses collègues se tiennent en ligne, dos au mur, et me dévisagent d'un air intimidant, scène qui recrée avec une étrange authenticité l'atmosphère des restaurants de l'ex-Union soviétique.

Pour parfaire la reconstitution, il aurait fallu le quatrième sbire qui m'a refusé d'abord l'accès au restaurant.

Curieux renversement de situation, tout de même. À la fin des années 1980 et au début des années 1990, les Irlandais se sont implantés en Russie, à Moscou et dans les principales grandes villes, où ils tenaient des pubs et des supermarchés n'acceptant que les monnaies fortes. Les boutiques duty free et la restauration des aéroports étaient le domaine exclusif des Irlandais. On pouvait donc manger de l'Irish stew et boire de la Guinness à l'aéroport de Moscou pendant les deux ou trois jours nécessaires pour trouver du kérosène ou un équipage encore sobre afin d'assurer le vol intérieur. À l'heure actuelle, les Irlandais affables qui servaient au bar des bateaux comme celui-ci sont tous en passe de boucler leur premier million à Varsovie, St-Pétersbourg et Budapest, tandis que les réfugiés de l'empire de la restauration soviétique recréent une authentique ambiance de guerre froide au beau milieu de la mer d'Irlande.

Minuit

Quand je regagne le bar, l'équipe de rugby s'est acoquinée avec les mioches à perruques carotte et leur apprend la version obscène de *Gentille alouette*. Les rugbymen ont, pour la plupart, l'allure caractéristique des maniaques du sport – pas de cou, des épaules voûtées, et les bras écartés du corps comme les cowboys sur le point de tirer –, culte vaniteux du corps qu'exacerbe à un point ridicule l'excès de cocktails de stéroïdes.

Sur une banquette somptueuse, à moins de trois mètres des costauds en maillots qui hululent à qui mieux mieux, un jeune couple se prépare avec soin à dormir. Lui, jeune d'aujourd'hui typique, teint gris, coupe de cheveux à la brute, T-shirt bleu déchiré à l'effigie de Blur. Elle, petite brune mince, cheveux au carré, sourire d'ange, vingt ans, la plus belle femme à bord. Pendant qu'elle s'attache les cheveux avec des mimiques précieuses, lui, quitte ses baskets et les renifle. Puis c'est au tour de ses chaussettes bleu pâle en bouclette, tellement faites à son pied qu'on entend la peau venir avec quand il les retire. Cette fois, il a moins l'air de renifler que d'ingérer. Chose surprenante, elle l'embrasse alors fermement sur la bouche et ils s'allongent en un face à face étroit, la tête à cinq centimètres des chaussettes. Je m'allonge sous une table à même la moquette en méditant sur la cruauté arbitraire de la vie.

6 h 00

Le peu d'air restant s'emplit d'un répugnant concert de dormeurs bronchitiques émergeant du sommeil.

Quand on se réveille avec la gueule de bois, ou par terre dans un bar, voire les deux, il importe de bien se rappeler qu'on est en train de vivre le pire moment de la journée. Rien ne pourra surpasser l'instant où l'on pose la main sur la moquette pour tenter de se redresser, et qu'un afflux de bière tournée vous suinte spongieusement entre les doigts.

Tout autour de moi, par terre, il y a des gens qui n'y étaient pas quand je me suis endormi – sauf la femme, derrière, que je me rappelle avoir vu s'allonger en tenant son fils d'une main et une clope de l'autre, qu'elle rallume à présent, tandis que le gamin continue de dormir à poings fermés sur la moquette cramée. La salle, les encadrements de fenêtres, sont jonchés de rugbymen dans le coma. Pas trace des mioches à perruques.

Pour résumer la chose de façon positive, disons que la nuit a été agitée. Je n'ai quasiment pas bronché quand l'étudiant de boîte privée, complètement défoncé, a renversé sur moi le cendrier, mais je me suis redressé en sursaut quand les extincteurs sont entrés en action, dans un concert de cris. En tournant la tête j'ai alors aperçu plusieurs rugbymen debout sur les sièges, au milieu d'un épais nuage de fumée blanche, illuminés par derrière, pliés de rire, pareils aux rois démoniaques de quelque spectacle de mime à trois ronds. Une silhouette portant casquette à visière, épaulettes dorées et uniforme soutaché, a surgi alors en gesticulant et s'est mise à hurler avec un fort accent d'Europe de l'Est, sans se laisser démonter par le passage éclair d'un jeune rustaud à poil transportant un palmier d'ornement en pot. Déployant un courage sans faille devant une si écrasante adversité, l'ex-officier du pacte de Varsovie a jeté le gant à la face des sportifs ruraux anglais et leur a confisqué leur bouteille de Jameson. Un « oooh » angoissé s'est propagé dans la salle. La fine fleur du Gromerset a cependant décidé d'en rester là et s'est inclinée, en marmonnant des insultes. De l'autre bout de la salle, s'est élevée une bordée d'insanités railleuses proférées par les bizuts à perruques. « À la baille, à la baille, à la baille », ont-ils éructé, les traits déformés par la haine et les additifs alimentaires. Je peux me tromper, mais il m'a bien semblé en voir deux brandir des béquilles.

Puisse le Ciel nous venir en aide le jour où ils se mettront à boire.

Mais voilà qu'à présent, par l'un des rares hublots que n'obstrue pas la masse inerte d'un rugbyman au foie ravagé, je discerne les premières lueurs du jour. Je traverse la salle d'un pas chancelant, enjambe les épaves humaines disséminées sur la moquette maculée d'immondices. Des mégots flottent dans les pintes de bière à demi bues, entre les aliments partiellement digérés qui encombrent les tables poisseuses. Les postes diffusent une télé-achat, du motocross et une vidéo de Daniel O'Donnell. Un jeune multipiercé à l'air égaré, les cheveux aussi broussailleux qu'un cul de mouton, pointe un regard plein d'appréhension hors de son duvet constellé de traces douteuses et de brûlures de joints. La vue du ramassis disparate de camionneurs, d'ouvriers, d'étudiants, de manouches, d'hommes d'affaires, de collégiennes, de familles recomposées et de deuxièmes lignes éparpillés autour de lui, qui présentent l'aspect et l'odeur de victimes d'une attaque nocturne au gaz toxique, semble le laisser sincèrement ébahi. Il n'est pas impossible qu'il ne garde aucun souvenir de son arrivée ici.

Je me dirige vers les toilettes avec l'idée un peu naïve de me rafraîchir les idées, mais recule vite, horrifié par les expectorations d'un type d'un mètre quatre-vingts, portant un T-shirt frappé du logo du *Pub Irlandais de Berlin.* Je me dirige vers le bar le plus proche pour y boire un café et prends ma place au bout d'une file morose qui n'est pas sans évoquer une scène de repas dans *Une journée d'Ivan Denissovitch.* J'avise un percolateur et demande un expresso.

« Expresso non ! Café-filtrrrra ! » aboie l'ex-agent du KGB, derrière le bar. Il est flanqué d'une brune d'allure tellement stricte que je n'ai pas le courage de résister quand, contre mon gré, elle lâche sur une assiette en carton un truc en forme de croissant dont je sais seulement qu'il ne s'agit pas d'un croissant quand il atterrit avec l'appétissant bruit mat que ferait une brique polonaise de deuxième choix. La chose s'accompagne d'un carré de beurre transpirant d'abondance dans son papier alu. Dessus figure l'inscription incomplète : « À consommer avant… » Avant ? Mieux aurait valu, en effet.

Tout là-haut, sur le pont, on s'avance paisiblement dans l'estuaire de la rivière, enserré entre les mêmes champs que ceux de mon enfance – à ceci près que la télévision et les préservatifs, depuis, sont arrivés jusqu'en Irlande, ce qui explique probablement qu'il n'y a personne en vue pour nous saluer au passage. La cathédrale de Cobh se dresse au sommet de la colline, face à nous, environnée de maisons multicolores.

« Putain de Dieu ! La dernière fois que je suis venu, tout ça, c'était gris », lance mon voisin, un prêtre d'une cinquantaine d'années.

En bas, à l'étage des voitures, tous les autres véhicules ont l'air occupés par des gens sobres, frais, mentalement stables, probablement déposés à bord par la voie des airs au cours de la dernière demi-heure puisque il n'y en avait absolument pas trace ici cette nuit. Je commence à me demander si par hasard, je n'aurais pas rêvé toutes ces scènes grand-guignolesques quand, dépassant sous le pneu arrière d'un camion hollandais, j'aperçois, traînant dans une flaque d'huile, une perruque carotte dans un calot écossais. Son propriétaire psychotique, en revanche, a disparu. La porte de l'étrave s'ouvre, chacun met son moteur en marche, et un flot de véhicules s'écoule des entrailles de l'énorme bateau : camping-cars, minibus, caravanes, semi-remorques, plusieurs bus et des dizaines de voitures de tourisme, dont beaucoup arborent un D autocollant proclamant : DANGER, ALLEMANDS EN QUÊTE DE BON TEMPS CELTIQUE. Nous sommes tous canalisés vers la même minuscule petite route qui s'éloigne du port telle une mini-autoroute M25 à une seule voie.

La radio est malencontreusement restée branchée sur Radio 4, ce qui, en Irlande, semble complètement incongru. Melvyn Bragg fait durer son émission, ce matin, pour tenter de nous convaincre que les derniers progrès de la science conjugués à ceux de la théologie prouvent à quel point il est foncièrement intelligent. J'enfonce la touche de recherche des stations, dans l'espoir d'entendre du nouveau sur la tranchée de Croagh Patrick. Mais tout ce que je capte, c'est le récit tragique de l'agression d'une vieille dame de quatre-vingt-dix ans qui se rendait à la messe, le matin de bonne heure. Les agresseurs ont emporté son livre de prières et son chapelet. Si vous voulez mon avis, c'est un coup des Frères chrétiens.

Soudain, en relevant la tête pour regarder devant moi – ce que, allez savoir pourquoi, j'essaie de faire le plus souvent possible quand je suis au volant –, je m'aperçois que les camions et les camping-cars qui encombraient la chaussée il y a quelques instants ont disparu comme par miracle. Un coup d'œil dans le rétroviseur me dévoile une route déserte s'éloignant en tournicotant vers le bas d'une colline. Apparemment, j'ai Cork pour moi tout seul. Des centaines de poivrots, un petit peu moins de familles propres sur elles, plus une équipe de rugby et quelques Allemands ont disparu dans la nature sans laisser de trace.

On ne devrait jamais sous-estimer la capacité de l'Irlande à absorber les nouveaux arrivants.

6

Nuit de java au *McCarthy's Bar*

Le Couvent surplombe une abbaye en ruines, à l'orée du village, depuis une colline dominant un magnifique aber ouvert sur l'Atlantique. Son parc, de cinq ou six hectares, comprend un jardin potager du XIXe siècle clos de murs, et un restaurant à vitraux – l'ancienne chapelle des religieuses – où l'on sert une cuisine qui n'a rien à envier au reste du pays. On peut y séjourner pour moins cher que dans un des Bed & Breakfast douteux de Lowestoft, – c'est d'ailleurs pour cela que ça ne s'appelle pas vraiment le Couvent et que je ne vous dirai pas où ça se trouve.

Si je garde ces informations par-devers moi, ce n'est pas par mesquinerie, mais dans le souci, fruit de l'expérience, de préserver mon intérêt personnel. La 3e Règle du Voyageur ne stipule-t-elle pas : *Ne t'avise pas de chanter les louanges de telle ou telle adresse bien préservée, sans quoi la prochaine fois que tu iras, il n'y aura plus de place pour toi ?* Quand on a la bougeotte, il est bon de connaître de ces endroits où l'on peut récupérer du précédent voyage, et ça fait quelques années que le Couvent figure parmi mes adresses de prédilection. Par chance, c'est à moins d'une heure de route du ferry de Cork, ce qui me permet d'y arriver à temps pour le petit déjeuner. Groggy de sommeil, puant le cendrier froid et les chaussettes d'autrui, je m'assieds à côté des seuls autres clients du moment, un couple d'Américains d'une cinquantaine d'années. Ils sourient poliment, et s'écartent.

Un instant, l'envie me vient de leur demander pourquoi les Américains – tous les Américains qu'on croise, où que ce soit dans le monde, y compris les gens très cultivés et même les comédiens – s'obstinent à écorcher le nom des *Monn-ti-Paille-tonne*, alors que, pour notre part, nous n'avons aucune difficulté avec le mot *cheers*[1], mais je me ravise quand arrive une ventrée d'œufs de poules élevées en plein air, de pain blanc maison, de saucisses des cochons du Couvent, et de harengs fumés par la voisine du bout du chemin. Le service est merveilleusement non soviétique. Après avoir brièvement envisagé une promenade à pied jusqu'à l'abbaye, je décide de faire ce qu'on a le droit de faire en toute bonne conscience dans les pays comme l'Irlande, l'Espagne et les autres nations épargnées par le culte protestant du travail : passer la journée au lit.

Il faut croire que je suis bien à demi anglais par ma naissance, et totalement par mon environnement, car je n'arrive pas à trouver le sommeil. Cela dit, la scie sauteuse de la pièce du dessous y est peut-être pour quelque chose. L'engin hurle, vrille les tympans, s'obstine à un véritable attentat antiécologique voué pourtant à l'échec : la fabrication d'une chambre froide à partir d'un réfrigérateur coupé en deux. L'un des charmes de l'ouest du comté de Cork, c'est qu'on y fait les choses d'une façon beaucoup moins conventionnelle qu'à, disons, Guildford[2]. D'ailleurs, je suis sûr que Jeremy Irons – dont le château près de Baltimore fait l'objet depuis plusieurs années de rénova-

1. « À la vôtre ! », mais aussi, en d'autres circonstances : « salut » ou « bravo ». (*N.d.T.*)

2. Guildford, dans le Surrey, a la réputation d'être une ville conformiste et bourgeoise. (*N.d.T.*)

tions menées par tous les hurluberlus qu'on rencontre dans les bars ou… enfin bon, surtout dans les bars – n'a pas manqué de s'en rendre compte.

Conan et Karen, l'un irlandais, l'autre anglaise, habitent le Couvent depuis la fin des années 1970, époque à laquelle ils sont arrivés d'Anvers avec une troupe cosmopolite de grands cuisiniers non conformistes et de serveurs à falbalas psychédéliques accompagnés de leurs amants, pour fonder une communauté. Le curé de la paroisse a dû être ravi. Le corps de bâtiment et le parc, qui appartenaient autrefois aux Petites Sœurs de la Miséricorde – les religieuses, pas les prostituées dont Leonard Cohen parle dans sa chanson *Sisters of Mercy* – leur ont été vendus pour une bouchée de pain par les membres désabusés d'une secte californienne de maîtrise des esprits qui, semble-t-il, les maîtrisait moins aisément ici qu'en Californie. Au fil des années, la communauté s'est successivement transformée en auberge de jeunesse pour routards, en Bed & Breakfast, puis en maison d'hôtes pourvue d'un super restaurant. Télé, presse-pantalons et mini-bars ne sont pas encore arrivés jusqu'ici, mais si vous êtes du genre à aimer la grande cuisine servie dans une ancienne chapelle pendant qu'on découpe un réfrigérateur à la scie sauteuse dans la pièce d'à côté, alors vous aurez du mal à trouver mieux pour le même prix.

Je prends un café en bas, dans la chapelle, tandis que s'élabore près de moi la composition du menu non plastifié de ce soir. On téléphone aux pêcheurs pour savoir ce qu'ils ont rapporté le matin, on commande des canards à un type débraillé qui en élève quelque part, sur une petite route des environs, on inspecte le jardin pour voir ce qui doit être cueilli. Je ne pense pas que ce type de fonctionnement enrichisse beaucoup son homme, mais l'âme, oui, en tout cas.

« Bio-Dan au téléphone ! »

« C'est un type super, Bio-Dan, s'écrie Conan, pendant que Karen commande des champignons de Paris. Il a atterri ici il y a une dizaine d'années. Jamais pu repartir, bien entendu, alors il s'est lancé dans la culture maraîchère bio. Il est complètement intégré, maintenant. Plus irlandais que les Irlandais. Il nous a approvisionné en légumes toute l'année passée et il a oublié de nous envoyer la facture. Une crème. Il tiendrait pas une semaine à Munich, à l'heure qu'il est. »

Depuis toujours, apparemment, l'Irlande sait rendre les nouveaux arrivants inoffensifs en en faisant des Irlandais. Quand les Anglais, qui s'appelaient plutôt des Normands à l'époque, envahirent le pays pour la première fois en 1171, ils étaient glabres et portaient les cheveux court taillés car ils aimaient se battre et n'avaient aucune envie de se prendre les cheveux dans la cotte de mailles ou le casque. Deux ou trois générations plus tard, les Normands restés sur place pour gouverner avaient adopté les cheveux longs et les barbes hirsutes des indigènes. En un rien de temps, ils parlaient leur langue, chantaient leurs chansons et comme eux, se foutaient sans doute éperdument des lois contre l'alcoolisme. S'il y avait eu des réfrigérateurs, ils les auraient sciés en deux avec le même enthousiasme que le mec d'à côté. En tout cas, quand Edward III accéda au trône, la situation avait tellement dégénéré que les Anglais introduisirent les Ordonnances de Kilkenny, en arguant que : « en pays d'Irlande, nombre d'Anglais abandonnent la langue, les manières, l'attitude à cheval, les lois et usages anglais, pour vivre et se comporter en vertu des façons, de la mode et de la langue de l'ennemi irlandais ».

Cette nouvelle loi interdisait donc aux Anglais d'épouser des Irlandaises ou d'écouter les conteurs et musiciens du cru qui, longtemps avant Joyce ou les Chieftains, jouissaient déjà d'une réputation appréciable. Ils n'avaient pas le droit de vendre des chevaux aux natifs, ni de monter à cru comme eux, encore moins de parler irlandais ; on les envoya se faire couper les tifs et on leur ordonna plus globalement d'arrêter leurs conneries. Ces ordonnances restèrent en vigueur pendant deux cents ans, et n'eurent absolument aucun effet. « Ils représentaient en substance un aveu de l'échec de la conquête anglaise de l'Irlande et une reconnaissance de la conquête irlandaise par absorption des Anglais », comme l'a écrit Leonard Patrick O'Connor Wibberley.

Je sais qu'il l'a fait puisqu'à l'heure du déjeuner, je suis attablé au pub du village, juste au bout de la rue du Couvent, en train de lire son excellent et amusant récit historique, joliment intitulé *Le Problème irlandais (ou anglais, selon le point de vue qu'on adopte)*. Faute de pouvoir passer la journée à dormir, le mieux qu'il me reste à faire, est de la passer à lire et à boire. J'ai trouvé ce volume à la reliure verte fanée chez un bouquiniste, l'an dernier, dans un port de pêche de Nouvelle-Écosse. J'ignore tout de Leonard Patrick O'Connor Wibberley, si ce n'est qu'il a également écrit *La Souris qui rugissait*, devenu un classique du cinéma, – et encore si je le sais, c'est parce que c'est précisé à l'intérieur du livre que j'ai devant moi.

Le Problème irlandais a été publié en 1956, et pour autant que je le sache, j'en possède l'unique exemplaire. Compte tenu de son âge, je m'étais dit que ce serait un excellent compagnon pour ce voyage : l'historique qu'il brosse du pays s'arrête exactement au moment où commencèrent mes séjours d'enfance en Irlande. On y retrouve la saveur inimitable des années 1950, cette époque lointaine où l'on ne réfrigérait pas la Guinness, où la traite des vaches se faisait à la main, et où les prêtres pouvaient encore trousser l'aube des enfants de chœur sans craindre de se retrouver en photo dans le journal, descendant du panier à salade avec une couverture sur la tête.

Ce n'était pas la dernière des andouilles, le père Wibberley. Ainsi on peut lire, dans le dernier chapitre de son livre, écrit, je le rappelle, en 1955 : « Selon toute vraisemblance, le Nord et le Sud finiront par s'unir. Mais les Irlandais ont sûrement appris que, conclue sous la menace d'un fusil, l'union se nomme répression. Par conséquent, tous les efforts déployés par l'IRA pour contraindre le Nord à s'unir avec le Sud ne feront que durcir la résistance et prolonger les huit cents ans de problème irlandais qui s'acheminent aujourd'hui vers une solution. »

Mais ce qui me captive, c'est sa théorie à propos de l'absorption des éléments étrangers due à ce qu'il appelle « cette caractéristique propre à l'Irlande, cette irrésistible quoique impalpable magie de la terre ». Et si, à force de temps passé en famille, au fil des années, j'avais été en partie absorbé et que le pays m'appelait pour parachever cette fois le processus ? Ce serait plus crédible que la mémoire génétique, et moins superficiel que de m'être tout simplement entiché de l'image commerciale que s'est forgée l'Irlande à grand renfort d'esprit celtique et de fêtes. En tout cas, c'est ce que je me dis au bout de trois pintes de *stout*. Mais si l'Irlande absorbe tout le monde – du moins, tous ceux qui le veulent bien –, est-ce que ça signifie pour autant que l'ascendance compte pour du beurre ? N'y a-t-il aucune différence entre moi et, par exemple, un cyclotouriste allemand qui écoute les Corrs sur son Walkman ? Voilà une éventualité glaçante qu'il me coûte d'envisager. Je préfère commander à manger.

Je jette un coup d'œil au tableau noir. Salade de feta marinée aux poivrons rouges grillés. Paupiette de poulet à la sauce Bloody Mary. Brick de colin aux endives et aux oranges sauce crustacés. Si l'absorption a cours dans le domaine culinaire, il semble que ce soit dans l'autre sens. Je décide de manger aussi local que possible et commande une assiette de saumon sauvage – fumé tout à côté dans la rue, à l'excellente fumerie dont je ne vous révélerai pas le nom, mais que le fils a reprise après la mort subite du père, l'an passé, pendant le spectacle de Noël de l'école primaire.

Le village est tellement minuscule qu'il ne compte que six pubs. J'ai choisi le mieux adapté à la théorie de l'absorption développée par Wibberley. La propriétaire est française, la serveuse belge, et elles ont toutes les deux un accent à couper au couteau. Un jeune ouvrier au visage barré d'une cicatrice est assis au bar, en train de manger un steak archi-saignant au beurre aillé. Profitant de ce que je commande mon saumon, il engage adroitement la conversation et moins d'une minute plus tard, me confie que s'il n'a jamais véritablement travaillé au château de Jeremy Irons, il lui a néanmoins vendu des grumes, et au prix fort hein, du chantier naval de Baltimore.

Un temps mort dans la conversation me signifie que c'est à moi, maintenant. Malheureusement, tout mon passé anglais a du déteindre sur moi : je ne trouve rien de mieux à discuter que du temps qu'il fait.

« Et allez, ça recommence à pleuvoir.

– Eh ben, vous savez, si y a un truc génial dans ce foutu bon Dieu de pays, c'est bien la pluie. Vous savez pourquoi ? Parce que si y faisait tout le temps soleil, tous les connards d'enfoirés voudraient venir ici. Le super front de mer qu'y a là-bas, à Glandore... vous connaissez hein ? Ben toute la colline serait truffée de gratte-ciel de merde partout, voilà comment ça serait si y faisait aussi beau qu'en Grèce. Et ça finirait par devenir carrément niqué comme coin, vous croyez pas ? Alors que la pluie, ça les empêche presque tous de venir, sauf ceux qui veulent vraiment, bien sûr, et toute manière, moi je trouve que c'est plus intéressant comme ça, quand y a pas deux jours pareils, hein ?

– La pluie, c'est Dieu qui l'envoie pour que l'Irlande reste irlandaise, glisse la Française.

– Et c'est quoi donc que vous lisez tout seul dans votre coin, là, comme si vous vouliez pas qu'on vous adresse la parole ? » reprend l'ouvrier.

On se met donc à discuter de Wibberley et de mémoire génétique, notion qui lui semble tenir debout.

« Et qu'est-ce vous faites dans le coin, alors ? Vous êtes en vacances, c'est ça ? Ou vous cherchez une chouette vieille baraque pas chère à acheter ? Que si c'est ça votre truc, fallait venir y a dix ans. C'est fini, ça, maintenant. »

J'explique que je vais voir ma famille en me promenant dans le pays.

« De quoi ? Ah ! vous cherchez vos racines, hein, c'est ça ? Comme tous ces foutus couillons de Ricains qu'y a à Killarney ? Nom de Dieu, ces pitins de futals qu'ils ont pas, certains ! »

Je frémis à l'idée d'être catalogué à l'identique. Je n'ai rien à voir avec les touristes américains en quête de monuments historiques, mais dans l'instant, je ne trouve aucun argument qui me permette de le démontrer. Je décide donc de rester là, sans piper mot, à mastiquer mon saumon, jusqu'à ce que quelqu'un d'autre dise quelque chose, ce qui ne saurait tarder, de toute évidence.

« Et où c'est que vous allez ensuite ?

– Vers l'ouest, je pense, puis au nord.

– Vous êtes déjà allé jusqu'à la péninsule de Beara ? »

Jamais. Affirmation qui suscite à la ronde des soupirs de commisération incrédule. J'en ai entendu parler, ça oui : une langue de terre sauvage pointant en plein Atlantique, à l'extrême ouest du comté de Cork. Un alcoolo australien de ma connaissance a essayé d'y passer l'hiver, une fois, mais une infection au pied l'a obligé à retourner à Darwin. Ça arrive.

« C'est un super coin. Et des McCarthy, vous en trouverez à la pelle, là-bas, vous serez pas dépaysé. »

L'idée est tentante, mais j'ai déjà pris la décision de quitter le comté de Cork demain. Je n'ai plus le temps d'aller à Beara.

« Et y a aussi un pub McCarthy, là-bas, carrément comme dans le temps, jamais été retapé.

– Je n'ai vraiment plus la possibilité de changer mes projets, maintenant.

– Et pourquoi ça, pitin ? »

Au moment où je vais lui demander s'il a toujours dit « pitin » ou si le mot a été inventé par les scénaristes qui ont écrit *Father Ted*[1], quand la Belge à son tour entre dans la conversation.

« Moi, je crois qu'il n'y a que deux sortes de gens : les Irlandais, et ceux qui voudraient l'être. »

De toute évidence, elle fait désormais partie des premiers, mais si moi, j'appartenais à l'autre catégorie ?

« Ah ! ça c'est sûr. On a eu des Allemands, l'autre jour, hein Yvette ? Et voilà pas qu'ils rêvaient d'être irlandais ? Ils se lassaient pas du pays.

– Et pourquoi, à votre avis ?

– Ma foi, je leur ai posé la question, et d'après eux, c'est parce que les Irlandais savent s'amuser.

– S'amuser ? C'est tout ?

– Ouais.

– Pas question de communion mystique avec la terre, de mystère celtique de nos ancêtres, ce genre de trucs ?

– Non, parce qu'on sait s'amuser, c'est tout. Alors moi, je leur dis comme ça, bon ben si vous aimez vous amuser, vous devez savoir comment faire ? Et la femme me regarde, super sérieuse et tout, et elle dit : "Pien zûr gue non. On est Allemands." »

Tout le monde se tord de rire à la ronde. En fait, on représente un échantillonnage assez représentatif de la nouvelle union européenne : un Anglais, un Irlandais, une Française et une Belge, en train de se moquer tous ensemble des Allemands.

1. Série télévisée contemporaine décrivant la vie quotidienne d'un prêtre irlandais qui partage avec deux autres hommes d'église la cure d'un village situé sur une île sauvage, au large de la côté ouest de l'Irlande. (*N.d.T.*)

Je quitte le pub et je pars faire une petite balade sous la bruine. Je passe devant la poste, la boucherie et les cinq autres pubs pour aller jusqu'à l'abbaye, au bord de l'eau. On peut encore voir la porte latérale où les lépreux allaient frapper, et un puits censé guérir les verrues. Compte tenu de la quantité phénoménale de tonneaux de vin qui ont été découverts là, certains historiens supposent que l'endroit était aussi bien un lieu de contemplation monastique qu'une gigantesque distillerie clandestine. L'armée anglaise incendia l'abbaye, et le village entier avec, en 1642. Les enfants irlandais étaient considérés comme des cibles à part entière, puisqu'un jour ou l'autre ils deviendraient des adultes irlandais. Certains soldats affirmèrent avoir vu, sur des cadavres irlandais déshabillés par leurs soins, des queues fourchues révélant qu'il s'agissait de diables.

Un petit crachin, quelques pintes de bière et une bonne plongée dans les injustices de l'histoire, voilà un puissant mélange, les Irlandais le savent mieux que personne. Je remonte la côte en direction du Couvent, tiraillé par de très nettes frictions entre mon côté anglais et mon côté irlandais. Je les prends à part l'un après l'autre, pour leur expliquer que rien ne sert de vivre dans le passé, mais je ne suis pas sûr qu'ils soient vraiment convaincus.

Après un dîner léger de langoustines sauce mayonnaise au whisky, soupe au cerfeuil et à la carotte, filet de bœuf local comac servi saignant, mariné dans des épices thaïes et une crème brûlée à la rhubarbe, le tout arrosé d'un picrate australien épais comme du cacao, je m'endors du sommeil somptueusement lourd et serein de l'individu qui a trop mangé, trop bu, et s'en contrefout.

À mon réveil, un flot de soleil entre dans la chambre. J'en déduis presque aussitôt que ce doit être le matin. J'ouvre les rideaux : la marée est haute, et scintille à qui mieux mieux. Le paysage, partout, n'est que lumière, une journée magnifique m'appelle. Je retourne donc me coucher une heure, puis je me lève à nouveau.

Sur le palier, en sortant de ma chambre, en haut du vaste escalier que surplombe un gigantesque vitrail religieux gothique, je tombe sur le couple d'Américains qui ont failli suffoquer quand je suis arrivé, hier matin.

« Nous sommes levés depuis des heures, clame le moindre de leurs gestes. Nous avons déjà pris un bon petit déjeuner à base de toasts au pain complet et de tisane. Nous avons exploré le parc, et la tenue que nous portons indique que nous partons faire une très longue promenade qui fera de nous des gens meilleurs. Vous, en revanche, vous avez une mine à chier. »

En fait, ils se contentent de lancer : « Belle journée !

– En effet. »

Ils descendent pendant que je retourne dans ma chambre pour y prendre la carte que j'avais oubliée. J'emporte aussi mon exemplaire de l'indispensable livret édité par l'office du tourisme : *Guide des 100 meilleurs Bed & Breakfast tenus par de dangereux fanatiques religieux dévorés de curiosité.* En bas, la porte d'entrée claque et les Américains rentrent précipitamment, poursuivis par les intempéries.

« Un problème ?

– Et comment ! il va falloir qu'on se change. Il commence à pleuvoir. Maintenant je me rappelle pourquoi on va à Hawaï, d'habitude. »

Certes.

Je mûris un plan, attablé devant mon petit déjeuner. Je vais bel et bien quitter Cork aujourd'hui. Je serais bien en peine d'en donner la raison. Mon côté anglais, toujours dominant quoique de plus en plus grincheux, a besoin d'un projet, voilà tout.

J'engage mon Tank bleu dans l'allée du Couvent puis, tandis que je m'éloigne pour rejoindre la route, jette un œil dans mon rétroviseur. En somme, je suis en train d'abandonner ce lieu, cette vue et les meilleurs cuisiniers du pays pour aller tenter ma chance une fois de plus auprès des Mrs. Goggins de ce bas monde. À la tombée de la nuit, si tout va bien, je serai quelque part sur la côte du comté de Kerry.

Douze kilomètres plus loin, j'arrive à une patte-d'oie. À droite, Killarney, le comté de Kerry et le nord ; à gauche, Bantry Bay et la péninsule de Beara.

Je tourne à gauche. Inutile d'en rajouter dans la raideur anglo-saxonne.

La pluie a laissé la place à une belle journée venteuse. Les ajoncs sont encore en fleurs, et par moments, on perçoit des bouffées au parfum caractéristique de noix de coco vanillée. La route vers l'ouest traverse à nouveau Skibbereen. À la lisière ouest de la ville, elle longe un moment une rivière. Un amas de nuages noirs, illuminés par le soleil qu'ils masquent, donne au cours d'eau agité un éclat irréel, charbonneux et argenté, et le vent, prenant le courant à rebours, accroît l'étrangeté de cette vision. Je me gare sur le bas-côté pour admirer la vue.

De l'autre côté de la route, se dresse une abbaye entourée de son cimetière. Je n'ai rien visité depuis hier en fin d'après-midi, je vais donc y jeter un coup d'œil. Dans l'ensemble, on peut raisonnablement affirmer que le voyageur se déplaçant dans l'ouest de l'Irlande sera mieux loti s'il s'intéresse un tant soit peu aux abbayes en ruines que s'il nourrit une passion pour le roller ou une prédilection pour les potins du showbiz.

Le panneau indique qu'il s'agit d'Abbeystrewery – le monastère du ruisseau –, communauté cistercienne en ruines depuis le XIIIe siècle. Les tombes sont plus récentes. Je remarque, bordée sur trois côtés par le cimetière, une étendue d'herbe verdoyante bien tondue d'environ cinquante mètres sur vingt-cinq dont la surface est parcourue de légères ondulations comme celles que le vent dessine sur la rivière, au-delà de la route. Une sorte de jardin commémoratif, peut-être ?

Le monument en fer forgé – une avalanche de fleurs et de pétales ouvragés entourant une harpe et une croix celtiques, le tout peint en blanc – a été érigé en 1887, à la mémoire des victimes de la famine. Une plaque précise : « Fabriqué par Eugene McCarthy, forgeron, Ilen Street, Skibbereen ». Je comprends peu à peu ce que représente ce carré d'herbe bien verte. Il s'agit d'une fosse commune datant de la famine... la tombe anonyme de victimes de la maladie de la pomme de terre. Sur les pierres tombales voisines, une inscription :

AUX MORTS ANONYMES QUI GISENT ICI
ET SUR LE BORD DES ROUTES

Tous ces nerfs, ces muscles, ces cœurs, ces cerveaux
Que l'Irlande a perdus, perdus en vain,
Faisons halte et l'on entendra presque
Retentir l'écho d'hier, charrié par le temps,
Et gémir les roues du corbillard.
Ici même, saisi d'un chagrin et d'une humiliation
Mêlés d'une juste indignation,
On en vient à s'écrier
Oh ! Seigneur, dire que le pain coûte si cher
Quand la vie humaine ne vaut presque rien.

Il n'y a pas un chat en vue, pas une voiture qui passe. Les nuages noirs s'écartent du soleil et tout à coup, un gros roc granitique émerge d'une énorme touffe d'ajoncs à flanc de colline, face à l'abbaye, se dresse en pleine lumière. Ce rocher, et sans doute ces ajoncs, contemplaient déjà les lieux bien avant que surviennent ces terribles événements. Je regarde le carré de gazon, à mes pieds. Les ondulations herbeuses prennent tout à coup l'aspect de longues formes humaines, comme si la fosse étant trop pleine, elles remontaient à la surface. Combien d'individus ont pu être enterrés ici ? Des dizaines, peut-être des centaines. On ne parlait jamais de la famine quand j'étais gosse. Je crois qu'à l'époque, les parents en avaient encore honte, d'une certaine manière. « Humiliation », c'était le mot qui figurait sur la pierre tombale. Et l'inscription du panneau poursuit : « La pire catastrophe qu'ait connue l'Irlande : de 1845 à 1850. Un million de morts. Un millions d'émigrés. Skibbereen, épicentre du désastre, souffrit plus que toute autre région. Dans les fosses communes de la famine, furent placés les restes de neuf mille victimes enterrées sans cercueil… »

Neuf mille.

D'humeur plus sombre, soudain, je regagne ma voiture, consulte Wibberley. D'après lui, le Parlement de Londres vota une allocation de 100 000 £ pour combattre la famine, et la même année, une subvention de 200 000 £ pour embellir Battersea Park. « Quiconque connaît Battersea Park, commente-t-il, ne peut manquer de percevoir à quel point cette somme était inappropriée. »

Ragaillardi par l'humour lugubre de mon guide, je quitte Skibbereen en direction de l'ouest et de Beara.

Glengarriff se trouve dans la baie de Bantry, nichée à l'abri de la péninsule de Beara. Abritée des vents sur trois côtés par de hautes collines boisées, la ville a la réputation de jouir du meilleur climat d'Irlande, et l'île principale aussi bien que les petits îlots au large de la baie de Bantry sont couverts d'une luxuriante végétation subtropicale. Quand Thackeray[1] visita l'Irlande et Glengarriff pour la première fois, en 1842, il décrivit « la stupéfiante beauté de

1. William Makepeace Thackeray (1811-1864), journaliste et romancier anglais auteur, entre autres, de *La Foire aux vanités*. (*N.d.T.*)

ce pays », alors qu'il pleuvait comme vache qui pisse et que ses bagages avaient été égarés. « Qu'est-ce qui pousse les amateurs de pittoresque sur les rives du Rhin et en Suisse saxonne ? » interrogeait-il.

– Vin blanc doux, saucisses surfaites, et manie de la propreté, William Makepeace, pardi !

Je m'arrête pour acheter une barre chocolatée dans une boutique qui a l'air ouverte, mais dont la porte se révèle fermée à clé. Une femme au visage taillé à la serpe m'ouvre de mauvaise grâce, et referme aussitôt derrière moi pour décourager d'autres clients potentiels. Elle me dévisage d'un air furibond pendant que je choisis le meilleur Kit Kat de la maison. Au fond du magasin, un couple d'Américains intimidés – à moins que ce ne soient de proches parents de la patronne ? – errent dans l'ombre, examinent des torchons imprimés de ribambelles de lutins.

Glengarriff est une ville touristique animée où l'on trouve des menus en hollandais, des pulls en laine et des *shillelaghs*[1] décoratifs vendus toute l'année à prix sacrifiés. Quand je traverse en voiture, un petit groupe de types en goguette, clope au bec, portant divers modèles de casquettes de marin, s'affairent près d'un des embarcadères de plaisance en essayant de racoler une famille continentale, genre chic-relax, fraîchement arrivée, et qui promène un landau à pois. La ville a une atmosphère à la *Ballykissangel*[2], un côté Irlande typique qui lui donne un air artificiel, mais le cadre est magnifique, on ne peut pas le nier.

Tournez à gauche à Glengarriff, et vous voilà sur la péninsule de Beara. « À sept kilomètres de là, se déploie un paysage d'une splendeur qu'aucune plume ne saurait

1. Canne ou bâton de marche également utilisé pour le sport de combat portant le nom de *shillelagh*. (*N.d.T.*)

2. Série télévisée de la BBC qui relate la vie du village irlandais éponyme (fictif, le tournage ayant eu lieu à Avoca, 55 km au sud de Dublin). (*N.d.T.*)

décrire, » écrivait Thackeray qui, de toute évidence, n'avait pas envie de s'emmerder à le décrire vu qu'il était en retard sur un script de *La Foire aux vanités* destiné à la BBC. Tout à coup, les champs luxuriants et onduleux de l'ouest du comté de Cork et la jungle celtique verdoyante de Glengarriff ne sont plus que des souvenirs : le paysage, devant moi, est incroyablement sauvage.

La route vers l'ouest longe l'immense étendue de la baie de Bantry, sur la gauche, et des montagnes arides, d'un dépouillement biblique, sur la droite. Les moutons sont accrochés aux pentes vertigineuses comme tenus par du Velcro. Les rais lumineux du soleil transpercent le matelas de nuages tuméfiés, illuminent la surface de la mer d'un éclat métallique, comme pour prouver qu'il existe bel et bien un Créateur, et qu'il a un penchant pour les splendeurs chaotiques et terrifiantes. En prenant la direction de Beara au lieu de suivre mon itinéraire initial, peut-être ai-je enfin quitté le monde des projets et de l'organisation, pour revendiquer ma part de l'exubérance irréfléchie propre à l'Irlande, et voir si j'arrive à trouver ma place ? Je vais tout bonnement me pointer au *McCarthy's Bar*, et on verra ce qui se passe. S'il ne se passe rien, je pourrai toujours repartir.

À l'entrée de Castletownbere, le Tank fait entendre tout à coup des borborygmes insidieux de pot d'échappement. J'envisage de m'arrêter au garage O'Sullivan, mais l'enthousiasme tout neuf de la route me convainc de laisser tomber jusqu'à ce que ça devienne vraiment gênant, puis de rafistoler le tout avec un bout de ficelle que je trouverai bien quelque part, dans un fossé. Le garage O'Sullivan est à peine plus loin que l'agence immobilière O'Sullivan, entre le cabinet d'avocats McCarthy d'un côté et l'épicerie-bar MacCarthy – avec un a, comme le nom de mon grand-père. Je remets à plus tard la première pinte de la journée, ce qui ne fera qu'en accroître le goût, me gare sur le port et pars flâner en ville.

Castletownbere – ou Castletownberehaven, pour lui donner son nom complet – est un authentique port de pêche en activité. Trente ou quarante petits bateaux, amarrés à quelques mètres de la rue principale, grouillent de marins occupés à des activités incompréhensibles pour moi, qui manient câbles et cordages. Un jeune au regard de fou furieux, coiffé d'un bonnet de laine, déplace des cagettes de lottes sur un Fenwick, pilote son engin à tombeau ouvert d'un bout à l'autre du quai avec la même prudence qu'un Keith Moon fonçant vers une piscine au volant de sa Rolls.

Le long de la mer, un alignement d'arbres exotiques se balance au gré du vent. Les visiteurs les prennent à tort pour des palmiers dattiers poussant par là grâce au Gulf Stream, – en fait il s'agit d'astucieux simulacres importés de Nouvelle-Zélande. Sur la toile de fond des montagnes arides, maisons et commerces se découpent en taches vives jaunes, bleues et fluo. Le *O'Donoghue's Bar* est peint en deux tons de violet. La banque est verte et rose. « Chez Jack Patrick : boucherie-restaurant » annonce une enseigne. « À la mémoire des hommes du régiment de Berehaven qui ont combattu pour la république d'Irlande », dit l'inscription qui figure sur la grande croix celtique grise de la place du marché, en face du bar McCarthy. Une couronne tricolore de lys cueillis de frais est déposée au pied, sur le trottoir.

J'avise un panneau B&B sur une grande maison ancienne. D'instinct – je commence à m'y connaître – je vais frapper à la porte. Au bout d'un petit moment qui laisserait à croire que quelqu'un, à l'intérieur, est en train de détruire des preuves, la porte s'ouvre sur un type à lunettes, l'air coupable, dont la dernière douche date de quelque temps. Il lorgne d'un air malveillant par la porte entrebaillée et lance : « Oui ? », par quoi il faut entendre : « Fichez le camp d'ici. »

« Vous auriez une chambre pour la nuit ? »

Il observe la rue par-dessus mon épaule.
« Vous êtes seul ?
– Oui.
– Je n'ai qu'une double.
– C'est bon. Je paierai le prix de la double. »
Il hoche négativement la tête.
« Non.
– Pourquoi ça ?
– Ce genre de pratiques ne fait pas partie de mes habitudes. »

Au moment où il va fermer la porte pour m'empêcher de voir ce qui pend, suspendu à un croc de boucher, ou qui se décompose dans un bain d'acide derrière lui, deux locataires de retour surgissent tout à coup : un couple d'une vingtaine d'années, à la mine fraîche – des cyclistes hollandais, à vue de nez – qui passent devant lui, tout sourire. Comme la porte se referme lentement, je l'aperçois une dernière fois qui les regarde monter l'escalier, avec le regard songeur d'un tueur en série de cyclistes hollandais.

Une demi-heure plus tard, je défais mes bagages dans un pavillon d'une propreté clinique, à l'orée de la ville. Pour peu que je referme la porte de l'armoire en mélanine blanche à dorures ouvragées et que je m'asseye sur la couette en polyester et fibre de verre, je peux découvrir par la fenêtre en PVC double-vitrage la montagne indomptée qui se dresse au-delà. Pile en face, un nain de jardin en plastique Technicolor me défie du regard, planté à côté d'une minifontaine style Renaissance, au centre d'un patio à dallage de pierre style nougat. Le moindre frottement du pied nu sur les poils chinés marron, jaunes, noirs, verts et orange de la moquette en nylon gratté provoque un afflux vivifiant d'électricité statique, et des étincelles jaillissent de mon front.

Je ne suis pas le premier à faire remarquer que le paysage de l'Irlande rurale a été gravement endommagé, ces trente dernières années, par la construction hâtive de lotissements de banlieue dans des endroits sans banlieues. Flancs de montagnes, sommets de falaises, bordures de rivières, berges de lacs retirés, marais anciens et monuments néolithiques, l'Invasion du Pavillon qui tue a tout balayé. Il paraît que des lois strictes portant sur la construction arriveraient en force, mais les fausses haciendas espagnoles, les folies néo-Kelloggs et les miniranches style Dallas sont déjà là. À se demander si l'essor économique du Tigre celtique est exclusivement alimenté par les fabriques de voilages synthétiques et de colonnes doriques en plastique.

Avant de se moquer du mauvais goût irlandais, le visiteur plein de suffisance vivant, comme moi, dans un mignon village anglais devra se rappeler que la lèpre pavillonnaire n'est que la conséquence logique du passé de pauvreté de l'Irlande, pauvreté dont les propriétaires terriens anglais vivant de l'autre côté de la mer dans leurs villages soigneusement entretenus doivent endosser leur part de responsabilité. L'Irlande, c'est bien simple, ne dispose pas du réservoir de vieux bâtiments qu'on trouve en Angleterre et en France étant donné que, pendant des siècles et jusqu'à une époque très récente, c'était un pays abominablement pauvre. Les maisons en question n'y furent jamais bâties. Le recensement de 1842, par exemple, révèle qu'à l'époque, 82 pour cent de la population de la péninsule de Beara vivaient dans des huttes de torchis d'une seule pièce. Les visiteurs comme Thackeray, pourtant habitués au dénuement londonien de l'ère victorienne, furent bouleversés par la pauvreté et les conditions de vie misérables qu'ils découvraient.

Le vigoureux appétit en matériaux synthétiques des maisons neuves est une réponse à ce passé de dénuement.

« Regardez donc, proclament les pavillons, nous ne sommes plus paysans. Nous achetons des choses, à présent, au lieu de les faire pousser dans la terre. Nous nous sommes assis pendant des siècles sur des bancs de bois nu, mais maintenant, nous avons des canapés en Dralon , comme vous. » C'est ainsi que des gens dont les parents s'accommodaient de sols en béton brut raffolent désormais de moquettes, ornées de préférence de motifs hallucinogènes. Les petits-enfants des coupeurs de tourbe qui n'avaient jamais vu un W.-C. de leur vie s'empressent d'installer des inserts à gaz imitation feu de tourbe et des salles de bains avec bidets vert guacamole. On voit souvent une maison neuve incongrue construite juste à côté de la ruine qu'elle remplace. « Voilà ce qu'on était, clame-t-elle, mais voyez ce qu'on est, à présent. » Que les maisons et pavillons modernes témoignent de façon si éloquente du passé de la nation est un paradoxe très irlandais.

Quand je suis arrivé chez elle, Mrs. O'Sullivan m'a accueilli façon manuel scolaire :

« Vous êtes d'où ? Vous travaillez ou vous êtes en vacances ? Vous êtes marié ? Vous avez des enfants ? Comment ça se fait qu'ils ne soient pas avec vous ? Quel genre de travail vous faites, pour déguerpir comme ça en les laissant à la maison ? Vous voulez les horaires des messes ? Le petit déjeuner à huit heures et demie, ça vous ira ? »

Après, seulement, elle m'a permis d'entrer.

Elle m'a fait faire le tour de la chambre en prenant bien soin de me montrer l'interrupteur introuvable et la petite lumière rouge qu'il faut allumer sans quoi, d'amères expériences me l'ont enseigné, les douches de B&B deviennent de plus en plus froides même si on bloque le thermostat en position maxi. Puis, flanquée de son mari et de ses deux enfants, elle a pris place dans un minibus collectif orné à l'arrière d'un poisson pour se rendre à la messe de 6 heures et demie, le service du samedi soir tendant de plus en plus à remplacer l'obligation dominicale jadis immuable.

« Ça ne veut plus rien dire, hein ? a commenté Mrs. O'Sullivan. Mais ça doit profiter aux supermarchés et aux terrains de golf. À mon avis, on ne va pas tarder à voir la messe du dimanche se dire en plus du lundi au vendredi. Vous comptez rentrer tard ?

– Je ne crois pas, non. »

Après tout, je ne connais pas un chat. Wibberley, dans ma poche, me tiendra compagnie.

« Alors je vais préparer quelques sandwiches. Vous les trouverez en rentrant, quelle que soit l'heure. »

Au mur, dans l'entrée, là où la génération précédente aurait mis à l'honneur le pape ou Kennedy, trône la photo de l'équipe de Manchester United qui semble plus populaire dans le comté de Cork qu'à Manchester même. Je m'arrête un instant à la porte d'entrée pour admirer la qualité de l'artisanat celtique traditionnel mis en œuvre dans l'ensemble bénitier-Vierge Marie phosphorescente à éclairage nocturne et thermomètre intégrés, puis je sors sous un soleil éblouissant assorti d'un crachin soutenu, et me mets en route vers le *MacCarthy*.

Dans la rue principale, des tas de gros durs basanés couverts de poils drus et de tatouages, et je ne parle que du crâne, rôdent en groupes. J'en suis à me demander ce que les voyages organisés homos de Brighton et de San Francisco viennent faire à Castletownbere quand je remarque que ces types parlent espagnol et portugais, et qu'il s'agit sans doute de pêcheurs passant la soirée à terre. Dans le coin, les quotas de lottes font l'objet de disputes avec les Espagnols depuis au moins cinq cents ans.

Devant l'église, une demi-douzaine d'hommes à l'air louche se terrent sous le porche. Ils assistent à la messe, comme il se doit, mais sans aller jusqu'à entrer à l'intérieur et se faire repérer par le prêtre. Deux d'entre eux fument en tenant la cigarette entre pouce et index, le bout incandescent au creux de la paume, dans le style mauvais garçon qu'affectionnent dans le monde entier les méchants « hombres » et les gamins derrière les garages à vélos. Épaules voûtées, agitation mal contenue, leur maintien furtif et averti porte moins l'étiquette « église » que « agence pour l'emploi » ou « tribunal ». L'Irlande se sécularise peut-être, mais un vieux restant de croyance, profondément enraciné, a persuadé ces types qu'ils s'éviteraient plus sûrement la damnation éternelle en allant passer une heure à griller quelques cigarettes devant l'église, le samedi soir, avant d'aller se prendre une bonne murge. Ce n'est pas simple, la théologie moderne.

La 2e Règle du Voyageur en Irlande stipule : *Plus l'extérieur d'un pub est bariolé de couleurs primaires et de symboles celtiques anciens, plus l'intérieur est toc.* Spectacle rassurant, l'enseigne du *MacCarthy* se borne à des lettres blanches peintes sur fond noir. Je ne m'attendais pas au *a* du *Mac*, mais ce n'est pas un détail pareil qui va m'arrêter, maintenant. En tout cas, la mosaïque décorative ancienne du seuil annonce *McCarthy's Bar*, petite contradiction réconfortante qui fournit un sujet de conversation idéal. Même à 7 heures du soir, trempé, solitaire et sans rien de prévu à faire, je sens que cet endroit a de fortes chances de rafler le titre de Meilleur Pub du Monde dans la compétition que je mène en solitaire depuis 1975. Pour l'Ovalau Club de Levuka, dans les îles Fidji, il y a danger, tout à coup.

Le *MacCarthy* est un joyeux compromis : épicerie équipée de sièges pour les buveurs à l'avant du magasin, bar et stocks d'épicerie dans le fond. À droite, en entrant, il y a un minuscule cagibi, une ancienne alcôve d'entremetteuse où les fermiers nantis venaient conclure des mariages entre des cousins qui ne s'étaient jamais vus. Des bouilloires et des casseroles en aluminium sont pendues au plafond. Pour la vente, pas pour la décoration. Les clients qui viennent boire prennent place sous des rayonnages garnis de jus d'orange longue conservation et de sachets de pain de mie. Il y a un réfrigérateur rempli de produits laitiers. Les étagères, derrière le bar, regorgent d'œufs, de pêches et de petits pois en boîte, de sachets de condiments Paxo, de crème anglaise, de levure chimique, de bananes, de riz Uncle Ben's, de noix de muscade, d'oignons, d'huile d'olive, de Kinder surprise, de produit à vaisselle et de paille de fer Brillo : tout pour le buveur affamé qui aurait besoin de se débarbouiller.

La pinte de *stout* dense, à la crête échevelée, met cinq minutes à être tirée, juste le temps nécessaire pour que le buveur avoue tout son passé au serveur irlandais expérimenté.

Je me sens un peu lamentable en expliquant à la femme occupée à me servir que je suis venu parce que je m'appelle McCarthy. Je ne suis sûrement pas le premier toqué de généalogie qui s'amène d'au-delà des mers tout seul, comme une âme en peine, en clamant qu'il fait partie de la diaspora dans l'espoir d'attirer l'attention. Mais on me fait aussi bon accueil qu'à n'importe quel gars du coin, et quel voyageur pourrait demander plus ? Cela dit, contrairement aux gars du coin, on ne me laisse pas payer ma consommation. La femme se présente : le pub est à elle. Je bredouille une réponse équivoque comme quoi nous pourrions être cousins, aussi ému qu'un policier bostonien qui mettrait le pied en Irlande pour la première fois de sa vie.

« Il se trouve que c'est mon anniversaire aujourd'hui. Il y aura une petite fête, plus tard dans la soirée. Ça vous dirait de venir ? »

Vous pouvez me croire sur parole : s'il vous arrive un jour de vous pointer par hasard dans une ville que vous ne connaissez pas, d'y trouver un pub du même nom que vous, le soir de l'anniversaire de la patronne, et que cette même patronne vous invite à la fête, dites-vous bien que c'est Dieu qui vous appelle et oubliez votre soirée sandwiches au B&B.

Ça doit être sur le coup de 4 heures du matin que j'ai arrosé de whisky l'assistante sociale. Avant, c'était encore calme. À un moment donné, en tout cas.

On m'a présenté aux voisines et aux amies, à la sœur, à la mère de quatre-vingt-deux ans, venue d'Angleterre en avion pour l'occasion mais qui envisageait de revenir s'installer définitivement, m'a-t-elle expliqué en me payant une pinte de bière pour enchaîner sur la tournée de la maison, et celle de l'assistante sociale, ou peut-être de la sœur. Puis une femme est arrivée et a raconté qu'elle venait d'en voir une autre poser son parapluie à l'entrée de l'église, et qu'il en était tombé un couteau à pain.

En me levant, je me suis fracassé la tête contre le rayonnage des sacs de sucre et des confitures, mais quelqu'un venait d'apporter les menus et tout le monde était en train de choisir les entrées du dîner d'anniversaire. J'ai donc commencé à dire au revoir, mais « qu'est-ce que vous racontez ? » m'a-t-on répondu, et « il n'a rien commandé ? » a enchaîné quelqu'un d'autre. C'est comme ça que j'ai opté pour les moules à l'ail et la sole et l'instant d'après, on s'est tous retrouvés dehors dans la rue, nos verres à la main, en route pour le restaurant de la sœur où l'on m'a fait asseoir à la table dressée pour l'anniversaire. Je m'étais incrusté dans la fête familiale.

« Mais non, ici c'est juste le repas. La fête, c'est pour plus tard. »

On m'a donné un verre de blanc pour accompagner ma pinte dont la mousse crémeuse se piquetait de gouttes de pluie. Quelqu'un d'autre m'a tendu un verre de rouge. Et c'est alors que je me suis rendu compte que j'étais le seul homme au milieu d'une tablée de femmes en grande forme dont les âges s'échelonnaient entre quarante et quatre-vingt-deux ans. L'une d'entre elles a levé son verre :

« Pete, vous êtes béni entre toutes les femmes ! », boutade vraiment excellente quand on connaît son « Je vous salue Marie ».

Je me souviens d'une excellente ratatouille, de pommes de terre *plus* frites, ce qui nous dispensait d'un choix épineux, plus du vin et soixante-douze photos au flash, à moins qu'il n'y ait eu que des vingt-quatre poses, auquel cas ça n'en faisait plus que quarante-huit.

Ma carte de crédit a déclenché une certaine hilarité, étant donné qu'il n'y avait pas d'addition. Quand on a regagné la rue, à un peu plus de 11 heures, les pubs affichaient tous porte close et stores baissés. À entendre le vacarme infernal qui s'élevait derrière ces stores, on aurait pu penser, il est vrai, qu'un retardataire s'était malencontreusement fait piéger à l'intérieur, mais bien sûr, il ne s'agissait que du quart d'heure légalement autorisé pour finir les dernières consommations, la réglementation sur les ventes de boissons alcoolisées étant scrupuleusement respectée dans l'ouest de l'Irlande, tout le monde vous le dira. Nous avons repris la rue qui passe devant le *MacCarthy's Bar* et poussé jusqu'à la porte d'entrée d'une maison, que nous avons franchie pour ensuite piquer au nord le long d'un couloir plongé dans l'obscurité et déboucher derrière le bar du pub le plus bondé que j'ai jamais vu de ma vie. Jeunes femmes, vieillards rabougris, jeunes gens aux tempes rasées à la Vinny Jones [1], vieilles dames pleines d'entrain, familles au grand complet, tous en train de jacasser, de rire, et de respecter avec une ferveur impressionnante le quart d'heure légalement autorisé pour terminer les consommations.

Le moindre mouvement était à l'évidence hors de question, et le pub, comme je le disais, fermé. Ne sachant trop que faire, j'ai instinctivement commandé une tournée. On ne sait jamais, il y avait peut-être une prolongation exceptionnelle, consentie par les autorités locales au groupe qui, à l'autre bout de la salle, chantait « Joyeux anniversaire » à la

1. Footballeur et, plus récemment, acteur britannique. (*N.d.T.*)

séduisante jeune femme émergeant par intermittences de son coma éthylique. Visiblement, c'était mon jour de chance : une heure supplémentaire de libations avait dû être accordée, car ma tournée a fait son apparition comme il se devait.

« Ça fera 18,47 £ »

Tout heureux d'être enfin autorisé à payer quelque chose à mon tour, je tends un billet de vingt livres.

« Ah ! mais attendez, vous êtes avec les MacCarthy, bien sûr. Rangez-moi ça, c'est la maison qui offre ! »

On s'est arrachés à la mêlée juste avant minuit, heure à laquelle la prolongation exceptionnelle allait prendre fin, ça ne fait aucun doute, et chacun de s'en retourner chez soi, qu'il le veuille ou pas. On le sentait venir.

De retour au *MacCarthy*, en revanche, aucune réglementation ne s'appliquait plus puisqu'il s'agissait d'une fête privée. J'étais dans le pub idéal de l'imaginaire populaire romantique : lumière tamisée, heure indue, rayonnages regorgeant de marchandises indistinctes, brouhaha de conversations et forte bouffée d'énergie émanant de l'assemblée. Sur un banc, le long du mur, deux musiciens ont entonné « Joyeux anniversaire » pour annoncer l'arrivée d'un énorme fraisier. Pendant une fraction de seconde, je me suis imaginé Michael Flatley[1] bondissant hors du gâteau, vêtu d'un déshabillé frappé de trèfles, ses mamelons dardés luisants d'huile pour bébés.

Heureusement, ça n'avait pas été prévu au programme, et l'on a juste coupé le gâteau. Les musiciens ont joué une série d'airs tapageurs que les demi-sang irlandais nébuleux comme moi reconnaissent, mais ne savent pas nommer. La grosse voix du guitariste fendait sans peine le brouhaha

1. Danseur américain d'origine irlandaise, surnommé le « Seigneur de la danse » (*Lord of the Dance*), Michael Flatley s'est spécialisé dans la danse irlandaise. Il est le créateur de *Riverdance* (entre autres), spectacle mondialement connu. (*N.d.T.*)

ambiant pendant que le mandoliniste barbu modulait les aigus, les yeux fermés, tout à sa supplique passionnée, véritable incarnation du musicien irlandais de la tradition.

En fait, il était allemand.

Il avait débarqué là cinq ans plus tôt, en sarong, et il n'était pas reparti. Visiblement, les auditeurs ne lui en voulaient pas de jouer leur musique ; je dirais même qu'ils avaient l'air d'apprécier cette flatterie.

Je me suis surpris à envier cet étranger qui faisait désormais partie d'un monde auquel j'aurais tant voulu appartenir, malgré le rythme de vie démentiel que les gens y observent. Mais mon introspection s'est arrêtée net quand une femme de soixante-douze ans a grimpé sur une chaise et s'est mise à chanter *The Fields of Athenry*. Elle ne tenait pas très bien sur ses cannes, étant donné qu'elle avait fait une attaque une semaine avant, mais tout se passa bien malgré tout. Chacun y est allé ensuite de sa chanson, sauf moi, parce que ça ne se fait pas en Angleterre, et ce détail, plus que tout le reste, m'a donné vraiment l'impression d'être à côté de la plaque.

Après avoir chanté, on s'est mis à danser, et là, je ne me suis plus senti anglais du tout, simplement empoté, quand on m'a entraîné dans une adaptation très libre de la valse. Nous n'étions plus qu'une douzaine, à présent, noyau dur des survivants de la horde en folie qui emplissait la salle quatre heures plus tôt. Bon sang, il était si tard que ça ? En tournant le poignet pour regarder ma montre, j'ai renversé mon verre de Jameson sur l'assistante sociale, mais ce n'était pas grave, bien sûr, c'était seulement du whisky, s'est-elle écriée, et j'étais comme chez moi, là, non ? Est-ce que, par hasard, j'envisageais de venir m'installer un jour dans la région, parce que visiblement, j'y étais comme un poisson dans l'eau ?

Je ne lui ai parlé ni des questions que je me posais, ni des raisons qui motivaient mon voyage.

Au moment où l'on chargeait Mémé Attaque dans un taxi dont elle n'aurait aucun souvenir le lendemain matin – tous ces médicaments, ça nous vaut rien, c'est ça l'ennui avec les médicaments –, j'ai remarqué que les oiseaux commençaient à chanter et je me suis dit que j'allais essayer de caser un brin de sieste avant le petit déjeuner. En disant au revoir à la famille et aux amis dont je venais de faire la connaissance, je me suis brutalement rendu compte que j'en savais plus sur certains d'entre eux que sur des gens que je fréquente depuis vingt ans, en Angleterre. Étant donné que peu de temps après j'avais tout oublié, je n'arrive pas à déterminer s'il s'agissait là d'une réflexion profonde et juste, ou d'un délire d'ivrogne.

J'ai remonté la rue principale en passant devant les pubs fermés depuis longtemps, ou dont la clientèle s'était considérablement calmée depuis la veille. Il était 5 heures et demie quand je me suis engagé dans l'allée gravillonnée menant à la porte d'entrée de mon B&B. Après m'être efforcé pendant plusieurs minutes d'ouvrir avec la clé de ma chambre, j'ai opté pour la bonne. Je me suis affalé dans l'entrée, et Mrs. O'Sullivan a surgi juste au moment où je m'arrêtais pour admirer à nouveau la Vierge phosphorescente et la dégommer du mur. Après avoir poliment refusé les six sandwiches pain de mie jambon qu'elle me proposait sur un plateau, j'ai soigneusement longé le mur menant à la mauvaise chambre, et j'ai ouvert la porte.

Heureusement que les pubs étaient fermés depuis plus de six heures, sans quoi elle aurait pu me croire soûl.

7

Les enfants de Lir

J'émerge vers 11 heures. Deux motards italiens en combinaison jaune et bleu me dévisagent fixement, un large sourire aux lèvres.

Je me suis réveillé une première fois lorsque Mrs. O'Sullivan est venue frapper à ma porte, deux heures trois quarts après m'avoir proposé son plateau de sandwiches, pour m'annoncer que le petit déjeuner était prêt. La formule complète, à mon grand désarroi, incluait du boudin, noir et blanc, et d'inadmissibles rognons. J'ai roulé le tout dans une serviette et enfoui ce paquet obscène dans la poche de mon pantalon avec l'intention de le jeter plus tard. Dans l'entrée au parquet bien ciré, Mr. O'Sullivan, armé d'une Black & Decker, revissait consciencieusement la Bienheureuse Mère de Dieu au mur, pendant que son fils jouait à Roboprêtre sur l'ordinateur. J'ai payé Mrs. O'Sullivan en la remerciant.

« Ah ! s'est-elle exclamée, on a beau dire, mais vous avez une mine magnifique. À propos c'est vrai ce qu'on raconte, que Mrs. Thatcher ne dormait que trois heures par nuit quand elle vous gouvernait ? »

Peut-être. Et si elle passait le reste de sa journée dans le même état que moi, ça pouvait expliquer bien des choses.

Un déluge digne de la Bible m'accueille au-dehors. Qu'importe : mon seul projet immédiat est de piquer un roupillon monumental dans la voiture. Négocier, au volant du Tank, l'allée à pic qui rejoint la route revient à descendre un torrent en rafting, mais sans gros balèze néo-zélandais pour rattraper la sauce si ça tourne mal. En prenant garde de ne pas décaniller les aigles qui trônent sur les montants du portail, ce qui gâcherait définitivement la journée de Mr. O'Sullivan, je tourne à droite au bout du chemin, en me laissant porter par le courant. J'ai les yeux dans le même état que si j'avais dormi avec les lentilles de contact de quelqu'un d'autre. D'ailleurs, c'est peut-être le cas. Je les frotte un bon coup et je colle le nez au pare-brise, comme Mr. Magoo.

La route est quasi engloutie dans une grisaille d'apocalypse, et les borborygmes du pot d'échappement se sont mués pendant la nuit en un feulement de basse qui n'est pas sans évoquer un tuba. Ce ne serait pas une mauvaise idée de s'arrêter un moment. Tout à coup, un chien surgit d'un jardin et se met à courir à côté de la voiture en aboyant hargneusement après les roues.

Je poursuis mine de rien jusqu'à ce que cessent les aboiements – signe indubitable que j'ai distancé le vigoureux cabot, ou que je l'ai écrasé et je me gare à l'entrée d'un champ voilé de brume. Me revient alors que ma voiture à 290 £ dispose de l'incroyable option « sièges chauffants ». J'enclenche le système, ferme les yeux et m'endors en quelques secondes, voire moins.

Je suppose que c'est en venant voir un cercle mégalithique dans le champ que les motards ont trouvé ma voiture garée en travers du chemin. J'ignore combien de temps ils ont frappé à la vitre, mais assez longtemps pour trouver ça comique, en tout cas J'ai le menton dégoulinant de bave, et eux ont une allure folle. Vous ne trouvez pas ça écœurant, vous, que les Italiens soient toujours si beaux ? J'ai vu à Vérone des retraitées en lunettes Gucci et tailleurs mohair jaune canari. À Eastbourne, on vous colle d'office une amende pour ce genre d'outrages.

Rien de tel qu'un couple d'Italiens, vous contemplant fixement, pour qu'aussitôt on ait honte d'appartenir à une nation qui considère les hypermarchés Argos comme de bons magasins. Ils attendent patiemment que je sorte en marche arrière du bourbier fumant. « Pas dé problème », lance l'homme qui a l'air d'un footballeur de première division particulièrement canon, avec sa petite amie vraisemblablement top-model-romancière-violoncelliste pendue à son bras.

Le soleil a fait son apparition, et l'envie me prend d'aller, moi aussi, jeter un coup d'œil au cercle de pierres levées désormais bien visible au milieu du champ. Mais, à l'idée que ces deux-là vont voir que je porte un pantalon noir sur des chaussures marron, je préfère rester en sécurité dans mon Tank et je repars en direction de la ville dans un concert de pétarades du plus bel effet. Un énorme menhir d'au moins quatre mètres cinquante de haut se dresse dans le jardin d'un pavillon. Ces trucs-là doivent coûter trois fois rien, par ici, me dis-je en donnant un coup de volant pour éviter un truc sur la chaussée qui ressemble à un chien écrasé.

Il n'y a pas de nouilles sautées sur la péninsule de Beara, mais on sert un cabillaud tout ce qu'il y a de correct à l'*Old Bakery Café*, où l'on m'apprend en outre l'existence des bouddhistes. Une demi-heure plus tard, posté à ma fenêtre en haut d'une falaise qui plonge au-delà des drapeaux de prière battant au vent, je contemple une des côtes les plus spectaculaires qu'il m'ait été donné de voir. Cinq promontoires déchiquetés s'étirent en enfilade d'ici à Castletown-bere. Les premières terres en venant d'Amérique. Au ciel bleu succèdent une brume laiteuse, puis un gigantesque arc-en-ciel dans les lointains.

Un centre de retraite bouddhique me semble l'antidote rêvé à mes derniers excès. Non que j'espère atteindre le nirvâna, mais il y a de grandes chances que ça m'évite de mettre les pieds au pub. Un type courtois et souriant m'accueille, le regard perdu dans le vague, comme s'il admirait une araignée particulièrement remarquable sur le mur, derrière moi. Il m'explique que le centre est réservé aux fidèles observant une retraite silencieuse d'un an, mais qu'à l'intention des gens de passage, ils ont aménagé un dortoir dans un ancien corps de ferme rénové.

Je suis arrivé suffisamment tôt pour obtenir l'unique chambre individuelle, à 12 £ la nuit. Entièrement lambrissée, comme un chalet, elle est équipée d'un lit deux places et d'une armoire de fabrication maison. Dans une de mes poches, je retrouve un livre intitulé *Un médecin en guerre*[1], de Aidan MacCarthy. Je revois vaguement quelqu'un me le tendre par-dessus le bar, la nuit dernière. Pour l'anniversaire de la fille de l'auteur, si je me souviens bien. Je m'allonge sur le lit tandis qu'au-dehors le temps se déchaîne, et à la tombée de la nuit, j'ai terminé ma lecture. C'est le récit de la vie d'un médecin de la RAF pendant la Deuxième Guerre mondiale. Après avoir connu Dunkerque, la capture par les Japonais dans le Pacifique, et la détention à Nagasaki le jour où la bombe atomique a été lâchée, l'homme est rentré triomphalement au bercail à bord du *Queen Mary* pour apprendre que son frère, curé à Londres, avait péri au cours du dernier bombardement de la guerre.

L'ouvrage jette un jour nouveau et intéressant sur la vie dans les camps de prisonniers du Pacifique : « Les gardiens japonais et coréens n'éprouvaient aucune gêne à se masturber publiquement, en solo ou deux à deux. Cette forme de soulagement mutuel n'impliquait pas forcément qu'ils soient homosexuels. »

1. Traduction littérale du titre anglais : *A Doctor's War* (non traduit à ce jour). (*N.d.T.*)

Ouais, bon, on se pose quand même la question, non ? La prochaine fois que la télé rediffusera *Le Pont de la rivière Kwaï*, je serai très attentif à ce qui se passe à l'arrière-plan.

Vers les 7 heures, je descends me confectionner un morne sandwich avec les quelques ingrédients trouvés en ville. Un type à la mine patibulaire, émacié quoique musculeux, le crâne hérissé d'une courte brosse laissant transparaître ses tatouages, lit sur le canapé.

Je gazouille un « bonjour » désinvolte, en me disant qu'un brin de conversation m'aidera peut-être à chasser l'image persistante des matons asiatiques s'entre-branlant activement. Mais le type, après m'avoir dévisagé un instant, replonge dans son livre.

Dans le coin cuisine de la salle commune, deux couples s'apprêtent à dîner : deux jeunes Espagnols d'une vingtaine d'années à peine et leurs petites amies respectives, l'une espagnole, l'autre française. Avisant mon lugubre pot d'hoummous et mon demi-concombre sous cellophane, ils m'invitent spontanément à partager leur repas. Et par là-dessus, ils me servent le reste de leur bouteille de rouge. Le dîner se compose d'un plat simple, mais délicieux de *linguine* à la sauce tomate fraîche, accompagné de salade verte à l'huile d'olive. La Française apporte ensuite un tiers de Camembert, soit quelques fines lamelles par personne. Un pur régal.

« Vous l'avez acheté ici, ou en France ?

– Oh, en France ! »

J'essaie de leur développer ma théorie, selon laquelle Français et Italiens se gardent tous leurs bons produits pour nous expédier sous les mêmes étiquettes des denrées dégueulasses, faites exprès pour nous. Je ne suis pas sûr qu'ils comprennent, mais leur compagnie reste agréable.

Me vient alors à l'esprit qu'ils doivent loger dans les dortoirs, lesquels ne sont pas mixtes. Les amours neuves méritent mieux que ça. Je pourrais en retour de leur générosité proposer ma chambre à l'un des deux jeunes couples pour qu'ils se blottissent l'un contre l'autre, pendant qu'au-dehors la tempête fait rage. Mais il ne me resterait que le dortoir à partager avec le Tatoué patibulaire.

Tout bien réfléchi, je salue mes nouveaux amis, et remonte ventre à terre dans ma chambre de peur de me laisser attendrir. Après tout, il n'y avait même pas de dessert. Un dessert, ça aurait tout changé.

Le lendemain matin, ils sont déjà tous attablés devant leur petit déjeuner. Au sommet de la falaise, le Tatoué patibulaire se livre à sa série d'abdos commandos du matin. Un coup d'œil rapide dans la salle me permet de constater qu'il n'a liquidé personne pendant la nuit. Il est à peu près 8 heures et demie. Une affichette punaisée au tableau annonce qu'un cours de méditation ouvert à tous est prévu à 9 h 15 dans la Salle du Temple sacré. Un jeune Australien à qui j'ai dit bonjour hier après-midi balaie la cuisine. Je lui demande si la méditation est accessible aux débutants. Il s'efforce en vain de dissimuler son dédain.

« Je suppose que oui. Quel que soit le degré… d'inexpérience. »

Bon.

« Alors comme ça, vous êtes étudiant ici ? »

Il s'arrête et pousse un grand soupir.

« Étudiant n'est pas le mot qui convient. »

Oh ! pardon. Gaffe.

« Je suis ici pour pratiquer. »

Il se remet à balayer. Comme visiblement je lui casse les pieds, je décide de l'assaillir de banalités.

« Et vous êtes d'où, en Australie ?

– Melbourne. »

Pfuitt, pfuitt, pfuitt, pfuitt, fait le balai.

« Quelle coïncidence ! Melbourne est une de mes villes préférées. »

Il me regarde comme si j'étais le dernier des tarés. J'abandonne et pars me doucher.

Il y a deux douches contiguës, au rez-de-chaussée, libres l'une et l'autre. J'entre dans la première et, tout en pataugeant dans quelques flaques d'eau savonneuses, je me rends compte que je n'ai pas de serviette de toilette. Quel est l'usage, ici ? Est-ce que la maison les fournit ? À 12 £ la nuit, j'en doute. Et pas question de passer pour plus crétin encore en allant en emprunter une à mon pote Skippy l'Australien. Il y a bien deux draps de bain pendus à côté du lavabo. Collectifs, ou personnels ? Propriétés du Tatoué, si ça se trouve ? En tout cas, ils sont chauds et humides, l'idéal pour choper champignons rares et bactéries malignes. L'un des deux abrite une quantité impressionnante de courts poils noirs frisés. Poursuivant mon inspection, je déniche dans le placard du ballon d'eau chaude, un bout de tissu raidi qui, avant d'être promu au rang de serpillière a dû être une serviette de toilette. Je décide que mon T-shirt fera l'affaire et, après l'avoir mis à sécher sur le radiateur, je pars au cours de méditation.

Skippy est déjà là, dans l'encadrement d'une des immenses baies vitrées qui donnent sur l'Atlantique. Un autel ouvragé aux couleurs rutilantes occupe un bout de la salle. Sur une estrade sont installés une sorte de trône luxueusement rembourré, des tapis de prière brodés et des chaises en plastique moulé. Le sol et les murs sont lambrissés et vitrifiés.

« Il y a un rituel précis à respecter ? »

Décidément, c'est son jour.

« Vous pourriez choisir… un tapis, je suppose, ou une chaise… ça serait peut-être mieux pour vous. Ça dépend juste… de ce que… »

Il laisse mourir sa phrase, par avance épuisé d'avoir à adresser la parole à une être d'une spiritualité aussi ténue. Ou alors c'est pure paranoïa de ma part, beaucoup plus révélatrice de moi que de lui. N'empêche qu'un peu plus de contacts avec les Irlandais, et un peu moins de contemplation de son moi intérieur rentabiliseraient d'autant son forfait tour-du-monde-vols-Qantas-longs-courriers-super-éco. Cela dit, il sait sûrement ce que j'en pense, raison pour laquelle il me bat froid depuis le début.

Le cours est assuré par une Allemande d'une trentaine d'années. Skippy et moi sommes ses seuls élèves. Elle nous lit de courts extraits du *Livre des morts tibétain* et, pour ma gouverne, explique qu'il vaut mieux garder les yeux ouverts quand on regarde devant soi. Apparemment, il ne faut pas que j'essaie de penser à quelque chose, mais je ne dois pas non plus penser à rien. De temps à autre, elle fait tinter de minuscules cymbales, pour nous signifier un temps de repos, puis pour nous dire de reprendre. C'est plutôt agréable. Du coin de l'œil, j'aperçois un bateau de pêche qui danse sur les vagues turquoise illuminées de soleil. Trois poneys broutent les buissons, sur le flanc vertigineux de la colline. Le promontoire de Mizen Head domine la mer. Je me sens glisser dans une sorte de calme spirituel, troublé de loin en loin par le souvenir de mon pot d'échappement.

Au bout de trois quarts d'heure, Skippy me plante là, et je pars faire un tour avec le Tank.

Ou bien un oiseau s'est engouffré dans mon pot d'échappement, ou bien quelqu'un l'y a mis, pas d'autre explication possible.

Le parking, à mi-chemin de Castletownbere, propose un superbe point de vue panoramique. Pour l'heure, m'occupent surtout les inflexions de tuba de mon pot d'échappement. Le jeune bouddhiste, tout bien pesé, devait ressentir vis-à-vis de moi ce que je ressens là, à l'instant, vis-à-vis du pot : il me tape sur le système. Je n'ai jamais rien compris à la mécanique, en dehors du fait que l'essence a l'air indispensable, alors pour ce qui est de diagnostiquer les pannes et plus encore d'y remédier... J'ai parfaitement conscience, en revanche, qu'un homme, s'il entend se faire respecter de ses congénères et s'éviter moqueries ou rebuffades, gagne à adopter les mimiques de l'amateur averti. Je suis donc tout à fait capable de donner un petit coup de pied dans un pneu ou de lancer négligemment : « On va jeter un œil sous le capot », avant de secouer la tête d'un air pessimiste. L'étiquette masculine requiert donc, à présent, que je me couche par terre et regarde sous la voiture – sans avoir la moindre idée, bien sûr, de ce que je cherche.

Imaginez donc ma stupéfaction de découvrir immédiatement l'origine du problème. La partie externe du pot d'échappement, pourtant rutilante et pas rouillée du tout, s'est désolidarisée du reste – à moins qu'on l'ait arrachée. Une épaisse nuée de plumes noires sort du truc rectangulaire dans lequel l'embout s'encastrait.

Un oiseau mort est allé se fourrer dans mon pot d'échappement.

Je risque une timide saccade, tel un gardien de prison coréen encore novice. La charogne, faisandée par les gaz toxiques, va sûrement se décomposer entre mes doigts – mais non, elle est indélogeable. Les plumes raidies de calamine m'encrassent juste la main. Apparemment, je tiens l'aile d'un genre de merle, ou de corbeau, dont le gros du corps est coincé à l'intérieur du pot. Comment diable le sortir de là ? Et d'abord, comment a-t-il bien pu aller se foutre là-dedans, alors que la circonférence du tube ne dépasse pas trois centimètres ?

En redescendant sur Castletownbere dans un grondement de tonnerre, j'envisage les différentes possibilités. Soit l'oiseau a pris un virage mal à propos et s'est engouffré dans l'échappement avec un élan incroyable, soit c'est un acte de sabotage. Mais de qui ? Les motards italiens ? Ça doit être pour ça qu'ils rigolaient quand je me suis réveillé. Mais pourquoi auraient-ils fait une chose pareille ? Peut-être en représailles du goût des Britanniques pour le mobilier informe, ou pour nous punir de mettre les ananas en boîte et le poulet tikka sur les pizzas ? Possible, mais j'en doute. Et si c'était Mrs. O'Sullivan pour se venger des dégâts matériels infligés à sa Vierge à 5 heures et demie du matin ? À moins qu'au vu de mes plaques minéralogiques anglaises, j'aie été pris pour cible par un détachement de jeunes recrues de l'IRA qui, faute de connaître mes origines irlandaises, se serait vengé de l'impérialisme britannique en lui collant un oiseau mort dans le fion.

C'est en entrant dans le premier des deux garages ouverts sur la place principale que me vient la réponse, lumineuse. Le Tatoué patibulaire ! De toute évidence, il utilise le dortoir bouddhiste comme base secrète pour mener sa guérilla contre la société. Il a commencé par me dévisager sans m'adresser un mot. Et maintenant, il fourre des animaux crevés dans ma tuyauterie.

« Je peux vous aider ? »

Un grand gaillard rougeaud d'une quarantaine d'années, en bleu de chauffe luisant de cambouis, surgit devant moi. Son apprenti près de lui, louche furieusement.

« Eh bien, j'ai une Volvo, là, dehors… »

Comment formuler ça simplement ?

« Quel est le problème ?

– C'est… euh… enfin bon… il y a un oiseau mort dans le tuyau d'échappement. »

L'arpette est pris d'un tel ricanement qu'une bulle de morve lui fleurit au nez avant d'éclater sur sa lèvre. Il s'essuie d'un avant-bras criblé de taches de son. Le patron voudrait le foudroyer du regard, mais n'arrive qu'à produire un sourire.

« Bon alors, donnez les clés, je vais voir ça. Vous pouvez repasser d'ici une demi-heure ? »

Le collège du coin vient de sonner la pause de midi : les rues se remplissent d'ados qui mangent des frites ou du chocolat, certains les deux à la fois. Des garçons font cercle pour fumer à la dérobée avec un maximum de mise en scène. Ils rôdent autour des cabines téléphoniques et devant les toilettes publiques du front de mer, la clope à la main, histoire d'être à la hauteur le jour où ce sera leur tour d'aller traîner sous le porche de l'église à sucer des pastilles en attendant la fin de la messe.

Je fais un saut dans un minimarché pour acheter un journal. Un prospectus affiché en vitrine annonce une tombola : « Premier prix : pèlerinage à Lourdes. Deuxième prix : bouteille de cognac ». J'entre au *MacCarthy*, je commande une demi-pinte, et je vais me calfeutrer dans l'alcôve avec mon journal. Mrs. MacCarthy mère me repère aussi sec, et fait ce que ne manquerait pas de faire toute Irlandaise respectable de sa génération : elle me prépare d'office quatre sandwiches pain de mie-jambon-fromage. Tante Annie, elle, en aurait fait huit, au cas où.

Quand je sors du pub, les gamins reprennent le chemin du collège. Au large, le ciel bleu s'est chargé d'une nuée noire menaçante. Avec un peu de chance, le garagiste aura extrait le volatile, à l'heure qu'il est. Est-ce qu'il aura fallu démonter l'échappement ? Peut-être existe-il une pince spéciale, ou des forceps, qu'on insère dans les tuyaux d'échappement pour en retirer les oiseaux ? Ça risque de finir en carnage, cette affaire. Le métier de mécanicien est beaucoup plus dur que je le pensais.

L'apprenti bigleux, assis sur un baril d'huile, mastique un beignet pendant que le patron travaille sur une Peugeot. Il lui crie quelque chose. Je ne comprends pas très bien, mais il me semble entendre : « Michael, y a Zoziau qui vous demande.

– Ah ! re-bonjour, monsieur, votre voiture est prête. J'ai pas pu faire grand-chose, malheureusement.

– L'oiseau est toujours coincé dedans ?

– Eh ben, en fait, c'était pas un oiseau. Venez, je vais vous faire voir ça.

– Mais c'était plein de plumes ! »

En entendant ça, Biglosse est pris d'une terrible quinte de toux. Michael m'entraîne jusqu'à la voiture garée dehors, près des pompes à essence art déco. Il se penche, regarde au-dessous d'un air entendu et je l'imite, en faisant de mon mieux pour exsuder la compétence mécanique.

« Vous voyez ça, là ? »

Il donne une méchante secousse comme pour arracher l'aile du merle, qui semble se détricoter. À mesure qu'il tire, l'espèce de filasse noire duveteuse se débobine en une longue mèche charbonneuse.

« C'est juste la garniture, vous voyez, le truc qui entoure les chicanes du pot. Un genre d'isolant phonique, je pense. Il va falloir changer votre échappement, mais j'ai pas le modèle en stock. Mais bon, vous aurez pas de problème, ça change rien à la conduite, c'est juste un peu bruyant. »

Je hoche la tête en souriant, histoire de sauver ce qui me reste de dignité.

« Je vous dois combien ?

– Oh, on va rien vous facturer pour ça. Surveillez quand même, mais à mon avis, ça ira. »

Je me dépêche de remonter en voiture avant qu'un attroupement se forme.

« Faites gaffe aux hérons, hein, ça vole bas ces oiseaux-là. Ça serait une sacrée saloperie à sortir. Allez, bonne chance. »

Il assène deux claques du plat de la main sur le flanc du Tank et je trisse. Voilà pourquoi les pièces Volvo sont si chères. Elles sont doublées main en plumes de merle par des artisans suédois. C'est même pour ça que ces engins démarrent toujours par grand froid.

En quittant la ville par la route qui passe devant le *Silver Dollar Bar* (visiblement fermé depuis des années, à voir l'affiche jaunissante de la Vedette internationale de

Music-hall et Artiste de Variétés restée placardée en vitrine), je me rends compte que l'incident ne m'a guère coûté qu'un peu de honte. Je connais des garagistes qui seraient allés ramasser un oiseau mort sur la route pour l'exhiber à titre de preuve, et m'auraient compté 167,50 £, plus la TVA. Je roule encore pendant cinq minutes, puis je tourne à gauche au panneau indiquant le Dunboy Castle.

Bien qu'un peu hirsute, la poterne crénelée est impressionnante : la nature reprend ses droits. Personne en vue. Un avis, rédigé au stylo feutre sur un bout de carton, précise les tarifs d'entrée. On peut, si on veut, glisser les pièces dans une fente. Je paie et je vais me garer à l'intérieur du domaine, où je découvre deux châteaux pour le prix d'un.

Puxley's Castle est une demeure romane du XIXe siècle, toute en fenêtres à meneaux et en colonnes à parements de marbre, construite par la famille Puxley, qui tirait sa fortune des mines de cuivre, ou en tout cas de la possession des mines de cuivre que d'autres exploitaient. L'histoire haute en couleurs de cette famille est racontée, sans autres modifications que celles des noms, dans le roman de Daphné du Maurier intitulé *Le Mont-brûlé*[1]. La façade maîtresse du château commande une vue splendide sur Hungry Hill, le véritable mont du livre, qui surplombe fièrement Castletownbere, au-delà d'un aber.

À l'intérieur, le sol est jonché d'éclats de pierre et de marbre. La toiture est crevée. Arbustes et plantes sauvages sont allés se nicher dans des trous de murs, à des hauteurs impossibles. Certaines pièces sont truffées d'empreintes de sabots, de bouses de vaches. Le château a été incendié et pillé par l'IRA pendant la Guerre civile, en 1921.

Dunboy Castle, farouche forteresse du XIIIe siècle, en ruines lui aussi, se dresse une centaine de mètres plus loin, face à Bere Island, au-delà de l'aber menant au port. Après

1. En anglais : *Hungry Hill.* (*N.d.T.*)

avoir écrasé les armées irlandaises et espagnoles alliées à la bataille de Kinsale, en 1602, les Anglais s'en prirent à lui. Les cent quarante-trois hommes de la garnison furent massacrés, y compris – détail qui suscite encore une certaine rancœur au bout de quatre siècles – le prêtre qui sortait de la forteresse, porteur du drapeau blanc. Des plaques commémoratives en gaélique et en anglais lui sont dédiées. Je m'assieds sur les vestiges moussus d'une muraille détruite à l'époque où Shakespeare écrivait *Hamlet*, et je contemple ce paysage qui fut pendant des siècles le fief des O'Sullivan.

Avant eux, le clan régnant était celui des McCarthy.

Tout à coup, me revient à l'esprit une mission que je m'étais fixée. Je me lève sans hâte et, posément, je me dirige vers la mer. Plus loin, sur ma droite, se dresse le dernier phare avant l'Amérique.

Je sais que notre mémoire nous trahit parfois… mais comment avais-je pu oublier ça ? Je fouille dans ma poche, en sors un vilain paquet graisseux et, d'un geste ample, je jette à la mer le boudin noir et la saucisse d'hier.

Avant même d'arriver à Windy Point[1], on sait que l'endroit porte bien son nom. Les bourrasques qui soufflent de Castlebere vers l'ouest menacent de déporter le Tank de l'autre côté de la chaussée, où trottine un mouton. Un peu plus loin la route est obstruée par une voiture et un fourgon postal arrêtés côte à côte. En approchant, je vois une main surgir de la portière du fourgon et remettre un paquet de lettres au conducteur de la voiture. On dirait une scène soigneusement dirigée d'un film sentimental dépeignant les difficultés de la vie dans les campagnes celtiques reculées. Peut-être a-t-on répandu le bruit qu'un touriste se promenait dans la région, ce qui expliquerait que les autochtones se soient dépêchés de venir jouer ce petit sketch en me voyant arriver.

1. Littéralement, la « pointe venteuse » (*N.d.T.*)

« Guettez la Volvo bleue, celle avec un oiseau dans le cul. »

La côte, grandiose, est bordée de montagnes sauvages. À leur pied, des petits champs cultivés s'étirent jusqu'au bord de la falaise. Ici, on n'a pas construit à tort et à travers. Toutes les deux ou trois minutes, on passe devant un monument ancien, une pierre levée, un château fort ou un oratoire rocheux, vestiges disséminés dans le paysage par un géant de conte de fées. Ce sont des milliers d'années de présence humaine que le regard embrasse, à parcourir ces ruines éparses, brutes, au sein du paysage immuable. Dans pareil endroit, j'imagine que n'importe qui doit se sentir puissamment ancré à la terre, qu'il s'appelle McCarthy ou Mitsubishi.

On sait qu'on a atteint Windy Point et l'extrémité des terres occidentales devant la pancarte annonçant : « Moscou, 3 310 km ». Si c'est une boutade, elle témoigne d'un humour à froid impressionnant face à un public pour le moins restreint. Je viens de dire qu'il s'agit de l'extrémité des terres : pour être juste, ça ne l'est pas, ou pas tout à fait. Deux cents mètres plus loin, au large, se trouve Dursey Island, la terre d'Irlande la plus éloignée de Dublin. Le nombre d'habitants varie de sept à quinze, selon la personne qu'on interroge. Le seul moyen d'accès dans les deux sens est un téléphérique qui se balance en équilibre précaire trente mètres au-dessus des eaux dangereuses du détroit.

Je me gare à côté de l'unique autre véhicule, une Volkswagen au volant bloqué par une canne jaune, sans doute pour ôter aux pêcheurs et aux bergers embusqués dans les grottes des environs la tentation de s'offrir une virée dans une bagnole volée. Apparemment, le téléphérique a connu des jours meilleurs, mais on aurait bien du mal à dire quand. La vitre en Plexiglas de la porte coulissante est cassée, et le plancher métallique a l'air maintenu par ce qu'on ne peut qu'appeler un bâton. Il y a indéniablement du jour entre les parois et le fond de la cabine, ce qui crée un courant d'air.

« Le maximum autorisé est de six adultes », annonce Paddy, le machiniste, en empochant le prix de ma traversée. « Ou alors, une vache. Mais bon, une fois on y a rentré quinze moutons. »

L'interstice, au bas des parois de la cabine, est à l'évidence une sage précaution : à la vue du précipice qui s'ouvre sous ses pieds, le bétail pris de terreur doit copieusement chier partout. « Oh ! non, les bêtes, ça les dérange pas du tout. Avant le téléphérique, les vaches étaient obligées de traverser à la nage, et les fermiers, en barque. »

Ça peut paraître douteux, mais il dit vrai. Des photos le prouvent. Paddy et sa femme tiennent un B&B qui surplombe la mer, quelques centaines de mètres plus loin. En été, d'après lui, les gens font la queue pour prendre le téléphérique, mais les habitants de l'île et le bétail sont prioritaires. « Les Allemands, ça leur est égal, mais les Angliches, ça les fout en rogne. »

Je suis le seul passager, à mon grand soulagement. Je ne tenais pas particulièrement à me retrouver enfermé dans un aussi petit espace avec un mouton hystérique ou une génisse incontinente. À l'intérieur de la cabine, le confort est spartiate : ici pas de sièges luxueusement rembourrés mais de simples bancs en bois, faut dire que c'est plus facile à nettoyer au jet. Pour rassurer le passager subitement conscient de sa vulnérabilité, des prières mortuaires ont été scotchées aux parois. Une bouteille contenant un liquide transparent, peut-être de l'eau bénite, ou alors du whisky maison, est à portée de la main en cas d'urgence. Tandis que la cabine s'ébranle, je regarde les rochers qui affleurent au bord de l'eau, en dessous de moi, et j'aperçois la carcasse de la cabine précédente, qui se décompose, mangée de rouille, là où elle est tombée.

L'arrivée sur la plate-forme, à Dursey, se fait en douceur, mais le temps se gâte. Deux voitures sont garées, ou abandonnées, près du téléphérique. Le moins qu'on puisse dire, c'est que les carrosseries sont passablement délabrées ; tout comme le scotch toilé qui tient les morceaux. Sur la lunette arrière de l'une d'elles, un autocollant à moitié délavé indique « Occasions Auto Looney ». Les voitures en circulation dans les îles irlandaises éloignées doivent rouler jusqu'à ce qu'elles tombent en miettes, après quoi les épaves sont abandonnées dans les marais et les fossés, où un jour elles seront découvertes, par une civilisation future qui les vénérera en tant que reliques d'une culture ancienne et mystérieuse.

Dursey s'étend sur environ six kilomètres de long et presque deux de large. Je me suis dit que j'allais en faire le tour, sans me fixer de but précis. Peut-être pourrais-je compter les habitants ? Cela dit, il n'y a ni pub, ni commerce, et je n'ai pas pensé à emporter de provisions. Passer la journée à marcher n'est pas nécessairement indiqué quand commencent à tomber les premières gouttes de pluie. Dans ces collines sauvages, il y a de quoi brouter pour les moutons, mais rien pour se mettre à l'abri.

Je m'obstine à marcher pendant dix minutes en tâchant de profiter du paysage jusqu'à ce qu'il disparaisse sous l'averse. En bas de la pente, sur la gauche, au bord de l'eau, se trouvent une église en ruines et son cimetière. Je vais voir, par habitude, m'abrite sous le couvert d'un mur. Si loin de l'Arizona le chapeau soit-disant imperméable que j'ai acheté au Babbitt's General Store de Grand Canyon se révèle totalement inefficace – ou plutôt se comporte comme une gouttière bouchée en me déversant des trombes d'eau dans le cou. J'aime bien la marche en montagne dans un paysage sauvage, mais je ne suis pas du genre fanatique, avec carte d'état-major sous étui plastique autour du cou. Je n'ai donc aucun scrupule à rebrousser chemin vers le téléphérique.

Aucun moyen de le faire venir quand il se trouve de l'autre côté ; ne reste donc qu'à attendre. L'embrasure d'une porte d'appentis m'offre un timide abri, changement qui me permet de goûter le charme piquant de la nouveauté. En face, la grisaille a englouti la terre ferme, mais j'essaie de ne pas oublier que sans la pluie, il n'y aurait plus que des pitins de gratte-ciel de merde partout. Au fond de ma poche, je déniche un vieux bonbon à la menthe. Le temps d'en décoller la bourre et les petites saloperies, et je savoure ce déjeuner.

Avec le temps, j'ai heureusement appris à toujours emporter de quoi lire, des fois que quelqu'un arriverait en retard, qu'un rendez-vous se terminerait avant l'heure, ou que je sois inopinément jeté en prison pour trente-cinq ans, consigné en cellule d'isolement. D'ailleurs, je n'arrive pas à comprendre ces gens qui entreprennent de longs trajets en train sans rien à lire, et qui se contentent de regarder dans le vague. Qu'est-ce qui peut bien leur occuper l'esprit, bon sang ? À moins qu'ils aient appris par cœur leur livre préféré et qu'ils se le récitent tout bas, ce qui leur évite de l'emporter. C'est qu'il est risqué de transporter un livre avec soi : on risque de l'oublier quelque part avant de l'avoir fini. Il m'est arrivé un jour de laisser mon exemplaire de *Zig-zag movie* à l'arrière de la Jeep d'un fermier bourré, au Costa Rica, alors que je n'en avais lu que les deux tiers, et ça m'a gâché tout le voyage. La forêt tropicale est infiniment moins riante sans Elmore Leonard. J'ai aussi perdu *Les Cendres d'Angela* deux fois. Il finit par grandir, ce pauvre gosse ? Et son père, il accepte de la faire sa cure de désintoxication, oui ou non ?

Bien au chaud dans ma poche, est une histoire de l'île, trouvée en ville. Le meilleur moment pour lire des choses sur un endroit donné, c'est quand on y est bloqué par la mousson, comme aujourd'hui. J'attends d'avoir fini mon bonbon à la menthe pour ne pas griller deux plaisirs à la fois, et je me plonge dans mon bouquin.

J'apprends bientôt que « l'île est souvent le premier point de chute des oiseaux arrivant par hasard d'Amérique », et qu'au IXᵉ siècle, époque où les Vikings pillaient systématiquement la côte de Cork, Dursey servait à entreposer les villageois prisonniers qu'on vendait ensuite comme esclaves en Scandinavie ou en Espagne. Et en 1602, après la bataille de Kinsale et la chute du château de Dunboy, il s'y passa des choses effroyables.

Apparemment, les soldats britanniques arrivant de Dunboy s'aperçurent qu'un grand nombre de villageois, dans l'espoir d'échapper à l'envahisseur, avaient trouvé refuge sur Dursey. Leur plan fut déjoué. Le livre cite le récit d'un contemporain, Philip O'Sullivan :

« Au fusil, à l'épée, à l'aide de piques, ils massacrèrent les hommes de garnison, qui avaient rendu les armes, et d'autres avec eux, vieillards, femmes et enfants rassemblés. Certains enfonçaient l'épée jusqu'à la garde dans le corps du nouveau-né et de la mère qui l'avait au sein, d'autres paradaient devant leurs compagnons avec de petits enfants embrochés sur leurs piques, qui se tordaient et se convulsaient, et pour finir, ils ligotèrent tous les survivants et les jetèrent à la mer, sur des rochers acérés, avant d'abattre sur eux une grêle de balles et de pierres. Ainsi, périrent quelque trois cents... »

Je me trouve justement à côté de la falaise d'où ils furent précipités. Voilà qui est bigrement réconfortant !

La reconstitution du massacre, précise et imagée, que je suis en train de me projeter mentalement est tout à coup interrompue par le bruit du téléphérique. Paddy s'est probablement rendu compte que me laisser mourir de froid serait préjudiciable à son commerce, et vient à mon secours. La cabine atterrit dans un fracas brinquebalant, et deux grands blonds habillés de coupe-vent Gore-Tex pastel en descendent. Je décide que je m'abstiendrai d'évoquer les horreurs perpétrées ici par les Vikings si, de leur côté, ils ne parlent pas de l'armée britannique, mais je m'essaie à un trait d'humour.

« Belle journée pour une balade.

– Oui. Vandastique. Un peu te pluie, mais… (Il hausse les épaules et sourit tout en agrafant d'une main agile une douzaine de languettes Velcro.)

– Vous venez d'où ?

– On arrive de Bruxelles. Hier, on apprend qu'ici, il y a un oiseau très rare qui se posait. Alors on téléphonait, on nous confirme, et maintenant… »

Pour souligner le bon sens de cette démarche, son compagnon renchérit :

« Maintenant, on fait longue randonnée. On voit si on le trouve. Ponne chournée. »

Et les voilà partis, à grandes enjambées décidées, sous le déluge.

Très franchement, ce genre de comportement m'inquiète.

Sitôt regagnée l'île principale, je monte en voiture, branche la ventilation pour désembuer le pare-brise, et retourne au centre bouddhiste. Mais en arrivant au croisement, je continue tout droit jusqu'au *MacCarthy*. Dans les quelques heures qui suivent, j'entends au moins trois personnes que je n'ai jamais vues de ma vie hurler de rire à propos de l'oiseau enfoncé dans mon pot d'échappement.

Un bar enfumé dans un port de pêche est l'endroit rêvé où passer une après-midi pluvieuse. Il fait nuit depuis un petit moment quand je me rends compte que j'ai largement bu de quoi m'éviter la pneumonie, et que je serais mieux au lit. Pas question de prendre le volant. J'appelle donc un taxi depuis le téléphone public qui se trouve dans l'entrée. Y aurait-il, par hasard, un chauffeur disponible dans la demi-heure qui vient ?

« Je serai devant le pub dans trois minutes. Vous attendez dehors ? Trois minutes. »

Voilà un rapport au temps inhabituellement expéditif pour l'ouest du comté de Cork. Je finis tout de même mon verre, je dis au revoir à tout le monde et comme promis, le taxi est là, devant la porte, un minibus, trois minutes pétantes. La pluie s'est calmée au point de se transformer en petit crachin façon sprinkler de jardin. On remonte la rue principale, quand une voiture pleine de jeunes, garée le long du trottoir, démarre brusquement et manque d'arracher le rétroviseur du minibus, qui réussit heureusement à l'éviter.

« Quelle veine ! je m'écrie.

– Ah ! non, répond le chauffeur.

– Comment ça ?

– Non, je ne m'appelle pas Kevin.

– Quoi ?

– Vous m'appelez Kevin, mais ce n'est pas mon nom. Je m'appelle Hans.

– Ah bon ! Alors, Hans.

– C'est ça. Je m'appelle Hans, pas Kevin.

– Et vous êtes originaire d'où, Hans ? »

Comme si je n'avais pas deviné.

« Je suis Allemand. Ma femme et moi, on est ici depuis vingt ans. Cette affaire, on a eu l'occasion de la lancer il y a deux ans. Et voilà. »

Je lui chanterais volontiers « S'il vous plaît, soyez gentils avec les Allemands », mais je ne me souviens plus des paroles. Il est clair que cette région de l'Irlande exerce une réelle fascination sur les Allemands, mais contrairement à moi, qui me borne à caresser l'envie de m'installer ici, Hans a vraiment pris les choses en main et il l'a fait. Il mérite sans doute plus ce pays que moi. Je lui demande ce qui lui plaît particulièrement, en Irlande. Il réfléchit un long moment, puis il répond lentement, posément :

« Les gens. J'aime leur choyeuse imperfection. »

Je règle la course et demande un reçu, réflexe de toute une vie de travailleur indépendant. Il sort un carnet de factures sur lequel est inscrit Carnet de Factures et rédige soigneusement la mienne en notant la date, l'heure, le lieu de prise en charge et la destination. Puis il attrape un tampon et un encreur dans la boîte à gants, tamponne le reçu et me le donne. La joyeuse imperfection, somme toute, n'a pas vraiment l'air de déteindre sur lui.

Il s'éloigne pour aller chercher son prochain client, qui l'attend d'ici exactement dix-huit minutes et trente-deux secondes. Moi, à ce moment-là, je dormirai déjà profondément : la Vie au Grand air, ça vous esquinte un homme. Rien de tel qu'une petite promenade sous la pluie suivie de quatre ou cinq heures au pub pour apprécier son lit.

Je dois quitter le centre bouddhiste aux aurores, le lendemain, car ma chambre est réservée. Je règle mes 24 £ à une jeune Française, puis je pars me balader le long de la falaise. Le temps a radicalement changé : le ciel est bleu, la mer calme et transparente, le soleil me chauffe le visage. Je papote un moment avec un type sympa de Norwich, qui tient la boutique de souvenirs et d'accessoires bouddhiques. Il m'apprend que le centre dispose de deux ou trois maisonnettes à louer qui ont la même vue grandiose. Je peux revenir en louer une ?

Certes, mais pas avant d'avoir lu dans le journal un article, avec photo à l'appui, disant que le Tatoué patibulaire a été arrêté et condamné.

La légende des enfants de Lir est une des plus populaires d'Irlande. Lir, roi d'un peuple ancien d'Irlande nommé les Tuatha de Danaan, avait quatre enfants : une fille, Fionnuala, et trois fils, Aodh, Fiacra et Conn. À la mort de leur mère, Lir se remaria, mais sa nouvelle femme, jalouse de l'amour que le père vouait à ses enfants, alla consulter un druide. Avec son aide, elle transforma les quatre enfants en cygnes et les condamna à vivre trois cents ans sur les eaux froides du lac Darvra, dans le Westmeath, trois cents ans sur la mer de Moyle, entre l'Irlande et l'Écosse, et trois cents autres années sur l'Atlantique, au large de la côte ouest de l'Irlande. À la fin de cette durée, le sort fut rompu par le tintement d'une cloche, saint Patrick et le christianisme étant arrivés entre-temps en Irlande. Après avoir recouvré leur apparence d'humains, de vieillards en fait, les enfants de Lir moururent près de l'endroit où ils étaient sortis de l'eau.

Je connaissais déjà cette histoire, mais je me suis rendu compte hier seulement, au *MacCarthy*, que l'endroit où ils sortirent de la mer et moururent n'est autre que le village d'Allihies, à une petite vingtaine de kilomètres de Castletownbere, sur la côte nord de la péninsule – à peine douze ou treize si l'on coupe à travers les montagnes.

Conan, l'homme qui m'a raconté l'histoire, et moi, nous sommes donné rendez-vous en ville. Il arrive, le bas du pantalon rentré dans les chaussettes, avec de l'eau, du chocolat et des pommes, dans un rassurant petit sac à dos comme un vrai randonneur. Je me sens sérieusement encadré. Il a suffi de quelques minutes, alors que nous bavardions au *MacCarthy*, pour nous découvrir un lien inattendu. Dans les années 1960, il a été enseignant à Drimoleague et y a vécu avec une jeune femme qui était la meilleure amie de ma mère. Comme nous allions souvent chez elle, j'ai forcément du le rencontrer quand j'étais petit.

Nous passons la journée à marcher en suivant la Beara Way, un chemin de randonnée de cent cinquante kilomètres qui fait le tour de la péninsule. Dès qu'on s'éloigne de la route, on remonte le cours du temps. On commence par les ruines d'un groupe d'habitations datant de l'âge du bronze, dont on distingue nettement le tracé des fondations dans le sol tourbeux, puis on pique sur le cercle mégalithique où les Italiens m'ont trouvé endormi. Il se compose de treize pierres.

« Toujours un nombre impair, on ne sait pas pourquoi. »

Et ainsi de suite : des maisons abandonnées à l'époque de la famine, vers 1840, puis un château fort au milieu d'un pré plein de moutons, avec des palettes posées contre les murailles. On traverse une ferme à l'ancienne où dindes et poulets se promènent en liberté. Tout y est tellement envahi de fumier qu'on croirait que les murs en sont crépis. Une côte abrupte, encore, et c'est Castletownbere qui scintille, loin, là-bas, dans le soleil de l'après-midi, telle une station balnéaire méditerranéenne. Dommage : à un jour près, Dursey aurait pu passer pour une île crétoise.

Nous avons grimpé longtemps, jusqu'à nous retrouver, surprise, sur le toit du monde, devant un gigantesque amphithéâtre naturel délimité sur trois côtés par des montagnes et par l'Atlantique sur le quatrième. Au loin, à notre droite, au pied de la colline, une enfilade sinueuse de maisons bariolées en rouge, bleu, vert et rose. Au-delà du village, plus haut sur le flanc gris pelé de la montagne, plusieurs tours de pierres pareilles à des temples antiques : les mines de cuivre d'Allihies.

Ici, on a extrait du cuivre des montagnes depuis l'âge du bronze. Avant la fermeture définitive des mines à la fin du XIXe siècle, la région était la plus riche productrice de cuivre d'Europe. Entre les rocs nus, on discerne encore des champs minuscules envahis de végétation, où jadis on tentait de faire pousser des pommes de terre pour nourrir les 6 000 habitants de la ville. Elle n'en compte pas tout à fait 600, aujourd'hui.

Nous descendons jusqu'à Allihies boire une pinte de bière au *O'Neill*. O'Neill lui-même n'est pas là, car il mène sa campagne en vue des élections européennes nous apprend son portrait placardé sur tous les poteaux télégraphiques. On s'installe dehors, sur un banc orienté plein sud, dans le soleil de fin d'après-midi. Devant nous, se déploie une superbe plage non pas de sable, mais de poussier de cuivre. Dans le terrain de jeux, de l'autre côté de la route, les enfants hurlent des grossièretés. C'est totalement idyllique.

« Tu veux voir où sont enterrés les enfants de Lir ? »

Encore cinq ou dix minutes de marche dans un dédale de petites routes, et nous nous arrêtons sur le bas-côté.

« Tiens, regarde la route, là. Une ligne droite impeccable, non ? eh bien, suis la clôture qui longe le bas-côté. À un endroit elle s'en écarte, puis revient vers lui. Les hommes qui l'ont posée, il y a des années, ne voulaient pas toucher à cet endroit précis. C'est là que sont enterrés les enfants de Lir. »

Nous traversons la route, deux hommes adultes à la recherche d'indices palpables prouvant que quatre enfants ont bien été transformés en cygnes pendant neuf cents ans.

« Ça fait bien vingt ans que je ne suis pas venu ici. Mes enfants étaient encore petits. Tiens, là, regarde. »

Il montre du doigt un gros rocher rond, blanc, dans l'herbe, tout près de la route. Dessus, sont posés un penny irlandais terni et une petite fleur desséchée.

« La tombe de Fionnuala. Mais il y en avait trois autres, j'en suis sûr. »

Pas trace de ces trois pierres. Juste un petit carré envahi de touffes d'herbe drues. Pourtant, je me sens obligé de chercher. Je m'agenouille, commence à arracher l'herbe. Rien. Je creuse un peu plus profond et soudain, découvre une pierre blanche luisante, de la taille d'une boule de bowling. J'arrache davantage d'herbe, jusqu'à mettre au jour les deux autres.

« Et voilà ! » s'écrie triomphalement Conan.

Une grande émotion m'envahit. Je regarde alentour. Rien. Personne. Pas de pancarte. Pas de plaque. Pas de petit gourbi vendant livres et souvenirs. À mon avis, l'herbe et la terre n'ont pas été foulées ici depuis au moins une décennie.

Je me remets à genoux et replace terre et touffes d'herbe de mon mieux. Puis nous piétinons l'endroit pour ne laisser aucune trace de notre passage. De retour en ville, à un croisement, une gamine d'une dizaine d'années, venant de la droite, passe devant nous à cheval. Elle monte à cru, en mangeant un paquet de chips. Dans l'autre sens, un tracteur élévateur descend la pente en zigzagant, conduit par un gamin de deux ans assis sur les genoux de son père. La réalité rejoint le mythe.

La femme de Conan est venue le chercher en voiture de Castletownbere. Quant à moi, je n'ai pas envie de partir. Après un verre au pub et une soupe aux fruits de mer maison, je me trouve une chambre dans un B&B un peu plus loin dans la rue et je feuillette au lit la feuille de chou locale. EXCEPTIONNEL, clame l'en-tête d'un encart en double page, qualificatif qui annonce généralement une critique de restaurant élogieuse rédigée par le propriétaire. En l'occurrence, il s'agit d'un nouvel hôtel en construction. Mon cœur se glace.

« La péninsule de Beara est une région réputée depuis bien des années pour sa beauté sauvage, mais en dépit de son énorme potentiel de *développement touristique* – Aaarg ! –, l'endroit ne dispose à ce jour d'aucune installation. Le *Wilderness Hotel* Parpaing-Placage-Granit-PVC contribuera largement à pallier ce manque. »

Moi, à votre place, je fuirais ce truc. N'y allez pas. Sur place, il n'y a pas l'ombre d'une infrastructure touristique, vous savez. Et puis, rien à faire. Il pleut tout le temps. Aucun endroit où manger des nouilles sautées, même quand on a de l'argent à claquer. En plus, il y a un Tatoué patibulaire lâché dans la nature. L'un dans l'autre, vous passeriez des vacances abominables. Moi, à votre place, j'irais voir ailleurs.

Je me suis laissé dire que Killarney était un coin superbe.

8

Dans la chambre du fils mort

À Singapour, la prison n'est pas très éloignée de l'aéroport international – les deux, d'ailleurs, s'appellent Changi. Un jour, je suis allé voir le monument à la mémoire des prisonniers alliés de la Deuxième Guerre mondiale, juste devant la prison. C'était une de ces journées humides et caniculaires où le moindre mouvement déclenche d'abondantes suées mais ce n'était rien en comparaison de ce qu'avaient dû vivre les prisonniers de guerre détenus là. On dit qu'aujourd'hui encore c'est une prison exiguë et étouffante, mal ventilée, suintant l'humidité, où les détenus croupissent côte à côte dans la pénombre et l'odeur malsaine des chairs putrides.

Exactement comme dans l'auberge de jeunesse de Killarney, où je me trouve actuellement.

Il fait chaud dans la rue, mais encore plus chaud dans les dortoirs. De part et d'autre du couloir de l'étage, des portes desservent de minuscules chambres à trois ou quatre couchettes. Dans l'un de ces réduits, deux prisonniers – pardon, routards – australiens fument, allongés sur leur lit, et rivalisent de descriptions fantastiques de plages indonésiennes pour s'en mettre mutuellement plein la vue. L'un des deux se vante en plus d'avoir tombé une fille de Killarney, hier soir, mais son copain ne le croit pas, et moi non plus. Il y a à peine la place de se glisser jusqu'à la porte entre les T-shirts puants et les chaussettes éparpillées un peu partout, tels des éclats de shrapnells après une explosion de sac à dos. La pièce est imprégnée de cette profonde et puissante odeur de pieds dont on ne peut plus jamais se débarrasser, une fois inhalée. La jeune Française de la réception m'annonce que moyennant 12 £, je pourrai avoir la couchette du bas, mais sincèrement, pour le même prix, je préférerais choper le typhus. L'hôtel imitation manoir de campagne XVIIIe siècle, de l'autre côté de la route, ne pue pas, lui, mais la chambre individuelle y coûte 135 £. Venir à Killarney n'était peut-être pas une bonne idée. C'est la faute de Thackeray.

Le trajet depuis Allihies via Kenmare et le col de Connor m'a pris deux heures. Avant de partir, au petit matin, j'ai fait une dernière promenade du côté des mines de cuivre, au-dessus d'Allihies. Le temps était clair et radieux, subitement chaud, comme si l'Irlande avait décidé d'avoir un été, cette année. Loin, au large, pour la première fois depuis mon arrivée, je pouvais distinguer parfaitement les deux îlots des Skellig Rocks. Sur Skellig Michael, se trouvent les ruines d'un monastère du IXe siècle. Il y a quelques centaines d'années, les gens se rassemblaient sur les falaises de Dursey ou d'Allihies à l'heure de la messe et s'agenouillaient face aux Skellig pour suivre un service qu'ils ne pouvaient ni voir ni entendre.

Ensuite, j'ai longé la côte nord de la péninsule en direction de l'est, vers Kenmare et Killarney. Par temps clair, la vue sur les montagnes que traverse le Ring de Kerry, au nord de l'estuaire de Kenmare, est fantastique. Je me suis arrêté un moment pour grimper à flanc de colline afin d'embrasser tout le paysage, et en profiter pour arracher deux ou trois mètres de plumes calaminées de mon pot. Sur la route, près de l'endroit où j'avais garé la voiture, gisait un gros animal (sans doute un blaireau) mort et dépecé, horrible à voir. J'ai cherché qui avait pu faire le coup mais il n'y avait rien alentour, si ce n'est un gros mouton à cornes, qui me dévisageait bizarrement. Les moutons, sauf erreur, n'éventrent pas les blaireaux ? En tout cas les livres sur les animaux n'en parlent pas.

J'ai fait encore une ou deux haltes histoire de fureter dans la montagne à la recherche d'oratoires rocheux et de pierres levées. Cette passion pour les vieilles pierres commence à passer, je le sais bien, pour une obsession, mais quand il n'y a ni bar à sushis, ni cinémas d'art et d'essai, il faut bien trouver des distractions. J'admirais le panorama déployé de montages, de lacs, d'îles du Kerry, depuis le sommet d'une colline quand je suis tombé en extase devant la beauté de la mousse vert émeraude, à mes pieds. Ouaaaah, me suis-je dit. À la maison, je deviens dingue à essayer de me débarrasser de la mousse qui envahit le jardin, et ici, je découvre à quel point elle peut être belle. Un grand moment de découverte : j'ai compris qu'à force de solitude et de splendeurs naturelles, je devenais mou du bulbe. Qu'il était temps pour moi de rallier un endroit bourré de gens et d'immeubles, où je pourrais retrouver mon cynisme à l'emporte-pièce. Que j'avais besoin d'un bon séjour dans un superpiège à touristes.

Je suis retourné au Tank et j'ai pris la direction de Killarney.

N'empêche, la mousse était magnifique.

« Une hideuse rangée de maisons nous apprit que nous étions arrivés à Killarney », écrivait Thackeray, et vous savez quoi ? Il n'avait pas tort. « Killarney : la beauté » lit-on sur le panneau, mais de quelque direction qu'on arrive – et j'en ai essayé plusieurs, dans l'inutile espoir d'échapper aux bouchons – on est accueillis par des rangées et des rangées de B&B. De tristes pavillons de banlieue mitoyens, pour la plupart, de ces petites habitations familiales qui trouvent miraculeusement la place de caser des familles entières de touristes américains à grandes carcasses élevés au rata enrichi d'hormones. D'autres sont plus grandes, dans le genre demeures pour cadres, tout droit sorties d'un kit de maison de poupée à assembler. Toutes sont hérissées de pancartes vantant leurs attraits. « Salles de bains privatives ! TV ! Parking ! Thé et café à volonté ! » Mais pourquoi s'en tenir là ? Les gens ne devraient pas brader leur prestation. Le tourisme est une entreprise impitoyable. Il faut étaler tous ses arguments vendeurs. « Draps dans tous les lits ! Sommiers à pieds ! Tiroirs à caleçons ! Cloisons ! »

Un rude choc après Beara, mais c'est précisément ce que je cherchais. Après m'être promené dans des paysages somptueux et déserts, après avoir été reçu comme un fils prodigue dans des pubs de rêve, au fin fond de petites villes de charme, une bonne dose de tourisme conventionnel allait me faire du bien à l'âme. Si un endroit pouvait faire éclater au grand jour la sentimentalité bidon de ma nostalgie des racines, c'était bien Killarney. Un petit séjour parmi des candidats à la nationalité irlandaise, venus de tous les coins civilisés de la planète, et même d'Australie, allait sans doute me remettre les idées en place, m'amener à renier mon héritage. « Qui ça, moi ? Ah ! non, mec, moi je suis anglais, et je peux pas supporter ce bled. Moi je leur vends les fenêtres en PVC, c'est tout. »

Je suis venu, aussi, à cause de Thackeray, dont je lis *L'Album irlandais*[1] depuis Beara. Il est toujours bon de voyager avec un guide touristique dépassé, voire périmé, sans quoi on finit comme tous ces pauvres nases qui déambulent dans une foule de copies conformes, le nez dans leur *Lonely Planet*, au beau milieu de vrais endroits authentiques.

Thackeray était venu ici pour chasser le cerf, mais il n'en avait pas vu la queue d'un. Il n'avait croisé, en tout, dans sa

1. *The Irish Sketch Book and Character Sketches* (non traduit). (*N.d.T.*)

journée, que quatre chiens et un Allemand. En 1842, déjà, Killarney était un piège à touristes, avec prix assortis.

> « La ville de Killarney connaît une intense fébrilité… Une vaste foule y afflue de toutes les régions du royaume. Les auberges sont pleines, et une chambre coûte 5 shillings par jour, voire plus dans certains établissements. Bien que ma logeuse, Mrs. MacGillicuddy, s'en tienne à ce tarif, un vieux monsieur affable que je n'avais jamais vu de ma vie m'a arrêté dans la rue, hier, pour me dire que ses deux chambres lui coûtaient une livre par jour. »

Je suis à peu près sûr que ce genre de pratique est toujours en vigueur, que des visiteurs hagards, dans le centre-ville, agrippaient la manche de parfaits inconnus pour leur dire : « Dites, vous ne me connaissez pas, et je suis navré de vous importuner, mais si je ne raconte pas ça à quelqu'un, je vais devenir fou ! Regardez-moi ce reçu ! Regardez combien on m'extorque pour une chambre individuelle ! Incroyable, non ? »

En sortant de l'auberge de jeunesse, j'avise un hôtel, dans New Street, sur lequel est placardé un panneau : « Tarifs spéciaux B&B », mais la jeune Anglaise de la réception me rit au nez quand je demande une chambre individuelle. « Je n'ai que des chambres à trois lits. Je serais obligée de vous compter le prix fort et ça vous reviendrait ridiculement cher. » Je lui demande si c'est ce qu'ils appellent des tarifs spéciaux.

« Question de rentabilité. On est très gourmands, dans l'hôtellerie, en Irlande. » Elle va même jusqu'à répéter sa phrase, pour que je puisse la noter. Ils devraient imprimer ça sur leur papier à en-tête.

Devant les grands hôtels, des cochers de calèches à trognes d'assassins racolent des clients au milieu d'un troupeau confus de nouveaux arrivants qui errent dans la rue, en proie à une extase collective. « Il va falloir donner un supplément d'avoine au cheval ? » demande un Américain admirablement lucide. À première vue, il a dû gagner le premier prix (un voyage en Europe) au Concours du Plus Gros Cul du Middlewest. Juché sur la banquette de la calèche, avec sa casquette de base-ball, son polo rayé en Lycra et son immense bermuda conçu par un architecte, il ressemble à Tweedledum[1]. Il faut deux assassins pour hisser sa femme, Tweedledee travesti, à ses côtés. Le cheval lâche un crottin railleur, puis la calèche s'ébranle lourdement, histoire d'aller fournir un petit intermède comique aux gens coincés dans les embouteillages.

Les magasins sont extraordinairement bien approvisionnés en cendriers motifs lutins et rosaires à perles en forme de trèfle, et il y a un restaurant italien dans lequel on peut commander un steak sans dépenser la totalité d'un billet de vingt livres. Légumes en sus. À 7 heures du soir, alors que je bats encore le pavé à la recherche d'un endroit où dormir, les rues sont pleines de gens de toutes nationalités. Outre les hordes d'Américains, j'entends des touristes espagnols, portugais, russes, italiens, gallois, scandinaves, français, irlandais d'Ulster et hollandais, – mais pas d'Allemands, puisqu'ils sont tous à Cork où ils conduisent des taxis en chantant des chansons traditionnelles. Une onde balaie la foule à mesure que les groupes s'arrêtent pour consulter le menu affiché en vitrine du restaurant italien, avant de reculer, horrifiés, en se disant que pour ce prix-là, ils pourraient envoyer un taxi chercher des nouilles sautées à Cork.

Je commence à comprendre pourquoi les coins que j'ai visités jusqu'à présent étaient déserts : tous les connards de

2. *Tweedledum* et *Tweedledee* sont les deux « frères ennemis » d'une comptine anglaise, personnages quasiment jumeaux repris par Lewis Carroll (et parfois abrégés en *Dum* et *Dee*) dans *De l'autre côté du miroir*. (*N.d.T.*)

touristes sont ici. Tweedledum et Tweedledee resurgissent sur ces entrefaits et doublent l'embouteillage à tombereau ouvert dans leur prototype trafiqué. Leur assassin fait claquer un fouet péremptoire. Pour montrer qu'ils font désormais partie de la société celtique, ils se sont drapés l'un et l'autre dans un plaid à pique-nique écossais. Lui, fume un gros cigare, elle a opté pour un paquet de caramels gros comme le sac de picotin du canasson, ce qui devrait lui caler l'estomac jusqu'au dîner, d'ici une demi-heure. Tous les hôtels irlandais savent qu'il faut adapter leurs rations aux appétits d'outre-Atlantique. Elle pourra donc bientôt engloutir tout un cochon à la broche, suivi d'un plat de résistance, en vidant quelques pintes de Coca Light pour son régime.

Au moment où le couple Tweedle sort de mon champ visuel, une pancarte manuscrite « Chambres à louer » apparaît sur la porte d'entrée en verre dépoli d'une petite maison rénovée sans goût, comprise dans un alignement d'habitations jumelles. L'adolescente teinte au henné qui vient m'ouvrir a un petit sourire en coin quand je demande s'il est possible d'avoir une chambre individuelle, comme si elle goûtait une plaisanterie que je n'aurais pas perçue. « Va falloir demander à ma mère. » Maman apparaît alors dans la petite entrée, et m'entreprend au pied de l'escalier :

« Il n'y a que la chambre de mon fils. Il est parti passer quelques jours… euh, à Dublin. Toutes les autres sont prises. » Elle m'entraîne dans l'escalier escarpé, tapissé d'une moquette criarde, puis jusqu'à une porte en contreplaqué couleur crème, éventrée comme si on y avait planté un instrument émoussé. Nos regards se croisent. Elle hausse les épaules.

« La porte est cassée, j'en ai bien peur. »

La pièce est meublée en tout et pour tout d'une armoire en contreplaqué couleur crème, d'un étroit cosy sans tête de lit et d'un minuscule lavabo rose. Les murs sont criblés de restes de gomme d'affichage bleue, pareils à de l'acné turquoise. Les posters, les baskets, les chaussettes, les mouchoirs et les bouts de pizza qui sont l'essence même de la vie d'un adolescent ont dû être ligotés, bâillonnés, enfermés dans le placard sous l'escalier, malgré une résistance héroïque, et ils y resteront jusqu'au retour du fils. À moins que la famille ait liquidé ce dernier, fait disparaître toutes ses affaires, cassé la porte pour le sortir de là, et jeté son corps dans un des lacs qui font la réputation de la région. Après tout, la mère n'avait pas l'air très convaincu en me servant l'alibi de Dublin, et la fille avait vraiment un drôle de petit sourire en coin.

« Et c'est combien pour la chambre ? »

Elle hésite, puis jette un prix au hasard : « Vingt livres ?

– Ça ira. »

Elle mouline triomphalement des poings, exécute un saut périlleux arrière et traverse la pièce en glissant sur les genoux, du moins, dans sa tête. En tout cas, elle est visiblement ravie. C'est donc bien vrai, ce qu'on dit des Anglais, qu'ils accepteraient n'importe quelles conditions d'hébergement sans moufter.

« Bon, euh, vous serez le premier, vous comprenez, depuis que, euh… »

On échange un regard dans la chambre vide. « Depuis que votre fils est parti à Dublin ?

– Voilà, c'est ça. À Dublin. Bon, et à quelle heure voulez-vous prendre votre petit déjeuner ? »

Il est presque 21 heures quand je ressors. Les restaurants vont bientôt cesser de servir. J'ai pris une douche rapide avant d'aller dîner. Je partage la salle de bains familiale, ce qui m'a valu d'abondantes excuses de la part de ma logeuse, mais ne me dérange pas le moins du monde. Il y a des cheveux dans le lavabo, une bouteille de shampooing grand format accrochée à une douche branlante fixée au-dessus de la baignoire marron foncé, et les fils de la prise rasoir tiennent avec du sparadrap. Mais je ne m'en plains pas. Tout ça est d'un naturel rafraîchissant. Je suis un farouche partisan de l'attitude qui consiste à injecter son argent directement dans l'économie locale au lieu d'en faire cadeau à la Chaîne Globale Internationale des Nuisances Hôtelières. Mes hôtes sauront quoi faire de cet argent, et ce sont des gens simples sans prétention ni complexes. Le fait qu'ils aient assassiné leur fils n'y change rien.

Une joyeuse animation règne dans la ville. Les rues se remplissent de plus en plus à mesure que l'heure avance. Je me régale d'un somptueux dîner formule spéciale pain de mie-jambon-fromage bio de la région pêché du matin et élevé en plein air, accompagné d'un bol de frites, que je déguste assis dans l'embrasure de fenêtre d'un pub sympa où se presse une clientèle essentiellement locale. Je m'apprête à partir quand, tout à coup, la salle, déjà comble, s'emplit à craquer avec l'arrivée fracassante des Tweedle flanqués d'un autre couple encore plus volumineux. Tous les quatre se sont habillés comme pour se rendre à un cocktail à bord du yacht de Zsa Zsa Gabor, à Acapulco. Les autochtones les ont peut-être remarqués mais ils restent de marbre. J'imagine qu'ils sont blasés.

« Alors, ces vacances ? » demande le barman en servant du whisky aux hommes et un truc vert à leurs compagnes.

« Oh ! vraiment formidable, répond Tweedledee.

– Ouais, génial, renchérit Tweedledum. Carrément à l'ancienne !

– Et tellement préservé, reprend Dee. Dites, vous avez des toilettes ?

– À l'étage.

– Bon, alors je vais attendre. Nous, les escaliers, c'est non.

– Et vous êtes de quel coin ? demande le barman.

– Oh ! Chicago, répond Dum, mais mon père était irlandais. »

Murmure général d'approbation. J'ai honte de moi. Cet homme que je ridiculise en touriste type est aussi authentiquement irlandais que moi. J'ai envie de lui présenter mes excuses, bien qu'on ne se soit jamais adressé la parole.

« Ah ! c'est bien, ça, commente le barman. Et il était originaire d'où, au juste, votre père ?

– Du Texas. »

La foule est telle, dehors, que j'ai presque envie de regagner la Chambre du Fils Mort et de me coucher tôt. Mais j'ai compris depuis longtemps que chez moi comme à l'étranger, que je sorte ou que je reste à la maison, je suis incapable de me mettre au lit avant l'heure légale de fermeture des pubs. La peur, probablement, de louper quelque chose. J'erre donc dans les rues en quête d'une chose positive, au moins, à dire sur Killarney. Tout bien considéré, si on retirait tous les touristes, il resterait une assez jolie petite ville de province des XVIIIe et XIXe siècles, pratiquement intacte, que n'ont défigurée ni les urbanistes, ni les promoteurs immobiliers.

Je passe devant un grand hôtel blanc chic du nom de *Killarney Bay*. Pour faire vraiment Irlande typique, le bar, qui donne sur la rue, s'appelle *Scruffies*[1]. Derrière les baies vitrées entrouvertes, je vois des jeunes élégamment vêtus, branchés, portant des montres inutilement chères, qui picorent des olives en sirotant du vin et de la bière blonde de marque. Deux videurs affublés de coupes de cheveux inhumaines et de bombers noirs sont plantés devant la porte, sans doute pour empêcher le moindre cradingue d'entrer au *Scruffies*.

Au coin de la rue, dans la salle de bar du *Killarney Grand*, une jeune femme à l'air vertueux et un jeune homme à mine passablement débauchée jouent du violon et de la guitare. Tout contre la scène, des touristes français,

1. L'équivalent français serait « cradingues ». (*N.d.T.*)

italiens et scandinaves, assis en rangs d'oignons, écoutent religieusement. Il y en a même un qui enregistre. Derrière, debout, les Anglais, les Américains et les Australiens écoutent, bien sûr, mais discutent aussi par moments, à la grande contrariété d'un jeune Viking frisé à l'air renfrogné, portant un short de cycliste, qui leur lance des *chut* nordiques à tout bout de champ. Encore plus en retrait, tout le long du bar gigantesque, luxueusement rénové, sont massés les jeunes cadres irlandais qui jacassent comme des moulinettes sans prêter la moindre attention à la musique, et discutent boulot et prix de l'immobilier en se draguant à qui mieux mieux.

Dans un coin, du côté des musiciens, une femme d'une cinquantaine d'années, teint rougeaud et mine farouche, que l'on ne laisserait jamais rentrer au *Scruffies* avec un manteau pareil, écluse pinte sur pinte en ricanant et en parlant toute seule avec une certaine amabilité. Entre deux morceaux de musique, elle se met à pousser sa propre chansonnette traditionnelle, initialement popularisée par Dean Martin. La violoniste réaccorde son instrument, sourire aux lèvres, mais cette intrusion pousse à bout le cyclo-Viking, qui ne s'est pas payé le voyage jusqu'au cœur mystique des contrées celtiques pour entendre *Lil'Ole Wine Drinker Me*.

« Chchch ! » siffle-t-il, en faisant peser sur le public tout le poids d'un demi-siècle d'organisation sociale scandinave.

La réponse est laconique.

« Oh ! ta gueule, enculé de touriste. »

Les musiciens se marrent.

J'entame la conversation avec un couple d'une trentaine d'années, parfaitement représentatif du style Barbour-Bottines-lacées en vogue chez les jeunes Italiens riches. Ils sont de Venise. J'ironise : « Ça doit faire du bien d'échapper un peu aux touristes.

– Je trouve qu'il y en a beaucoup ici aussi », répond la femme, impassible.

Pour détendre l'atmosphère, je leur paie une tournée, ce qui me permet d'expérimenter une situation totalement nouvelle pour moi : commander deux verres d'eau minérale dans un pub irlandais à 10 heures et demie du soir. Mes nouveaux amis me regardent, fascinés, boire une gorgée de ma pinte. J'ai l'impression d'être un animal de zoo. Un peu comme si je mangeais un cornet de saucisses-frites dans un abribus sous l'œil de la princesse Anne prenant des notes.

« À Venezia, il n'y a pas d'endroit comme ça… (elle englobe la salle d'un geste gracieux en prenant soin de ne pas renverser son précieux verre d'eau), où beaucoup de gens se retrouvent pour, comment se dit, piccolèèè ? »

Je lui dis que j'aime beaucoup Venise, et pour une raison obscure, elle me confie qu'elle s'occupe de sa comtesse de mère, atteinte de la maladie d'Alzheimer. Ma première boutade étant tombée à plat, je m'abstiens de sortir ma blague sur Alzheimer, pourtant tordante. Son mari est journaliste. Il parle cinq langues, cet enfoiré de frimeur, mais il a l'air très content de se borner à nous écouter. J'en arrive à le soupçonner de m'observer pour brosser de moi une caricature vacharde à peine le dos tourné. Je jouerai sans doute un rôle clé dans son article sur les Anglais xénophobes, unilingues et transpirants qui passent leur temps à s'éthyliser dans les hauts lieux culturels de l'Europe. Au moment où je me dis qu'il est immoral d'écrire ainsi sur les gens à leur insu, la femme me demande ce qui m'amène en Irlande. Je lui réponds que je suis prof de physique, et en vacances.

« Mais pourquoi voyagez-vous seul ? »

Je pensais que ça tombait sous le sens. C'est vrai, quoi, combien d'amis peut bien avoir un prof de physique, en dehors des représentants de labos qui lui vendent du matériel ? Cela dit, le voyage en solo est un concept profondément déconcertant pour les Italiens. Jamais, au cours de mes nombreuses années de voyage, je n'ai rencontré le moindre Italien seul à l'étranger. D'ailleurs, la 26e Règle stipule qu'*Un Italien voyageant à l'étranger est toujours accompagné d'une personne du sexe opposé encore plus séduisante que lui.* Et quand deux couples voyagent ensemble, au moins trois personnes sur les quatre portent des lunettes de soleil relevées sur la tête.

Je lui dis que je suis seul parce que ma femme m'a quitté.

« Mais pourquoi elle vous a quitté ?

– Parce que je suis professeur de physique. »

De toute évidence, elle ne sait plus sur quel pied danser. Je décide de faire amende honorable en lui disant la vérité. Le battage fait dans le monde entier sur tout ce qui est irlandais m'intéresse, et je me demande s'il est légitime de se sentir natif d'un endroit où l'on n'est pas né, et où l'on n'a pas grandi. Peut-être pourra-t-elle éclairer mes interrogations d'un jour nouveau ?

« Oh ! C'est très vrai, je trouve. Beaucoup d'Italiens viennent en Irlande, maintenant, oui. On se sent très proches.

– Pourquoi ça, parce que les deux pays sont catholiques ?

– Non, non, c'est plus qué ça. Je crois que les deux pays ont… comment se dit… un total irrespect ? pour l'autorité ? Pour ça, je me sens d'ici. »

Misère. Elle n'a pas compris. Je voulais dire que *moi*, je me sens natif d'ici, pas elle. Les gens sont d'un égocentrisme !

« Aussi les gens, en Irlande, ils accordent de la valeur… oui, de la valeur, aux choses importantes de la vie : les enfants et les grands-parents. Les très jeunes et les très vieux. Ça aussi, ça ressemble beaucoup à l'Italie. »

Beaucoup moins à l'Angleterre, en revanche. Cela dit, ces connards de Romains ne se sont jamais aventurés en

Irlande. Bien trop risqué pour eux. La femme trempe les lèvres avec précaution dans son eau minérale tout en promenant son regard sur l'océan d'alcool, alentour.

« Alors, oui, je crois que je suis un peu d'ici.

– Ah bon ? En fait, je me demandais, moi, et je ne sais pas ce que vous en pensez, mais une opinion extérieure m'intéresse (elle commence à avoir l'air un peu déroutée), si je suis en droit, vu mes origines irlandaises, vous comprenez, de me considérer comme un Irlandais ? Ou si je ne suis qu'un idiot romantique ? »

Elle marque un temps d'arrêt, puis m'adresse un grand sourire amical.

« Eh ! mais oui. »

Ouf.

« Oui, c'est ça. Un idiot, je veux dire. Vous êtes Anglais, non ? Alors vous voulez toujours battre les Irlandais, pour les gagner. »

Eh dis donc, ma grande, tu ne vas pas me coller ça sur le dos, hein. Moi, mon grand-père, il jetait des cailloux aux Black & Tans !

« Vous, avec les Irlandais, c'est pas compatible, vous êtes comme chiants. »

Comme chiants ? Mais qu'est-ce qu'elle raconte, nom de Dieu ? Elle regarde son mari pour s'assurer qu'elle emploie la bonne expression. Il sourit et hausse un sourcil approbateur.

« Oui, les Anglais et les Irlandais, comme chiants et chats. »

Couché sur le cosy du Fils Mort, je lèche mes plaies. Je me suis fait ridiculiser par une aristo italienne convaincue qu'elle est davantage à sa place ici que moi. Apparemment, c'est ça, le pouvoir de l'Irlande. Au bout d'une dizaine de minutes, tout le monde a le sentiment d'être du coin. Mon cas n'a donc rien d'unique. Diaspora : le mot est romantique, mais pour en être vraiment, peut-être faut-il que des ancêtres soient allés à pied jusqu'aux Appalaches ou au Yukon, ou aient été déportés en Nouvelle-Galles du Sud ? Ma mère est venue comme infirmière pendant la Deuxième Guerre mondiale, mais ça ne doit pas compter. Pas assez romanesque. Pas assez d'oppression délibérée de la part des Anglais pour que mon histoire soit suffisamment pathétique.

Ça peut être vraiment chiant et déprimant, vous savez, de voyager seul.

Avant que je quitte le bar, Gianni et Hortense m'ont glissé une carte de visite frappée d'un blason en couleurs et de deux adresses électroniques. À mon tour, je leur ai remis un demi-dessous de bière sur lequel j'ai noté au feutre un numéro de téléphone. Qui sait, peut-être auront-ils un jour besoin des services de la compagnie ABC Taxis à Brighton ?

Je prends leur carte comme marque-page et me plonge dans le chapitre onze de Thackeray : « Killarney, chasse au cerf sur le lac ». Je m'endors en quelques minutes. Une demi-heure plus tard, mes propres ronflements me réveillent, situation on ne peut plus lamentable. Je me lave les dents et me déshabille, ce que personne ne fait jamais dans les livres, puis je me couche. Le lit est trop court. Mes pieds dépassent à l'autre bout. Avant de m'endormir, je me lève pour m'assurer qu'il n'y a pas d'éclaboussures de sang derrière une ou deux pastilles de gomme bleue.

Pas la moindre.

Poison, alors ?

« Ouais, hier c'était super ; on a fait le… euh, Ring de Kerry ? »

Le type qui prend son petit déjeuner à la seule autre table voisine, est un Américain maigrichon et chauve d'à peu près cinquante-cinq ans. Il a deux filles d'une vingtaine d'années, ou alors un charisme irrésistible. Il parle un dialecte qui se répand comme une traînée de poudre dans le monde anglophone : le Paninterrogatif Australo-californien.

« Aujourd'hui, je crois qu'on va faire le... Gap de Dunloe ? »

Ses filles (ou ses maîtresses) sont d'accord :

« Super.

– Trop génial. »

De mon côté, j'ai mûri un plan.

Je vais sortir, flâner sans but, et voir ce qui se passe.

10 heures du matin. Les gens, dans les rues, se débattent avec leurs bagages, pressés de partir avant que la fournée suivante arrive. Toute la ville retentit du bruit de la savonnette sous emballage et du shampooing miniature qu'on balance sur les lavabos récurés de frais. Devant les grands hôtels, les assassins médiévaux racolent à grands cris au beau milieu des voitures, pendant que leurs chevaux rêvent d'une vie au pré. Dans une suite à 350 £ la nuit du plus grand établissement de la ville, Hortense mange son *pain au chocolat*[1], vêtue du peignoir de l'hôtel, pendant que Gianni tape sur son ordinateur portable en ricanant. À cette heure, Tweedledum et Tweedledee, qui ont encore douze pays à parcourir en dix jours, doivent être quelque part sur le Grand Canal, dans une gondole en voie de submersion imminente.

Le temps est chaud, ensoleillé, des nuages vaporeux flottent très haut dans le ciel, et la lumière dessine des reliefs fantasmagoriques sur les montagnes alentour. Mis à part quelques devantures neuves, fenêtres rénovées, hôtels récents, et voitures, Killarney est probablement à peu près telle que Thackeray l'a vue lors de sa visite. Sauf qu'il ne pouvait quand même pas y avoir autant de visiteurs. Même les gens sans bagages n'ont pas l'air d'habiter ici. Ils

1. En français dans le texte. (*N.d.T.*)

ont tous la tête en l'air, occupés à regarder les façades, ou bien ils consultent leur guide, ou s'arrêtent, hésitants, aux coins des rues, attitudes que des contrées moins courtoises prendraient comme autant d'incitations au vol : « Je ne suis pas d'ici, alors s'il vous plaît, dévalisez-moi. » Du jour où une ville compte plus de touristes que d'habitants, plus de magasins de souvenirs que de marchands de journaux ou d'épiceries, l'équilibre est rompu, les dés sont jetés, et la balance penche irrémédiablement en faveur de la rentabilité, des réservations, des forces des ténèbres. La vie réelle suit son cours, mais pour le visiteur, elle devient quasiment invisible.

Je remonte la rue principale, passe devant une des succursales de la chaîne de fast-food au nom surréaliste d'*Abrakebabra*, et m'arrête boire un café dans un petit bar-restaurant. Quelqu'un a oublié son journal sur la table d'à côté. Je ne peux pas m'empêcher de jeter un coup d'œil au gros titre :

> UN PRÊTRE ATTAQUE LA MUNICIPALITÉ POUR DOMMAGES CORPORELS AU GENOU : « Le prêtre qui réclamait une indemnisation à la municipalité de Cork en raison d'une chute dans la rue qui l'empêche de s'agenouiller et de faire la génuflexion convenablement, a obtenu un règlement à l'amiable hier, en audience. »

Ça me paraît gros. Les genoux du prêtre moyen doivent en encaisser des vertes et des pas mûres. C'est forcément ce qui doit lâcher en premier. Il y a donc fort à parier que le vieux finaud en question s'est jeté par terre dans l'espoir de toucher un pactole à l'issue du procès. Or, curieusement, l'avocat de la municipalité de Cork ne s'est pas servi de cet argument imparable et a préféré opter pour une stratégie différente, et en fin de compte, inadaptée.

« L'avocat de la défense a argué que beaucoup de prêtres continuaient à officier avec des prothèses de la hanche ou du genou, voire après une amputation. »

Finement joué, MacRumpole. « Si vous permettez, monsieur le Président, je renverrai la cour au cas du Père O'Malley, lequel, vous vous en souvenez certainement, monsieur le Président, avait, après avoir glissé sous le rouleau-compresseur municipal, les deux jambes aussi plates qu'un pantalon sortant du pressing. Aujourd'hui, il dit la messe sur un skateboard aménagé tracté par deux religieuses, et n'a jamais demandé un penny à la municipalité. Je ne vois donc pas pourquoi ce vieux crétin pleurnichard obtiendrait quoi que ce soit. »

L'article précise que le prêtre envisage de prendre des vacances maintenant que la municipalité lui a versé de l'argent. Si ça se trouve, au moment où je lis son histoire, il est déjà à Mykonos, en train de se faire piercer les mamelons.

Le nombre d'allusions, ou d'articles concernant des personnalités britanniques en vue comme David Beckham, Posh Spice, ou les acteurs du feuilleton *Coronation Street* est tout simplement sidérant. Détail éloquent entre tous, quand il est question du « Premier Ministre Tony Blair » et de « la Chambre des communes », l'adjectif « britannique » ne figure même plus. (À en croire ce journal, vingt et un pour cent des Irlandais lisent à présent *News of the World*, le titre le plus connu de la presse à scandales, les tirages irlandais du *Sun* ont augmenté de vingt-trois pour cent en deux ans, et il suffit de regarder la télévision dans les pubs, les hôtels et les maisons d'hôtes, pour comprendre que le public a une nette préférence pour les informations, le sport et les feuilletons britanniques retransmis par satellite, plutôt que pour les chaînes nationales. L'Irlande est peut-être un pays confiant en son avenir, indépendant et en plein essor, mais jamais les médias et la culture britanniques n'y ont été aussi présents et influents. Les gens d'ici devraient se méfier. On n'est pas tombés de la dernière pluie. Il n'est pas toujours nécessaire d'envoyer les chars d'assaut.

Par chance, il n'est pas question de cricket à la page des sports, mais un titre attire mon attention : COURSES DE KILLARNEY. PREMIER DÉPART, 14 H 30. Voilà mon programme tout à coup établi. Je règle mon addition, trouve un *délicatessen* où apporter ma contribution aux 10 milliards d'excédent budgétaire de l'Irlande en investissant dans un demi-poulet rôti et un quart de champagne et récupère le Tank, qui vient de passer une journée et demie sans encombre sur un stationnement interdit.

Par habitude, je m'agenouille tel un prêtre aux rotules flambant neuves, et arrache une poignée de plumes particulièrement crasseuses. Qu'est-on censé faire de ce genre de truc ? Je ne peux quand même pas le jeter dans le caniveau. Ça pourrait dégager des émanations nuisibles à la croissance des enfants du coin. À moins que ça soit cancérigène ? Je devrais sans doute mettre ça dans un sac plastique et envoyer le tout à Greenpeace ? Je monte en voiture et je démarre sous le nez d'une calèche de Coréens occupés à filmer tout ce qui bouge avec quatre putains de caméscopes à la fois, et je pique plein sud vers le National Park.

Le jour des courses hippiques, Thackeray avait visité Muckross, à quelques kilomètres au sud de Killarney : je n'ai qu'à en faire autant. À l'époque, le hobereau anglais, Mr. Herbert, faisait construire à Muckross « une belle demeure de style élizabéthain d'où l'on avait la vue la plus splendide qui soit sur le lac ». De nos jours, la demeure en question est devenue une attraction touristique qui attire les foules et sert de soupape de sûreté puisqu'elle empêche tout bonnement Killarney d'exploser sous l'afflux des touristes. À mon arrivée, une très grande femme en rose et un tout petit bonhomme en smoking posent pour leurs photos de mariage. Debout sur les marches du perron, entourés d'amis et de membres des familles, ainsi que de deux navrantes demoiselles d'honneur, ils se font malmener par le photographe, un escroc de Dublin que quelqu'un a dû piocher les yeux bandés dans les pages jaunes de l'annuaire. Vêtu d'un costume bleu à carreaux vert vif digne de Max Miller[1], d'une cravate genre Pink Floyd à leurs débuts avec pochette assortie, et d'une paire de Doc Martens bicolores, il inonde la noce d'un flot ininterrompu d'amabilités.

« Mais bon Dieu, vous allez vous rapprocher un peu, ceux du bord ? Et ce putain de gamin, vous le chopez, oui ? Vous pourriez peut-être sourire ? C'est censé être le plus beau jour de votre vie, bordel. Et il est passé où, maintenant, ce connard de curé ? Ah, salut, mon Père, mettez-vous là, au bout de la rangée, d'accord ? »

L'entrée est payante, donc je n'y vais pas, mais on peut se promener gratuitement dans le parc, donc j'y vais. Thackeray avait adoré, ses seuls regrets étant, d'une part, de n'avoir, comme moi, personne avec qui partager ce moment, et d'autre part, de ne rien avoir emporté à manger.

> « Qu'on se le dise, la juste appréciation des hauts lieux touristiques et des paysages est fonction du recul qu'engendre un poulet froid accompagné de champagne, et qui occasionne la plus agréable perspective. J'aurais volontiers sacrifié une ou deux montagnes pour les susdits… »

En hommage à Thackeray, donc, je m'installe au pied d'un arbre, sur un talus moussu d'où je dispose d'une vue grandiose sur le lac, et je sors le poulet froid et le champagne qui, lui, tiédit à toute vitesse. Le parc est magnifique, vaste, paysagé, avec un lac outrageusement pittoresque en son centre, et ne me fait aucun effet. Pour que mon cœur s'emballe, que mes cheveux se dressent sur ma tête, que les larmes me montent aux yeux, il me faudrait au moins une demi-bouteille de gin bon marché. Quelque chose cloche

1. Comédien anglais connu pour ses tenues farfelues. (*N.d.T.*)

dans ce paysage : l'ordre anglais plaqué sur le foutoir irlandais. L'une des caractéristiques du paysage anglais, c'est qu'au fil des siècles, le moindre hectare en a été modelé. La main de l'homme est partout : on apprécie, ou pas. Mais ici, dans l'ouest profond de l'Irlande, un beau tableau bien léché et ordonné est la dernière des choses dans laquelle j'ai envie de me promener. Je dévore presque entièrement le poulet, et fais un sort à la bouteille de champagne, mais franchement j'aurais pris davantage de plaisir à manger une pomme et un Kit Kat sur un vieux rocher, dans un paysage de montagne sauvage. Un couple passe, tendrement enlacé, mais dénoue son étreinte quand le téléphone mobile de l'homme se met à sonner. Je me lève et repars vers le parking.

En traversant les bois qui bordent le lac, je m'arrête et bavarde un moment avec une grande Autrichienne vêtue de tweed qui marche bâton au poing et sac au dos dans lequel elle ramasse des détritus. Je lui demande depuis combien de temps elle travaille ici, mais elle répond qu'elle est en vacances. Membre d'un Groupe international de Chasse aux Détritus : c'est inscrit dans son passeport.

La noce s'en est allée, remplacée par une horde grouillante d'Américains qui ne retrouvent pas leur bus et s'affolent, craignant sans doute de mourir sur place. Assis sur un mur, tout près de là, une bonne dizaine de maçons irlandais cassent la croûte en se régalant du spectacle. Les choses ne devaient pas être très différentes quand Thackeray est passé par là. La maison étant encore en chantier, une foule d'ouvriers crasseux devait traîner dans les parages, torse nu comme ces jeunes gars, et se payer une bonne rigolade en observant les chichis des touristes victoriens peignant ingénument leurs vacances avec chevalets et pinceaux.

Un peu plus loin, sur la route qui retourne à Killarney, je m'arrête à l'abbaye de Muckross, dont Thackeray faisait grand éloge.

« Le plus ravissant petit bijou d'abbaye en ruines qu'il soit donné de voir, comprenant une petite chapelle, un petit chœur, un petit cloître et un petit dortoir [là, ça devient un petit peu précieux, vous ne trouvez pas ?]. Et au beau milieu du cloître, se dresse un if immense et magnifique, qui assombrit le lieu tout entier. »

Je quitte à pied le parking et fais quelques centaines de mètres sur un chemin goudronné. Des calèches conduites par des individus à la mine trop sanguinaire pour œuvrer dans les rues de Killarney, et Dieu sait que ce n'est pas rien, sont à la disposition des mal-ambulants. D'énormes corbeaux se paient un gueuleton de crottin de cheval.

L'abbaye du XVe siècle est toujours là, telle que l'a décrite Thackeray, du moins à première vue. L'if est là, bien sûr, vieux de quelques centaines d'années, à présent. Il n'y a, bien sûr, ni toit, ni rien, et c'est visiblement une ruine, alors pourquoi a-t-elle l'air si récente ? En général, j'adore les abbayes en ruines et les vieux cailloux, je m'en régale, plusieurs fois par jour si possible. J'en aime les mousses, la patine, le lichen et l'atmosphère d'abandon intemporel, mais ces cailloux-là ont l'air aussi impeccables que les B&B en pierre de taille construits à la lisière de la ville. On dirait ces vieilles banques, ces sièges d'assurances et autres bâtiments historiques qu'on a nettoyés à Glasgow, Manchester ou Leeds.

Ils auraient quand même pas osé ?

Eh bien ! si. Dans une cahute, un peu plus loin, un jeune homme charmant qui mène une enquête auprès des visiteurs, confirme : « Tout un programme de restauration est en cours, oui. Ils viennent juste de décaper à la sableuse. »

À la sableuse ? Qu'un sablage puisse redonner l'aspect initial d'un immeuble urbain enduit de suie victorienne, je comprends. En revanche, dans le cas d'une solide église fortifiée bâtie au bord d'un lac dans le comté de Kerry, qui en cinq cents ans, n'a subi d'autres outrages que l'air pur et les soldats de Cromwell, c'est ni plus ni moins qu'un acte de vandalisme. La suie victorienne avait une sphère d'action restreinte. Elle n'est jamais arrivée jusque-là.

Pendant le trajet qui me ramène en ville et à la première course hippique de la journée, les questions directes d'auditeurs vont bon train. Une femme appelle de son téléphone mobile.

« Vous nous appelez d'où, Marie ?

– Je suis dans la voiture, là, je vais à Pampelune.

– Pampelune ? En Espagne ? Et comment ça se passe ?

– On a un peu chaud, mais ça va super. Ça fera une semaine mardi que les gosses sont installés sur la banquette arrière. Mon mari s'arrête tous les cent cinquante kilomètres pour les détacher et les retourner, histoire d'éviter les escarres.

– Bien. Et il compte aller taquiner le taureau à l'arrivée ?

– Et comment, hein, le pauvre chéri. On ira tous le voir et on priera pour lui. Il y sera demain matin, première heure. Mais bon, ça, je lui ai pas encore annoncé. »

D'après Thackeray, le champ de courses de Killarney « est véritablement l'un des plus jolis endroits qui soient, bordé sur la moitié de son périmètre par le lac et les montagnes visibles de toutes parts, bien sûr ». Ça n'a pas changé. Le seul indice révélant la ville toute proche est le clocher qui se dresse derrière les arbres. La journée chaude et ensoleillée est maintenant entrecoupée d'averses, à moins que ce soit la pluie qui est entrecoupée d'éclaircies, tout dépend du point de vue qu'on adopte. Au moment où j'arrive au guichet les partants de la première course, celle de 14 h 30, se mettent déjà en place. Devant moi, une vieille dame en tailleur pantalon, coiffée d'un grand chapeau demande au type qui encaisse les paris : « Je suis bonne, là ? Vous croyez que j'ai une chance ? » Soit elle cherche un mec, soit elle participe à la course de 15 h 30.

Au bout d'une rangée incroyablement longue de bookmakers, se trouve un type du nom de McCarthy. Je file droit chez lui et je mise 5 £ à 5 contre 1 sur un cheval dont le nom rappelle celui d'un présentateur de la télévision que j'aurais plaisir à voir courir quatre kilomètres en sautant par-dessus des haies pendant qu'un petit forcené irlandais lui fouette le dos. Mon cheval est en tête pendant tout le premier tour, puis on dirait que des rênes invisibles le tirent en arrière et il finit bon dernier. Je me résous à tourner le dos au champ de courses pour le restant de l'après-midi et je regarde les gens, comme Thackeray.

> « Le spectacle d'une si joyeuse insouciance était un régal, et ces honnêtes gens ne semblaient pas se lasser de la distraction. Les heures passèrent… mais la fine fleur de la paysannerie d'Europe ne bougeait pas d'un pouce et savourait le plaisir de parler, musarder et discourir. »

Il eut en outre la chance d'assister à une bagarre, quoique pour le lecteur d'aujourd'hui, le récit qu'il en fait évoque plutôt l'Antre aux Sévices de Madame Sexe, juste derrière Tottenham Court Road. « Le grand flagellateur rattrapa le jeune homme, le souleva gracieusement dans les airs en l'arrachant à sa monture, puis le laissa retomber à terre et le fustigea avec une juste sévérité. »

Les choses se sont un peu calmées depuis, n'empêche qu'entre la première et la deuxième course, je repère un prêtre à col d'ecclésiastique et casquette de tweed en train de miser, un travesti trébuchant sur ses talons aiguilles mauve de dix centimètres, un orchestre de jazz jouant le générique du *Benny Hill Show*, une femme en tailleur Armani mangeant deux louchées de purée et un œuf au plat sur une assiette en carton avec une fourchette en plastique, et un étalage de lunettes loupes à 5 £. La foule se compose moitié-moitié de familles du coin ou de couples venus s'amuser, et de membres de la sérieuse fraternité turfiste. Je ne vois pas d'Américains, mais il y a une petite poignée de jeunes étudiants-en-langues-étrangères équipés de ces sacs à dos constellés de logos. Plus une poignée de « branleurs anglais snobs », pour reprendre l'appellation dont un barman gratifie un groupe de clients éclusant du champagne, qui, je l'avoue, ont vraiment l'air de branleurs anglais snobs.

En dessous de la tribune, des grappes de parieurs pathologiques suivent les retransmissions télé simultanées des courses de chevaux en Angleterre, de lévriers en Écosse, et des tournois de carambole au Laos. Mais les véritables vedettes du lieu, plus hauts en couleurs que les clients, et plus nombreux, ce sont les bookmakers. Tant que ces types-là traînent dans les parages, les pur-sangs arabes sont relégués à la figuration. Deux interminables rangées de personnages inénarrables et franchement terrifiants se font face le long de la ligne droite qui mène aux écuries, semblables à des fantassins avant l'assaut, y compris dans les regards qu'ils se dardent mutuellement au travers de leurs jumelles.

Il n'y en a pas deux qui se ressemblent. Leur allure a fait l'objet d'un soin, d'une précision, d'un souci du moindre détail digne des personnages secondaires des premiers films de Martin Scorcese. Il y a là le comptable français, impeccable dans son costume griffé noir et sa gabardine croisée à 500 £, un gangster (ou un chanteur de jazz) en costume Bugsy Malone à fines rayures, coiffé d'un feutre noir à la Van Morrison, un voyou de faubourg portant T-shirt et Rolex, sans compter les canotiers, les borsalino, les casquettes, et les paires de jumelles. « La livre anglaise rapporte de la livre anglaise, les gars, les paris sont ouverts pour Leicester et Doncaster ! » J'en vois un qui ressemble à un directeur d'école, un autre à un banquier véreux, et même un qui ressemble à un bookmaker. On se croirait à une séance d'identification de police, costumée par Shirley Russell et Vivienne Westwood. Ils font des gestes bizarres, parlent dans des micros cravate, et regardent dans des jumelles, pendant que derrière eux, des jeunes gens à la Steerpike[1] et de solides représentantes de la gent féminine griffonnent dans de mystérieux calepins. Étant donné que j'ignore tout du pari, je n'ai aucune idée de ce qui se passe, mais ça n'a guère d'importance. Un jour, j'ai vu une production polonaise underground de je ne sais quel obscur essai de Goethe, et ça aussi ce fut un grand moment de flou total.

« Quant aux courses proprement dites, poursuit Thackeray, je n'irai pas jusqu'à prétendre qu'elles furent meilleures ou pires que le sont généralement ces événements. » Je ne saurais mieux dire. Je m'en retourne à Killarney sous une fine pluie tiède en m'imaginant en turfiste et en m'extasiant sur l'emploi du mot « fustiger ».

Je poursuis ma lecture devant deux pintes de bière dans un bar exigu, sombre, jonché de sciure qui, à mon avis, devait être spacieux, clair et moquetté avant que les rénovateurs de patrimoine s'en emparent. Le temps de m'octroyer un autre souper fin de toast spécial avec frites, et de guetter les premiers symptômes du scorbut, il est plus de 10 heures. Je m'en retourne donc chez le Fils Mort. La pluie s'est arrêtée, la soirée est tiède et il fait encore clair. En tournant à l'angle d'une maison, je tombe nez à nez avec l'artiste de rue le plus énervant du monde : ce type qui se peinturlure le visage en doré et reste totalement immobile, pour mieux nous suivre du regard une fois qu'on est passé. Ça va sans doute bien dans un coin tran-

1. Personnage d'un roman de Mervyn Lawrence Peake (1911-1968) intitulé *Gormenghast*, Steerpike est un jeune domestique qui échappe à sa condition en usant de charme et de manipulation. (*N.d.T.*)

quille comme Killarney, mais il ferait mieux de ne pas s'y risquer à Newcastle, à 10 heures et demie un samedi soir.

Une musique tonitruante s'échappe du pub qui jouxte l'hôtel où la réceptionniste anglaise avait médit de l'industrie hôtelière irlandaise. Foire d'empoigne, à l'intérieur. La salle, immense, est bondée de clients que toute inhibition a désertés depuis l'heure où mon cheval perdait la course de 14 h 30. À ma gauche, ça se presse sur quatre rangs pour accéder au bar, de peur de ne pas arriver à se faire servir. À droite, un groupe électrifié lamine du rock celtique à plein volume. L'ordre hiérarchique d'hier est inversé. Les touristes, tout sourire, hochant la tête en rythme comme les toutous des plages arrière de voitures, sont contre le bar, où ils risquent moins de se faire asperger ou piétiner. Devant, les ados et les jeunes adultes de Killarney s'éclatent comme des fous furieux, dansent le pogo en mêlée ouverte et se jettent les uns contre les autres, ou contre les murs, telles des billes de flippers. Ça doit être le dernier jour des examens, ou un jeudi soir, tout simplement. Juste à côté de moi, un gars d'environ seize ans à la lèvre supérieure encore duveteuse, et une blonde qu'il vient d'aborder, se roulent des pelles carnassières à la plus grande joie d'un autre couple, planté à trente centimètres. Ils se regardent en secouant la tête d'un air de dire : « Non mais, t'as vu ça ! » Et tout à coup, voilà qu'ils s'y mettent à leur tour, et se mâchonnent, se léchouillent, se tripotent tant et plus, pris de frénésie hormonale. Il se trouve, par hasard, que je viens de lire les réflexions que le roulage de pelles inspirait à Thackeray, le jour des courses à Killarney.

> « Qu'il soit permis de dire, de peur que l'honnête lecteur nourrisse une mauvaise opinion de celui qui mentionne les baisers avec une si consternante légèreté, que nulle part au monde, il n'existe de jeunes filles plus innocentes que les Irlandaises. Il suffit de se promener

dans les villes d'Angleterre et d'Irlande pour constater à quel point la morale est supérieure en ces dernières. Le confessionnal, profondément redouté, attend la jeune Irlandaise qui, tôt ou tard, devra y avouer ses péchés. »

Mais ça, c'était avant les piercings buccaux, les limonades alcoolisées et le gosse de l'ancien évêque de Galway.

Un calme irréel plane un instant dans le bar, comme si la salle entière reprenait son souffle, puis les musiciens attaquent une version survoltée de l'hymne national. Autour de moi, tout le monde danse, bondit, s'étreint, chante, hurle, s'embrasse et se casse la figure… sur fond, je le répète, d'*hymne national*. Comme symbole d'une nation qui sait s'amuser, difficile de faire mieux. L'heure de la fermeture du mess de la Légion britannique n'a jamais atteint de tels sommets.

La porte du B&B se referme brutalement, au moment même où j'arrive. J'ouvre et tombe sur un couple d'Irlandais interloqués qui marmonnent un « bonjour » gêné en feignant de se plonger dans la lecture d'un dépliant touristique sur « l'Aventure du Kerry ». Mais je ne m'y laisse pas prendre. De toute évidence, ce sont des rouleurs de pelles clandestins qui ont pris peur en entendant la porte s'ouvrir, des fois que ce soit la propriétaire qui rentrait chez elle. Comme tous ceux qui ont séjourné un jour dans un B&B irlandais, ils savent que les transports érotiques ne sont tout simplement pas de mise, surtout au pied d'une mise en croix en technicolor. Les images pieuses qu'on voit aux murs ne sont pas là pour rien. Ces maisons sont des lieux familiaux, où l'on peut dormir, manger de grandes quantités de préparations à base de porc au petit déjeuner, mais la rigolade s'arrête là. Que vous soyez venus fêter vos noces d'argent, ou que vous ayez fait connaissance quelques heures plus tôt au pub, le régime est le même pour tous. Alors bouclez-la, et montez vous coucher.

Sur le palier, je m'arrête devant la porte de ma chambre, intrigué par la curieuse odeur de brûlé qui en émane. Quelque chose ne tourne pas rond. L'intuition qu'on ne développe qu'au fil d'années d'expérience, sans doute – à moins que ce soit la présence de ma grande valise bleue dans le couloir. Que se passe-t-il, bon sang ?

Je vérifie le numéro de chambre, sur la porte. Il n'y en a pas. C'est donc la mienne. D'ailleurs, tenez : voilà la grande fente dans le contreplaqué, qui date du jour où ils ont abîmé la porte en sortant le corps.

Je revois la scène de *NYPD Blue*[1] où d'un coup d'épaule, Andy Sipowicz défonce la porte d'un vieil immeuble, et tire sur les dealers de crack qui sautent par la fenêtre pour dévaler l'échelle de secours. Je me décide pour une approche moins brutale. J'empoigne timidement le bouton de porte, esquisse une torsion de poignet avec une pointe d'appréhension. La porte s'ouvre doucement. J'allume la lampe : la pièce est envahie de fumée, et il y a quelqu'un dans mon lit.

Le Fils Mort ?

Oui, mais, il n'est plus mort.

Il est même tranquillement assis sur le lit, pelotonné dans la couette, en train de fumer quelque chose.

« Ah ! salut. Excusez-moi, pour le lit. Vous avez pas trouvé le mot ?

– Un mot ? Où ça ?

– Ma mère a dit qu'elle allait mettre un mot pour vous sur la porte. Elle vous a rien écrit ? Ben, en fait, chuis revenu, mais elle a une autre chambre pour vous, alors c'est pas un problème. Avec salle de bains et tout, si ça vous dérange pas. Sinon, moi je peux aller m'y installer.

– Non, non, c'est très bien comme ça, je vais y aller. C'est quel numéro ?

1. Série policière américaine (diffusée en France sur Canal Jimmy). (*N.d.T.*)

– Y a pas de numéro. Aucune des chambres en a. C'est la chambre de devant. C'est comme ça qu'on l'appelle, la chambre de devant. Heuh, vous pouvez refermer la porte ? Je voudrais pas que ma mère sente la fumée. »

Il prend une grosse taffe. De la rue, monte un raffut d'adolescents bourrés émergeant au grand air.

« Elle vous a dit que j'étais à Dublin ?

– Oui, elle a dit que tu étais parti. Excuse-moi de…

– Oh, c'est pas grave ! C'est vous, l'hôte payant. Il est trop court, ce pitin de pieu, hein ? Vous aussi, vos pieds dépassent au bout ? Et combien elle vous a demandé ? »

Le Fils Mort a dix-huit ou dix-neuf ans, la peau sur les os et l'air coriace, des cheveux bruns courts et une boucle d'oreille. Il m'explique qu'il travaille dans un des grands hôtels et qu'il a une petite amie là-bas, une Française, avec qui il passe les trois quarts de son temps. Sa mère s'en fiche, mais elle n'a pas envie que ça se sache.

« Alors quand les gens demandent, elle dit que chuis parti à Dublin. »

Difficile de ne pas le trouver attachant. Après tout, rien ne l'oblige à me confier ses histoires. Pour la peine, je lui raconte à mon tour que je vais aller faire un pèlerinage dans le Donegal. Il écrase son pétard.

« Quoi, c'est de Lough Derg que vous parlez ? Ma grand-mère le faisait tous les ans. C'est comme des vacances, mais avec des bleus en plus. Faut être barjot. Vous me passez le papier ? »

Tout en roulant un autre joint, il me raconte son boulot, à l'hôtel. Les Allemands sont les plus autoritaires, d'après lui, et les moins sympathiques. Et les Américains, les plus marrants. Je demande ce qu'il en est des Anglais.

« Trop radins pour s'offrir des chambres à ce prix-là. Ils ont pas tort, d'ailleurs. »

Il me décrit la fournée d'Américains qu'ils ont reçus, il y a quelque temps.

« C'était une de ces formules genre treize pays en dix jours. Ils arrivent tard, un soir, et voilà que le lendemain matin, avant le petit déjeuner, une grosse bonne femme s'amène au guichet de la réception et demande si on aurait pas une carte du pays de Galles. Nous, on cherche, mais moi je sais très bien qu'on en a pas, alors la fille de la réception lui dit : « Excusez-nous, mais nous n'avons que des cartes d'Irlande. » Et la femme lui dit comme ça : « Oh ! tant pis, mon chou, laissez tomber, je ne pense pas qu'on passera par l'Irlande cette fois-ci. »

Il se penche vers moi et me tend son mégacône.

« Bon, vous l'allumez, ou c'est moi ? »

9

La faute du dauphin

« Bonjour, Donal, et merci de votre appel. Ça va comme vous voulez, aujourd'hui ?

– Ben, je suis sous dialyse, alors pas terrible, en fait.

– Ah ! d'accord. Désolé, Donal. Mais de quoi vouliez-vous nous parler ?

– De radiateurs à gaz.

– Ah ! oui, bien sûr. »

La radio braille pendant que je fais du sur place dans les bouchons en attendant de pouvoir sortir du centre-ville. Il ne faut pas être pressé. Si les extraterrestres débarquaient, on aurait du mal à leur expliquer la différence entre stationnement et circulation à Killarney. Ça relève de la subtile nuance. Je suppose que le mot *circulation* sous-tend, au moins à un niveau subliminal, une idée de mouvement. Mais par un matin comme celui-ci, ces considérations prennent un caractère purement spéculatif, car, qu'on soit dedans ou non, la voiture n'avance pas.

Les calèches, elles aussi, sont sorties en force. Cette non-traversée de la ville permet donc de contempler tout son soûl un cul de cheval à l'arrêt, ce qu'on n'a pas le loisir de faire quand on traverse la campagne à cent à l'heure. Les voitures bloquées près de la mienne ont toutes l'air flambant neuf – apparemment, plus personne ne veut conduire de clou, en Irlande, sauf quelques vieux fermiers des îles et moi – et leurs autoradios stéréo dernier cri martèlent tous de la musique dance aux basses grondantes et des publicités pour des entreprises de carrelage. La radio de marque Volvo dont est équipé le Tank, en revanche, ne doit pas apprécier la musique, car elle s'obstine à ne diffuser que les questions directes d'auditeurs.

« Si je résume, Donal, vous dites que vous ne pouvez pas porter les bouteilles de gaz à cause de votre dialyse.

– C'est ça. C'était mon frère qui s'en chargeait, avant, mais depuis son triple pontage y peut plus, vous comprenez.

– Oui, je comprends, Donal. Bien sûr. »

L'animateur fait des efforts désespérés pour avoir l'air de compatir, mais il est clair que ce n'est pas pour ça qu'il a choisi de travailler dans le showbiz. Son impeccable accent irlandais centre-Atlantique n'arrive pas à dissimuler qu'il donnerait gros pour qu'un tremblement de terre engloutisse Donal, sa maison, son téléphone et son engin d'assistance rénale. Manifestement, il n'a pas envisagé la possibilité de la non-existence de Donal

Quelqu'un m'a dit que les appels les plus farfelus et les lettres les plus déjantées que reçoivent les animateurs d'émissions de télé ou de radio proviennent d'étudiants en communication, encouragés par leurs formateurs irresponsables, aigris, libidineux et pochards, pour voir comment les professionnels réagissent en situation de provocation extrême. Il est donc possible que Donal ne soit pas du tout sous dialyse dans un taudis chauffé à la tourbe, au fin fond du comté de Monaghan, comme il le prétend, mais dans un appartement de Dublin tout confort, en train de siffler de la vodka en écoutant Nightnurse avant le début de l'émission musicale *Countdown.*

Je patiente au volant, en écoutant la radio. À peine le temps de se laisser pousser la barbe, et déjà l'on avance, me voilà hors du centre-ville, sur une rocade truffée de stations essence, B&B et hôtels Ikea en kit tout neufs. Au sortir d'un rond-point, sur la route de Tralee, j'avise un auto-stoppeur en pleine démonstration d'anti-auto-stop. Debout, souriant, le pouce tendu ? Rien de tout ça : il est assis, épaules voûtées, un panneau accroché au cou, comme un criminel étiqueté dans les fichiers de police sous le nom de « Galway ». Il dodeline du chef au rythme de son Walkman et sa barbe est encore plus sinistre que celle de Gerry Adams. Compte tenu des délais nécessaires pour imprimer un livre et coudre les pages à l'intérieur de la couverture, j'aurai quitté Killarney depuis un bon bout de temps quand vous lirez le mien, mais croyez-moi, vous pouvez y aller demain, ce stoppeur sera encore au rond-point.

À mi-chemin de Tralee, je m'arrête pour acheter une bouteille d'eau. C'est de l'eau de source irlandaise toute fraîche, comme celle qu'on tirait au puits chez mon oncle quand j'étais gosse, sauf qu'aujourd'hui, elle coûte 2,40 £ le litre. Cela dit, à l'époque, on n'avait pas toute une liste de composants à lire sur le côté de la bouteille, et ça, ça justifie la dépense. D'ailleurs quand on y repense, on se demande comment on s'en sortait sans la liste des ingrédients d'une bouteille d'eau. Calcium, magnésium, potassium, nitrates et fluorides, mais pas trace de la moindre matière grasse. C'est ce qu'il y a de bien, avec l'eau, je trouve. Aucune matière grasse. Je bois à longs traits, et je repars.

Les abords de Tralee sont déprimants, mais le centre-ville est charmant. La toute nouvelle prospérité de l'Irlande engendre une vague de construction et transforme l'aspect des campagnes, mais il reste encore beaucoup de petites villes inchangées, exception faite d'un coup de peinture ou d'une vilaine fenêtre en PVC par-ci par-là. On comprend que *Blade Runner* n'ait pas été tourné à Tralee : c'est une ville d'album pour enfants, sans ajouts modernes de verre et d'acier. Rien à voir avec ces agglomérations britanniques de plus en plus uniformes avec leurs enfilades tristement familières de grands magasins. Une ville comme Tralee donne une idée de ce passé disparu depuis peu mais dont le souvenir demeure, et voilà qu'on se demande à quand remonte la dernière fois où, en traversant une ville britannique, on s'est exclamé avec étonnement : « Ah, formidable ! il y a encore une quincaillerie. »

La ville compte deux ou trois hôtels classiques mais sans chichis, avec fenêtres à guillotine et portes de style XVIIIe siècle. J'entre dans le premier et me retrouve dans un restaurant accueillant, remplis de gens du coin venus faire leurs emplettes, ou travaillant en ville, papotant avec entrain devant le copieux menu du jour. Je passe commande auprès de la toute jeune serveuse, puis me plonge dans un lot de dépliants et catalogues sur le pèlerinage de Lough Derg.

> « La veille de son arrivée à Lough Derg, à partir de minuit, le pèlerin entame un JEÛNE COMPLET DE TOUS ALIMENTS SOLIDES ET LIQUIDES [majuscules figurant dans l'original], eau plate exceptée, ainsi que les médicaments prescrits par un médecin. Le jeûne dure trois jours pleins… »

À la seule lecture de ces lignes mon estomac gargouille. J'en suis à me demander s'il est sage de me lancer dans ce voyage vers le nord, quand la conversation de la table voisine me fait dresser l'oreille. Deux grands et rudes gaillards en costards – le genre bons blaireaux qui s'en mettent plein les poches – commencent à se ressentir des quelques verres descendus avant de déjeuner.

« Hé, tu la connais, celle du type de Cork qui passe à l'émission *Mastermind* ? »

Son compagnon secoue la tête et se marre d'avance en pressentant la chute. Les natifs du Kerry comme eux ont toujours tourné en dérision les gars du comté de Cork, et vice versa ; le reste de l'Irlande se moque des deux, et les Anglais de l'Irlande tout entière, persuadés que le Surrey n'a rien de risible.

« C'est Pat qui passe à *Mastermind.* Il s'amène et s'assoit sur la chaise, devant les projecteurs, quoi, et on lui annonce le sujet : « l'Irlande de 1916 à 1921, Insurrection de Pâques et guerre d'Indépendance ». Top chrono, il dit l'animateur. Première question : nommez un des leaders de l'Insurrection de Pâques de 1916.

– Je passe.

– Comment s'appelait le leader de l'IRA qui prit la tête de la lutte contre les Anglais avant de signer la partition de l'Irlande ?

– Je passe.

– Comment s'appelait le premier président de l'État irlandais libre ?

– Je passe.

À ce moment-là, une voix crie dans le public : « C'est bien, Pat ! Surtout leur dis rien à ces enfoirés ! »

Il y a des endroits, dans le monde, où il est dangereux de prendre part aux conversations des autres, mais je suis sûr que ce n'est pas le cas à Tralee. Mes deux voisins s'esclaffent bien fort, et moi avec. Celui qui vient de raconter la blague s'en rend compte, m'adresse un grand sourire et lance : « Ça va ? » Je me félicite d'être venu déjeuner là. À force de voir du pays, je suppose qu'on finit par acquérir un flair pour ce genre d'endroits. Les gens du coin viennent manger ici, après tout. On y trouvera donc des choses simples, cuisinées de façon simple. Un brin d'humour de première qualité par là-dessus, et on n'est pas loin du repas idéal.

Mais là, ça se gâte.

Arrivent un bout d'agneau incinéré, de la sauce figée, des carottes réchauffées trois fois au micro-ondes, deux boules de purée truffées de grumeaux, le tout carbonisé dix minutes sous une lampe incendiaire et servi sur une assiette dont la température avoisine celle du cuivre en fusion.

Je fais de mon mieux pour manger, sincèrement. Je me répète qu'à Lough Derg, je mourrai de faim. Je m'imagine en prison. Je découpe une cuillerée de sauce et je me dis que ce sont des calamars, mais c'est trop caoutchouteux pour être plausible. Me voilà donc dans les affres d'un cruel dilemme, souffrance éternelle et aiguë de l'Anglais à l'étranger, ou chez lui, du reste : protester, ou ne pas protester ? Nous avons la réputation, bien sûr, de ne pas protester, car cela nous gêne. Mais si je le fais quand même et que je renvoie l'assiette – ce qui s'impose, de toute évidence, étant donné que manger est impensable – ils se diront : « Quel connard d'Anglais prétentieux ! C'est assez bon pour les autres, mais pas pour lui. » D'un autre côté, si je ne dis rien, la serveuse va retourner aux cuisines et tout le monde en fera des gorges chaudes : « Tu as refilé le faux repas à l'Anglais ? Et il a mangé ? Ah, bon Dieu, je te jure ! »

C'est sans doute là que mon côté irlandais va pouvoir intervenir. Je ne vais être ni méprisant, ni snob, mais pas non plus me taire hypocritement. Je vais me contenter de sourire tel le brave type, et de faire de cet incident un épisode agréable. Je vais lancer : « Dites, ce n'est pas que je sois difficile, mais…

– Tout se passe bien, monsieur ?

– Mmm ? Quoi ? »

Elle a surgi de nulle part.

« Vous êtes satisfait, monsieur ? »

On contemple tous les deux mon assiette. En figeant, les aliments ont pris une consistance inquiétante et l'aspect d'une de ces sculptures en bouse d'éléphant qu'on sélectionne pour le prix Turner. Pourtant, je suis incapable de faire l'Anglais, comme de faire l'Irlandais. Incapable de protester. Et incapable de ne pas protester. Je suis incapable de faire de cet incident un épisode agréable, et totalement incapable de bouffer ça. Je feins donc d'avoir la bouche pleine, et je hoche lentement la tête en grimaçant un demi-sourire, comme le gars qui vient de prendre un coup de pied dans les couilles et fait semblant de ne pas avoir mal. Le tour est joué. La fille va trouver les mecs du Kerry et sert à chacun une énorme soupière de masses non identifiées noyées sous la crème anglaise.

J'attends qu'elle soit retournée aux cuisines, puis je laisse le montant du repas plus un pourboire sur la table, à côté de l'assiette intacte, et je fonce vers la porte. Quand on est étudiant, on se sauve sans payer, et à l'âge adulte, on se sauve sans manger. C'est l'un des privilèges de l'immaturité affective.

Une fois dans la rue, mon premier réflexe consiste à me cacher, au cas où quelqu'un s'élancerait à mes trousses pour me rapporter mon argent, ou mon assiette. Un peu plus loin, une pancarte de l'office du tourisme indique « l'Aventure du Kerry », le nom qui figurait sur le dépliant que les rouleurs de pelles clandestins d'hier soir faisaient semblant de lire. Je décide donc d'aller voir, bien que je ne sache pas de quoi il s'agit.

L'endroit se révèle finalement comme un musée primé, doublé d'une attraction touristique, avec guichet informatisé et billetterie moderne. Je commence par faire la grimace, car je ne démords pas du principe marxiste naïf et périmé en vertu duquel les musées devraient être gratuits. Deux étudiants français, à peine visibles derrière des sacs à dos gros comme des frigos américains, sont en train de négocier un rabais pendant que je débourse la totale, mais je m'efforce de ne pas me laisser démoraliser.

« On peut laisser nos sacs ici ?

– Désolé, mais nous n'avons pas de vestiaire. »

Je les suis tandis qu'ils montent l'escalier d'un pas chancelant, conscients, qu'à tout moment, ils risquent de basculer en arrière et de mourir comme des tortues, le temps que des secours arrivent.

Pourquoi les gens transportent-ils ces trucs énormes sur leur dos ? Pour autant que je sache, la plupart des routards qu'on croise sur la planète ne s'intéressent qu'aux fêtes sur les plages, aux boîtes de nuit et aux pizzas, et n'ont aucune intention de faire un jour l'ascension d'un sommet ou une randonnée en montagne, à moins de savoir qu'ils trouveront de l'Ecstasy au sommet – auquel cas ils prennent probablement un taxi. Leur sac ne leur sert qu'à trimballer du linge sale autour du monde, alors pourquoi ne pas en jeter un peu et remplacer ce fardeau par un brave petit fourre-tout ?

L'Aventure du Kerry me fait l'effet habituel : je finis par regretter d'être en train de suivre un documentaire commenté sur le Kerry, ou une représentation interactive de la vie dans le Kerry, au lieu d'être dehors, dans le Kerry. Heureusement, je suis en compagnie d'une famille de Dublin qui vaut son pesant de cacahuètes. À divers endroits de l'exposition, des mannequins sont mis scènes destinées à illustrer la vie dans l'Irlande de jadis. On les voit faire du feu, fabriquer des bijoux celtiques, chasser, servir à boire après l'heure de fermeture des pubs, et cætera. Mais au lieu de lire les panneaux descriptifs, les Dublinois (trois garçons, une fille, la mère et le père) s'immiscent dans chacun de ces tableaux et se photographient en train de faire des grimaces, le signe de la victoire, ou de pousser des hurlements au milieu de leurs ancêtres celtes. En partant, j'aperçois un des routards français, coincé dans un mince interstice entre haut Moyen Âge et début du christianisme.

Au bout d'un couloir jalonné de clichés impressionnants de châteaux et monuments de pierre en ruines, je tombe sur un jeune solidement charpenté, en chemise blanche et pantalon noir. Il n'y a personne d'autre en vue. Il m'adresse un grand sourire.

« Vous êtes partant pour le grand jeu ? »

Difficile à dire, hein ? On est partant, ou pas ? Et c'est quoi, au juste, le *grand jeu ?* Dans la littérature contemporaine de seconde zone, l'expression désigne couramment une activité sexuelle dénuée de tendresse et sans lendemain, non ? Alors qu'est-ce qu'il me veut, ce jeune mec ?

« Par ici. »

Il m'entraîne vers une porte. Étant donné que je ne sais pas à quoi m'attendre, tout serait de nature à m'étonner, mais je dois dire que je n'aurais jamais pensé à une balade dans un wagonnet de fête foraine. Il me fait installer, appuie sur un bouton, et me voilà parti au fil d'une reconstitution de Tralee au Moyen Âge, avant l'incendie qui ravage la ville en 1691. La visite est agrémentée d'une bande-son sur laquelle des oiseaux chantent, des moutons bêlent et des gens saluent en gaélique à mesure qu'on passe devant les échoppes du marché, les boutiques et l'auberge. « *Sláinte !*[1] » s'écrie un homme. À moins que ce soit « Va chier ! » ? Difficile à dire, avec tous ces oiseaux et ces moutons.

Trois wagonnets vides précèdent le mien, et deux me suivent. Je suis seul dans le noir. Je n'ai ni enfant à distraire, ni étudiants étrangers à encadrer, pas de fournée de vieillards que je promène avec le minibus de la maison de retraite. Je suis là, seul, par un beau jour ensoleillé, muni d'un billet d'entrée à plein tarif, parce que j'ai choisi d'y être. Je suis vraiment nul entre tous les nuls, et si je ne m'en étais pas encore rendu compte, je le comprendrais à la mine que tire le jeune mec en arrêtant mon wagonnet de petit train fantôme pour me faire sortir.

Pitin, la honte, se dit-il. Pire que de monter tout seul dans les autotamponneuses.

Il me faut une aventure dans le Kerry.

1. « Bonjour » ou « santé ! » en gaélique (se prononce *slann-tché*). (*N.d.T.*)

Une fois revenu au Tank, je regarde la carte. La dernière version de mon plan consiste à suivre la route du nord qui mène au comté de Donegal via ceux de Limerick, Galway et Sligo. La ville de Limerick n'est pas loin : deux heures de route au plus. Je pourrai m'y arrêter ce soir, sinon continuer. Mais la page de mon atlas routier ne va pas plus loin. Je regarde dans la marge pour repérer le numéro de page que je devrai consulter ensuite, et c'est alors que quelque chose arrête mon regard.

La péninsule de Dingle.

Je veux aller vers le nord-est, et Dingle se trouve au sud-ouest. De quelque façon qu'on la regarde, c'est la mauvaise direction. D'un autre côté, plus je ferai de détours, plus tard je m'adonnerai au jeûne nu-pieds et aux saintes ecchymoses.

Deux heures plus tard, je suis dans le centre-ville de Dingle, en quête d'un endroit où dormir.

Le nom gaélique de Dingle est An Daingean, ce qui signifie la forteresse. La ville en était une longtemps avant que les Anglo-Normands arrivent ici. Le dépliant touristique m'apprend que « Dingle est souvent définie comme la ville la plus à l'ouest d'Europe », ce qui sous-entend que ce titre puisse lui être disputé, quoique je ne voie pas de concurrente possible. Il n'existe guère qu'une poignée de minuscules villages, les îles Blasket et ensuite, c'est l'Amérique.

En quittant Tralee dans l'après-midi, je longe la péninsule, vers l'ouest, entre les sommets des Slieve Mish sur ma gauche et la baie de Tralee sur ma droite, qui cède peu à peu la place aux eaux moins abritées de l'Atlantique. Au bout d'une demi-heure, je suis une étendue de sable apparemment interminable, sur laquelle des vagues de plus d'un kilomètre de large déferlent par groupe de dix, les unes à la suite des autres. Je prends un chemin de terre en direction de Gowlane Strand. Ce mot me plaît bien, Strand.

La balade s'achève au pied de quelques dunes qu'une vieille clôture en barbelés sépare du champ contigu. Une autre voiture est garée là, avec près d'elle une famille qui pique-nique en parlant avec l'accent de Belfast. Toute la plage, derrière eux, est pour moi tout seul. L'impression d'immensité est incroyable : le sable s'étire sur un nombre incalculable de kilomètres, bordé de prés ponctués de maisons, et de montagnes au-delà. Le ciel est bleu, le soleil me chauffe la peau, des nuages inimaginablement dodus et photogéniques flottent très haut. Je cours, je crie, je bondis de joie. Mais si vous allez là-bas demain dans l'espoir de voir ce que je viens de vous décrire, il tombera des cordes et le vent vous arrachera la figure. Si vous recherchez les climats stables, il n'y a pas mieux que Center Parc.

Quand je regagne ma voiture, la famille de Belfast fait une partie de volley, parents contre enfants, avec la clôture de barbelés en guise de filet. Ça a probablement une signification symbolique, mais je ne réussis pas à l'élucider.

Huit cents mètres plus loin, je m'arrête pour prendre trois jeunes stoppeuses. Dans une envolée d'accents américains, elles bataillent pour caser leurs sacs sur la banquette arrière.

« Attendez, on va mettre tout ça dans le coffre, » dis-je, en employant le mot *trunk*, spécifiquement américain, qui signifie coffre, pour leur montrer que je connais bien la langue de leur pays. Deux d'entre elles s'installent derrière, une devant, et nous repartons.

« Vous êtes d'où, aux États-Unis ? je demande poliment.

– Euh, je ne suis pas américaine, c'était juste pour rigoler un peu, m'a répondu la jeune femme assise à côté de moi. Je suis de Tralee, en fait.

– Et moi de Galway, a enchaîné une voix, derrière. Aujourd'hui, on fait semblant d'être américaines pour se marrer, mais notre copine l'est vraiment, elle. »

La vraie, qui sait imiter l'accent irlandais de façon très convaincante quand elles ont besoin de varier un peu, fait le tour de l'Europe. Jusque-là, elle a visité Paris, les pays de la Loire, la Côte d'Azur, l'Allemagne, la Suisse, l'Italie dont Venise et Florence, Prague, la Normandie, la Bretagne, la Carmargue, – là, mon stylo tombe en rade. Elle a rencontré les deux autres au Tibet l'année d'avant, elles lui font maintenant visiter l'Irlande, ou en tout cas Dingle. Mais quel genre d'individus ont le temps d'aller au Tibet, et sont assez givrés pour faire le tour de leur propre pays en faisant semblant d'être américains juste pour s'amuser ?

« On est profs. C'est nul, hein ? »

Pas aussi nul que de se payer l'Aventure du Kerry tout seul.

On pique au sud par la route la plus élevée du pays, qui franchit le col Connor. Au sommet, on descend de voiture pour admirer la vue magnifique vers le nord et Mount Brandon, par-delà les *loughs*. Sur un petit promontoire rocheux, un barbu au doux regard joue de la harpe, acte d'une beauté totalement désintéressée, me dis-je avant de voir les CD, cassettes et bijoux celtiques que vend sa petite amie. En attendant une foule plus nombreuse, il a laissé dans la voiture les T-shirts et les bombers en satin frappés au logo de diverses tournées.

À partir du col, la descente sur Dingle est tellement abrupte et droite qu'on a l'impression de piloter un petit avion plutôt qu'une grosse bagnole de plus en plus pétaradante. Je dépose mes passagères vers la tour normande, dans un pré au bord de l'eau où elles ont l'intention de camper gratuitement. Jen, l'Américaine, me remercie en me confiant que d'habitude, elle ne fait jamais de stop, que c'est la première fois, parce qu'elle est avec les autres, et qu'elles lui ont dit qu'il n'y a aucun risque en Irlande, que tout s'y passe bien. Pourtant, visiblement, elle se sent coupable et ne tient pas à ce qu'on l'apprenne… surtout pas sa mère, Mrs. Hilary Iverson, institutrice à la retraite domiciliée à Lake Side Drive, Madison, Wisconsin.

Il y a vingt ans, trouver une chambre double en Irlande était une entreprise difficile. Des dames à la mine sévère vous toisaient de la tête aux pieds. On soupçonnait l'immoralité, et pour peu qu'on se dise mariés, alors où étaient les enfants ? Désolés, pas de pécheurs sous notre toit. De nos jours, en revanche, c'est de trouver une chambre individuelle qui est difficile, comme je l'ai déjà constaté à Killarney. Question de rentabilité, j'imagine. Après avoir essuyé une bonne dizaine de refus, je me fais à l'idée de m'exiler dans je ne sais quel pavillon paumé en banlieue, avec moquette aux murs, quand j'avise quelques photos légèrement floues, à côté de la porte d'entrée d'une vieille maison mitoyenne. On y voit des chambres ni grandes, ni élégantes, ni confortables, simplement fonctionnelles dans le style des années 50, à la limite du dépouillé.

Cinq minutes plus tard, je prends la clé que me tend le propriétaire, un petit type chauve, nerveux, d'une quarantaine d'années, célibataire, je pense, peut-être homosexuel, et portant des lunettes cerclées d'acier qui le font vaguement ressembler à De Valera. Sa maison, banale, sans prétention, me plaît beaucoup. Ça me rappelle mes séjours dans la famille, quand j'étais gosse. Il y a aussi un téléphone à pièces dans l'entrée, qui n'a plus de combiné, simplement des fils à nu. Il devrait utiliser tout ça comme arguments de vente et afficher devant chez lui une pancarte comme on en voit à Killarney : « Pas de salle de bains attenante. Pas de télévision. Pas de radio. Pas de sèche-cheveux. Pas de téléphone. Ni thé, ni café à volonté. Pas de couettes à volants. Draps et couverture, point final. Un aperçu de l'Irlande à la De Valera au cœur du Tigre celtique. »

Plus loin, dans la rue, l'enseigne lumineuse d'un restaurant proclame : « Cuisine celtique ». Je vais voir, sans me presser, intrigué à l'idée de découvrir des recettes authentiques ressuscitées des limbes crépusculaires de notre passé celtique. Une serveuse m'apporte le menu. On y propose du pâté de foie sur toasts, des champignons à l'ail, des pâtes du jour, du *fish and chips*, des allumettes à la mozzarella et une tourte à la viande. Intéressant. Peut-être s'agissait-il autrefois de plats rituels ou cérémoniels dont la signification s'est perdue au fil du temps ? On sait que les tribus celtiques venaient à l'origine d'Europe centrale. Il est possible qu'elles aient apporté avec elles la tourte à la viande. Ces lignes qu'on trace à la fourchette dans la purée pourraient être héritées de quelque motif païen préchrétien.

Je traverse la rue principale tout à la rumination de mon repas mystique, quand un vieux bonhomme assis sur le bord d'une fenêtre, près de la poste porte deux doigts à sa casquette en me demandant : « Ça va ? », avant de se mettre à chanter. Un frisson me hérisse l'échine : la chanson s'intitule *The Old Rustic Bridge by the Mill*, et c'était la préférée de mon grand-père. Il la chantait à la ferme, à Drimoleague. À l'âge de huit ans, j'ai appris à la jouer au piano. Ma prof s'appelait sœur Theresa. Elle suivait les notes sur la partition avec une aiguille à tricoter recourbée.

Je m'arrête pour mieux l'écouter en feignant de regarder une vitrine de magasin vendant exclusivement des casquettes en tweed. C'est un moment étrange. Ou bien il s'agit d'une de ces coïncidences dénuées de sens auxquelles on prête une portée parce qu'elles insufflent en ce bas monde un semblant d'ordre, en même temps qu'un peu de mystère, ou bien ce vieux est la réincarnation de mon grand-père. À mieux y regarder, son visage me dit quelque chose. Je l'examine attentivement et tout à coup, je comprends.

La première fois que je suis venu à Dingle, dans les années 1970, la ville jouissait d'une réputation internationale toute fraîche, uniquement due, à vrai dire, au fait que le film *La Fille de Ryan* venait d'être tourné à quelques kilomètres de là, au bout de la péninsule, près du village de Dunquin. Les stars du film, mis à part le somptueux paysage, étaient Robert Mitchum dans le rôle du maître d'école, et Sarah Miles, l'épouse qui vivait une aventure avec un officier anglais blessé par un obus. Mais tous deux avaient été éclipsés par la prestation oscarisée de John Mills en brave idiot de village à lippe molle, qui boîtait et affichait un grand sourire baveux tout le long du film, dans un des plus beaux rôles de sa carrière.

C'est John Mills en personne qui est assis sur ce rebord de fenêtre, tel qu'à l'époque de *La Fille de Ryan*. Tout craché. Sauf que ce type-là chante, alors que le personnage de Mills était muet. Mais bon, le tournage date de trente ans, il a largement eu le temps d'apprendre. Apparemment, il porte toujours les vieilles nippes crades du film. Ça ne peut être que lui. Les commerçants du coin ont sans doute fait une collecte pour le garder comme attraction touristique. Bizarre, quand même, qu'il connaisse la chanson préférée de mon grand-père. Tant d'années dans les contrées sauvages de l'ouest du Kerry l'ont peut-être doté d'une sorte d'influx celtique paranormal qui lui permet de se mettre au diapason de mes pensées les plus intimes, et de la chanson préférée de mon grand-père.

Voilà le genre de conneries inquiétantes qui nous vient à l'esprit quand on voyage seul. Je m'engage dans une petite rue secondaire qui mène au port. Pour tenir en respect ces idées à la noix, je parle tout seul à voix haute en marchant, ce qui me donne l'impression d'être beaucoup moins fou.

Le magasin de vélos qui fait aussi pub vend également des graines pour jardins et des articles de quincaillerie. J'entre pour demander une chambre à air et des graines de choux, mais étant donné que je n'en ai pas vraiment besoin, je me rabats sur une pinte de bière.

Je me hisse sur un tabouret devant le minuscule comptoir, à côté de deux vieux natifs du Kerry magnifiquement couperosés.

« Alors, vous passez de bonnes vacances ? me demande l'un des deux.

– Excellentes, merci. Mais je trouve que ça a changé, ici, depuis la dernière fois que je suis venu.

– Ah ! ça c'est sûr. (Il boit une gorgée de whisky.) Moi je dis que c'est la faute de ce pitin de dauphin. »

À cent mètres de là, se trouve *Dick Mack*, le magasin-pub le plus connu de Dingle : mi-cordonnerie, mi-bar. Le mur de droite est tapissé de bouteilles d'alcool, celui de gauche, de chaussures réparées qui attendent que leurs propriétaires viennent les réclamer. Le soir, le comptoir en bois de la cordonnerie fait office de buvette supplémentaire. Le goût de la *stout* mêlé à l'odeur du cuir est un vrai régal, mais ce soir, j'ai bien l'impression d'avoir au moins cinq ou six pintes, ou une bouteille de vin de retard sur le reste de la clientèle. Une énergie frénétique se dégage des deux ou trois conversations dans lesquelles je suis happé, avant d'en être rejeté. Une jeune femme surgit tout à coup de la pièce voisine, d'où sort le genre de vociférations que j'ai toujours associé aux libations dont devaient s'accompagner les exécutions publiques. Elle s'approche en tanguant, plisse les yeux pour essayer de voir à qui elle s'adresse et s'écrie : « Mention très bien, nom de Dieu ! J'y crois pas ! J'ai décroché une pitin de mention très bien ! »

Naturellement, je la félicite, car on a toujours plaisir à voir les jeunes prendre leurs études au sérieux. Par politesse, je lui demande quels sont ses projets en matière de carrière :

« Alors, qu'est-ce que vous avez l'intention de faire, maintenant ?

– M'envoyer dix triples vodkas de plus », répond-elle en se cognant violemment à un rayon d'où tombe une paire de mocassins.

Dehors, dans la rue, le trottoir est semé d'étoiles dorées au nom des buveurs célèbres qui sont passés dans ce pub.

Robert Mitchum, Julia Roberts, les Hothouse Flowers et Charles Haughey y sont tous. Et on attend Pol Pot, Ian Paisley et Lee Harvey Oswald d'un jour à l'autre.

Toute cette cuisine celtique m'a donné envie de dormir ; l'occasion de me coucher tôt me tend les bras. Je suis presque arrivé chez De Valera quand j'aperçois une enseigne : MAC CARTAI'S BAR. J'abandonne aussitôt tout projet de repos, j'applique la règle et j'entre.

De toute évidence, rien n'a changé depuis des années. Le plafond est de ce ton nicotine qui dut être jadis du blanc cassé. Le sol est nu. Les vieilles photos au mur, ne sont pas là pour créer une atmosphère ancienne de bon ton, mais parce que personne n'a jamais pris la peine de les retirer. Le revers de la médaille, c'est qu'il n'y a pas d'autres clients, même si la télé et la chaîne hi-fi sont toutes les deux en marche. Tant pis. Ce pub porte mon nom, alors je vais rester y boire un coup en attendant qu'il se passe quelque chose.

La femme derrière le bar ne m'adresse pas un regard, encore moins un mot, en me servant. Elle a l'air grincheux, mais peut-être est-elle simplement timide. Elle se déridera forcément en apprenant que nous sommes peut-être parents. Cela dit, il n'est pas aussi aisé qu'on croit d'engager la conversation entre les flots de décibels du dernier *Greatest Hits* de Santana crachés par les gros haut-parleurs fixés au mur, et la télé branchée sur le feuilleton *Coronation Street*, d'autant que la patronne me tourne le dos, plongée dans la lecture du *Daily Mirror*. Elle s'anime un instant quand deux jeunes du coin entrent pour boire une bière blonde et proférer quelques grossièretés, mais me laisse dans mon coin, tel l'Homme invisible. Je dis au revoir en partant, mais personne n'a l'air d'entendre.

Je retourne chez De Valera d'un pas lourd, la queue entre les jambes. Qu'est-ce que j'attendais, en fait ? Que ce soit l'anniversaire de la patronne et qu'on m'emmène faire la fête jusqu'à l'aube ?

C'est ça l'ennui, avec l'Irlande. On finit par en attendre des choses complètement irréalistes.

C'est à Dingle et Dunquin que j'ai entendu parler le gaélique comme langue usuelle pour la première fois. En 1972, c'étaient encore des endroits extrêmement reculés. Beaucoup de gens du coin avaient été scandalisés par le comportement immoral de l'équipe de *La Fille de Ryan :* femmes et tequila arrivant par avion pour le week-end, et autres sérénades du même genre. Bien qu'il y ait du changement dans l'air, la région faisait toujours figure de bastion de l'Irlande ancienne. Les touristes affluaient, bien sûr, mais c'étaient plutôt des randonneurs, pêcheurs, cyclistes, ou grosses têtes de l'archéologie, tous en quête de loisirs de plein air, sains et brutaux, donnant une bonne mine et l'œil brillant.

Les changements, dans les rues, sont manifestes. La ville elle-même – quelques maisons traditionnelles, commerces et pubs, groupés autour d'un port ravissant – reste le parfait cliché de l'Irlande typique qu'espèrent découvrir les touristes. D'ailleurs, un nombre croissant de villes irlandaises se conforment à ce modèle. Les pêcheurs et autres mordus de grand air ont été supplantés par des troupeaux de riches couples d'Européens à la retraite, en tenues de sport flambant neuves, qui errent dans les rues en cherchant quoi faire. Apparemment, l'endroit leur plaît, mais ils sont un peu empruntés, comme s'ils s'attendaient à plus grand et à mieux équipé, et se demandaient un peu ce qu'ils étaient venus faire là.

Il existe désormais une infrastructure touristique parfaitement repérable, ce qu'on n'aurait pas pu reprocher autrefois à la région, et on sent que les choses sont passées du stade aléatoire au beaucoup plus calculé. La ville semble sur le point de basculer de son ancien statut de port de pêche arriéré vers un avenir de station balnéaire celtique chichiteuse. Ça regorge de nouveaux restaurants, de peinture fraîche, de fenêtres neuves. Les commerces établis de longue date, comme le magasin de casquettes d'hier soir, paraissent démodés au milieu de restaurants et boutiques de vêtements baptisés *La Bohème*, ou *Tír na nóg*[1], et d'une pléthore d'endroits destinés à vous ravitailler en bougies, cristal et bijoux druidiques. Un nombre inquiétant d'étalages proposent un assortiment de souvenirs kitsch – lutins et lutineries, trèfles et trèfleries, et autres irlandouilleries en tous genres.

Comme le disait l'homme du pub, c'est la faute de ce pitin de dauphin.

Un jour de 1984, un jeune dauphin s'est mis en tête de fréquenter les eaux du ports de Dingle. Chose étonnante pour un mammifère aussi sociable, il était toujours seul. Il venait tous les jours et s'est vite trouvé baptisé Fungie. La nouvelle s'est répandue parmi les communautés New Age et hippies, qui se sont précipitées pour se lier d'amitié avec lui. Un tas de petites entreprises artisanales liées à Fungie se sont mises à prospérer : tours de bateau, excursions à la nage, locations de combinaisons de plongée, livres, photos, auberges de jeunesse. Tout à coup, Dingle n'était plus si reculé que ça. C'était devenu une destination, recommandée par tous les guides pour routards fauchés, avec une stratégie commerciale et un talent de plus en plus marqué pour le *craic*.

Quand on y pense, la fidélité de Fungie est étonnante. Tous les jours depuis quinze ans, il vient se montrer pile à l'heure pour que les gens le prennent en photo et nagent avec lui. Chez un dauphin sauvage, c'est un comportement exceptionnel, et très commercial de surcroît. Je n'arrive pas à me défaire complètement de l'idée qu'un

1. Expression en gaélique irlandais qui signifie littéralement : le Pays de la Jeunesse. (*N.d.T.*)

type puisse enfiler tous les jours son costume de dauphin. Le soufflé touristique retombera le jour où il se décrètera trop nase pour continuer. Pour peu qu'ils aient un brin de jugeote, ils doivent déjà entraîner son remplaçant. Il y avait un Hollandais très musclé des bras chez De Valera, ce matin, qui voulait du poisson au petit déjeuner. C'est sûrement lui.

Je passe une heure à fouiner dans une petite librairie accueillante. Il y a là tout un assortiment d'ouvrages sur l'histoire, l'archéologie et la culture locales, mais pas le moindre succès littéraire ou roman marquant situé dans la région. Les villes qui ont intégré les circuits touristiques ne vont sûrement pas tarder à comprendre que la littérature, comme le cinéma, représente un énorme potentiel commercial. Elles commenceront alors à faire des offres alléchantes pour inciter les auteurs à y situer leurs intrigues. *Harry Potter et le dauphin de Dingle. Hannibal Lecter : le silence des dauphins. Le Dauphin d'Angela*. Ça attirera les foules.

Je prends un roman irlandais intitulé *La Musique du père*, de Dermot Bolger, dont une partie se passe dans le Donegal, où je compte me rendre. Une allemande, devant moi, achète à son fils une grosse intégrale reliée des aventures de Sherlock Holmes.

« Je lis déjà ça en allemand », explique fièrement le gamin. Il a l'air de s'adresser collectivement à sa mère, au libraire et à moi comme si nous étions un groupe. Je suis sûr qu'à la Stuttgart Akademie pour Adolescents Surdoués, c'est lui le mec à nuque rouge qui lève toujours le doigt le premier. Le libraire a près de la caisse un calendrier éphéméride avec un petit dicton pour chaque jour de l'année. Le jeune prodige allemand se penche.

« Ce n'est pas la bonne date.

– Quoi ? relève le libraire avant de cligner les paupières pour chasser l'image subliminale dans laquelle il se voit bousiller le gamin à coups de Sherlock Holmes et lui exploser le crâne comme une coquille d'œuf.

– Ce n'est pas la bonne date : c'est celle d'hier. »

Là-dessus, le prodige lâche un petit ricanement incrédule, stupéfait que quiconque puisse être désorienté à ce point, pendant que le libraire le dévisage d'un regard sanguinaire. Au lieu de faire mordre la poussière à son gosse d'un seul coup de ses pompes orthopédiques cousues main, Frau Prodige arbore un large sourire d'orgueil et de compassion.

« Attendez, je vais vous arranger ça. »

Le gosse arrache la feuille d'hier et la jette à son assassin en puissance, comme s'il lançait un poisson à un phoque, ou à un dauphin. Pendant qu'il s'éloigne avec sa mère, je me rappelle Hans, le chauffeur de taxi de Beara, et l'incompatibilité totale entre les perceptions irlandaise et teutonne du temps. Je décide de révéler au libraire que je compatis et que je suis de son côté.

« Vous voulez que je vous arrache aussi celle d'aujourd'hui, comme ça vous n'aurez pas à vous soucier de ça demain ? »

Rien. Pas un battement de cils. Il me déteste autant qu'il déteste le gosse. C'était sans doute un type tranquille, pas compliqué, autrefois. C'est terrible, les ravages que le tourisme opère dans l'âme humaine, surtout quand les dauphins s'y mettent.

Dehors, devant la poste, John Mills occupe à nouveau le terrain. Il est en train d'exécuter une petite danse pour deux couples italiens vêtus d'anoraks hors de prix. Il me salue au passage : « Bienvenue à Dingle. Vous passez de bonnes vacances ? » Visiblement, il ne garde aucun souvenir de moi, ni du fait qu'il y a quelques heures à peine, il était possédé par l'esprit de mon grand-père. Mais c'est ça, le paranormal : ça esquinte.

J'achète un sandwich au saumon fumé et une bouteille d'eau minérale importée du Canada. La corruption, ici, doit être galopante pour que quelqu'un en arrive à faire venir de l'eau minérale du Canada dans le pays le plus humide du monde, et réalise néanmoins des bénéfices. Je roule un peu pour m'éloigner de la ville et pique-niquer face à l'océan, sous un doux soleil. Il est question à la radio de l'ex-*Taoiseach* Charlie Haughey et du nombre croissant d'allégations d'escroqueries caractérisées, détournements de fonds et achats abusifs de biens fonciers dont il fait l'objet, notamment à propos de son île personnelle au large de la côte du Kerry. Malgré tout, précise le journaliste, la ville de Dingle l'a exonéré à vie du montant du droit de mouillage parce qu'il inaugure la régate chaque année. Je finis ma bouteille. Si ça se trouve, Charlie trempe dans les imports d'eau minérale. Et il fricote sans doute aussi dans les nouilles sautées.

Après avoir lu un moment, puis somnolé, puis gravi une colline pour admirer une pierre mangée de lichen ornée d'inscriptions mystérieuses, je me dis que l'heure est assez tardive pour faire un tour en voiture le long de la côte jusqu'à Slea Head et le détroit de Blasket : les bus de touristes, les excursions familiales et les anoraks de *La Fille de Ryan* doivent « faire » la péninsule plus tôt dans la journée. J'ai vu juste, et la soirée s'avère charmante. Tout le littoral ouest de l'Europe pour moi seul !

Le court trajet qui va de Dingle à Slea Head et Dunquin via le port de Ventry traverse le paysage le plus émouvant que j'aie jamais vu de ma vie. J'avais déjà été très impressionné lors de ma première visite, il y a de cela des années, et la route a beau avoir été élargie par endroits et de nouvelles maisons construites, l'endroit me touche toujours autant. C'est un lieu quasi mythologique. De minuscules champs clos s'agrippent aux pentes vertigineuses des montagnes, exploités jusqu'au bord de la falaise avant de céder la place aux tons éblouissants de l'Atlantique. Les haies de fuchsias sont couvertes de fleurs rose vif. Par-ci par-là, juste au-dessus de la route, on aperçoit les huttes de pierre sèche en forme de ruches, vestiges des abris qu'occupaient moines et ermites à l'aube du christianisme. On pouvait les visiter, autrefois, mais à présent, une femme et un affreux chien y sont embusqués, dans une cabane construite de bric et de broc pour nous vendre des billets. Je me suis tellement habitué aux antiquités éparses de l'Irlande qu'un ticket d'entrée en gâcherait la magie. Je passe mon chemin.

Dans un virage serré, en face des îles Blasket, se dresse une scène de crucifixion grandeur nature, digne du catéchisme. Le soleil disparaît brièvement derrière les nuages, puis réapparaît, allumant les flots de reflets éblouissants. L'île de Great Blasket semble devenir floue, puis nette, tandis que des rayons étincelants ricochent sur les vagues et la nimbent de halos chatoyants. Le ciel est si dégagé que loin, au sud, on distingue les Skellig, scintillant à l'horizon comme un mirage. Debout au bord de la falaise, je me laisse envahir par une vague d'émotion inattendue, imprécise. Je n'en comprends ni le but, ni la raison, je sens seulement qu'elle englobe tout. Une larme se forme sous ma paupière.

D'où peut donc me venir un tel sentiment ? J'aime infiniment l'ouest de Cork et les prés où j'ai joué, enfant, mais je ne m'y suis jamais senti physiquement affecté comme ici. Cela tient-il à ce que Dingle fut la destination de mon premier séjour irlandais sans mon père et ma mère ? Ou à ce qu'il fait resurgir une jeunesse insouciante et enfuie ? Cela ne m'avait pourtant pas fait pleurer, à l'époque. Je suis sans doute simplement en train de vivre une expérience mystique ordinaire, alors pourquoi ne pas me détendre et en profiter ? Après tout, combien de fois dans une vie a-t-on l'occasion de se trouver face à un paysage dont la beauté vous tire des larmes ?

Un bruit de moteur m'arrache à ma contemplation. Surgit une voiture de location, un de ces hideux monospaces Mercedes gris qui ont l'air emboutis devant et derrière au point de ressembler à une paire de fesses sur pneumatiques. Elle rétrograde en seconde, le temps pour le couple qui l'occupe de jeter un coup d'œil au paysage et là… la vitre s'abaisse, la femme jette un paquet de chips, puis le véhicule s'éloigne.

Fin de la magie. Cette émotion qu'on ne vit qu'une fois dans sa vie, cet instant de communion mystique avec la nature – instant que Wordsworth a rabâché au fil de tant d'années et de strophes – massacré par une pluie de débris de chips à la crevette ! Les enfoirés ! Peut-être, tel Wordsworth, parviendrai-je à ressusciter cet instant dans la tranquillité et la solitude, à y puiser lucidité et consolation, mais pour le moment, je n'aspire spontanément qu'à les prendre en chasse, les obliger à se garer et leur fourrer le paquet de chips par la fenêtre. Regardez un peu ce qu'est devenue ma belle tranquillité !

Je remonte en voiture en ruminant l'envie de les balancer par-dessus la falaise, mais comme ils ont disparu au loin, je finis par me dire qu'il vaudrait mieux me calmer. Je passe devant une vieille fermette. Par la porte ouverte, j'entrevois au mur une gravure du Sacré Cœur. Devant la maison, sur un banc, bottes en caoutchouc aux pieds et casquette sur la tête, une canne à la main, est assis un vieux bonhomme qui a sans doute vécu là toute sa vie. Vingt mètres plus loin, devant la fermette voisine, un couple décharge des valises et du vin d'une voiture immatriculée en France. La prochaine fois que je passerai par là, le vieux aura disparu et ça fera une location de vacances de plus.

Je me gare un peu plus loin et je vais à pied jusqu'à la pierre commémorative de la *Fille de Ryan*, sur la falaise. On la reconnaît à l'inscription laconique : « Pierre commémorative de *La Fille de Ryan* ». C'est tout. Sur la plage juste en dessous, a été tournée la fameuse scène de trafic d'armes. À la sortie du film, les touristes ont afflué pour voir les maisons, la rue principale et la salle de classe de l'école. En fait, une réplique du village avait été construite à deux ou trois kilomètres, tout exprès pour le tournage, mais je ne pense pas qu'on l'ait dit aux touristes.

La première fois que je suis venu, Dunquin n'était qu'un hameau de quelques vieilles maisonnettes et fermes toutes simples. Aujourd'hui, c'est devenu un village de pavillons modernes dispersés le long de la route ou à flanc de collines. Je me surprends à déplorer cette modernisation, alors je m'arrête et j'essaie de me raisonner. J'ai d'ailleurs une argumentation décisive à me soumettre, que j'écoute attentivement.

Il y a vingt-cinq ans, rien ne laissait entrevoir cette toute nouvelle prospérité. Les jeunes continuaient à s'en aller, et les vieilles maisons paraissaient peut-être pittoresques à l'étranger romantique de passage, mais ce ne devait pas être très marrant d'y habiter. De nos jours, l'endroit est devenu une communauté, avec de nouvelles constructions, de nouveaux habitants et de nouvelles initiatives. Puisque ces gens doivent vivre juchés sur les falaises battues par les vents du village le plus à l'ouest d'Europe, pourquoi ne profiteraient-ils pas des matériaux de construction synthétiques modernes ? Et si, dans l'affaire, un peu du mystère ancien, immémorial se perd, le jeu en vaut la chandelle.

Quand je me remets en route pour Dingle, je suis déjà à moitié convaincu.

Il est tard quand j'arrive en ville. Avec un peu de chance, il n'y aura plus d'endroit où manger. J'avise le pub le plus proche, sur le port.

Il est rénové de frais et tout indique qu'il s'agit d'une gargote à surgelés, mais au moins, la cuisine est encore allumée. Comme je m'attends au pire, je suis ravi de voir une jeune fille souriante m'apporter un délicieux repas de calamars frais croustillants. Je sais bien que les bateaux de pêche sont à peine à trente mètres d'ici, mais il est rassurant de savoir que des endroits comme celui-ci vont s'y approvisionner au lieu d'acheter de grosses boîtes d'escalopes panées de poisson-rat indonésien surgelé. Du reste, la 19e Règle du Voyageur stipule : *Quand tu consultes un menu, ne choisis jamais rien qui contienne les mots « escalope », « plateau », ou « au fromage ».*

Dès la première bouchée, je me rends compte que le couple de la table voisine me dévisage. Je commence à mastiquer quand l'homme se penche vers moi et me glisse furtivement une question du coin de la bouche, comme un souffleur de théâtre :

« Ça donne quoi, les calamars ?

– C'est très bon, merci.

– Nous, on a pris le burger-frites au fromage

– Et c'était… ?

– Merdique.

– Pas terrible », confirme sa petite amie en secouant la tête.

Darren et Mandy sont âgés d'une trentaine d'années, et on ne peut plus sympathiques, Anglais, de l'Essex et d'Ilford. Ils se sont mis sur leur trente et un pour se rendre à la soirée plus-de-vingt-cinq-ans-relax qui a lieu au *Memories or Rumours*, une boîte de nuit. C'est la première fois qu'ils viennent en Irlande.

« Moi, je savais pas du tout ce que ça allait être. C'est son idée à elle. Elle voulait voir le putain de dauphin.

– Ouais, j'ai lu un article sur Dingle et le dauphin et je me suis dit, je vais aller voir ça.

– Je savais même pas qu'y avait une monnaie spéciale. Ce bordel !

– On a loué une bagnole et ça fait quatre jours qu'il m'oblige à conduire. On a fait mille deux cents kilomètres. Dublin, Cork, Waterford, Galway, Killarney. Il tient pas en place.

– C'était quoi déjà, ces falaises ?

– Les falaises de Moher ?

– Ouais. Pas mal. Mais on se traîne sur ces putains de routes. Vous êtes déjà venu, vous ? Vous nous conseillez quoi, pour la suite ?

– Moi, j'ai envie de rester un jour ou deux, pour voir le dauphin, mais lui, il pense qu'à repartir un peu plus loin.

– On a qu'à aller le voir demain matin, ce putain de dauphin, et après on s'en va.

– Moi, j'aimerais mieux rester, histoire de bien connaître au moins un coin, mais il veut pas en entendre parler.

– Faut visiter ce qu'y a à visiter, hein ? On a payé pour la bagnole, alors bon. Hé dites, y a pas d'embrouilles dans le coin, pas de barjots de Paddy poseurs de bombes ? Tout ça, c'est dans le nord que ça se passe, hein ?

– Sans rire, il y connaît rien à ce pays. Il savait même pas qu'y avait une monnaie spéciale.

– Et alors, je vois pas à quoi ça sert. Tout ça, c'est britannique, non, alors bon !

– Scusez-moi, je reviens. »

Mandy part se repoudrer le nez et me laisse seul avec Darren. Je regarde furtivement à la ronde, des fois que des barjots de Paddy poseurs de bombes nous aient entendus et veuillent rectifier sa perception de l'histoire, mais il n'y a que des touristes, et un musicien en train d'installer une guitare, un clavier et un ampli dans un coin. Darren se penche vers moi d'un air complice.

« Sacré putain de coin, hein ? L'autre soir, on était dans un pub à Galway, d'accord ? Vous situez, Galway ? Ouais, bon ben, on était en pleine rue principale, partie piétonne, tout le tremblement, et bon, elle va au bar pour commander, quoi. Et là, y a un vieux assis sur un tabouret, style vieux gusse du coin, quoi. Et voilà qu'il lui met la main aux nibards. Moi j'ai rien vu du tout, mais elle revient et elle me fait comme ça : “Dis donc, Darren, tu vas pas le croire, mais ce vieux connard m'a mis la main aux nichons.” Moi je me dis comme ça, bon, le vieux, il va se manger sa claque, mais elle, elle est là, non, non, laisse tomber, on est en vacances, mais moi je me dis pas question qu'il se paie ma tronche comme ça sans s'en prendre une. Lui, pendant ce temps-là, il est parti aux gogues, alors je le suis et je lui fais comme ça : "Dis voir, mec, c'est toi qui as mis la main aux nibards à ma copine ?" Et lui, voilà qu'il me sort : "C'était pas bien méchant." "Ah ouais ? Pas bien méchant, vieux saligaud ?" et là je le chope et je le colle au mur – enfin bon, pas trop fort quand même, vu que c'est un vieux – et j'y sors comme ça que bon, il va aller faire ses excuses à la dame. "Oui, chef", il dit. Mais une fois revenu dans la salle, il file droit vers un gros enculé de rouquin… Ah tiens, Mandy, je suis justement en train de raconter à ce mec – c'est quoi votre nom, au fait ?

– Paddy.

– Je raconte à Paddy le coup du type qui t'a touché les seins.

– Oh ! c'était horrible.

– Si t'allais chercher les consos, Mand, hein ? Et ramène une pinte de bière pour Paddy. Donc ce gros enflé de rouquin s'amène, et voilà que c'était le fils du vieux con. Il me sort comme ça : "C'est toi qui viens d'agresser mon père ?" Moi je réponds : "Écoute, mec, c'est pas pour dire mais c'est un vieux dégueulasse, il a tripoté ma copine, faut bien que quelqu'un le remette à sa place." Mais lui, il continue : "Personne touche à mon père, t'entends ? Je m'en fous de ce qu'il a fait. Alors maintenant, tu te barres, tout de suite, tu sors sinon t'es mort." Bon, moi, j'étais pas là pour chercher la cogne, hein, deuxième jour de vacances, ça aurait pas été sympa pour Mand, alors on a séché nos verres et on s'est tirés. »

Il sèche sa pinte.

« Sinon, c'est super sympa comme coin, Galway. »

Mandy revient avec les consommations : une pinte de blonde pour Darren, un vin blanc eau gazeuse pour elle, et une pinte de *stout* pour moi. Le musicien finit de s'accorder, branche sa boîte à rythme, et attaque *The Streets of London*. Un couple suédois commence à l'enregistrer. Je voudrais être ailleurs, mais il n'y a plus d'échappatoire. Je suis devenu le pote de Darren. Je crois qu'il a confiance en moi. En tout cas, il a l'impression que je connais beaucoup mieux le pays que lui et, je lui rends cette justice, il ne demande qu'à se renseigner.

« Et pourquoi ils se foutent tous sur la gueule, à Belfast, hein ? Ils sont tous barjots, voilà ce que je dis, moi. »

Me voilà acculé à la dangereuse perspective de devoir discuter des événements dans un lieu public, en Irlande, avec une grande gueule de cockney ignorant. Cela dit, personne ne l'ayant encore assommé à coups de tabouret, je peux supposer que sa voix s'est noyée dans les vérités éternelles dont regorgent les chansons de Ralph McTell[1]. Jusque-là, pas de problème. Je décide donc de détourner l'attention de Darren en lui racontant une histoire vraie.

La dernière fois que je me trouvais en Angleterre, j'ai dû passer une nuit dans un hôtel de Kensington, et me lever très tôt pour aller travailler. À 7 heures moins le quart, le réveil sonne, si bien qu'à dix, je sors de ma chambre du septième étage, bougon, mal réveillé et pas encore doué de la parole. J'ai l'ascenseur pour moi tout seul jusqu'au quatrième étage. Là, il s'arrête, les portes s'ouvrent, et qui est-ce qui entre ? Le révérend Ian Paisley[2], tout seul, sans garde du corps, une valise dans chaque main. Rien, dans la vie, ne m'ayant jamais préparé à un moment aussi surréaliste, j'ai un peu de mal à réagir. Faut-il que je sourie, que je dise quelque chose, ou que je lui saute à la gorge ? En fait, je me contente de rester planté là comme un abruti, bouche bée, les commissures encroûtées de dentifrice. Pour être

1. Auteur compositeur interprète anglais de variétés. (*N.d.T.*)

2. Leader extrémiste protestant de réputation particulièrement sinistre. (*N.d.T.*)

honnête envers Paisley, je dois dire que lui m'a salué d'un signe de tête avec un sourire pincé. Je n'ai pas osé dire « Bonjour » de peur qu'il se mette à hurler « Non ! » d'une voix de stentor dans ce petit espace.

Je raconte donc cette anecdote à Darren, mais ça n'a pas l'air de tellement les amuser, Mandy et lui. Il reste pensif un petit moment, puis il demande : « Paisley ? C'est le gros enculé qu'a les dents de traviole, c'est ça ? Il est dans l'IRA, lui, ou du côté des autres barjots ? »

Le musicien chante *Ruby Don't Take Your Love to Town.* Darren et Mand fredonnent le refrain à l'unisson, et c'est à moi de payer ma tournée. La soirée promet d'être longue.

Un petit peu plus tard, il se passe quelque chose d'inattendu : le patron ferme le pub à l'heure légale et renvoie tous les clients chez eux.

Voilà le genre de désastreuse nouveauté engendrée par le tourisme lorsqu'il atteint le point de saturation. Dans les pubs des petites rues, les gens du coin vont bien sûr continuer à boire comme d'habitude jusqu'à ce que l'élimination naturelle fasse son office, mais les grands établissements tape-à-l'œil, fraîchement repeints, qui s'autoproclament « traditionnels », preuve qu'ils ne le sont pas, vomissent leur clientèle cosmopolite à peine éthylisée pile à l'heure sur les trottoirs.

Mandy est d'accord pour reconduire Darren à l'hôtel puisqu'elle n'a bu que six vins blancs eau gazeuse. Lui et moi échangeons une poignée de main, et je serre sa petite amie dans mes bras, en prenant bien soin de ne pas lui mettre la main aux seins. Puis ils montent dans leur voiture – un de ces hideux monospaces Mercedes gris qui ont l'air emboutis – et ils s'en vont.

10

À l'assaut du château

Le temps que j'absorbe le petit déjeuner, boucle mon sac, règle De Valera et charge le Tank, la matinée est déjà bien avancée. Je remonte la rue à la recherche d'un journal et d'une nouvelle bouteille d'eau minérale 0 % de matières grasses en prévision du voyage. Devant la poste, John Mills me souhaite la bienvenue. Pour la troisième fois, donc.

« Bienvenue à Dingle, monsieur. Comment ça va, aujourd'hui ? Vous passez de bonnes vacances ?

– Oui, très bonnes, merci.

– Vous auriez pas une petite pièce pour un café, par un matin aussi froid ? »

Il fait tellement doux que je suis en T-shirt, mais là n'est pas la question. Un café ? Il n'est donc plus question d'une petite pièce pour un thé ? Le thé, ce n'est plus assez bon, je suppose ? Le progrès, ça esquinte. Quelqu'un achète une cafetière ou une machine à expresso, et en quelques semaines, c'est tout un art de vivre qui disparaît.

« Instantané ou expresso ?

– Quoi ?

– Le café. Vous prendrez un instantané ou un expresso ? »

Le voilà qui sourit. Il apprécie peut-être que je rentre dans son jeu. Il a une cigarette à demi fumée calée sur l'oreille. Je détecte aussi un vague relent de ses libations de la veille, mais il flaire probablement la même chose chez moi, donc nous ne valons pas mieux l'un que l'autre.

« Un expresso, ça serait magnifique, monsieur. »

Je lui donne 1,20 £, de quoi se payer un expresso normal, mais pas un double, parce que je ne voudrais pas qu'il attrape des palpitations. La prochaine fois que je passerai par là, s'il demande de quoi s'offrir un double décacrème et un croissant aux amandes, je saurai que Dingle a atteint le point de non-retour, et qu'il a suffi pour ça d'un pitin de dauphin.

Dans le journal, un article met en doute la valeur des résultats d'examens que les étudiants fêtent dans tout le pays cette semaine à grand renfort de triples vodkas. « Selon les spécialistes, les deux secteurs de pointe de l'Irlande sont la technologie de l'information et le tourisme, mais peut-on ouvrir plus d'un kiosque d'information touristique par village ? » Je démarre le Tank : des têtes se tournent quand la déflagration de l'échappement se répand dans les rues étroites.

La dernière vision que j'ai dans mon rétroviseur en quittant la ville est celle de John Mills qui commence la journée en entrant d'un pas chaloupé dans le bar *Joe Long*. Il y a bien une scène de *La Fille de Ryan* dans laquelle il arnaque un Anglais du montant d'une pinte de bière ? J'ai plaisir à constater que trente ans plus tard, il n'a pas perdu la main. Sa fille Hayley, l'actrice, doit être fière de lui.

Je consulte la carte et m'aperçois qu'en remontant sur Tarbert par Tralee et Listowel, je peux traverser la Shannon en ferry, donc éviter complètement le comté de Limerick. Deux heures plus tard, installé sur le pont, au soleil, je savoure un Kit-Kat en contemplant les larges flots de la rivière et le couple de Hollandaises, indéniablement lesbiennes, enlacées contre la chaloupe de sauvetage, à côté de moi. Le ferry accoste à Killimer, dans le comté de Clare, et je m'éloigne par des petites routes de campagne désertes dans la direction globale de Ennis, où je rejoindrai la route de Galway. Je devrais y être en début de soirée.

À moins que je me perde, ce que je m'empresse de faire. La signalisation routière irlandaise est on ne peut plus fantasque. Les routes principales sont pourvues de grands panneaux souvent exacts mentionnant noms de lieux et distances, selon l'usage en vogue dans beaucoup d'autres nations. L'arrière-pays, en revanche, est un chef-d'œuvre de désinformation. Un panneau va vous attirer vers un endroit qui ne sera plus jamais mentionné par la suite, ou indiqué dans deux directions à la fois sur un poteau tombé à terre, au croisement de cinq routes. Au bout d'une demi-heure, je suis tellement irrécupérablement perdu que j'ai peur de tomber à nouveau sur l'Angliche de Michael Collins, au détour d'un prochain virage.

Si bien qu'au moment où le pneu éclate, j'ignore totalement où je me trouve. Je me range sur le bas-côté et contemple d'un air abattu la roue arrière droite crevée et le clou luisant planté dedans. Qu'est-ce que les gens peuvent bien foutre dans le coin avec des clous dans les poches ? On est au beau milieu de nulle part. Il n'y a rien à clouer.

Je n'ai pas changé de roue depuis une bonne quinzaine d'années, mais comme il n'y a personne d'autre pour le faire, je n'ai guère le choix. En un peu moins d'une demi-heure, je déchiffre le mode d'emploi du cric à manivelle, et bientôt, le cul monstrueux du Tank s'élève lentement dans les airs. Tout au fruste plaisir viril de cette activité, je ne m'aperçois pas immédiatement que des vaches se sont approchées. L'une d'elles renifle. Je tourne la tête, et me retrouve à cinquante centimètres de museaux gluants qui me dévisage par-dessus le muret. Mon sursaut de frayeur manque déséquilibrer le Tank juché sur le cric. Avec leurs yeux hagards, chassieux et leurs affreuses babines dégoulinantes de mucus aussi épais que de la gomme, ces animaux sont vraiment horribles vus de près, non ? En tout cas, c'est très déconcertant de les avoir comme spectatrices pendant qu'on travaille. Moi, ça me déconcentre. En Angleterre, cette année, des vaches ont tué un facteur et une femme qui promenait son chien. Mine de rien, ces animaux sont à l'origine de dix ou douze décès par an. Et si elles sautaient par-dessus le mur pour m'écraser ? Un seul de ces gros bestiaux suffirait à m'aplatir comme une escalope de veau.

Du fait de cette baisse de concentration (appelez ça de la peur si vous préférez), j'en suis encore à batailler pour desserrer les boulons quand j'entends la voix.

« Vous devriez taper dessus avec un caillou. »

Une vieille petite dame a surgi à côté de moi. Elle porte un devantier, des mules écossaises, et doit avoir dans les soixante ans. Sans doute arrive-t-elle tout droit du monde des esprits ? Sinon, je ne vois pas bien d'où elle pourrait bien sortir.

« On a peur des vaches, hein ? Ah, mais elles sont curieuses, c'est tout ! Elles ne savent pas décoller à la verticale, alors vous ne risquez rien. J'habite dans le pavillon, au-dessus, et je vous ai vu vous débattre avec votre engin alors je me suis dit que vous aviez peut-être besoin d'aide. Il faut taper sur les boulons avec un caillou, mais si vous voulez, je peux vous prêter un marteau ? »

Je lui réponds que je n'en ai plus que pour une minute, c'est sûr.

« La semaine dernière à peine, voilà pas que je crève avec la voiture de mon fils ? Il est parti en Amérique. D'abord à Philadelphie, puis New York, et maintenant il se balade, sans plus. Il adore ce pays. Et voilà pas que sa roue de secours était crevée aussi ? Un sale coup à faire à sa propre mère, quand même, hein ? Quatre-vingts livres, ça m'a coûté. Il espère obtenir sa carte verte pour pouvoir rester là-bas et trouver du travail. Moi, ça me fera de la peine de le voir partir, mais on peut quand même pas retenir les jeunes, hein ? Vous êtes sûr que vous voulez pas un marteau ? Vous voudriez peut-être téléphoner ? Vous prendrez bien une tasse de thé ? Montez donc vous laver les mains quand vous aurez fini. »

Je tire d'un coup sec sur l'enjoliveur, et l'écrou récalcitrant cède. Quand je relève la tête, la petite dame a disparu. Et curieusement, les vaches sont toutes cent mètres plus loin aussi, sans que je les aie vues s'éloigner. De toute évidence, il existe un genre de vibration magique, je ne sais quelle Tír-na-nÓguerie mystique entre ces bêtes et la vieille dame. Je resserre les boulons et redépose le Tank au sol, ivre d'autosatisfaction et de testostérone. J'ai du cambouis plein les mains, à présent, et les ongles noirs, comme un vrai travailleur. Je prends le chemin qui monte au Pavillon Enchanté pour m'y laver les mains.

Les Irlandais sont en règle général moins réservés que les Anglais, surtout dans l'Ouest, aucun doute là-dessus. Ils ne craignent pas d'exprimer leurs sentiments plutôt que d'afficher une bienséance de façade, aussi l'expérience m'a-t-elle prouvé qu'une journée ordinaire s'y révèle habituellement plus haute en couleurs qu'en Angleterre.

Je suis tout à mes réflexions lorsqu'en sortant de la salle de bains, je tombe sur la petite dame qui pointe une banane dans ma direction. Un silence gêné plane pendant quelques secondes, puis elle demande : « Vous voulez une banane ?

– Euh, non merci.

– Un petit gâteau, alors ? Vous prendrez bien un petit gâteau ? Et une tasse de thé ? »

Pendant que le thé infuse, elle sort les petits gâteaux et se confond en excuses parce qu'ils sont dans une vieille boîte en fer-blanc. Puis elle me montre d'autres vieilles boîtes sur les étagères et s'excuse de plus belle.

« Alors comme ça, vous venez d'Angleterre ? J'y suis allé deux fois. Ça m'a pas tellement plu. »

Je lui précise que ma famille est de Cork.

« Tiens donc, et voilà pas que j'ai justement rencontré une femme de Cork en ville, ce matin ! Elle en avait plein les bras, de ses commissions, et elle avait perdu sa voiture, enfin bon, pas vraiment perdu, mais elle se rappelait pas où elle l'avait mise. C'est que maintenant il y a cinq parkings en ville. Alors on a refait le chemin qu'elle avait suivi et on a fini par la retrouver. On m'a dit que c'était très joli, Cork. C'est vraiment empoisonnant les voitures, par moments, hein ? Un soir, vers 11 heures, je ramenais mon petit-fils chez ma fille, il faisait noir, et il y avait une voiture qui nous collait au pare-chocs, pleins phares, alors quand elle a doublé sur un rond-point, mon petit-fils a montré le poing, et voilà pas que ça les a énervés ? Ils étaient comme fous. Ils se sont mis à rouler à notre hauteur en nous criant des insultes, et ils ont essayé de nous mettre au fossé, ils nous ont pris en chasse pour nous coincer dans un petit chemin. On a eu drôlement peur, ça oui, alors en rentrant chez moi, je suis tout de suite allée trouver le *garda*. C'est un ami, enfin bon, un ami de mon mari, disons une connaissance. Il s'est renseigné avec le numéro d'immatriculation. Finalement, c'était un gars du coin, alors que moi je me disais que bon, ça devait être des gens de passage, quoi. Et le gars en question, il vient d'une famille bien mais ça empêche pas qu'il a mal tourné. Et quelques semaines plus tard, voilà pas que son frère tombe d'un balcon dans les îles Canaries et se tue ? Moi, c'est les parents que je plains, les pauvres. Et elle qui fait de l'ostéoporose. Vous prendrez du lait et du sucre ? »

Ce n'est pas un hasard si la technique d'écriture connue sous le nom de *monologue intérieur* a été explorée en premier lieu par des auteurs irlandais. Les critiques se trompent, cependant, quand ils la considèrent comme une réaction radicale, expérimentale contre la littérature conventionnelle. Pour beaucoup d'Irlandais, cette technique d'avant-garde est la forme la plus banale d'expression quotidienne, et sacrément libératrice, avec ça. À l'instar des voyages les plus réussis, le monologue irlandais est capable de bifurquer dans les directions les plus inattendues et de mener à des destinations qu'on n'aurait jamais envisagées a priori.

Ainsi, le temps que je finisse ma tasse de thé, mon hôtesse en a profité pour développer quelques riffs nourris et inventifs sur le Kosovo, me donner la raison pour laquelle elle n'aime pas les anchois, et m'expliquer les conséquences théologiques de l'entrée de Sinead O'Connor dans les ordres (« le jour où Bono[1] sera pape, il pourra la nommer évêque ») avant de retracer l'historique complet de l'équipe de *hurling*[2] du comté de Clare. Apparemment, après n'avoir connu que la défaite pendant des décennies, les joueurs remportent de petits succès, ces derniers temps. Étonnant, vraiment. À la fin de la deuxième théière, j'ai remis à un autre jour le trajet jusqu'à Galway. Pas étonnant que le concept espagnol de *mañana* soit considéré comme trop pressant pour être traduit de façon satisfaisante en gaélique.

Je remercie abondamment mon hôtesse pour le thé et l'hospitalité, toutes choses auxquelles on ne s'attend guère en cas de crevaison. Nous sommes à la barrière quand elle se tourne vers moi et me déclare :

« Je vous trouve très à l'aise, ici. L'Irlande vous va bien. C'est peut-être que vous auriez dans l'idée de venir vous y installer ?

– Ça se pourrait.

1. Chanteur du groupe U2. (*N.d.T.*)

2. Sport d'équipe pratiqué en Irlande, proche du hockey, qui se pratique entre deux équipes de quinze joueurs. (*N.d.T.*)

– Plein de gens le font, vous savez. Surtout les Allemands. J'ai rien contre eux, notez bien, mais la première chose qu'ils font, c'est de planter des grandes palissades partout, et deux ans plus tard, ils revendent et ils rentrent chez eux parce qu'ici, tout le monde prend son temps, sauf eux, et ça doit leur taper sur les nerfs. Bon, allez, à une prochaine fois ! Ça m'a fait plaisir de discuter avec vous. Personne a jamais pris le temps quand j'étais en Angleterre. Remarquez, j'étais à Epsom. Un sale coin. Vous y êtes déjà allé... ? »

Sa diatribe anti-Epsom décroît peu à peu tandis que je m'éloigne vers la voiture. Quand je me retourne pour lui faire signe, elle a disparu, et les vaches aussi.

« L'autre jour, on a passé un disque de reggae, et comme le soleil est sorti un petit moment aujourd'hui, je crois que je vais remettre ça. »

Un programme musical a inopinément remplacé les sempiternelles questions d'auditeurs. Mais je me concentre sur la signalisation, pour le cas où les panneaux donneraient la moindre indication de l'endroit où je me trouve. Pour le moment, ça paraît mal parti. « Tom Duffy et le Cirque d'Irlande », annoncent-ils. « Serpents de 4 mètres ». « Crocodiles ». Et tout à coup, de but en blanc, je me retrouve à l'embranchement de la route principale Limerick-Galway. Galway, affirme la pancarte, se trouve à gauche, mais c'est très loin. Alors qu'à droite, destination tentante, se trouve Bunratty, tout proche. J'opte pour Bunratty, histoire d'y faire réparer ma roue et de prendre un déjeuner tardif. Depuis que j'ai refusé une banane dans l'embrasure d'une porte de salle de bains, je meurs d'envie d'en manger une.

Après en avoir acheté un régime, déposé mon pneu au garage et fait un petit tour, je finis par me rappeler que Bunratty est l'une des destinations touristiques phares du pays. L'aéroport Shannon n'est qu'à quelques kilomètres, ce qui signifie que les touristes qui étaient en Écosse dans les Highlands la veille, et devront être en Belgique le lendemain pour visiter une chocolaterie, peuvent y débarquer par bus entiers pour tâter de l'Irlande authentique pendant vingt-quatre heures sans perdre de temps à la chercher en voiture. Il y a là un château, un musée vivant de plein air appelé Folk Park, et un vieux pub à toit de chaume du nom de *Durty Nellie.* Je me souviens vaguement être venu dans le coin, adolescent, un jour que nous rendions visite à ma tante, mon oncle et mes cousins de Limerick, mais à l'époque, le Folk Park et sa « reconstitution de l'Irlande rurale » n'existaient pas. L'Irlande rurale, elle était partout, à ce moment-là, mais personne n'avait encore pensé à faire payer l'entrée.

Il est presque 4 heures, limite des dernières entrées. Vous avez du comprendre que je nourrissais une haine viscérale à l'égard des visites guidées, reconstitutions historiques et autres loisirs programmés. (Je ne peux pas souffrir les croisières non plus, mais pour le moment, c'est hors sujet.) Remarquez, comme le type m'a dit de repasser vers 5 heures pour mon pneu, pourquoi ne pas faire fi de mes préjugés pendant une heure ? À condition de reprendre la route à 6 heures, je pourrai faire la moitié du trajet jusqu'à Galway, et m'arrêter quelque part pour la nuit. Je me gare parmi les bus et les voitures familiales, et rejoins la file d'attente la plus proche.

Le château de Bunratty est un mastodonte de pierre bien conservé, hérissé de créneaux, fiché dans l'estuaire de la Shannon, sur un bras mort, quelques kilomètres au nord de Limerick. Bien qu'il se soit illustré pendant les batailles anglo-normandes du XIIIe siècle, la majeure partie des vestiges date du XVe. Je me fraie un passage à travers une fournée d'adolescents amoureux venus de Limoges en bus et pénètre dans l'imposante demeure seigneuriale. La visite guidée commence tout juste : je suis le mouvement. La guide, une jeune Irlandaise aux cheveux flamboyants, déborde d'entrain, mais son accent est très difficile à comprendre. Au bout de deux bonnes minutes de commentaire, je finis par me rendre compte qu'elle parle français. Honte sur moi. D'habitude, en France, je reconnais presque tout de suite la langue. Je tâche de dissimuler ma méprise en adoptant le sourire condescendant de celui qui connaît déjà ce passage-là, et m'éclipse discrètement. Dans les escaliers et les couloirs, règne une cohue compacte de vacanciers de toutes nationalités. La dernière fois que je me suis fait happer dans une attraction touristique de cet acabit remonte à ma visite à Graceland, mais là, au moins, c'était marrant. On s'attend à une maison de maître, et on se retrouve dans un pavillon bourgeois style Phénix première époque avec lino imitation peau de zèbre.

Dehors, dans le Folk Park, quelques chaumières traditionnelles au sol dallé ont été aménagées pour montrer comment vivaient le petit paysan, le forgeron, et autres. Toutes sont meublées de lits et d'armoires à l'ancienne, et décorées d'une série d'images pieuses allant du lugubre au carrément effrayant, comme on pouvait en voir dans pratiquement tous les foyers irlandais jusqu'en 1961 et Vatican II, date à laquelle le président Kennedy les a supplantées. À mon corps défendant, je trouve que ces chaumières ont une atmosphère très caractéristique : elles sont censées représenter le XIXe siècle, mais les souvenirs que je garde de la maison de tante Annie, à Dunmanway ne sont pas si éloignés d'elles. L'odeur de la tourbe qui se consume ajoute encore à cette impression. D'une minute à l'autre, une petite femme ratatinée, tout de noir vêtue, va surgir, bien décidée à me gaver de jambon et de pommes de terre.

Une femme apparaît bien dans l'embrasure de la porte, mais elle n'apporte ni viande froide, ni patates, et ne saurait donc être de ma famille. Une amie l'accompagne, qui fume une cigarette. Elégantes, elles peuvent avoir une cinquantaine d'années. Je me tapis dans l'ombre pour ne pas être vu, et, captivé, guette leurs impressions.

Elles regardent sans un mot, fixement, pendant un instant qui paraît durer une éternité. Puis celle qui fume prend une longue, profonde bouffée de fumeuse professionnelle et lâche :

« *Ce n'est pas grand.*

– *Non, c'est petit*[1]. »

Sans plus. Elles tournent les talons et s'en vont.

Des rires s'élèvent dans la chaumière d'en face. Un petit groupe s'est massé sur le seuil, et des éclats de voix parviennent de l'intérieur. Je me fraie un passage et découvre trois acteurs assis autour d'une table de cuisine. Tout en buvant, ils miment une conversation animée en gaélique, à moins qu'ils ne se disputent. Les euro-vacanciers les observent avec la fascination béate que leur inspirent les musiciens traditionnels dans les pubs. Les comédiens ont du talent : ce sont des jeunes gens d'une vingtaine d'années, qui mettent vraiment du cœur à l'ouvrage, bien que personne ne les comprenne. Ils sont vêtus simplement, en costume noir et cravate, comme si, dans le scénario qu'ils interprètent, ils rentraient de la messe. Mais attendez voir. Ils portent des montres, et l'un d'eux vient d'allumer une cigarette filtre avec un Zippo.

« Allez, les gars, dégagez. Je vous l'ai déjà demandé. »

Un gardien vient d'arriver. Il a un air détendu, amical, qui d'ordinaire, ne caractérise pas vraiment le flic en retraite anticipée.

« On va pas tarder à fermer, de toute façon. Allez, ouste, si vous avez encore envie d'aller boire un coup, le pub est ouvert, plus haut. »

Les touristes ébahis s'écartent pour laisser passer les trois jeunes gens. Tout à coup, on se retrouve devant un théâtre sans représentation. Qui étaient-ils, au juste ?

1. En français dans le texte.

« Moi, je dirais qu'ils sont du Connemara. Il se parle un gaélique de toute beauté, là-bas.

– Mais alors, ils travaillent ici ?

– Pas du tout, ils sont juste descendus à l'hôtel en face du château, pour un mariage. Ils ont bu quelques verres, puis ils sont venus ici pour le *craic*. Histoire de jouer les mannequins de cire, si on peut dire. Se marrer un peu avec les touristes. Oh, c'est pas bien méchant. »

Au-delà des chaumières, se déploie la reconstitution d'une rue typique irlandaise, ce qui ne semble pas tout à fait nécessaire, vu que le pays est truffé de vraies. On y trouve quelques magasins, une école, et un seul pub, détail qui fait abominablement toc. Tout autour de moi, les gens se prennent mutuellement en photo devant des vitrines telles qu'on en voit dans n'importe quelle petite ville d'Irlande. Je remonte la rue, silhouette floue à l'arrière-plan de tous leurs clichés de vacances, en direction de l'école.

Il y a deux entrées distinctes, pour les garçons et les filles. Dans la classe, les rangées de pupitres à l'ancienne sont bondées de touristes jouant les écoliers. Face à eux, un maître d'école d'une soixantaine d'années, à la mine sévère, désigne des mots en gaélique écrits au tableau. Au moment où je franchis le seuil, je réalise, trop tard, qu'il n'y plus de place pour moi. L'instituteur me tombe dessus plus vite que le tampon de feutre d'un Frère chrétien.

« Vous, là-bas, jeune homme. D'où sortez-vous ? »

Une vague de murmures se propage dans la classe, puis tous les élèves se tournent vers moi, heureux de ne pas être à ma place. J'ai beau savoir que c'est idiot, je suis gêné. Et c'est précisément le sentiment que les Frères m'ont inspiré plus souvent que je tiens à me le rappeler.

« Euh… de nulle part, monsieur.

– Nulle part ? Nulle part ?

– Oui, monsieur.

– En classe, on sort ses mains de ses poches. »

Le reste de la classe se tord de rire, à présent.

« Comment vous appelez-vous ?

– McCarthy, monsieur.

– McCarthy ? Un natif de Cork, c'est ça ? Le comté rebelle, hein ? On verra ça plus tard. Bon, tenez-vous droit, McCarthy. C'est mieux. Et maintenant, répétez après moi… »

Il prononce des mots gaéliques, et je fais de mon mieux pour l'imiter.

« *Cá… bhfuil… an… pub.*

– Pas mal. Et maintenant, toute la classe. »

Cette fois, soixante voix se joignent à la mienne.

« C'est bien. Alors, McCarthy, vous savez ce que ça signifie en anglais ? »

Tous les regards sont sur moi. C'est un public difficile à jauger. Si je réponds « God Save the Queen », est-ce que ça les fera rire ? Peut-être pas. Et « Aux chiottes le pape » pourrait se révéler dangereux aussi.

« Non, monsieur.

– *Cá bhfuil an pub*. Ça signifie "Où est le pub ?". Eh bien ! il est juste au coin de la rue. Vous êtes une classe brillante. Bon après-midi à tous, et à bientôt. »

Je file vers la porte le plus vite possible, aussi pressé d'éviter les regards railleurs de mes compagnons de classe qu'à l'âge de quatorze ans, après l'une ou l'autre des humiliations habituelles. Je remonte la rue jusqu'au *Mac*. C'est effectivement un intérieur traditionnel très accueillant, mais boire dans un faux pub au beau milieu d'un parc de loisirs, c'est trop pour moi. Je consulte ma montre et, tout à coup, la réalité réapparaît. 6 h 25. J'ai tellement pris de bon temps dans ce bazar historique qu'il est trop tard pour récupérer ma roue. Merde. Il va falloir que je trouve une chambre pour la nuit. Je me dirige vers le Tank pendant que le maître d'école, dans la rue, harangue les passants.

« Vous, là-bas, secouez-vous un peu ! On ne se tient pas par la main ! On ne mange pas de bonbons ! Arrêtez de sourire… »

Je réprime un frisson machinal. Si une situation artificielle comme celle-là a le pouvoir de susciter de véritables sentiments, qu'est-ce que je leur reproche, au juste, à ces parcs ?

« L'uniformisation des loisirs, voilà ce que je leur reproche. »

Je parle tout seul sous la douche. Ce qui n'a rien de grave, dans la mesure où l'on conserve un certain recul. Quand j'étais étudiant, j'ai logé un an sous le même toit qu'un type qui parlait tout haut la nuit dans sa chambre pour nous faire croire à nous, les autres colocataires, qu'il était avec une femme. Il venait dans la cuisine préparer deux tasses de café, clignait de l'œil d'un air entendu et remontait dans sa chambre pour reprendre son soliloque. Il a un poste important dans la gestion du personnel, à présent, mais on appelle ça ressources humaines.

À huit cents mètres de la sortie de Bunratty, se dressent cinq gigantesques maisons à l'américaine, visiblement toutes conçues pour héberger le maximum de clients de B&B. J'opte pour celle qui propose « Télé *ET* radio ! », plus, détail essentiel : « Sèche-cheveux ! ». L'intérieur est intégralement en pin vitrifié – sols, murs, lits, placards, plafonds, tables –, de sorte que lorsqu'on pose un livre sur une table de chevet à dix-sept chambres de là, ça fait dans l'entrée un bruit de camion benne déversant une livraison de gravier.

En arrivant, je tombe sur un couple de l'Ohio qui s'apprête à se rendre à un banquet médiéval. Visiblement, ils n'ont aucune envie de faire à pied les quelques centaines de mètres de petite route campagnarde jusqu'au château, et cherchent une solution auprès du propriétaire, un fermier récemment reconverti en hôtelier.

« Dites, vous pouvez nous faire venir un taxi ?

– Un taxi ? Pour aller au château ?

– Oui, c'est ça.

– Mais c'est juste un peu plus loin sur la route. À pied, vous en avez pour moins de dix minutes.

– Oui mais, bon, on voudrait un taxi.

– Ah ! mais c'est qu'à mon avis, ils feront pas le déplacement pour une course aussi courte.

– Hé, mais dites, je paie, non ? Je suppose que je peux leur demander de m'amener où je veux.

– Et moi je vous le dis : ils feront pas le déplacement. Pardi, ça fait pas un kilomètre de trajet. Même pas dix minutes à pied, je vous dis.

– Alors d'après vous, ils ne veulent pas travailler ?

– Ce que je dis, c'est que c'est tout près d'ici, monsieur.

– Non mais quel pays, on croit rêver ! »

Sa femme intervient avant que les choses s'enveniment.

« Allez, viens chéri, on va y aller à pied. On pourra toujours regarder un peu la nature. »

Il ne s'agit pas de deux gros lards, comme les Tweedle de Killarney. Ils ont même l'air en assez bonne forme, mais c'est un fait, la plupart des Américains refusent catégoriquement de se rendre à pied dans le moindre lieu utile tel que magasin, bar ou château. Encore un des mystères inexpliqués de la vie. En revanche, mettez-les en tenue de jogging hors de prix, avec des écouteurs aux oreilles et des petits haltères débiles dans les mains, et ils seront tout heureux d'aller se pavaner dans les rues pendant des heures, au beau milieu des gaz d'échappement, sans aller nulle part, parce que ça, c'est de l'exercice. Mais aller faire ses emplettes à pied ? « Pas question. Pas moi. Je crois que je vais plutôt rester ici, en attendant de prendre racine. »

Le temps d'une douche, de me changer et je redescends au rez-de-chaussée pour voir si l'on peut me trouver une limousine rallongée à vitres fumées et chauffeur pour me déposer au pub. L'écho de mes pas résonne dans les boiseries, aussi sonore que celui de Harry Lime dans les égouts de Vienne[1].

1. Dans *Le Troisième Homme* (film de Carol Reed [1949] dans lequel Orson Welles incarne Harry Lime). (*N.d.T.*)

Le Chauffeur de Taxi Récalcitrant est dans l'entrée, occupé à astiquer un objet ressemblant à un baromètre sacré.

« Vous allez au banquet, ce soir, monsieur ?

– Non, je ne crois pas.

– En général, il y a un deuxième service plus tard.

– Je vais plutôt me contenter d'aller boire un verre ou deux au calme.

– Si vous permettez que je vous donne un conseil : n'allez pas au *Durty Nellie*. C'est devenu un piège à touristes. Si vous avez envie de rencontrer les gens d'ici, allez plutôt au *Mac*. C'est là qu'ils vont tous.

– Le pub du parc de loisirs ?

– Dans l'enceinte du Folk Park, c'est ça. Le parc est fermé, mais le pub reste ouvert tard. C'est très fréquenté. »

Je m'efforce d'encaisser l'information, mais j'ai besoin d'éclaircissements.

« Donc, vous êtes en train de dire que les touristes vont au vrai pub, alors que les vrais gens du coin vont au faux pub du parc de loisirs ?

– C'est ça. »

Je crois que je n'avais encore jamais rien entendu d'aussi loufoque. Je prends note mentalement d'inclure ça dans le scénario que je rédige tard le soir, après la fermeture des pubs. L'intrigue se déroule dans un village de pêcheurs irlandais qui commence à s'enrichir grâce au tourisme quand le prêtre se déguise secrètement en dauphin et va nager dans la baie. Dans l'intrigue secondaire, il est question d'un trafic de nouilles à l'échelle nationale, d'Allemands pleins d'humour et d'un similicercle mégalithique. J'espère que ça intéressera Hollywood. La distribution pourrait inclure Keanu Reeves dans le rôle du prêtre, avec à ses côtés Hugh Grant en fruste pêcheur irlandais. Je le sens bien. Ça pourrait faire un méchant tabac dans les salles.

Juste à droite du château, sur une des portions du domaine les plus enviées du pays, m'attend le *Durty Nellie*, pub à toit de chaume et sol couvert de sciure qui doit brasser des millions de livres par an. Il n'y a encore qu'une poignée de clients, tous occupés à manger. Je commande une pinte de bière et m'installe sur un banc, à côté de la fenêtre. J'ai apporté *La Musique du père*, le roman de Dermot Bolger, mais je ne tarde pas à m'apercevoir que la première page est beaucoup trop torride pour être lue dans un lieu public, alors je commande du saumon fumé et du pain blanc, te temps de me calmer. Je me trouve dans une petite salle de bar comprise entre deux plus grandes, et pour le moment, j'y suis tout seul. Je viens à peine de commencer à manger quand deux femmes, petites mais imposantes, font leur entrée. Elles peuvent avoir dans les trente ans, portent coupe-vent en nylon et casquettes de baseball, et l'une d'elles mâche du chewing-gum. Je sais qu'il ne faut pas verser dans les clichés et que tout le monde mérite d'être considéré comme un individu à part entière, mais je ne peux pas m'empêcher de soupçonner que ces deux-là pourraient bien être originaires des États-Unis.

« Oh, waoh ! s'exclame la première. (Peut-être n'a-t-elle encore jamais vu personne manger du saumon fumé.) Là-dessus, elle retourne à la porte et appelle : Hé, Clyde, viens voir un peu ! »

Clyde entre d'un bond, tel un chien-loup tout fou. Bon sang, ce qu'il est grand. Si les deux femmes, grimpées sur les épaules l'une de l'autre, mettaient un long manteau et allaient se promener avec Clyde, les gens les montreraient quand même du doigt dans la rue en ricanant de l'incroyable différence de taille.

« Waoh ! fait Clyde à son tour. Super. »

On voit qu'il est impressionné. Il dégaine un appareil photo numérique haut de gamme et les deux femmes prennent instinctivement la pose supervacances qu'on voit sur les photos épinglées dans les bars du monde entier. Clic, et ouste, les voilà dehors. Et moi, j'ai à nouveau la salle pour moi tout seul. Qu'est-ce qu'ils vont bien pouvoir dire à leur famille en montrant leurs photos de vacances ?

« Et là, c'est nous dans un endroit dont on ne sait pas le nom, où on n'a rien bu.

– Vous aviez l'air de bien vous amuser.

– Oh ! oui, ça oui. Il y avait un type en train de manger du... poisson ?

– Génial. »

À 7 heures pile, je viens à peine de finir mon repas, accoudé au bar, quand deux hommes d'une soixantaine d'années entrent d'un pas décidé. L'un d'eux se dirige aussitôt vers le piano droit, contre le mur, l'autre ajuste les bretelles de son accordéon, et sans plus de cérémonie, ils se lancent dans une complainte assez mélancolique. Des gens surgissent aussitôt par les deux portes, et fixent les musiciens avec admiration. D'autres, derrière eux, se glissent dans la salle et s'asseyent, tels des figurants d'une grande comédie musicale arrivant des coulisses pour envahir la scène. C'est extraordinaire. L'air, entonné devant une salle vide, s'achève dans des applaudissements frénétiques. Ma pinte n'est encore qu'à demi tirée.

La bordée de plaisanteries bien rodées de l'accordéoniste ne tarde pas à révéler que tout le monde, j'ai bien dit tout le monde dans la salle, sauf moi, est américain. Cet après-midi, pourtant, tout le monde avait l'air d'être français, au château. Il y a peut-être une espèce de phénomène vampirique, qui fait qu'à la tombée de la nuit, les Français se transforment en Américains. Quand je regagne mon banc, il ne reste qu'un livre de poche oublié pour indiquer où se trouvait ma place. Je me glisse entre Kirsty et son cousin Raymond de Philadelphie. Leurs mères sont sœurs, et ils viennent de passer dix jours, tous les quatre, à faire le tour de l'Irlande dans une voiture minuscule, en dormant tous dans la même chambre, ce qui doit être marrant, je suppose. Les deux mères sont à l'autre bout de la salle, en train de taper dans leurs mains et de reprendre à l'unisson *The Black Velvet Band*, immédiatement suivi de *Wild Rover*. Tout le monde a l'air de connaître les paroles, et somme toute, les accents américains passent inaperçus. Je fais donc comme si j'étais dans un pub irlandais de New York, et aussitôt, la nostalgie de l'Irlande m'envahit, ce qui semble la chose la plus positive qu'on puisse tirer de la situation.

Il ne se passe pas longtemps avant que toute la salle reprenne en chœur les vieux tubes celtiques comme *Pack Up Your Troubles in Your Old Kit Bag*, et *It's a Long Way to Tipperary*. Le temps d'en arriver à *My Way* et *Yellow Submarine*, c'est la foire totale et il n'est encore que 7 heures et demie.

Dans les crépitements des flashes, une femme d'âge mûr sort de la foule, l'œil rivé à son camescope. Elle filme tout en débitant un commentaire hésitant, fait le tour de la salle et s'avance pour quelques gros plans de sa famille, qui l'acclame. Visiblement, elle n'a pas l'habitude, mais le public joue le jeu, fait signe et adresse de grands sourires à la caméra en prenant des poses de stars. Son fils l'interrompt en mettant la main sur son épaule. .

« M'man, m'man. »

Il est gêné comme on ne peut l'être que lorsqu'on a honte de sa mère.

« M'man, c'est dans l'autre sens. Tu regardes par le mauvais bout. »

M'man décolle l'objectif de son œil et l'examine, perplexe.

« Ah ? C'est pour ça que j'y voyais rien. »

Elle tourne la caméra vers le public, et reprend.

« M'man, m'man.

– Quoi, encore ?

– Faut que t'appuies là, tu vois, le petit bouton rouge.

– Ah ! bon. D'accord. »

C'est à peu près de cette façon que sont tournées les émissions de télé destinées aux grilles de vacances, de nos jours.

À la fin du morceau, les musiciens font une petite pause pour vérifier s'ils connaissent bien les accords d'autres vieux tubes irlandais comme *Uptown Girl* et *Copacabana*. Kirsty et Raymond m'entraînent à l'autre bout de la salle pour me présenter leurs mères. On discute pendant que Kirsty va commander à boire.

« Dites voir, Pideurrrrr, vous pourriez nous dire un truc ? Voilà une semaine qu'on sillonne les routes irlandaises, et on n'a toujours pas compris si les indications étaient données en miles ou en kilomètres.

– Les deux. Enfin bon. C'est selon.

– Ce n'est pas un peu déroutant ?

– Si.

– Mais alors, comment on fait pour savoir ? »

J'explique qu'il faut évaluer ça à l'âge des panneaux ou aux caractères utilisés, mais elles ont du mal à me suivre. Sur ce, les lumières s'éteignent : un homme gigantesque vient d'entrer. Il est âgé d'une cinquantaine d'années, et porte, ouverte, une chemise rayée d'homme d'affaires et un pantalon dans lequel on pourrait tailler une toile de tente, et encore, modèle collectivités. Il pose une grande tasse sur le piano, et commence à claquer des doigts. Tout le monde se tait. Une voix de rhythm'n blues basse, vibrante, s'élève des profondeurs de son vaste corps.

« Swing low, sweet chariot… hooa ! »

En lançant son « hooa ! », il lève les bras en l'air, déhanche son énorme postérieur et tient un instant la pose. La foule est en délire. Puis il se pavane en faisant la moue, et chauffe la salle tel Chef, dans *South Park*, en véritable chanteur de soul irlandais, se trémousse, ondule, tournoie sur place et finit par tomber à genoux, au comble de l'extase. Je m'attends presque à voir quelqu'un accourir avec une serviette et un peignoir en lamé doré. Il se relève, la chemise trempée, le visage écarlate. Il est 8 heures moins 20. Le public d'Américains l'acclame et siffle comme un public d'Américains. L'homme en profite pour porter sa tasse à ses lèvres.

« Hé ! moi je veux bien boire la même chose que lui ! lance une voix dans la salle.

– Pas de problème, c'est juste du thé », répond le gros type en montrant les brins qui restent au fond de sa tasse. Et c'est vrai, en effet. « Bon, eh ben ! je vais me rentrer. Mon dîner m'attend. Bonne soirée à tous. »

Et sur ces mots, le voilà parti. Par la fenêtre, je le vois monter dans une BMW bleue et s'éloigner. J'ignore totalement qui il peut bien être. Sans doute un genre d'intervenant culturel itinérant : un animateur payé par le gouvernement pour fourguer du *craic*, se pointer à l'improviste dans les lieux pour touristes à travers tout le pays et faire en sorte que les gens s'amusent. Il doit être à Killarney, à cette heure, prêt à marcher sur un fil dans la rue principale, en justaucorps, une perche enflammée à la main..

Kirsty, Raymond et leurs mères ont leurs billets pour le deuxième service du banquet médiéval. C'est leur dernière soirée en Irlande et ils veulent que je les accompagne. Nous voilà donc partis à pied sur la petite route en direction du château, bien que rien ne me fasse moins envie que d'aller claquer 32 £ dans un truc pareil. Heureusement, c'est complet. Je peux donc feindre la déception en haussant les épaules, puis retourner en douce au *Durty Nellie*, la tête haute. Je dépenserai mes 32 £ pour une autre attraction touristique. Un billet pour *Cats*, pourquoi pas ? Une place à 32 £, ça doit se trouver. Et même, avec un peu de chance, une place aveugle. Mais la magie a déserté le *Durty Nellie*. Elle était pourtant palpable pendant le tour de chant du Gros. Les Américains braillards, surexcités, ivres de vie et de Coca Light ont tous filé au banquet. Quant aux musiciens, ils ont plié boutique et disparu. L'ambiance est morose.

Quatre personnes dînent à la table voisine en se partageant une demi-bouteille de rouge coupé d'eau, ce qui signifie forcément qu'ils sont français. Tout fout le camp.

Je m'installe au bar devant une pinte de bière et je me rends compte que je viens de vivre un grand moment avec les Américains. Ils me manquent. Pendant que je suis assis là, à compter les marques blanches qui s'étagent sur la paroi de mon verre à mesure que ma pinte diminue, eux sont à l'épicentre du complot touristico-celtique, en train de sourire gentiment aux Irlandaises accortes portant la guimpe et aux ex-enfants de chœur efféminés en collants qui leur infligent d'indicibles ignominies au nom du patrimoine. Je dois absolument les rejoindre. Il doit bien y avoir un moyen de gratter l'entrée.

De retour à l'entrée du château, je trouve la billetterie fermée. Bon, évaluons la situation : le banquet se déroule dans le hall, si j'arrive jusqu'à la porte, je pourrai toujours baratiner pour qu'on me laisse entrer. Il y a bien une porte de service, dans le mur d'enceinte, mais elle est fermée à clé. Inutile de compter là-dessus.

Il va falloir m'introduire dans le château par effraction.

L'alternance bière/plein air, bière/plein air de ces deux dernières heures contribue à me persuader que c'est une bonne idée. La muraille, après tout, mesure à peine deux mètres cinquante de haut. Et voilà comme par miracle un arbre qui dépasse du mur. J'empoigne une branche. Elle m'a l'air costaud. Bon, c'est parti !

Au même moment, la porte de service s'ouvre et le gardien vu cet après-midi se plante devant moi. On se dévisage pendant quelques secondes.

« Je vous observais sur la vidéo de surveillance. Vous cherchiez à entrer ? »

Vite, trouver un prétexte valable.

« Euh, oui. Je voulais seulement entrer dans la salle de banquet… »

Et pourquoi ça ? Donne-lui une explication. Allez ! trouve une histoire convaincante, et le tour est joué, te voilà dans le château.

Désolé. Pas moyen. Je reste sec.

« … vous savez, pour le banquet. Je voulais voir si, euh…

– Mais comment donc ! Suivez-moi ! On va juste passer un coup de fil au responsable. »

On entre dans un petit local équipé d'un écran de surveillance vidéo interne noir et blanc. Celui sur lequel, à l'instant, il suivait mes manigances. Il décroche le combiné et compose un numéro interne.

« Allô, Brendan ? J'ai un type, avec moi, qui veut te parler. Je te le passe ? »

Il me tend l'appareil.

« C'est le responsable de l'organisation du banquet. »

Nom de Dieu. Qu'est-ce que je dois dire ? Que j'ai perdu mon billet d'entrée ? Que je cherche mes amis ? Je devrais peut-être faire semblant d'être américain, mais si ça ne prend pas ? Et si on m'arrête ? Je ne pourrai pas supporter une telle humiliation.

« Allô ? Ici Brendan O'Neill. C'est pourquoi ?

– Oh, bonsoir Brendan. Écoutez, on ne se connaît pas. Je m'appelle Pete. J'habite en Angleterre et je suis en route pour Lough Derg, en fait…

– Que puis-je faire pour vous aider, Pete ?

– Eh bien, je me demandais si par hasard, je ne pourrais pas participer au banquet… ? »

Mais pourquoi ? Donne-lui une raison. N'importe laquelle.

Non, je reste sec de plus belle.

« Bien sûr que vous pouvez. »

Qu'est-ce qu'il raconte ?

« Vous n'avez qu'à vous présenter à la porte, en haut de l'escalier, et quelqu'un vous accueillera.

– Ah ! magnifique. Seulement, bon, euh, je…

– Écoutez, il faut que j'y aille. Je vous retrouve dans une minute. »

Les idées sens dessus dessous, j'emboîte le pas au gardien qui me conduit à l'endroit indiqué. Je n'ai toujours pas le moindre prétexte qui justifierait mon intrusion dans ce banquet. Dans un instant, je vais me retrouver face à face avec Brendan, et je resterai bouche bée, les yeux ronds, quand il me demandera ce qui m'amène.

Une adolescente vêtue d'un costume médiéval attend à la porte.

« Pete ?

– Oui ?

– Par ici. Brendan vous a trouvé une place là-bas. »

La salle est bondée. Deux cents convives et plus sont installés autour d'une demi-douzaine de longues tables sur tréteaux. Miss Médiévale me conduit jusqu'à une place libre, en bout de table. Un petit homme en costard tiré à quatre épingles arrive, tout sourire.

« Pete ? Brendan. Enchanté de faire votre connaissance.

– Écoutez, Brendan, je vous remercie infiniment. En fait, je suis de passage ici…

– Bon, alors amusez-vous bien, d'accord ? Kathleen, que voilà, va s'occuper de vous. »

Et c'est tout. Voilà comment on s'incruste au sein d'une coûteuse manifestation à guichets fermés, dans l'une des plus célèbres forteresses d'Irlande. Il suffit de se pointer légèrement bourré, d'essayer d'escalader le mur, et à ce moment-là, on vous fait entrer. Rétrospectivement, je comprends qu'une raison valable aurait semblé bien trop formelle et planifiée, et qu'on m'aurait sans doute jeté dehors.

« Vous avez des pichets de vin, m'explique Kathleen en m'indiquant plusieurs gros cruchons, sur la table. Sinon, il y a des jus de fruits ou du Coca. »

Déconne pas, Kathleen, me dis-je en la bousculant pour plonger vers le pichet avec toute la dignité que je parviens à rassembler. C'est un de ces vins douceâtre dont on serait bien en peine de déterminer la couleur dans le noir, mais parfaitement buvables en cas de force majeure. Une bonne dizaine de jeunes femmes coiffées de chapeaux pointus chantent en s'accompagnant à la harpe et au violon, pendant que devant elles, un jeune homme narcissique doté d'une voix de ténor chevrotante se pomponne en souriant, comme s'il se regardait dans le miroir le matin. Kathleen lâche devant moi une assiette de poulet, mais j'ai déjà mangé, d'ailleurs Clyde a des photos pour le prouver. Je m'intéresse donc au couple installé à côté de moi.

« Vous êtes d'où, aux États-Unis ? »

La femme m'adresse un grand sourire. Le type me regarde comme s'il ne comprenait pas la question.

« Oh ! on n'est pas américains. (Grand sourire.) Moi, je suis de Limerick, et je fais visiter le pays à mon compagnon. Il est australien.

– Ah oui ? Et de quelle région d'Australie ? »

Le type s'éclaire.

« De la seule. »

Il arbore un sourire débile, comme un candidat de jeu télévisé qui vient de prendre un méchant coup sur la tête.

« Il veut dire Sydney. C'est là qu'on habitera quand on sera mariés.

– Ah ! putain, ouais ! », éructe son fiancé, la bouche pleine de poulet.

Je crains qu'il n'y ait pas trente-six manières de formuler la chose : elle est extrêmement intelligente, mais moche comme un pou, et lui, incroyablement beau, mais con comme deux footballeurs. C'est comme ça, parfois. J'essaie de faire au mieux. J'explique à l'Australien que j'ai envisagé d'aller vivre à Melbourne, par le passé.

« Putain de trou, ce coin, commente-t-il.

– Pourquoi ça ?

– Chais pas. J'y ai jamais mis les pieds. Pas besoin, hein ? Hé ! chérie, demande à la serveuse si y aurait encore du Sprite. »

Misère de nous autres ! Un crétin australien qui n'a même pas pour lui de s'intéresser à l'alcool. Je me demande combien de temps je vais pouvoir supporter ça.

« Hé ! mec, tu sais comment on fait la différence entre un Aborigène et un orang-outan ? »

Là, je crois que ça y est, je ne peux plus. Je remplis mon gobelet et je pars écumer la salle à la recherche de mes nouveaux amis. Ils sont installés tout au fond. On m'accueille comme un parent perdu de vue et on me fait une place sur le banc.

« Tu veux du vin ? On est les seuls à en boire. »

C'est vrai. Nous sommes entourés des touristes américains qui se trouvaient au pub un peu plus tôt, et ils boivent du jus de fruit et du Coca *alors que le vin est compris dans le prix du billet* ! Si cette assemblée se composait d'Anglais, d'Écossais, ou – Dieu nous en préserve – de Russes, au lieu d'Américains puritains qui savent que chaque verre tue, les organisateurs seraient obligés de tripler le prix d'entrée simplement pour rentrer dans leurs frais. Vin à volonté, toute la nuit. Un concept terrifiant pour les services de restauration et les urgences britanniques.

Une des musiciennes nous gratifie d'un solo de harpe, puis une autre de violon. Le Michael Flatley des banquets médiévaux s'avance une nouvelle fois pour *Danny Boy*. Suivent alors quelques gigues et quadrilles et la foule se déchaîne en acclamations, vidéo et éternuements, car on vient d'apporter du tabac à priser. Kirsty tombe dedans tel Al Pacino dans *Scarface* et s'effondre en convulsions. Puis Brendan rallume et tout le monde remonte dans des bus et rentre à son hôtel pour une bonne petite tasse de déca, sauf nous cinq, qui continuons sur notre lancée dans la rue déserte, en direction du Folk Park et du *Mac*.

Chose incroyable, mon propriétaire avait raison : ce pub est le seul faux bâtiment dans lequel je sois entré ce soir, mais le seul qui ait l'air authentique. Des Irlandais sont là, par petits groupes, en train de boire. Ils ont trouvé un moyen ingénieux d'échapper à l'emprise tentaculaire de l'industrie touristique de Bunratty en se réfugiant là où personne ne songerait à les chercher.

« Et merde ! les voit-on penser à notre tapageuse entrée. Ils nous ont retrouvés. Pourvu qu'ils ne se mettent pas en tête de nous raconter que leurs ancêtres étaient Irlandais. Là, ça dépasserait les bornes. »

Je parviens à convaincre Kirsty que ce ne serait pas une bonne idée de filmer les clients, nous nous installons dans un coin pour savourer quelques derniers verres pendant qu'ils me racontent leurs vacances. Je remarque un grand gars en blouson de cuir, au bar, qui discute avec une femme d'allure punk, plus âgée que lui, décolorée en blonde. Quand elle part aux toilettes, il vient se planter devant notre table et dévisage Kirsty en attendant un blanc dans la conversation.

« T'as un tatouage au postérieur ? »

Il prononce *pos-térieur* comme s'il s'agissait de deux mots, sans doute pour que ces Américains le comprennent bien.

« Ah, ça non ! répond Kirsty.

– Alors, fais voir.

– Comment voulez-vous que je vous fasse voir, puisque j'en ai pas ?

– Vas-y, prouve-le. Allez, fais voir ton pos-térieur.

– Allez, foutez le camp. »

Elle se marre. Le garçon n'a pas l'air menaçant du tout. Juste un peu vaseux, un peu ralenti. Il a dû faire des mélanges. Il quitte son blouson et remonte la manche de son T-shirt noir.

« Regarde ça, moi je te les montre mes tatouages. Là, c'est Odin, tu vois ? Et Thor, le dieu de la Guerre. Tu veux voir Merlin l'Enchanteur ?

– Avec plaisir. »

Le voilà qui entreprend tout à coup de descendre sa braguette.

« Holà ! attendez, on va en rester là, d'accord ?

– C'est bon. Il est tatoué sur mon pos-térieur.

– Bon Dieu ! Davey, t'es encore en train d'embêter les clients ? »

Le garçon bat en retraite, l'air un peu effrayé, à l'approche de la serveuse. Il clame son innocence, et nous affirmons tous que ce n'était rien, qu'on oublie tout ça. Mais nous sommes des touristes et, à ce titre, dans l'intérêt de l'économie nationale, on doit nous préserver de ce genre d'incidents. Nos protestations tombent à plat.

« C'est une fois de trop, Davey. Tu es interdit de séjour. »

Il essaie de parlementer, mais les mots ne viennent pas.

« Bon ! ça suffit comme ça. Finis ton verre et file, que je te revoie plus ici. »

Elle ramasse les verres vides et tourne les talons. Le silence s'abat dans la salle. Une grosse larme se forme au coin de l'œil de Davey, et roule sur sa joue. La porte des W.-C. s'ouvre et sa copine punk, qui n'a rien vu de l'action, reparaît.

« Oh ! Mary, se lamente Davey, je suis interdit de séjour.

– Ah ! merde. (Elle lui passe le bras autour des épaules.)

– Et où je vais pouvoir aller, moi, Mary ? J'ai nulle part où aller. »

L'ambiance est carrément lugubre, à présent, mais la mère de Kirsty fait tout son possible.

« Écoutez, vous frappez pas. Il a fait de mal à personne. La serveuse a peut-être pas l'intention de le mettre à la porte. Davey est un peu bourré, c'est tout. Comme nous tous, d'ailleurs.

– Davey est pas bourré, répond Mary. Il a eu un accident de moto à dix-huit ans et il a passé huit mois dans le coma. Il récupère, mais ça lui arrive encore de débloquer. Désolée s'il vous a dérangés. Allez viens, Davey, on va te ramener chez toi.

Le lendemain matin, il y a des yaourts et des pruneaux au petit déjeuner. Les pruneaux ont dû macérer dans la cannelle, en tout cas, c'est très bon. Il y a aussi des rollmops, sur la table du buffet, mais c'est un peu trop européen à mon goût.

Pos-térieur !

Coma !

Nom d'un chien. Ça me secoue tellement, rien que d'y penser, que le yaourt doit cailler dans mon estomac.

Tout à coup, me vient une vision de Davey en cette minute même, recroquevillé dans un vieux fauteuil roulant, éperdu de chagrin, contemplant les cendres d'un feu éteint depuis longtemps. Mille deux cents kilomètres au-dessus de l'Atlantique, Kirsty se ronge les ongles en sanglotant sur l'épaule de sa mère, pendant qu'une des terrifiantes hôtesses de l'air américaines essaie d'obtenir sa commande pour le plateau-repas.

« Poisson ou poulet ? »

J'ai commis l'erreur, une fois, de demander si le poulet était bien cuit.

« Hé ! c'est de la restauration aérienne, d'accord ? »

Je ne peux pas rester là indéfiniment, à remâcher ma culpabilité. Il faut que j'aille à Galway rendre visite à certain prêtre de ma connaissance.

D'ailleurs, je me demande comment il s'en sort, depuis la naissance des jumelles ?

11

Ancrés dans la tradition celtique

« Personnellement, je n'ai eu affaire qu'aux Frères chrétiens les plus dévoués, les plus remarquables qui soient. D'ailleurs, je crois sincèrement qu'il fallait une sorte de clairvoyance, voire d'intelligence, pour échapper aux griffes des mauvais Frères. Seuls les imbéciles se faisaient avoir. »

Depuis que je suis en route pour Galway, certains des imbéciles en question ont appelé le standard de la radio pour protester contre les affirmations de cet ancien fonctionnaire prétendant qu'ils étaient responsables des sévices qu'ils avaient subis.

« Il y avait deux ou trois sales types parmi les Frères : des individus mauvais, cruels, et je suis à peu près sûr que le sexe n'était pas absent du tableau. Cela dit, peut-on s'attendre à autre chose de la part d'hommes jeunes et célibataires ? Vers qui pouvaient-ils se tourner, ces pauvres gars ? »

Ils étaient censés se tourner vers Dieu, non ? Et si ça ne marchait pas, se la frapper avec une règle en fer. C'est ce qu'on nous enseignait, à nous, et ça ne nous a jamais fait de mal. Mais l'auditeur n'a pas l'intention de s'en tenir là sur le sujet, et apparemment, son propos ne se limite pas aux écoles de garçons.

« Je me souviens d'un Frère, un très beau jeune homme de vingt ans. La moitié des filles étaient amoureuses de lui. »

Ce détail a ceci de remarquable que rares sont les allusions aux filles dans le débat national sur le harcèlement sexuel au sein du clergé. Un auditeur enchaîne en déclarant que selon lui, les filles étaient moins vulnérables face aux ecclésiastiques déviants car, contrairement aux garçons, la résistance faisait partie de leur éducation. Dans mon coin, par exemple, on déconseillait aux filles de l'école Notre-Dame, à St Helens – que, seuls, isolaient de notre territoire strictement masculin une rivière et un champ magnétique de vibrations hormonales –, de porter des chaussures vernies ou très brillantes, car les hommes y guettaient le reflet de leurs petites culottes. Quand la mode a été aux minijupes, tenue ô combien indécente, les filles se sont vu affublées de tabliers en papier kraft épinglés à leur chasuble, malgré le risque d'agression des Frères chrétiens assoiffés de sexe et armés d'allumettes Swan.

Le débat se poursuit pendant une bonne partie des deux heures de route plutôt morne jusqu'à Galway. Apparemment, c'est le sujet clé du moment pour les Irlandais, qui supplante même les histoires d'Irlande du Nord, d'Europe et de croissance économique. Quand un pays a investi l'Église d'une confiance et d'une autorité absolues, comme c'était encore le cas il y a une génération, l'observateur extérieur n'a pas idée du traumatisme que cause l'explosion au grand jour de la vérité.

Un homme retiré de la politique appelle pour proposer que soit observé un jour de souvenir national pour toutes les victimes d'abus sexuels. Puis on apprend qu'un évêque a l'intention de traverser son comté à pied en guise d'acte de pardon. Ce n'est pas une mauvaise idée. Ça pourrait prendre à l'échelle mondiale. Et ça ne manquerait pas d'intérêt, surtout dans des régions vastes comme le Texas, ou le territoire du Nord australien.

Le rond-point, sur la rocade de Galway, est d'une telle laideur qu'il n'aurait pas obtenu un permis de construire dans le New Jersey. Jamais on ne s'imaginerait être à moins de deux kilomètres de l'un des plus charmants centres-villes du pays. Un complexe tape-à-l'œil de boutiques vidéo et de magasins de moquettes triple épaisseur gangrène le paysage au pied de l'arche dorée du M géant. Nom d'un chien, se dit-on, sortez-moi de là avant que je tombe sur le spécialiste du pot d'échappement à prix discount, ou le Cuir Center !

Le plus ahurissant, dans ce paysage déprimant, est que de chaque côté de la route, dans les deux directions, des femmes en survêtement – dos raidi, coudes serrés, fesses pointées, seules ou deux par deux, avec baladeur ou serviette-éponge au cou, ou cigarette aux lèvres – s'adonnent à la marche rapide. Un virus a dû se propager à la faveur d'une brise exceptionnellement tiède venue d'Amérique. Les Unionistes sont-ils au courant ? Ils n'apprécieraient pas qu'à la suite de quelque initiative transfrontalière subversive, ce genre de cirque gagne Portadown ou Ballymena. Imaginez le ridicule, si les Orangistes[1] se mettaient à marcher comme ça ?

La ville grouille de monde. Il est vrai qu'il fait exceptionellement chaud pour la saison. Je vais tout droit au B&B que j'ai réservé en me fiant à son seul nom : *Nuns' Island*, l'île aux nonnes. L'endroit se révèle une splendide vieille demeure construite aux alentours de 1730, avec des murs en pierre épais de soixante centimètres. La rivière passe au bout du jardin, en direction de l'échelle à saumons, et la mer n'est qu'à quelques centaines de mètres. Un panneau, dans ma salle de bains, annonce : « Défense de fumer (les dimanches et jours fériés) ».

Comme toutes les hôtesses de B&B rencontrées jusqu'à maintenant, Mrs. O'Flaherty a raflé la mention très bien à

1. Protestants loyalistes d'Irlande du Nord. (*N.d.T.*)

l'issue d'un cursus d'hospitalité celtique intitulé « Suivez vos intuitions les plus farfelues ». C'est une grande femme vêtue d'une jupe de tweed et de ce que je me résous à appeler, après avoir éliminé toutes les autres hypothèses, une cape en mohair turquoise. Un petit toutou aux bajoues pendantes, qui tousse et ronfle comme un mineur de fond roumain silicosé en préretraite, pointe sous une phénoménale aisselle. Étant donné qu'elle ne le pose jamais, je suis forcé de conclure qu'il doit être cousu à la dame.

« J'ai passé toute ma vie à Galway, déclare cette dernière. La ville a un passé magnifique. Vous saviez qu'autrefois, il y avait un panneau, au-dessus de la porte ouest, qui disait : "Des Féroces O'Flaherty, ô Seigneur, Délivre-nous" ? »

Elle hausse les sourcils comme pour dire : « Alors, vous voyez, hein ! » et me gratifie d'un sourire un peu dingue, mais touchant.

« Jadis, la ville était gouvernée par quatorze familles anglaises qu'on appelait les tribus de Galway. Vous saviez ça ? Et vous connaissez la pierre de Lynch ?

– Non, » je réponds, mais je parierais bien que je ne vais pas tarder à la découvrir.

En 1493, James Lynch FitzStephen, maire de Galway, partit pour un voyage d'affaires en Espagne. Afin de remercier ses hôtes de leur hospitalité, il ramena leur fils à Galway pour qu'il y passe des vacances. Or, FitzStephen avait lui-même un fils unique, qui vivait alors une histoire d'amour passionnée. Craignant que l'Ibère devienne son rival, le jeune Irlandais l'accusa d'avoir voulu ravir sa belle. L'Ibère, perplexe, affirma qu'il n'était là que pour les huîtres et la *stout*. Mais le jeune Lynch ne l'entendit pas de cette oreille et le tua d'un coup de poignard, avant de tout avouer à son père.

Le maire fit ce que n'importe quel père aurait fait en pareille situation : il arrêta et jugea son fils, le déclara coupable et le condamna à mort. Nul ne voulant servir de bourreau, car le jeune homme était très aimé, le père pendit lui-même son fils à l'une des fenêtres de sa demeure, devant une foule hostile mais silencieuse.

Je demande alors :

« C'est de là que vient l'expression *lyncher* quelqu'un ?

– Vous savez quoi, répond Mrs. O'Flaherty, j'en ai aucune espèce d'idée, bon sang ! »

D'un côté de la rue, dehors, il y a le couvent des Pauvres Clarisses, et de l'autre, celui des Sœurs samaritaines, ce qui fait de l'endroit l'une des premières destinations au monde pour les religieuses suicidaires. À ceci près que les Pauvres Clarisses étant un ordre silencieux, les séances de soutien psychologique sont susceptibles de s'y éterniser un peu.

À mesure que j'approche du centre-ville, les bouffées de musique se font plus perceptibles. La dernière fois que je suis allé à Alice Springs, en Australie, la ville essayait de se débarrasser de l'image de coupe-gorge paumé qui lui était accolée depuis bien longtemps en diffusant de la musique de supermarché dans les rues. Par 45° à l'ombre, le visage couvert d'énormes mouches, on passait devant des Aborigènes misérables, des motards amputés couverts de tatouages et des pitbulls hostiles, avec, en fond sonore rassurant, l'orchestre de James Last interprétant *Wichita Lineman*. Et on était censé se dire : « Ouais, tout est parfaitement normal, ici. Tout va comme sur des roulettes. »

Si je mentionne cette anecdote, c'est seulement parce que Galway a fait un immense pas en avant en intégrant le concept de musique en plein air : ça joue partout. Dans la rue commerçante – laquelle, j'ai plaisir à le constater, porte le nom de Shop Street, soit la rue du Commerce – une Basque chante des ballades *a capella*. Quelques mètres plus loin, un être féerique de sexe indéterminé, portant une paire d'ailes arachnéennes, joue de la flûte, debout sur une borne en fonte. Au bout de la rue, un séduisant jeune violoniste breton tape un bœuf avec un gros hippie jouant de la cornemuse irlandaise. Je m'arrête un instant au pied de l'escalier qui mène au restaurant où les jeunes rousses en robes Suzie Wong m'avaient fait raquer 9 £ le plat de nouilles sautées, à mon dernier passage. Le prix est passé à 12 £. Galway doit faire sa pelote.

Je me fraie un chemin parmi les musiciens et m'installe au premier étage d'une coffee-house à l'ancienne, tout en lambris et vastes cheminées, qui donne sur Shop Street. J'appelle mon ami Noel. La dernière fois, il m'avait emmené faire une excursion en montagne dans le Connemara avec un bouilleur de whisky maison de soixante-dix-huit ans qui avait appris à distiller dès l'adolescence, avec son père. On avait passé la journée à le regarder distiller par deux fois de l'eau noire du marais dans deux barils chauffés sur un feu de tourbe, pour obtenir un breuvage proche des meilleurs malts. Noel servait d'interprète, car le vieux ne parlait pas du tout anglais. Peut-être pourrait-on envisager une autre expédition du même genre ?

Au bureau de Noel, c'est une femme qui me répond. À sa voix, je l'imagine vêtue d'un chemisier sage.

« Noel ? Oh, désolé, il est en vacances ! Il ne sera pas de retour avant au moins huit jours. Je crois qu'il est à Londres. »

Je ne connais personne d'autre à Galway.

Une foule de gens en manches courtes savourent un verre au soleil, à la terrasse des bars de Quay Street, dont beaucoup d'Espagnols, que le meurtre de leur compatriote en 1493 n'a pas l'air d'avoir découragés. En prenant place à une table d'angle devant le magasin O'Neachtains, je suis frappé du nombre de touristes venant d'Irlande du Nord : cinq femmes attablées de l'autre côté de la rue, qui boivent en parlant très fort ; une famille affligée d'enfant surexcités et affamés qui se chamaillent au sujet de leurs burgers ; deux durs à cuire d'une trentaine d'années, cachés derrière des pintes de bière à la table voisine de la mienne. Ils ont tous l'accent de Belfast. L'un des deux types s'aperçoit que j'écoute leur conversation et me regarde droit dans les yeux.

« Comment ça va ? »

Une demi-heure plus tard, on en est à notre deuxième tournée et ils m'ont expliqué pourquoi on entend autant l'accent de l'Ulster dans les rues de Galway. C'est l'époque des marches de protestation, dans le Nord, et beaucoup préfèrent éviter cette ambiance agressive. Je suppose qu'ils viennent d'une des régions nationalistes, mais comment leur poser la question sans avoir l'air trop direct ? Il va falloir user de tact.

« Mais alors... euh... vous devez être catholiques, non ? »

Pourquoi diable ai-je dit ça ?

« Ah ! putain, non alors ! »

Misère de moi ! C'est là qu'ils m'attrapent, m'entraînent dans un terrain vague et me collent une balle dans la tête.

« Moi, oui, répond son copain en rigolant. Mais lui, c'est un pitin de Proto. On vient ici ensemble tous les ans. Ça nous fait un week-end.

– Ouais, enchaîne l'autre, ou même une semaine. »

Trois bars plus tard, je m'aperçois qu'on en est à cette heure désagréable de la journée où soit on décide d'aller manger – et alors c'est tout de suite – soit, tout à notre enquête sur les méfaits de l'alcoolisme, on renonce aux aliments solides jusqu'au lendemain. Et si on essayait le resto aux nouilles à 12 £ ?

« Arrête tes conneries. T'es en vacances. Tu mangeras quand tu seras chez toi. T'as qu'à aller te chercher un sachet de cacahuètes, hein ? Et on remet la même chose, c'est ça ? »

Plus tard, sur les quais, on débarque dans ce qu'ils m'annoncent être le pub le plus mal famé de la ville.

« T'inquiète, avec nous, tu crains rien. »

Pardi ! Deux teigneux de l'Ulster avec dix pintes de bière derrière la cravate, c'est la meilleure garantie pour passer une soirée paisible. Les clients du pub ont l'air ravagés, mais accueillants, et la patronne est on ne peut plus sympa. Deux vieux gusses viennent de commencer à jouer de la flûte et de la mandoline quand un jeune d'une vingtaine d'années entre, un étui à violon à la main. De longs cheveux noirs attachés en queue de cheval et une moustache en bataille assortie d'un bouc complètent sa dégaine artiste. Il traîne un moment autour des musicos, puis se met à jouer. Les têtes se tournent. Je me rapproche pour mieux voir. Ses longs doigts minces ont l'air anormalement souples. Il interprète les airs traditionnels avec une rare délicatesse.

Le truc, c'est qu'il est chinois. J'attends qu'il fasse une pause, et je le chope.

« J'ai passé mon enfance à Seattle, mais mon père et ma mère ont tous les deux émigré de Chine. »

Il parle avec des inflexions bizarrement teintées de l'accent de Galway. Il explique qu'il a une formation classique, mais qu'il rêvait de venir en Irlande pour « apprendre quelques airs ». Ça fait cinq mois qu'il joue de bar en bar, avec tous ceux qu'il y croise.

« Les musiciens d'ici sont les meilleurs avec qui j'aie jamais joué. »

Il note son adresse e-mail dans mon calepin – bien que je n'aie pas d'ordinateur, précision qu'il trouve très amusante – et m'invite chez lui la prochaine fois que je serai de passage à Galway. Je connais donc désormais deux personnes ici, quatre si on compte Billy et Pat, de Belfast, qui en sont maintenant au Southern Comfort-limonade rouge, breuvage abominable à voir, et pire encore à boire.

« Hé dis donc, lance Pat quand je les rejoins au bar, c'est pas le Chinois des Chieftains ?

– Non, répond Billy. Le Chinois auquel tu penses, c'en

est un autre. Bon, alors on finit nos verres, ou on reste écouter un morceau ? »

Quelque temps après la tombée de la nuit, mais avant le lever du jour, on se retrouve dans une salle, à l'étage d'un pub, dans une petite rue que je serais incapable de retrouver même si ma vie en dépendait. Installés en demi-cercle, des types ressemblant à des profs d'histoire ou de linguistique jouent de la musique traditionnelle. Un homme vient juste de se joindre à eux. Il est tellement gros qu'il a du mal à respirer, mais il arrive quand même à chanter une ballade en gaélique de toute beauté. Le public se compose du mélange habituel de solennels Scandinaves, de Teutons et de Méditerranéens devant, et d'Irlandais derrière. Les deux Allemands installés à côté de nous – une femme lourdement maquillée, vêtue d'imprimé léopard et de fausse fourrure, et un homme aux cheveux droits sur la tête, comme Ron Atkinson, avec une grosse moustache fournie à la Des Lynam[1] – ont l'air d'un couple de stars du porno hambourgeois bas de gamme dont les meilleures années seraient loin derrière eux. L'homme n'arrête pas de nous foudroyer du regard parce qu'il nous trouve bruyants, mais ça n'empêche pas Billy et Pat de jacasser à tue-tête.

« Chch ! »

L'ex-étalon allemand à la mine sévère décoche maintenant un regard meurtrier au gigantesque blond vêtu d'une variante inusitée de survêtement Nylon qui se lève et va se planter à côté des musiciens.

« Ponzoir. Che fiens de Copenhagen, et ch'aimerais chanter vous une chanson. »

Et tout à coup, il entonne *The Leaving of Liverpool*. Les musiciens attendent, leurs instruments à la main. Un ou deux d'entre eux ont l'air de glousser. Les Irlandais du

1. Présentateurs d'émissions sportives (Ron Atkinson est un ex-footballeur). (*N.d.T.*)

fond de la salle font silence, à présent, et observent la scène de l'œil acéré de l'anthropologue. Quand il arrive au refrain, Sven dirige le public en agitant ses énormes bras, pour l'encourager à reprendre en chœur. Le contingent international s'y met timidement, dans une cacophonie d'accents disparates :

Zo vear ye vell, my own true loff
Ven I return united ve vell be
It's not ze leafing off Liffapool that leefs me
Put my darlink when I finger thee.

Une grande clameur le salue quand il s'arrête, mais j'ai bien peur que ce ne soit pas pour la raison qu'il croit. Les musiciens se lancent dans un morceau morose et mélancolique. Billy détaille à la ronde les tables de riches clients européens, inoffensifs et bien élevés.

« C'est ça qu'y a de bien, avec le conflit : tous ces connards-là, on les voit jamais dans le Nord. Bon. À qui la tournée, ce coup-là ? »

Je me réveille au Nuns' Island avec l'impression d'avoir un trou de vingt-quatre heures dans ma vie, comme lorsqu'on se fait kidnapper par les extraterrestres. À la table du petit déjeuner, je tombe sur un Américain de San Francisco qui a acheté une ferme dans le Kerry. Je lui demande ce qu'il fait dans la vie, et il m'explique qu'il conçoit des musées. Il ne me retourne pas la question.

Je tente de m'éclaircir les idées en allant faire un tour en bord de mer. La matinée est chaude et ensoleillée. Trois petits gamins barbotent dans l'eau avec leur père, un type trapu qui a bronzé avec son marcel. Deux hommes en maillots de bain démodés ont grimpé très haut sur un pont ferroviaire désaffecté et se mettent mutuellement au défi de plonger. Cliché noir et blanc d'une époque révolue…

Mon Tank pétaradant passe devant le couvent des Pauvres Clarisses dans un grondement de tonnerre.

« Seigneur ! » s'écrie la mère supérieure, s'exprimant à haute voix pour la première fois depuis dix-sept ans. « C'est quoi ce boucan d'enfer ? »

Je quitte la ville par l'ouest, longe les nouveaux lotissements du bord de mer à Salthill et pénètre dans le Connemara. La route suit la côte, si bien que pendant une demi-heure j'ai la baie de Galway sur ma gauche, avec, derrière elle, le plateau du Burren et les montagnes du comté de Clare. Le temps est magnifique, le soleil du petit matin baigne d'une lumière langoureuse le mélange hétéroclite de maisons neuves et de vieux murs en pierre. Les habitations, bientôt, se font plus rares, le paysage plus sauvage, tandis que la route bifurque vers le nord. Le Benna Beola et les montagnes Maumturk s'offrent à moi dans un éclat rose surnaturel quand je prends la direction de Rossaveal et du ferry pour les îles d'Aran.

Je n'ai jamais vraiment su d'où venaient les fameux pulls, parce que j'ignorais si les îles d'Aran étaient au large de l'Écosse ou bien au nord ou à l'ouest de l'Irlande. En fait, il y a des îles d'Aran dans les trois endroits. Celles situées au large de Galway comprennent Inishmaan, Inisheer, et la plus grande des trois, Inishmore, où l'on trouve de nombreux vestiges datant du christianisme primitif, voire préchrétiens, ceux que, précisément, je veux visiter. J'abandonne le Tank sur un parking et achète un billet dans une guérite. Je suis le dernier à embarquer à bord du petit ferry blotti tout près d'un chalutier et d'un fouillis de caisses à homards, au bout de la jetée.

Le bateau n'est pas plein, mais sans doute que les premiers embarqués se sont déjà jetés par-dessus bord pour échapper au miaulement strident de tronçonneuse qui sévit d'un bout à l'autre de la salle des passagers. La source en est une étudiante de Chicago assise à plusieurs rangées de moi, mais la distance ne parvient pas à étouffer son monologue nasillard et ininterrompu. Elle a une voix à dépouiller un hareng de ses arêtes par vingt brasses de fond. Tandis qu'elle soumet sa compagne de voyage à une écoute forcée, tous les autres passagers, réduits au silence comme moi-même, se terrent au fond de leurs fauteuils, dans leurs livres ou dans un abîme de désespoir. En accostant, après cinquante minutes de laminage auditif, nous n'ignorons plus rien du bal assez conventionnel où elle est allée danser il y a peu, du Chateaubriand qu'elle a bâfré – « c'est genre super bon steak » –, ni de son dernier petit ami en date. Comme elle, il est étudiant en lettres, mais elle s'avoue terrifiée par la passion qu'il manifeste pour la littérature.

« Il a des tonnes de livres.

– Ah ouais ? Ouadidon !

– C'est trop, hein ! Il adore les discussions là-dessus, style, la littérature, tout ça. Dingue, non ? »

Dans la file qui se forme pour débarquer, elle est devant moi, et débat, avec l'allant d'un crieur public médiéval, du bien-fondé de vacances de ski dans le Colorado en compagnie de ses parents. Avec un grand sourire, un habitant de l'île s'élance sur la passerelle en marche arrière au volant de son pick-up, dans une tentative d'assassinat spontanée, mais trop tard : elle s'est déjà fondue dans l'embouteillage de calèches, de minibus et de cyclistes qui grouillent sur le quai animé.

Je fais le tour du petit port et pousse jusqu'au groupe de maisons qui constitue le village principal, Kilronan, où je réserve une chambre dans le premier B&B venu. Un endroit parfait. J'ai un lit confortable, vue sur le port, et une hirondelle volette dans l'entrée. Le cliquetis de sabots des chevaux qui passent sous ma fenêtre est si incroyablement idyllique que je dois me pencher dehors pour m'assurer que ma propriétaire n'est pas dessous, en train d'entrechoquer deux noix de coco.

J'ai fait le détour par Inishmore avec l'idée d'aller voir le père Dara Molloy, arrivé sur place en 1985 pour prêter main forte aux curés de l'île. Le climat rude de l'endroit, et son passé historique – Inishmore fait partie des principaux berceaux du christianisme celtique – l'ont vite amené à réviser ses principes : il a renié l'Église romaine et s'est mis à pratiquer sa propre mouture de foi celtique, ce qui, à mon avis, n'a pas dû être tout à fait au goût de l'évêque qui l'avait envoyé ici. Quand je suis passé en 1995, il exerçait dans une région où paganisme et christianisme se côtoient et ne demandent qu'à s'entendre. J'avais téléphoné quelques semaines auparavant pour demander si je pouvais rendre visite au père Molloy, mais il était à Galway.

« Vous savez quand il rentrera ?

– Non, pas vraiment. Sa compagne vient de partir accoucher. Elle attend des jumeaux. »

Après un somptueux déjeuner de chocolat et d'eau du robinet, je me rends chez Dara. Sur le bord du chemin, un vieil homme s'active dans son potager, en bordure de mer, devant une maison battue par les vents. Ses rangées de pommes de terre et de choux sont copieusement enrichies de goémon. Inishmore n'a pas de terre arable à proprement parler. Le sol qu'on y voit n'est autre qu'un mélange ancien de sable et de goémon, composé par les habitants de l'île eux-mêmes au fil d'innombrables générations. Quelques centimètres (ou mètres selon l'âge du jardin) sous cette couche superficielle on retrouve le sable et la pierre à l'état brut.

Devant la poste, des ribambelles de bicyclettes identiques sont alignées dans des parcs à vélos. J'entre et demande à en louer une pour un jour ou deux. La fille, au guichet, a l'air tout ébahie.

« Excusez-moi, mais nous n'avons pas de bicyclettes à louer. »

J'ai peut-être eu une hallucination ? Je tourne la tête pour voir si elles sont encore là, tout doucement pour ne pas les effaroucher.

« Il faut vous adresser au gars qui habite un peu plus bas. Les bicyclettes sont à lui. »

Je continue tranquillement dans la direction indiquée, mais le type en question est parti déjeuner, ou à la pêche, à moins qu'il ait émigré. En tout cas, il n'est pas là. Comme Dara n'habite qu'à trois ou quatre kilomètres, je décide d'y aller à pied.

Inishmore compte à peu près huit cents habitants. L'île ne faisant que treize kilomètres de long sur trois de large au maximum, elle se prête idéalement à la marche à pied ou au vélo, à condition de trouver le type qui en loue. Il y a un bref afflux de circulation chaque fois qu'un ferry arrive ou part, mais aujourd'hui, les petites routes étroites sont agréablement désertes, mis à part un minibus de loin en loin, et quelques touristes à bicyclette. Je me demande où ils se les sont procurées. Je pourrais sans doute me planquer derrière un rocher, attendre qu'un type de Barcelone ou de Stuttgart mette pied à terre pour prendre une vache en photo et lui piquer son vélo. Même si je me fais choper, on ne peut pas m'infliger une condamnation pour ça. Toutes les bicyclettes sont peintes en jaune : la séance d'identification serait un fiasco.

La balade est splendide. À la sortie du village, je passe devant un pub peint d'un rouge voluptueux, devant lequel s'ébattent des dizaines de poulets et de jeunes coqs surexcités, tels des ivrognes envoûtés pour avoir provoqué le sorcier local la veille au soir. J'aperçois des casiers à homards devant plusieurs fermettes et dans l'un des jardins, une croix celtique de cimetière, appuyée contre un appentis. Tous les gens que je croise – piétons, fermiers en tracteur, cochers en calèches – disent bonjour, comme sur tous les chemins et petites routes que j'ai arpentés jusqu'à maintenant au cours de ce voyage. De même que le moindre achat devient l'occasion de lier connaissance, ces salutations contrastent agréablement avec les usages en cours dans le sud de l'Angleterre.

Là-bas, je vais souvent marcher le long des falaises crayeuses. Le South Downs Way est une magnifique voie néolithique, qui traverse les étendues calcaires surplombant la Manche. Dès qu'on s'éloigne des parkings où les propriétaires de chiens vont lâcher leurs animaux de compagnie quasi dégénérés, rendus fous par la détention en milieu urbain, pour qu'ils chient et attaquent moutons et cavaliers, le sentier est étonnamment désert, même en plein été. Du haut des Downs, on voit à des kilomètres à la ronde, si bien que l'on sait toujours quand quelqu'un arrive. Pendant plusieurs minutes, on se regarde mutuellement approcher, puis, au moment de se croiser, celui d'en face se prend d'un subit intérêt pour la haie, ou le bout de sa chaussure, et fait mine de ne pas nous avoir vu, pour éviter tout contact humain.

C'est alors que je braille : « *Bonjour* ! », avec mon sourire le plus agressif.

« Oh ! s'écrie l'autre d'un air faussement étonné. Euh, oui, bonjour. »

Il arrive parfois que des randonneurs plus snobs et plus âgés se contentent d'émettre un grognement en me dévisageant, comme si je me présentais à leur porte d'entrée au lieu d'emprunter la porte de service.

« Comment ça, bonjour ? se disent-ils. Je refuse de reconnaître l'existence de quelqu'un qui n'est pas de mon rang. »

Je suis peut-être dur à l'égard des Anglais. Ils sont, ou plutôt nous sommes un peuple très réservé, ce qu'on ne saurait reprocher aux Irlandais. Je ne pense pas qu'il soit possible, dans les campagnes irlandaises, qu'un inconnu en croise un autre sans marquer le coup, et c'est là une des différences fondamentales entre les deux pays.

Les chiens sont différents, eux aussi. J'en ai croisé plusieurs en me promenant, cet après-midi, et pas un ne s'est donné la peine d'aboyer. L'un d'eux m'a même accompagné sur presque un kilomètre. Ils n'ont pas l'air d'avoir compris la règle commune à tous les chiens du reste de l'Europe, selon laquelle ils sont censés défendre quelque chose contre des intrus comme nous. En revanche, la moindre voiture qui passe, ils la prennent en chasse, mais je me demande s'il ne s'agit pas d'une obligation légale susceptible d'être imposée par les *gardai*.

« Ah ! bonsoir, Mrs. O'Riordan. Excusez-nous de vous déranger, mais on m'a dit qu'une Toyota Corolla était passée dans l'après-midi et que Boru était resté planté là, à chasser les mouches avec sa queue.

– J'en suis bien désolée, croyez-moi, sergent. Si ça doit se reproduire, il ramassera un bon coup de latte dans les roubignolles.

– Bon, eh bien ! bonsoir.

– Bonsoir, sergent. »

Dara n'est pas chez lui. Il s'est rendu à une réunion. À cet égard, Inishmore, c'est exactement comme Soho. Tess m'invite à entrer pour voir les jumelles, deux petites adorables et tout sourire. Je suis surpris de voir qu'il y a également un petit garçon de deux ans. Tout en grignotant un morceau, je regarde *Teletubbies* en gaélique, virage culturel éminemment abrupt. Je conviens avec Tess de revenir le lendemain pour passer la journée avec Dara. En attendant, je prends deux ou trois exemplaires de la revue qu'ils publient, le *Aisling Quaterly* – qui a pour devise : « Ancrés dans la tradition celtique – Tournés vers des relations positives – En marche vers le progrès » – j'emprunte une bicyclette et je pars pour le Dun Aengus.

La bicyclette a beau être équipée d'une selle punitive, je roule vers l'ouest, le long de la côte nord de l'île, face aux montagnes toujours roses du Connemara, de l'autre côté de la baie. Oiseaux maritimes et phoques prennent le soleil au bord de l'eau. Il n'y a personne. De part et d'autre de la petite route étroite, des champs pas plus grands que des timbres-poste s'étirent au loin, découpés par une quantité de murets de pierres sèches comme jamais je n'en ai vu de ma vie. Dans le passé, on a ramassé ces pierres dans les champs pour dégager la terre arable. Les parcelles sont minuscules, et les murs nombreux en raison de la pauvreté, mais aussi parce qu'il y en avait tellement, de ces saloperies de caillasses, qu'on ne pouvait pas les transporter bien loin. S'il avait fallu faire des champs plus grands, les murs auraient atteint douze mètres de haut.

Le roc affleure partout dans les parcelles en d'immenses plaques de calcaire gris. Des vaches broutent par-ci par-là, sur les tout petits espaces herbeux disséminés entre les rochers. Le flanc de la colline en pente douce est jonché de ruines d'églises millénaires, bâties avec la même rocaille. Le paysage tout entier est une somptueuse étude de nature en gris et vert. Au bout d'une demi-heure de torture rectale sur la selle impitoyable, je vois la silhouette du Dun Aengus se découper au-dessus de la colline, face à moi. Vélos et voitures doivent rester au parking. Celui qui veut continuer doit le faire à pied.

Merci, mon Dieu !

Dun Aengus est un château fort datant d'à peu près 1100 avant J.-C. Jadis décrit comme « le monument barbare le plus extraordinaire qui soit en Europe », il se dresse au faîte d'une falaise qui tombe à pic dans la mer, cent mètres plus bas. Ses épaisses murailles en fer à cheval entourent une aire à vivre et de part et d'autre s'arrêtent au bord de la falaise. De quoi vous couper l'envie d'être somnambule.

Sur la pente qui mène au château, je croise un flot nourri de visiteurs, parmi lesquels je reconnais beaucoup des passagers du ferry de ce matin. Je marche entre d'énormes dalles rocheuses, qui s'étirent à perte de vue. J'ignore qui a dressé ces pierres, mais ces gens ont dû les extraire directement sur place. Quelle que soit la technique utilisée, l'entreprise tout entière supposait un haut degré de cohésion sociale et d'organisation. Deux murs externes supplémentaires ont été ajoutés plusieurs centaines d'années après l'édification de la muraille initiale. Derrière celle-ci, dans les années 90, pendant une campagne de fouilles, ont été découverts les squelettes décapités d'un homme et d'un jeune garçon. Les restes dataient de l'époque viking. Les Vikings contre les types qui vivaient là : ç'a dû faire un sacré match.

L'endroit est de ceux où l'on se sent traversé d'un frisson électrique. La mer s'écrase sur les rochers, au pied de la falaise, dans un fracas digne d'explosions de dynamite dans une carrière éloignée. On m'a conseillé, à Galway, de m'allonger à plat ventre, d'avancer jusqu'au bord et de regarder en bas, mais plutôt courir dix kilomètres, nu, sur du verre pilé, avec Gary Glitter sur mon dos.

Je dois être un peu niais, mais je ne m'attendais pas à une vue pareille. De mon poste d'observation, je puis voir les deux côtés de l'île, et l'océan de part et d'autre. Sur ma gauche, le comté de Galway et le Connemara, comme prévu. Mais sur ma droite, surprise, on découvre les falaises de Moher, à trente kilomètres de distance, sur l'île mère, dans le comté de Clare. Plus bas, loin, loin au sud, on distingue même un peu du littoral, d'autres collines, et pour finir, sur la ligne d'horizon lointaine et limpide, une énorme montagne. (Demain, dans un magasin, un type m'expliquera qu'il s'agit du mont Brandon, qui se dresse à cent kilomètres d'ici, dans la péninsule de Dingle, mais il dira sans doute ça pour me faire plaisir.)

Il n'y a presque plus personne, au château. Je m'imprègne de l'atmosphère tout en me demandant qui a bien pu bâtir un édifice pareil, quand j'entends un grondement sourd, au loin, pareil au vrombissement d'un avion arrivant rapidement à basse altitude. Tout à coup, le bruit se répercute sous la voûte de pierre, pénètre dans l'enceinte. C'est l'étudiante du ferry, qui cette fois expose ses projets pour Thanksgiving. Au moment où je tourne les talons, son amie et elle s'approchent du bord, où elle va effectuer la première tentative de communication avec les États-Unis à l'aide de la seule voix humaine.

À moins que son amie, patiente, dévouée mais retorse, ne la pousse vers une mort certaine sur les rochers d'en bas. Je ne m'attarde pas pour voir ça.

Dans une petite cabane au pied de la colline, j'achète un pull tricoté main à une dame qui me précise qu'elle a fourni ceux de Sharon Stone.

De retour à Kilronan en fin de journée, je m'installe sur le port à la terrasse du *Joe Mac*. Le soleil se couche sur la baie de Galway, la mer vire au pourpre et vert, spectacle kitsch à souhait. Je feuillette le *Aisling Quarterly* devant deux pintes de bière flemmardes. La revue débute par un article de Dara Molloy sur l'imposition d'un culte unique, une fois le christianisme devenu la religion de l'Empire romain. Au XIIe siècle, le christianisme celtique était déjà presque totalement éradiqué.

« Le christianisme était dès lors devenu le premier produit international. L'expression religieuse avait été dépouillée de sa diversité, de ses ramifications culturelles et géographiques, de son rapport aux saisons, au climat et aux fêtes locales… partout dans le monde, on reconnaît McDonald's à son design et à ses produits, il allait en être de même du christianisme. C'est le christianisme qui est à l'origine du concept de McDonald's. »

Je me demande si le prêtre local l'a fait enduire de goudron et de plumes, quand Dara s'est mis à tenir des propos pareils ? Il faudra que je lui pose la question. Faute de McDonald's, je me trouve un petit restau qui sert des pizzas et des fruits de mer. Malheureusement, la serveuse m'annonce qu'il n'y a plus de fruits de mer, plus de pinces de crabe et plus de mozzarella ni de poivrons. Les aléas de la vie insulaire. Je me rabats sur une salade, un steak, et une bonne nuit de sommeil.

Un message m'attend dans ma chambre, m'annonçant que quelqu'un est passé pour réparer la fenêtre. Malheureusement, on a également enduit la zone critique d'un mélange potentiellement mortel de solvants et de laque. La soirée est tiède, mais le chauffage est resté allumé, si bien qu'on se croirait dans un atelier de carrosserie-peinture à Mexico. Environné de vapeurs pareilles, on serait obligé de mettre un masque rien que pour vérifier son niveau d'huile, je ne parle même pas d'essayer de dormir. J'ai les yeux qui pleurent, et sans doute moins d'une chance sur deux de survivre à une nuit dans cette pièce.

J'enfouis ma tête sous le drap et sombre dans un sommeil lourd et méphitique. Je ne suis réveillé qu'une fois, par mes propres cris, après un cauchemar dans lequel je me voyais au sommet d'une falaise, enfermé dans une voiture dont les gaz d'échappement mortels se transformaient en oiseaux venimeux.

« Quand je suis arrivé ici, en 1985, l'île recevait dix mille touristes par an. Cette année, il y en aura deux cent mille. »

C'est le milieu de la matinée, et Dara me fait découvrir une pierre levée. La face en est ornée de croix celtiques primitives, gravées il y a peut-être un millier d'années sur un monument qui se trouvait déjà là depuis bien plus longtemps. Le trajet à pied jusqu'ici, après le petit déjeuner, s'est révélé souverain comme séance de désintoxication des vapeurs de solvants. Aujourd'hui encore, au mépris de tous les précédents historiques, il fait un temps superbe. Alors, le tourisme a-t-il détruit l'art de vivre des habitants de l'île ?

« Pas du tout. Avant, il n'y avait que la pêche ou l'émigration. Aujourd'hui, il y a le choix. Les gens peuvent décider de rester. Il y en a même qui reviennent d'Amérique. »

Dara a une quarantaine d'années, une épaisse chevelure et une barbe poivre et sel, et déborde d'un charisme débonnaire. La maison qu'il a construite en bordure de mer est juste au-dessus de nous, dissimulée par des rochers en saillie. Des bénévoles viennent parfois y séjourner et l'aident à éditer sa revue ou à cultiver son jardin bio. Le minuscule bout de terrain compris entre la maison et la plage regorge de vestiges anciens : il y a là plusieurs pierres levées et croix celtiques, un puits sacré, un bassin à saumon mentionné dans la mythologie irlandaise, un cimetière viking, une église datant du christianisme primitif et un cimetière d'enfants, non consacré. Le dimanche, c'est là, en plein air, que Dara célèbre sa version à lui de la messe. À d'autres moments, il guide les pèlerins dans leurs tournées – pratique religieuse de la tradition celtique, héritée, pense-t-on, de l'époque préchrétienne mais encore observée par les premiers moines qui ont peuplé Inishmore à partir du Ve siècle. Tout en priant, les pèlerins font sept fois le tour du puits sacré à pied, dans le sens des aiguilles d'une montre, et décomptent les tours à l'aide de cailloux.

Ces pierres levées, pour la plupart, sont plus hautes que nous. Sur une ou deux, sont gravés des motifs qu'on ne trouve nulle part ailleurs. La plus proche de l'église est percée d'un trou rond, au travers duquel les amoureux passent traditionnellement un mouchoir en faisant un vœu. N'est-ce pas justement le genre de coutume qui a valu à l'Irlande sa réputation de nation plus superstitieuse que pieuse ?

« La limite entre les deux est très ténue. Après tout, qu'est-ce qu'une prière sinon un vœu ? »

Dans le cimetière d'enfants, tout près de la mer, règne une atmosphère très recueillie. Les enfants morts avant d'avoir reçu le baptême étaient enterrés là, en terre non consacrée. Un fouillis de croix muettes marque les tombes indistinctes.

« Une femme de soixante-dix ans et plus vit encore ici et se souvient d'y avoir vu enterrer un bébé quand elle était petite. La mise en terre s'était déroulée de nuit, sans prêtre. Ça engendrait beaucoup de culpabilité. C'était terrible. »

Après avoir déjeuné de pain et de fromage, on monte à pied jusqu'au point culminant de l'île, où se trouve un autre fort. En chemin, je questionne Dara sur sa renonciation au vœu de chasteté.

« La paternité me réussit vraiment. Ça a fait de moi un homme complet.

– Le fait d'être père, dis-je à mon tour, nous ouvre des horizons intérieurs dont nous ignorions tout.

– Je sais. Et ce sont des horizons très vastes. »

Je me demande s'il ne serait pas en avance sur son temps. L'Église ne va-t-elle pas abandonner le célibat des prêtres ? Lui pense que non.

« L'Église postceltique est organisée sur le modèle de l'Empire romain, avec un patriarche unique à sa tête, d'où émane toute l'autorité. Elle est structurée comme une armée, si bien que tout le monde obéit sans poser de questions. Le célibat est un moyen de conserver la mainmise. Un engagement passionné à côté risquerait de déstabiliser la structure. »

La forteresse de Dun Eochia est plus petite et moins visitée que Dun Aengus : nous sommes seuls. De là-haut, l'île a l'air d'un bloc de roc brut, émaillé de taches d'herbe pareilles à du lichen sur un caillou. Une chèvre bêle, au loin.

« C'est un de mes endroits préférés, sur l'île. Les Celtes croyaient que notre monde et celui des esprits se côtoient, et qu'il existe des lieux d'énergie précis où, la frontière entre les deux étant très mince, on peut passer de l'autre côté. Je pense que ce site doit en faire partie. »

Le lieu semble bien choisi pour poser au prêtre renégat la question qui tue :

« Alors au fond, est-ce que vous croyez en Dieu ? »

Silence.

« Est-ce que vous croyez en une vie après la mort, dans laquelle nous nous percevrons comme des individus et où nous pourrons dire : "Tiens salut, Mike, ça fait plaisir de te revoir, vieux" ? »

Il sourit.

« Disons que mes convictions ont évolué au cours des quinze ans que j'ai passés ici. Je crois fermement en un monde des esprits. Et je crois qu'ici, nous en sommes proches. »

Il regarde alentour.

« Je crois aussi que la religion devrait servir le peuple à partir de la base, et non du sommet. Elle doit nourrir nos âmes, sans quoi elle n'est rien. Quant à savoir si oui ou non, une fois que mon corps sera en terre, je me percevrai comme une entité individuelle… je n'en suis pas sûr. Je suppose que… (il lâche un petit rire) je devrais peut-être me définir comme un agnostique ? »

N'ayant encore jamais rencontré de prêtre agnostique, je me sens tenu de lui rapporter ce que Kinky Friedman, le romancier country and western, a dit à propos de la foi : « Je suis témoin de Jéhovah. Nous croyons en un être suprême, mais nous n'avons aucune envie de nous mêler de ça. »

Une croix celtique magnifiquement ornée se dresse au centre de Kilronan, si on peut dire d'un si petit village qu'il ait un centre. La pierre a été gravée par James Pearse, de Dublin, père de Patrick Pearse, l'un des meneurs de l'insurrection de Pâques de 1916. Le soir, les ados viennent traîner autour, fumer et draguer comme d'autres le font dans les abrisbus et dans les centres commerciaux des endroits plus urbains de la planète. Derrière, le pub porte le nom d'*American Bar*. J'ignore pourquoi. Dara disait cet après-midi que les habitants de l'île se sont toujours tournés vers l'ouest : émigrer signifiait souvent partir pour Boston, Chicago ou San Francisco, rarement pour Dublin ou Londres. Pour ma part, je décèle une forte coloration américaine dans l'accent local, mais je ne saurais dire si ce trait a été communiqué aux Etats-Unis ou s'il en a été rapporté par des émigrants rentrant au pays. Ceux à qui j'ai posé la question n'ont pas su me répondre.

C'est pourtant bel et bien l'accent que j'entends quand ils parlent l'anglais – lequel, dans la majeure partie des cas, n'est qu'une deuxième langue. À l'*American Bar*, ce soir, tout le monde parle gaélique, sauf moi. Ça pourrait tout aussi bien être du hongrois ou du basque, vu que je n'y comprends rien. Ici, la langue définit l'identité, au même titre que le capital génétique, plutôt préservé au fil des siècles. C'est un endroit magique, mais je ne suis pas naïf au point de m'imaginer vivant là, ce que je fais en général dans les lieux que j'apprécie vraiment. Ma propriétaire est installée là-bas, dans le fond, mais la salle est tellement bondée qu'elle n'a pas dû me voir. Quatre musiciens jouent du violon, de l'accordéon, de la flûte et de la guitare, et un vieux type bourré aux cheveux trop longs, chaussé de grosses bottes, danse comme un malade devant eux.

« Waoh ! On se croirait dans une pub pour Guinness, ou dans le film avec Tom Cruise, » lance une voix sonore et familière, derrière moi.

« Ouah ! T'imagines, toi, s'y fallait habiter ici, le plan ? »

Son amie ne l'a donc pas poussée par-dessus le bord de la falaise ?

Je crois que c'est l'heure d'aller me coucher.

De retour dans ma chambre, les vapeurs de peinture et de colle se sont pas mal dissipées. Je m'offre donc une nuit à peu près dépourvue d'hallucinations. Maman a dû rentrer tard hier soir, puisque le petit déjeuner m'est servi par sa fille de huit ans qui me souhaite une « belle journée », ce que je trouve d'assez mauvais augure.

Je la passe à marcher, à lire et à digérer ce que j'ai entendu. J'ai acheté l'excellent *Guide de poche d'Árainn*, de Dara O'Maoildhia, et m'aperçois plus tard qu'en anglais, le nom de l'auteur n'est autre que Dara Molloy. Je le recommande à tous ceux qui viendraient un jour ici. Mais ne lui empruntez pas son vélo. J'ai le cul en bouillie.

Je reprends le ferry dans l'après-midi. Vingt minutes avant, je fouinais sans intention d'achat dans le plus grand et le plus cher des magasins de tricots de Kilronan, quand une bonne vingtaine de Japonais fringués chez les grands couturiers se sont déversés dans la boutique, certains en courant. Une femme s'est mise à hurler : « Meilleure marchandise ! Meilleure marchandise ! Meilleure marchandise ! » Une vendeuse souriante lui a montré où se trouvaient les tricots les plus ruineux, et moi je suis parti prendre mon bateau.

Les voilà qui arrivent dans leur bus. Ils n'ont pas dû passer plus de dix minutes là-bas, mais d'après leurs sacs, ils ont injecté assez de liquidités dans l'économie locale pour payer quelqu'un à débarrasser tous les cailloux de l'île. J'ai une place sur le pont, en plein air. Quand on s'éloigne de la jetée, j'aperçois la silhouette de Dun Eochia qui se découpe à l'horizon, au sommet de l'île. Je me souviens des propos que Dara m'a tenus pendant que nous en redescendions. Je pense qu'il a dû percevoir ma crise d'identité anglo-irlandaise.

12

Cong-ueries

Mon plat de résistance se fait attendre. Je suis dans un restaurant à Cong, dans le comté de Mayo, et ça s'annonce mal : les légumes du jour s'intitulent *Pommes de terre mexicaines*, et quand je suis monté à l'étage à la recherche des W.-C., deux ados hystériques ont traversé la salle en trombe, une sucette dans le nez, bâton dehors. Le couple assis à la table voisine de la mienne écoute la conversation de ses propres voisins et commente ouvertement. Je les écoute distraitement tous les quatre, tout en feuilletant le journal.

« Il descendait Washington Street, en plein milieu de la chaussée, nu comme un ver. »

C'est du moins ce qu'a soutenu le *garda* Rice à la barre du tribunal. L'article poursuit : « Les deux *gardai* faisaient leur ronde de minuit dans le centre-ville, quand ils sont tombés sur les deux médecins nus. »

« Deux internes britanniques – un en cardiologie et l'autre en psychiatrie, s'apprêtant à passer les examens qui leur permettront de devenir praticiens – se trouvaient à Cork à l'occasion d'un enterrement de vie de garçon. Peu après minuit, ils ont entrepris de se promener nus dans le centre-ville. »

Par égard pour les Écossais et les Gallois, je dois préciser que les toubibs blindés étaient moins britanniques qu'anglais. Le journal étant irlandais, la nuance reste floue. Bien entendu, la presse anglaise, elle, manie ces histoires de nationalités avec un art consommé. Quand on gagne une médaille olympique, un Oscar, ou la George Cross, on est britannique, mais si l'on trempe dans un scandale sexuel, un trafic de drogue ou une affaire pénale, alors on redevient écossais, gallois, irlandais du Nord, ou Noir.

Cet article est inquiétant à deux titres : il nous rappelle une fois de plus à quel point nous sommes naïfs de confier notre santé et notre bien-être à d'anciens étudiants en médecine. Pourquoi diable les médecins boivent-ils autant ? Ça les occupe sans doute pendant qu'ils fument. Mais le lieu où sévissaient les deux tout-nus éthyliques en question est plus inquiétant que leur profession, et aussi le fait qu'ils ne soient pas les seuls. « Trois autres Anglais » (cette fois, c'est dit) « venus passer le week-end à enterrer une vie de garçon ont été arrêtés parce qu'ils divaguaient nus sur la voie publique à Cork ». Ça me rappelle la catastrophe des hérissons de South Uist.

L'île de South Uist, dans les Hébrides extérieures, ne comptait aucun hérisson jusqu'en 1974, date à laquelle un petit malin en a importé sept dans son jardin pour tenter de juguler l'invasion de limaces. Aujourd'hui, on estime leur nombre à 6 000, et ils ne cessent d'avancer vers le nord, tel un raz-de-marée urticant auquel rien ne résiste. À mesure qu'ils avancent, ils gobent les œufs d'espèces rares d'oiseaux, causant ainsi des dégâts dramatiques et irréversibles dans le fragile équilibre de l'écosystème.

En lisant cette consternante histoire de médecins anglais nus, je me demande si les enterrements de vie de garçon en Irlande ne sont pas en train de prendre les mêmes proportions que l'invasion des saloperies de hérissons de South Uist. Il n'y a pas si longtemps, les mariés anglais et leur entourage flasque et imbibé n'auraient jamais considéré l'Irlande comme un lieu propice à leurs rituels pathétiques.

Puis, à mesure que le prix des vols chutait, la rumeur a circulé que l'Irlande était un coin super et quelques garçons d'honneur précurseurs y ont organisé la première vague de beuveries prénuptiales. Il se peut qu'ils aient gobé quelques œufs d'oiseaux du même coup. C'est plausible, compte tenu du casier qu'ils se sont constitué par la suite.

En tout cas, depuis quelques années, Dublin sature. Dublin n'en peut plus des Londoniens affublés de faux nichons, des types de Birmingham enchaînés aux lampadaires publics, les parties génitales enduites de pâte Arma, ou des médecins nus. Et voilà qu'à présent, tels les hérissons gobeurs d'œufs, ils se sont propagés jusqu'à Cork. Ensuite, ce sera Waterford. On en a déjà localisé quelques-uns dans le comté de Galway. Il faut que les hommes politiques de tous bords appellent à la résistance. Que la Communauté européenne accorde encore une fois à l'Irlande des subventions énormes, sans poser de questions. Le prix des vols ne cessant de chuter, et de nouveaux aéroports de s'ouvrir à l'extrême ouest et au nord, le pays entier est en danger. L'art de vivre irlandais est menacé comme jamais. Si la nation dans son ensemble ne se prépare pas à prendre des mesures, des médecins gonflés pourraient réussir là où mille ans de propriétaires terriens, de politiciens et de soldats anglais ont échoué.

Croyez-moi, je sais de quoi je parle. Je suis allé à South Uist. J'ai rencontré le type qui équipe les hérissons de petits gyrophares permettant de les suivre de nuit, et il n'est pas si fou qu'on pourrait le croire. J'ai vu les dégâts que ces petits salopards à piquants sont capables de causer.

Cela dit, je n'ai rien contre le fait que les enterrements de vie de garçon arrivent jusqu'ici, à Cong. Ça gommerait peut-être quelques-uns des sourires suffisants que j'ai vus ce soir. Cet endroit m'a mis de mauvaise humeur. Il mérite tous les docteurs nus que la Grande Bretagne peut envoyer.

Cong se trouve sur une langue de terre, entre le Lough Corrib au sud, le Lough Mask au nord, et le Joyce Country avec les rivières et les montagnes spectaculaires du Connemara à l'ouest. J'en gardais le souvenir d'un délicieux petit bourg à l'atmosphère presque féérique. Cong est célèbre pour sa splendide abbaye du XIIe siècle en ruines, ainsi que pour sa croix ornée : une pièce datant du XIIe aussi, richement sertie de pierreries et utilisée lors des processions. Considérée comme l'une des plus belles œuvres d'art européennes de cette époque, elle est aujourd'hui conservée au National Museum de Dublin. *L'Homme tranquille*, le film de John Ford dans lequel joue John Wayne, a également été tourné à Cong. Parmi les nombreuses attractions agréablement peu fréquentées que compte le village figure le Dry Canal, chantier de construction maudit, entrepris au XIXe siècle, pour relier les deux lacs à l'aide d'un canal. Au bout de cinq ans de travaux, on mit le canal en eau, et il s'assécha aussitôt parce qu'il avait été creusé dans du calcaire poreux. Voilà qui aurait donné lieu à une blague irlandaise tordante, si l'ingénieur responsable du projet n'avait été britannique. Pardon, anglais.

Et j'imagine que Edge, le guitariste de U2, a dû déménager, à présent, mais la dernière fois que je suis passé à Cong, il habitait dans la maison où Oscar Wilde avait passé son enfance. En théorie, c'était un grand secret. Mais sitôt arrivé en ville, dès qu'on entrait au pub, le serveur lançait : « Qu'est-ce que je vous sers ? Au fait, vous savez que Edge habite ici ? » Même chose dans les magasins : « Ça fera 4,90 £. Et Edge habite ici, vous savez. Juste au bout de la rue. Vous ne pouvez pas le louper. »

Hier soir, sur le ferry qui me ramenait d'Inishmore, j'ai donc décidé de m'arrêter à Cong. De là, je pourrai ensuite serpenter à travers le Connemara jusqu'à Westport, puis dans le comté de Sligo, et enfin celui de Donegal où m'attend mon jeûne expiatoire nu-pied avec application de saintes sangsues chauffées à blanc.

Mais quand j'ai débarqué, le ciel était couvert, et je n'ai pas eu envie de faire le magnifique trajet jusqu'à Cong sous ce mauvais temps. Je manœuvrais pour sortir le Tank du parking quand un type que j'avais vu à bord s'est approché.

« Vous iriez pas à Galway, par hasard ?

– Je ne sais pas où je vais, mais pas à Galway. Il va sans doute falloir que je me trouve une chambre.

– Ah ! alors le mieux pour vous, ça serait Spiddal. Y a des tas d'endroits où dormir, là-bas.

– Et c'est où, Spiddal ?

– Sur la route de Galway. »

Donc, en fin de compte, j'allais à Galway.

Mon passager est un jeune homme brun, aux yeux marron, avec un sac de voyage écossais. Il m'explique qu'il ira dans les îles dès que possible parce qu'il travaille pour un agent immobilier à Galway et qu'il déteste cet endroit. Mais alors, je m'étonne, il reste encore des bonnes affaires à trouver ?

« Vous pouvez en trouver encore dans le Connemara, mais sans parler le gaélique, vous aurez du mal. Les Allemands y achètent des tas de maisons, et ils revendent très vite. »

Il me parle de deux clients allemands, des homos qui avaient passé deux ans à retaper une fermette à la sortie de Galway, au point d'en faire un modèle du genre. Puis ils se sont dit qu'après tout, l'Irlande ne leur convenait pas vraiment, et ils ont mis la maison en vente. L'un des deux étant photographe, il a laissé au patron de l'agence un superbe album de photos de la maison, assorti d'une vidéo.

« Dans nos fichiers, on a une dame qui travaillait comme gouvernante chez un prêtre. Quand le prêtre est mort, elle s'est mise à rechercher une petite maison. C'est une vraie fée du logis, vous voyez, le genre très maniaque. Alors, je me suis dit que cette maison serait parfaite pour elle. Je lui donne le descriptif, la vidéo, et je lui dis de nous appeler si elle a envie d'aller jeter un coup d'œil. Tenez, déposez-moi où vous voulez, on est arrivés à Spiddal. »

Je me range sur le bas-côté et j'éteins le moteur le temps qu'il termine son récit.

« Le lendemain, voilà la cliente qui revient, furieuse. Elle veut même pas m'adresser la parole. Elle accepte seulement de parler à la vieille femme qui s'occupe des photocopies. En fait, la vidéo… (Il se marre.) La bande vidéo avait déjà servi. »

Oh ! non.

« Donc, la maison était filmée, quoi, tout bien, et à la fin, on voyait de la neige à l'écran, alors elle se lève pour éteindre sa télé… »

Mon Dieu, pas ça. Et la gouvernante d'un prêtre, en plus.

« … et là, le film porno commence. Des trucs d'homos. Mais du vrai, quoi. Et comme ce n'était pas le début du film, y avait vraiment de l'action. Elle a pété les plombs. »

Il ouvre la portière et descend.

« Merci pour le trajet. Vous avez des B&B tout le long de la rue, là, et d'autres dans la rue à gauche après le pub. La cliente s'est rabattue sur un appartement, pour finir. Allez, à la prochaine ! »

J'avais déjà traversé Spiddal en venant de Galway pour aller prendre le ferry. C'est un joli petit village en bordure de la baie, avec à peine une ou deux pancartes « Cambio » ou « Wechsel » pour signaler que c'est devenu un site touristique international. J'ai trouvé un B&B, mais hélas, sans propriétaire farfelue. Il n'y a guère qu'un jeune homme taciturne qui me conduit à une chambre confortable dans une annexe banale, et me donne ma clé sans me demander mon nom.

Je n'ai pas tardé à trouver un vieux pub sentant le bois neuf, fraîchement rénové, agrandi, et équipé de nouveaux plafonds en placoplâtre serti de minispots ressemblant à des yeux de poissons. Un soir comme celui-là, au plus fort de la saison, l'endroit est une véritable presse à billets. Au fond de la salle, dix musiciens – je les ai comptés – jouent, assis en cercle. Il y a là deux flûtes, deux violons, un harmonica, un *bodhran*, une guitare, une mandoline, un accordéon et un pipeau. Quand la musique traditionnelle est bonne, elle swingue comme du jazz. Ces gens-là sont bons.

Je m'accoude au bar et j'observe l'habituel mélange de nationalités en train de faire la fête. Les serveurs portent des polos au nom du pub et parlent anglais aux clients mais gaélique entre eux. À l'oreille, j'essaie de repérer dans la foule les gens du coin, et je me rends vite compte qu'ils en font autant. J'en viens à me dire que c'est encore la meilleure méthode pour rafler les bénéfices du tourisme, tout en conservant une culture locale, un milieu musical, un réseau d'amis et de nouvelles sur lesquels les gens extérieurs ne peuvent pas empiéter, même s'ils se trouvent dans la même pièce. Deux univers contigus, se côtoient sans jamais se mêler, tous deux satisfaits de leur sort.

Une femme vient au bar commander une grande tournée. Elle porte un T-shirt sur lequel on lit : *Connor O'Neill's Traditional Irish Pub. Ann Arbor. Michigan.* À côté d'elle, un grand gaillard hâlé aux oreilles poilues, que j'ai d'abord pris pour le patron, taille une bavette interminable avec un couple de vieux engoncés dans un trop grand nombre de manteaux pour la saison. Quand il s'interrompt pour boire un coup, Ann Arbor lui touche le bras.

« Excusez-moi ? Je suis très intriguée par votre accent, mais j'ai un peu de mal à le comprendre. De quelle région d'Irlande êtes-vous ?

– Je parlais gaélique, ma belle. »

Je retourne à ma chambre avec l'idée de regarder un peu la télé, mais comme il n'y en a pas, je me rabats sur la radio.

« Salut, c'est Boy George. Si, comme moi, vous avez un peu plus de trente ans... »

Hein, quoi ?

« Les années 80 étaient-elles une période brillante, ou simplement une époque où un tas de nases s'amusaient avec le Ricil de leurs mamans ? »

Tout le monde s'en fout, George. On est dans le Connemara.

« Alors n'oubliez pas, Premier Direct, l'assurance auto pour les plus de trente ans. »

Véridique. Je l'ai entendu à la radio. Les célébrités du show-biz se prêtent à ce genre de publicités en se disant que ça va passer inaperçu et qu'aucune de leurs connaissances n'en aura vent. Un petit peu plus tard, Bryan Ferry vient faire l'article pour la Poudre Akiléine, mais je dormais déjà à poings fermés et je l'ai loupé.

Le lendemain matin, je longe la baie de Galway vers l'ouest, puis je pique au nord et entre dans le Connemara. À la sortie de Casla, je prend une auto-stoppeuse, une Néo-Zélandaise souriante au visage constellé de taches de rousseur. Je n'en avais jamais vu autant.

« Super bagnole, commente-t-elle. Mon père en avait une comme ça. Un peu bruyante, quand même, non ? »

Les statistiques révèlent que le peuple néo-zélandais est celui qui voyage le plus au monde, personne d'autre n'étant disposé à faire vingt mille kilomètres pour aller bosser dans un bar. Vicki voyage seule, et dort sous la tente. Elle est partie de Nouvelle-Zélande il y a cinq ans, mais c'est la première fois qu'elle vient en Irlande. Je lui demande où elle compte aller ensuite.

« Chais pas. Ce qu'il me faut, pour le moment, c'est une laverie automatique, et un cybercafé. Vous savez pas s'il y a ça dans le coin, par hasard ? »

On traverse quelques-uns des paysages les plus somptueux d'Irlande, en suivant des ruisseaux argentés à travers des vallées sauvages et désertiques. Des touffes blanches soyeuses de linaigrettes pointent hors de la tourbe de part et d'autre de la route. Le soleil court entre les nuages accrochés très haut dans le ciel et crée sur les collines ces jeux constants de lumière et d'ombre qui sont l'un des ravissements des paysages d'Irlande de l'ouest, lorsqu'il ne pleut pas des cordes. Je dépose Vicki à Leenane, devant le musée du Mouton et de la Laine. Elle trouvera peut-être un cybercafé ? Pour ce qui est de la laverie automatique, en revanche, je ne vois pas du tout.

Quand on entre dans Cong par la route de Leenane, on tombe immanquablement sur une de ces bizarreries locales qui donnent à la région une atmosphère un peu étrange. On se croit en train de traverser un pont banal sur une jolie petite retenue d'eau, à côté de la station essence et du supermarché, mais en fait il s'agit de la résurgence, phénomène naturel unique : les eaux du Lough Mask disparaissent sous terre pendant cinq kilomètres pour brusquement resurgir là, parfois même déborder et transformer la route en mare aux canards. Quelques mètres plus loin, le cours d'eau disparaît à nouveau dans le Poll Tuaithfil (le bassin des tourbillons) et reparaît quelques kilomètres en aval, pour se déverser dans le vaste Lough Corrib. Ces curieux cours d'eau enfouis sont l'explication poétique, sinon scientifique, de nombreuses légendes locales liées au monde souterrain.

Tout cela, ajouté au fait que *L'Homme tranquille* y a été tourné, m'incite fortement à visiter le village. Pour le cas où on ne le saurait pas, on tombe à l'entrée du village sur une série d'enseignes célébrant le film : un pub, une coffee-shop, une auberge de jeunesse dans le centre. Le magasin Murphy a servi de décor au bar de Pat Cohan, dans le film, et bien que ce soit resté un commerce, on peut désormais lire sur l'enseigne récemment repeinte : *Pat Cohan, Bar*. Une pancarte annonce : « Excursions en bateau organisées par Steven, qui a joué dans *L'Homme tranquille.* » Il vaut mieux prévoir un gilet de sauvetage, étant donné que le film a été tourné en 1951.

Il était déjà tard, et j'ai aussitôt entrepris de me trouver une chambre. C'est d'ailleurs ce qui me vaut d'être de si mauvaise humeur en attendant l'arrivée de mon plat de résistance. Mais tenez, le voilà justement. Alors, c'est donc ça, les pommes de terre mexicaines ! Nom de Dieu, il y a même de la pastèque avec ! Et trois grains de raisin. On comprend qu'ils aiment tant la tortilla, au Mexique.

Je me suis d'abord présenté dans deux B&B à la fenêtre desquels était affiché un panneau « chambres à louer ». « Une chambre individuelle ? Désolée, tout est pris. » Je me suis alors dit que j'allais m'offrir l'hôtel de la rue principale, où le type de la réception m'a accueilli avec un grand sourire.

« Vous avez des chambres libres ?

– Oui, bien sûr. Combien de personnes êtes-vous ?

– Il n'y a que moi.

– Ah ! non, désolé, tout est plein. »

Le hippie anglais sur le retour, installé au comptoir de la réception, à l'auberge de jeunesse, ne m'a même pas laissé finir ma phrase, et m'a interrompu d'un « Rien du tout », l'air tout content. Sa lippe dédaigneuse signifiait : « J'ai un fond de commerce florissant alors que toi, tu n'as même pas un lit pour ce soir, minable », à moins que je devienne parano. Mais il y a un peu de quoi. À 6 heures du soir, le propriétaire d'un hôtel deux étoiles m'a toisé en plissant les paupières.

« J'ai une chambre, mais je vais devoir vous facturer le prix fort.

– Bon. Combien ?

– C'est une grande chambre double, vous comprenez.

– Combien ? »

Suit un temps de silence, pendant lequel il m'a soupesé.

« Soixante livres. »

En repassant la porte dans l'autre sens, je l'ai entendu me crier : « C'est assez grand pour une famille, vous comprenez. »

Je suppose qu'on s'attend plus ou moins à se faire Killarnifier à Killarney, mais pas dans un petit village de trois cents habitants comme Cong. Cela dit, c'est là qu'a été filmé *L'Homme tranquille*. J'avais peut-être omis de le préciser ?

Juste à la sortie du bourg, se trouve le château d'Ashford, ancienne demeure de la famille Guinness, aujourd'hui transformée en hôtel de luxe. Vous n'allez pas me croire, mais certains passages de *L'Homme tranquille* y ont été tournés, raison pour laquelle le prix des chambres démarre à 140 £ la nuit. Il y a un gardien en livrée, et une barrière à l'entrée pour empêcher le commun des mortels d'accéder, quoique en versant 2 £, ils puissent entrer et regarder. J'ai fais demi-tour et retraversé l'agglomération.

« Toutes chambres avec salle de bains attenante », annonçait le panneau devant une gigantesque maison neuve avec des pierres fraîchement levées plein le jardin. Un homme m'a conduit à l'étage pour me faire voir un petit placard équipé d'un lit et d'un lavabo pour nain.

« Où est la salle de bains ?

– Au bout du couloir.

– Mais le panneau annonce : “toutes chambres avec salle de bains attenante” ! »

Il a haussé les épaules : « Ouais, bon, c'est qu'une chambre individuelle, hein ! »

Huit cents mètres plus loin, dans une maison encore plus solitaire, je suis enfin tombé sur une femme enjouée ravie de pouvoir me fournir une grande chambre avec salle de bains, qui donne sur le silence des prés, des bois, et d'une ruine couverte de lierre. Il était trop tard, cependant, pour que mon humeur s'arrange. À l'heure qu'il était, j'avais envie de mordre. Je me suis changé et suis parti en ville, persuadé que j'allais passer une soirée détestable. Et comme de bien entendu, c'est ce qui est en train de se produire.

J'ai erré un moment dans une colère noire, en me répétant que la ville féerique qui m'avait tant charmé, voilà quelques années à peine, avait vendu son âme au tourisme. Jusqu'au magasin Murphy/*Pat Cohan, Bar* qui ne vend plus de bonbons, conserves, et quincaillerie en tous genres, et s'est recyclé dans les bibelots et souvenirs de ce bon Dieu de film ! Ça ne ressemblait plus au village accueillant où, quelques années plus tôt, une personne sur deux me demandait si j'étais au courant que Edge habitait là. Oh ! pardon, c'était censé rester secret.

Finalement, je suis entré dans ce petit resto de la rue principale pour tâcher de me calmer en mangeant. La cuisine est plus fantaisiste que mauvaise. J'ai commandé du canard à l'orange, donc voilà du canard, flottant au milieu d'un liquide gris. C'est un peu pâlichon et gras, mais je ne vais pas en mourir. Je pense que ça a dû subir le micro-ondes, ou bouillir dans l'emballage, ou peut-être les deux. En plus des pommes de terre mexicaines, de la pastèque et des grains de raisin, ça s'accompagne de pommes de terre irlandaises, de poivrons rouges, jaunes et verts, de deux sortes de salade, de chou-fleur béchamel, de brocolis, de maïs, de carottes, de chou rouge, de persil et de rondelles d'orange, le tout sur une seule gigantesque assiette. C'est un mélange bigarré, sans doute l'œuvre de quelqu'un en proie à une crise de nerfs, qui s'est enfermé dans la cuisine et a accommodé tous les ingrédients à portée de main. Dans le fouillis de couleurs et de saveurs disparates, on perçoit presque le goût de ses sanglots. Cela dit, le chou rouge est délicieux. Et je ne devrais plus avoir faim avant un moment. Même les Tweedle auraient calé devant pareille assiette

Les serveuses, en plus, sont adorables : une jeune fille d'environ seize ans et une dame de soixante-dix, qui se mettent en quatre pour l'agrément des convives. J'ai refusé un petit pain avant mon repas. « Prenez-le donc, m'a dit la vieille dame. C'est gratuit, vous savez. » Un peu plus tard, je l'ai vue passer ventre à terre devant ma table, avec un supplément de pommes de terre dans une sauce solide. Elles n'avaient pas l'air mexicaines. Pas de pastèque. C'était peut-être la variante bolivienne.

Le couple plutôt chafouin de la table voisine a l'air d'avoir bien entamé le sherry avant de sortir, ce soir. La vieille dame se confie à eux en déposant les pommes de terre :

« Elle est en panne de personnel, vous comprenez, alors j'ai dû venir en renfort. Mais en réalité, je ne devrais pas travailler. »

Elle baisse la voix, jette un regard furtif à la ronde, pour s'assurer que personne n'écoute, et constate qu'elle peut parler sans crainte puisque l'autre couple est en train de se disputer, et moi, de griffonner dans un cahier.

« En réalité, je devrais être chez moi, j'ai une maladie contagieuse. »

Retour à 22 heures au B&B. Malgré le risque de contagion, j'ai rapporté du restaurant les trois quarts d'une bouteille de côtes-du-rhône. J'ai eu de la chance de pouvoir dîner : contrairement à tous les autres villages irlandais, Cong ne compte apparemment aucun pub engageant. Je suis entré dans quatre établissements différents ce soir et n'ai bu que dans deux. Tous avaient été agrandis ou massacrés d'une manière ou d'une autre, pour recevoir un plus grand nombre de clients. On y fourguait une nourriture d'aspect industriel, dans un environnement déprimant. Partout, la télé était allumée, et dans deux cas, un juke-box fonctionnait en même temps, dont un jouant de la techno de supermarché. Des assiettes sales traînaient sur les tables, et personne n'avait l'air de s'intéresser aux clients : après tout, ce sont des touristes, ils viendront bien quand même. On se serait cru en Angleterre.

De toute évidence, un grand nombre des hôtels, commerces et bars étaient aux mains de deux ou trois familles, pour qui c'était la grande vie. Maintenant que le tourisme est devenu un tel moteur pour l'économie irlandaise, tous les petits villages typiques ne vont-ils pas prendre le même chemin, dès qu'ils constateront comme il est juteux de faire commerce de ses particularités, en s'accrochant à la remorque du Tigre celtique et en faisant intervenir les promoteurs immobiliers ? Un tourisme florissant vous transforme très vite n'importe quel endroit en sa propre caricature.

Tout en versant le reste de vin dans mon verre à dents, je me dis qu'on ne peut sans doute pas faire indéfiniment ses choux gras du succès de *L'Homme tranquille*. Ce n'était peut-être pas le cas il y a vingt ou trente ans, mais je suis sûr qu'aujourd'hui, la plupart des visiteurs qui viennent à Cong n'avaient jamais entendu parler de ce bon Dieu de film, avant de mettre le nez dans leur guide touristique.

« Ah ! tiens, regarde, c'est là qu'ils ont tourné le film avec John Wayne.

– Lequel ?

– Ce film, tu sais bien.

– On l'a vu ?

– Pas sûr. »

Le petit village astucieux qui voudrait se faire un nom sur la carte d'Irlande n'a qu'à inventer un film tourné sur place quelques décennies plus tôt, et fabriquer toute la gamme des produits qui vont avec. Humphrey Bogart dans, disons, *Une Rasade de noir*. Voyez, le banc sur lequel il s'est assis. Et voici le châle que portait Lauren Bacall. Personne n'ira vérifier. Les gens accourront par milliers. Une rock star à demeure, ça pourrait avoir son utilité aussi. Et un dauphin. Ou une baleine.

Il est 11 heures moins dix, je me mets au lit, du vin plein les babines, quand un bruit de voiture rompt le silence nocturne. On sonne à la porte d'entrée, pendant que le moteur continue de tourner devant la maison. Ma chambre étant au rez-de-chaussée, à droite de la porte, j'envisage d'aller ouvrir, mais je suis de mauvaise humeur, nu, et j'ai les lèvres et les dents rouge vif. Je laisse courir.

J'entends la propriétaire ouvrir la porte. Une voix stridente d'Américaine transperce la nuit.

« Excusez-moi, je sais qu'il est tard, mais vous n'auriez pas une chambre ? Je crois que nous nous sommes perdus. On est arrivés à Dublin ce matin… »

À Dublin ? Ça par exemple ! Mais c'est de l'autre côté du pays. Comment diable ont-ils fait pour arriver jusqu'ici ? C'est déjà assez difficile à trouver quand on sait où chercher !

« … et on ne sait plus du tout où on est. Je ne sais pas quoi faire. Mais vous… vous auriez une chambre ?

– Vous êtes combien ? »

Au ton de la propriétaire, on sent qu'elle craint un plein bus.

« Quatre. Quatre en tout.

– Eh bien ! j'ai justement une chambre avec un lit double et deux lits jumeaux.

– Ça fait quatre ?

– C'est ça.

– Super. Je la prends. Merci.

– Ça fera 60 £.

– Parfait. Merci. Ah ! au fait, vous pouvez me dire où on est ?

– Dans le comté de Mayo.

– Pardon ?

– Dans le comté de Mayo.

– D'accord. Je vais chercher les bagages et les gosses. »

Quand je vais prendre le petit déjeuner, le lendemain matin, tout le monde est là : Maman, sa fille lycéenne accompagnée d'une amie, et un fils de douze ans, une casquette de base-ball sur le crâne. L'immense salle à manger se trouve dans une annexe récente qui ne déparerait pas dans un hôtel de taille moyenne. Ça sent très fort le détournement de subvention de la CEE.

Il ressort clairement de la conversation des nouveaux venus qu'ils n'étaient encore jamais sortis des États-Unis, donc jamais venus en Irlande, et les multiples malentendus que suscite le choix du petit déjeuner sont on ne peut plus pénibles. La propriétaire déploie des trésors de sang-froid, mais la commande fait perdre dix bonnes minutes d'espérance de vie à tout le monde. Tandis que j'attends avec délice leur réaction face à leur première confrontation avec le boudin noir, la fille – encore très affectée par l'inconcevable carence en *bagel* – lève le nez de son pamplemousse en conserve et demande à sa mère :

« M'man, qu'est-ce qu'on fait aujourd'hui ?

– On va se trouver de la Guinness, je pense.

– Ça existe, la ville de Guinness ?

– Non, ma chérie, je ne crois pas.

– Ah bon ? Tiens, ça m'étonne. »

La propriétaire revient avec les petits déjeuners complets. Les gamins béent de stupéfaction. M'man regarde la propriétaire et sourit.

« Excusez-moi ? J'ai une question à vous poser. »

L'hôtesse répond aimablement :

« Que puis-je faire pour vous ?

– La sauce, elle vient d'ici ? »

La brave dame scrute désespérément le présentoir à sauces et à moutarde dans l'espoir de comprendre, mais la question de M'man demeure cruellement indéchiffrable.

« Je ne comprends pas.

– Mayo. C'est ici qu'on fait la mayo ? La mayo du thon mayonnaise ? »

Je devrais savoir, depuis le temps, qu'il vaut souvent mieux s'abstenir de râler quand le sort contrarie vos projets, et qu'on est détourné de son but initial pour se retrouver complètement ailleurs. Les destinations inattendues sont immanquablement les meilleures. La clique des hôteliers de Cong au grand complet peut bien m'en avoir fait baver des ronds de chapeaux, et même pire, ma présence ici se trouve subitement justifiée par la nouvelle dimension qu'acquiert à mes yeux le mot Mayo.

Bien avant que les Celtes arrivent en Irlande au IVᵉ siècle avant J.-C., le pays était occupé par des tribus dont l'origine reste obscure, mais qui jouissent aujourd'hui d'un prestige quasi mythique. Jusqu'aux environs du Xᵉ siècle avant J.-C., un petit peuple brun de peau, nommé les Fir Bolg, exerçait sa domination, avant d'être chassé par les Tuatha de Danaan, tribu d'individus au teint blanc considérés comme de puissants magiciens. La bataille décisive – la première jamais relatée dans l'histoire du pays – se déroula à Moytura, à l'orée de l'actuel village de Cong.

Une atmosphère de calme étrange plane sur la région entière. Quand je quitte le village au volant de ma voiture, il n'y a pas âme qui vive dans les rues – sauf, bien sûr, les Fir Bolg et Danaan morts depuis longtemps qui m'épient derrière chaque muret de pierres. Le paysage est comme vide, en attente, impression stimulante et inquiétante à la fois. À quelques minutes à peine du village, je me gare sur le bas-côté désert, j'escalade un échalier pour entrer dans un pré et je me fraie un chemin à travers un troupeau de féroces moutons dépeceurs de blaireaux, pour aller voir un cercle mégalithique.

Les pierres se dressent sur une crête en partie abritée d'arbres qui domine un patchwork de champs hachuré de murs de pierres. Sitôt dans l'enceinte, j'éprouve un profond bien-être. J'ai plaisir à me dire que ce sentiment résulte de ma réceptivité à la magique énergie résiduelle des Tuatha de Danaan, mais c'est sans doute plus prosaïquement le soulagement d'échapper à la petite mais vorace industrie touristique de Cong. Je retrouve l'enthousiasme vibrant que procure le contact libre et individuel avec les vestiges et reliques de nos ancêtres, dont regorge l'ouest de l'Irlande. Ces lieux n'ont jamais été exploités ; ils sont là, à notre disposition et, à condition d'être doué d'un minimum d'imagination, on peut y sentir un lien très direct : ces gens étaient là jadis, et à présent, c'est moi qui y suis. Peut-être y a-t-il un petit peu des Tuatha de Danaan en chacun de nous ?

Les archéologues et les mystiques qui se disputent encore sur la raison d'être de ces cercles mégalithiques devraient sans doute s'intéresser à l'explication qu'en donnent les bardes de l'Antiquité. Le guerrier vedette des Fir Bolg se nommait Balor du Mauvais Œil. C'était un géant doté d'un troisième œil dont il se servait pour réduire ses ennemis en poussière. Le genre de choses à ne pas négliger quand on établissait une stratégie pour la bagarre du lendemain. Selon les bardes, la tactique mise au point par les Danaan consista à dresser ces pierres puis à peindre dessus des guerriers. Quand Balor leur fit le coup du mauvais œil et qu'ils restèrent debout sans se désintégrer, inébranlables, il crut avoir perdu son pouvoir et quitta le champ de bataille, déshonoré. Les Fir Bolg encaissèrent alors une terrible dérouillée.

Un peu à l'écart du village de Cross, je me gare devant un pavillon entouré d'un plein jardin de toboggans et de balançoires en plastique, et m'engage sans conviction sur un sentier censé mener au cairn de Ballymagibbon. Le cairn en question est un énorme tas de pierres dont le sommet culmine à la même hauteur que la cime des arbres. Là encore, personne. L'unique signe de présence humaine est la détonation réconfortante d'une carabine de chasse au moment où je débouche du sentier. Au bout de quelques minutes à l'abri d'un mur, dans la posture du trouillard préconisée par la Convention de Genève, je me relève et escalade le cairn.

D'après la légende, il fut érigé au terme du premier des quatre jours que dura la bataille, quand chaque guerrier Fir Bolg apporta une pierre, avec en plus la tête d'un ennemi en hommage à son roi. Si c'est vrai, on se demande comment il se peut qu'ils aient perdu. Le cairn est l'un des cinq, répartis sur les sept ou huit kilomètres de l'ancien champ de bataille, dont on prétend qu'ils commandaient un réseau de couloirs menant à une chambre centrale de crémation.

C'est assurément un monument représentatif du comté de Mayo. Du sommet, on a vue sur des kilomètres et des kilomètres de murs en pierres et de bâtiments de fermes en ruines, et il y a là plus de caillasse qu'on en verra jamais au cours d'une vie ordinaire, le tout – murs, cairns, fermes, granges – édifiés par des gens disparus. La main de l'homme est visible, mais pas l'homme. On l'entend, cependant. Pan ! Nouvelle détonation. Je me sens curieusement vulnérable, exposé au sommet de ce cairn. Soudain, les arbres tout autour de moi se mettent à frémir et ploient sous l'effet d'une bourrasque venue de nulle part. Je dévale le tas de pierres, en prenant soin de ne pas marcher par mégarde sur des têtes coupées.

Il faut encore rouler trois kilomètres pour rallier un hameau isolé appelé Neale. Dans un pré, gardé par des chevaux nerveux, je trouve les dieux de Neale : une pierre ancienne sur laquelle sont gravés un homme, un animal, un reptile et une inscription que jamais personne n'a pu déchiffrer. Quelques centaines de mètres plus loin, dans un autre pré, se dresse une grande pyramide en pierre, aussi grise que le ciel d'aujourd'hui, érigée en guise de folie au XIXe siècle. De l'autre côté de la route, le cimetière est envahi de croix celtiques, près d'une église en ruines inimaginablement romantique. À un croisement, la pierre nommée Long Stone signale, dit-on, la tombe de Lu à la Grande Main, fils du roi des Danaan, tué pendant la bataille de Moytura. Pour des vainqueurs, ils n'ont vraiment pas l'air de s'en être si bien sortis que ça.

Il est arrivé une chose terrible à la Long Stone : sur le mur d'une ruine toute proche, s'étale un panneau jaune vif, peint depuis peu, vantant hébergement et « installations touristiques » disponibles un peu plus loin. La pierre est maculée d'éclaboussures de peinture, et personne n'a pris la peine de la nettoyer. Enduire de laque jaune la poule aux œufs d'or du tourisme, n'est-ce pas presque aussi nul que de la tuer ? L'Irlande rurale se lève tard, maintenant que toutes ces histoires de collecte des œufs et de traite manuelle appartiennent au passé. La matinée est largement entamée, et je n'ai toujours pas vu âme qui vive, quand j'entends enfin des voix, au loin. Un peu plus bas, sur la route, une cycliste approche, suivie d'un homme en tenue de footballeur. Un adepte du *hurling*, ou du foot gaélique, je suppose, qui s'entraîne en vue d'un match important. Ils s'arrêtent. L'homme prend la pose, tout essoufflé, devant la pierre. Je remarque alors qu'il s'agit d'une bicyclette de location. La cycliste sort un appareil, mitraille le footballeur, et zou, le voilà reparti dans la direction d'où il vient, tel un lévrier sorti de sa cage. Ils ne se sont rien dit, et ne m'ont pas adressé un mot non plus. C'est une comédie sans paroles, mais pas drôle. La femme m'ignore avec beaucoup d'application, le temps de remballer son appareil. Je lance donc : « Bonjour ».

Elle sourit, pour m'amadouer, mais visiblement, elle ne songe qu'à déguerpir. Lui, est déjà à deux cents mètres.

« Salut. »

Elle remonte à vélo, mais je tiens à savoir.

« Et… vous êtes d'où ?

– D'Allemagne. Excusez-moi. »

Elle me darde un bref aperçu du mauvais œil de Balor et file rattraper le footeux.

Les Tuatha de Danaan ont peut-être remporté la bataille à Moytura, mais ils se sont fait battre à leur tour par les envahisseurs celtes. Quand ils ont compris que les dés étaient jetés, il paraît qu'ils ont usé de leurs pouvoir magiques pour se transformer, devenir ce petit peuple dont parlent les légendes irlandaises, et se cacher sous terre. La région de Cong est truffée de grottes et de passages souterrains dans lesquels ils disparurent. En retournant au village, je m'arrête à nouveau près d'un cercle mégalithique, dans un endroit du nom de Nymphsfield. Au fil des siècles, on y a vu des groupes d'enfants-fées, des hommes et des femmes du petit peuple en train de danser et de s'adonner au *craic* sous le clair de lune : c'étaient les Danaan, qui célébraient leur célèbre victoire sur les Fir Bolg, du moins c'est ce qu'affirme la légende. C'est une merveilleuse histoire : il règne en effet dans toute cette région une atmosphère mystérieuse et envoûtante, véritablement fascinante.

Comment ai-je pu, comme le dernier des nuls, laisser quelques loueurs de chambres sans vergogne gâcher ma visite ? À l'avenir, j'essaierai de ne plus oublier qu'une chambre n'est guère qu'un endroit où dormir, et que ça n'a aucune importance. C'est l'environnement qui compte. C'est curieux comme j'ai l'impression d'entendre des voix chaque fois que je me concentre sur des pensées positives. Minute, mais c'est que j'entends vraiment des voix. Étouffées, d'accord, mais bien réelles quand même. Les esprits défunts de Nymphsfield ? Les Tuatha de Danaan morts il y a si longtemps à Moytura ? Ces voix, que disent-elles donc ?

« *Vier Minuten zwanzig... fünf und zwanzig... dreissig. Komm* ! *Schnell, schnell...* »

Le coureur grimaçant et sa petite amie cycliste passent en coup de vent, à la poursuite de la joyeuse imperfection de l'Irlande. Je repars vers la voiture, et Westport.

Au lieu de prendre l'itinéraire direct vers le nord, je décide de bifurquer plein ouest et de retraverser le Joyce Country, avant de retourner dans le Connemara. Le ciel s'est dégagé, les magnifiques vallées planes, l'herbe drue et les montagnes sauvages sont belles à y tourner des films. D'ailleurs c'est ce qui se fait, comme je le constate en tombant sur une équipe de tournage au détour d'une petite route, à la sortie de Leenane. Un mécanicien est allongé sous une Jaguar de collection pendant qu'un ingénieur du son règle son micro à perche. À propos, s'il vous arrive un jour de voir travailler une équipe de tournage, n'allez pas servir à l'ingénieur du son je ne sais quelles plaisanteries comme quoi son micro ressemblerait à un petit animal à fourrure. Il grimacerait sans doute un sourire en feignant d'entendre ça pour la première fois, mais un jour qui ne sera pas fait comme un autre, un de ces gars-là va égorger quelqu'un.

Leenane est un magnifique village cerné de montagnes, au bout de Killary Harbour. Un film intitulé *The Field*[1] y a été tourné il y a quelques années. Il y a donc désormais une coffee-shop portant le même nom, ce qui signifie que l'endroit court le risque de se Cong-ifier. Je quitte l'endroit en me demandant ce que les archéologues en diront d'ici quelques milliers d'années. Trouveront-ils, dans les éboulis des ruines de Cong, des preuves confirmant qu'en effet, comme le disent les légendes, les gens venaient bel et bien du monde entier pour se recueillir, au nom de raisons qui se sont perdues dans la nuit des temps, sur l'autel de *L'Homme tranquille* ?

Le trajet de Leenane à Louisburgh est parmi les plus beaux du pays. Après avoir serpenté au pied de montagnes sauvages pour contourner le nord de Killary Harbour, on se retrouve à Delphi devant celles, grandioses, du Connemara. En piquant au nord par le col qui longe la rive est du Doo Lough, on arrive à un monument de pierre, sur le bord de la route. Je gare le Tank sur un bas-côté marécageux qui ne me dit rien qui vaille, et je rebrousse chemin à pied pour

1. Film de Jim Sheridan (1991). (*N.d.T.*)

lire l'inscription. « À la mémoire des pauvres affamés que comptait l'Irlande en 1849 et que compte le tiers-monde aujourd'hui », y lit-on. Tout à coup, je sais où je suis.

C'est par cette vallée, en plein hiver, que passèrent plus de cent cinquante des victimes de la famine. À l'asile des pauvres de Westport, on leur refusa à manger tant qu'ils ne seraient pas inscrits auprès des administrateurs des pauvres, qui siégeaient au château de Delphi, à vingt-deux kilomètres de là. Ils se rendirent jusqu'à Delphi par un temps abominable, pour apprendre que les administrateurs étaient en train de dîner et refusaient de les recevoir. Ils moururent par dizaines dans la neige, au cœur du paysage magnifique et désolé qui s'étend à l'ombre du Croagh Patrick, la montagne sacrée d'Irlande.

Le Reek, de son autre nom, domine la ligne d'horizon quand on arrive à Louisburgh et Westport. Le temps est dégagé, aujourd'hui, je peux donc le contempler à loisir, mais pour le moment, je ne vois pas trace de la moindre lanterne au sommet. Peut-être que Gerry a eu des problèmes avec la pelleteuse ? Ça peut être très capricieux, ces engins-là.

Une femme fait du stop sur un bout de route désert. Je me dis qu'il doit s'agir d'une étudiante irlandaise, car elle en a l'air. En fait, c'est une sculptrice canadienne du Yukon, mais comment pouvais-je le deviner ? Elle va à Castlebar, ville principale du comté de Mayo située à une petite quinzaine de kilomètres de Westport. Je lui demande ce qui la pousse à se rendre là-bas.

« Je vais à la bibliothèque écouter un écrivain.

– Quelqu'un que je pourrais connaître ?

– Euh, le type qui a écrit ce bouquin, là… Sur l'Irlande ? J'oublie toujours son nom. »

On passe alors un moment à énumérer tous les livres sur l'Irlande, et en fin de compte, ce sont *Les Cendres d'Angela* qui l'emportent.

« Frank McCourt ? À la bibliothèque de Castlebar ? Vous en êtes sûre ?

– Je crois bien. Tenez, j'ai un dépliant. »

Une annonce manuscrite photocopiée spécifie que l'auteur du prix Pulitzer sera en effet à Castlebar ce soir à 18 heures, donc moi aussi. Je n'ai lu que la première moitié du roman étant donné que je le perds systématiquement, mais en revanche, je l'ai lue deux fois. Si on nous interroge, je serai obligé d'y aller au flan, comme à l'école. Mais au moins, si McCourt voit clair dans mon jeu, il ne me frappera pas avec une lanière en cuir.

La bibliothèque est bondée de tous les fans de McCourt que totalise le comté de Mayo, étreignant chacun leur exemplaire du livre. Moi qui n'en ai pas, je me sens fragile et incongru, comme le type de *L'Invasion des profanateurs*[1] qui espère que les autres ne se rendront pas compte qu'il est le seul à ne pas avoir été phagocyté par les envahisseurs. Comme la foule commence à s'impatienter, on annonce que « Mr. McCourt sera en retard d'une vingtaine de minutes parce qu'il a été retenu dans une auberge de Leenane en venant à Castlebar par les petites routes ».

Il finit par arriver et le bibliothécaire le présente, avant de s'asseoir sur un tabouret à sa droite. Il reste là toute la séance, tel Garfunkel pendant un solo particulièrement long de Paul Simon. Il l'interrompt même, à un moment, pour demander au public de chanter « Joyeux anniversaire », ce qui met visiblement McCourt au comble de l'embarras. Après tout, ce n'est peut-être pas son anniversaire.

Il porte une veste bleue et une chemise rouge, et ne fait absolument pas ses soixante-neuf ans. Un demi-siècle à New York ne lui a quasiment rien ôté de son accent irlandais. Pourtant, certaines personnes émigrent en Amérique, en Australie ou ailleurs, et au bout d'un an et demi, elles

1. Film de Philip Kaufman. (*N.d.T.*)

ont tellement assimilé l'accent local qu'on les prendrait pour des gens du coin. Ça doit être le fruit d'un effort de volonté conscient, indiquant qu'on a envie de s'intégrer, ou au contraire qu'on préfère se singulariser en mémoire de ses racines.

« Dieu m'a gratifié d'une enfance malheureuse, et des mots nécessaires pour la décrire », explique McCourt. Il évoque la femme qui dirigeait la bibliothèque Carnegie, à Limerick, quand il était enfant. « Elle voulait s'interposer entre les livres et nous, de peur qu'on les touche, ou qu'on les lise. On aurait dit une Indienne iroquoise atteinte de syphilis. »

Après avoir lu quelques passages de son livre, il répond aux questions. Quelqu'un l'interroge sur le titre. Quelle en est la signification ?

« Angela était ma mère. À sa mort, elle a été incinérée… d'où *Les Cendres d'Angela.*

– Les critiques disent pourtant que ces cendres sont celles du feu qu'elle contemplait, ou des cigarettes qu'elle fumait, ou des fils au travers desquels elle renaît comme un phœnix…

– Mon livre donne lieu à des dissertations que je serais moi-même incapable de rédiger. »

Je rassemble mon courage pour lui poser une question. Il est prof, après tout. Il va tout de suite sentir que je n'ai pas lu son bouquin en entier. Et puis merde. Je lève la main. Et s'il m'interroge sur la deuxième partie ? Trop tard. Je lui demande donc d'où il se sent originaire. Il répond sans aucune hésitation.

« De New York. »

Et là, juste au moment où je m'apprête à demander à ce sage, ce prix Pulitzer, ce prince de la diaspora s'il pense qu'on peut réellement se sentir originaire d'un pays dans lequel on n'a jamais vécu, voilà tout à coup le bibliothécaire qui se lève d'un bond pour saluer l'arrivée de la femme de Frank et demander qu'on l'applaudisse bien fort. À moins que ce soit Frank qu'on félicite d'avoir une si jolie femme. Je ne suis pas très sûr.

Je n'ai donc pas l'occasion de lui soumettre ma question.

Plus tard, en regagnant le Tank, je passe devant un bar du nom de *P. McCarthy*. En fait, je ne passe pas devant, je m'arrête pile, regarde l'enseigne et entre. Le barman m'apprend que le *P* signifie Pete. Je n'ai encore jamais rencontré quelqu'un qui porte exactement le même nom que moi. Si ça se trouve, on va découvrir qu'on a la même tête et se lier d'amitié à vie. Je demande s'il est dans les parages.

« Ah ! non, il a vendu il y a deux ans. Je sais pas du tout ce qu'il est devenu. »

Le petit restaurant chinois de l'autre côté de la rue a l'air un peu miteux, mais comme je n'ai pas mangé de nouilles sautées depuis des lustres, je tente ma chance. La salle minuscule compte huit tables. Je m'installe près de la vitrine : si Frank McCourt vient à passer, je pourrai toquer à la vitre et lui demander d'où je suis originaire.

Une famille de gros empaffés de Manchester mangent du porc à la sauce aigre-douce et des frites à la table voisine. Comme Tweedledee à Killarney, ils boivent du Coca Light avec l'espoir de ressembler à Kate Moss en se réveillant. La patronne est chinoise, mais c'est une jeune Irlandaise maussade à baskets compensées qui prend ma commande. Elle n'a pas l'air d'entendre grand-chose à la chinoiserie. Quand je lui demande des baguettes, elle me regarde comme si j'étais cinglé. À la table d'à côté, des plats énormes de poulet au curry, chop suey, riz et supplément de frites viennent d'arriver, et les enfants – deux gros lards ovoïdes aux mentons orange vif, couleur sauce aigre-douce – bâfrent à la cuillère à soupe comme s'ils devaient améliorer un record ou battre les adultes au *Tout doit disparaître*.

J'attends mes nouilles en sirotant un excellent thé au jasmin, quand trois mecs entrent et commandent des plats à emporter. L'un d'eux tourne la tête et me lance :

« Tiens salut, comment ça va ? »

Il est à l'autre bout de la salle, donc pas très loin, mais je ne le reconnais pas. Que faire dans ce genre de situation ? Difficile à dire. Je le salue d'un geste avec un grand sourire.

« Salut. »

Il vient à ma rencontre à présent, tout sourire lui aussi, et la main tendue. Il a une trentaine d'années et une dégaine un peu artiste avec ses cheveux longs et sa veste noire en peau. Où ai-je bien pu faire sa connaissance ? Est-ce que j'ai travaillé avec lui ? Est-ce qu'il s'agit de quelqu'un que j'aurais rencontré au cours de mon voyage ? Ça se produit à longueur de journée, en ce moment. Il m'arrive de brusquement me rappeler l'identité d'un interlocuteur alors qu'on discute ensemble depuis au moins cinq minutes. Les téléphones mobiles de mes congénères ont dû m'esquinter le cerveau.

Le jeune type est presque à ma table. Il a l'air ravi. Les gravosses de Manchester regardent tous la scène. Je me lève en souriant, comme si je le reconnaissais. Et soudain, sa mine change.

« Oh ! excusez-moi. Je vous ai pris pour quelqu'un d'autre. »

Je reste planté là comme un abruti, la main tendue. Il bat une retraite gênée vers ses compagnons. Les deux gros lards recommencent à se disputer les grains de riz tombés sur la nappe, puisqu'il ne reste plus que ça, maintenant qu'ils ont englouti leurs beignets à la banane. Les trois types s'en vont avec leur commande. Le jeune s'efforce de regarder droit devant lui, mais il ne peut s'empêcher de couler un coup d'œil dans ma direction avant de passer la porte.

Je sais que c'est possible avec des remords, mais peut-on se sentir bourrelé de curiosité ? Si oui, c'est mon cas. Avec qui m'a-t-il confondu ? Ce gars-là était lui-même irlandais, sûrement du coin. Et si... si je ressemblais vraiment à l'ancien propriétaire du pub d'en face ? *Et s'il m'avait pris pour Pete McCarthy* ? Les implications métaphysiques sont vertigineuses. Je devrais peut-être le rattraper et lui demander, mais à ce moment-là, deux choses se passent. Et même trois, en fait.

La serveuse arrive avec ma commande et entreprend de décharger son plateau sur la table, me barrant ainsi la voie. Je vois les trois hommes traverser la rue en direction d'une voiture en stationnement. Je me lève à demi, hésitant, mais les gravosses quittent leur table, s'agglutinent autour de la caisse et bloquent la sortie. Je me rassieds, résigné à rester à tout jamais dans l'ignorance.

Et là, Frank McCourt passe à pied devant la vitrine. Il me voit, j'en suis sûr, mais il continue son chemin et disparaît. D'abord le type en veste de peau, et maintenant McCourt : deux questions cruciales, qui resteront l'une et l'autre sans réponse. Cela dit, McCourt n'obéissait sans doute qu'à la plus élémentaire politesse. Il doit savoir à quel point les membres du public ont horreur de se faire importuner par des célébrités pendant qu'ils essaient de manger en toute tranquillité.

Les nouilles sont très bonnes. Très relevées. Les calamars sauce poivre et sel aussi, quoique furieusement épicés. L'accompagnement est curieux : salade verte, concombre, tomate et une cerise glacée. Le total de l'addition ne dépasse pas 12 £, ce qui fait de ces nouilles sautées les moins chères du pays, et de loin. La patronne chinoise m'adresse un sourire rayonnant quand je vais régler.

« Je z'ai vu manger avec les baguettes, très très bien, où z'avez appris ? Vous z'été à Chine ? »

Je lui explique que je connais Hong Kong et Canton, et là, elle saute au plafond.

« Canton ! Canton ! Je crois pas ! Vous z'été à Canton ? »

Elle regarde ma carte de crédit en me la rendant.

« Mr. McCarthy ! Comme pub d'en face ! Je crois pas ! Et vous z'été à Canton ! Très bien avec les baguettes ! »

Je l'entends encore en m'éloignant dans la rue gagnée par l'obscurité mais vide de tout McCourt.

« Mr. McCarthy ! À Canton ! Je crois pas ! »

13

Terre sainte

« Le mont conique, sur la gauche, écrivait Thackeray, se nomme Croagh Patrick. »

Le Reek domine toute cette partie du comté de Mayo. Sa forme pyramidale presque parfaite est l'archétype de la montagne idéale et rappelle les pics de contes pour enfants. C'est là que saint Patrick a, paraît-il, donné l'ordre de chasser d'Irlande tous les serpents, lors du jeûne qu'il observa au sommet pendant quarante jours et quarante nuits, en l'an 441. La montagne surplombe les îles de la baie de Clew, la ville de Westport, petite mais parfaitement conçue, et le pub *P. McCarthy*, où justement je séjourne.

C'est dans ce pub-là, à onze ou douze kilomètres à peine de son homonyme de Castlebar, qu'un jour, on nous avait préparé dix-sept toasts, comme je l'ai noté à Budapest, à la Saint-Patrick de l'an dernier. Depuis, il a changé de propriétaires. Les nouveaux ne s'appellent plus McCarthy, mais ils ont gardé le nom peint en grosses lettres rouges sur l'enseigne.

La patronne me conduit dans une chambre entièrement lambrissée en pin vitrifié, qui a l'air terminée d'avant-hier. Je lui demande ce qu'est devenu l'ancien propriétaire.

« Il s'appelait Pete McCarthy. Il est parti ouvrir un pub à Castlebar. »

Je me retrouve le bec dans l'eau, tel un détective particulièrement incompétent qui doit sans cesse pousser ses recherches un peu plus loin. Peut-être mon homonyme a-t-il émigré en Angleterre pour voir s'il a l'impression d'être originaire de là-bas ?

Il paraît qu'une heure après avoir mangé chinois, on a faim. En tout cas, moi, une heure après avoir mangé des nouilles sautées, j'ai soif, donc je sors boire un dernier verre en ville. Matt Malloy, le flûtiste des Chieftains, a un pub réputé pour sa musique traditionnelle, mais l'endroit est tellement bourré de Méditerranéens friqués en coupe-vent chic et pulls d'Aran tricotés main, que je ne peux pas entrer. De l'autre côté de la rue, dans l'arrière-salle d'une petite épicerie, je déniche un bar astucieusement dissimulé. L'endroit est petit, meublé de tables et de bancs en bois, rempli de gens du coin en train de bavarder pendant qu'en fond sonore la télé diffuse un match de Manchester United. Je commande une pinte de bière, achète quelques lames de rasoir et un Bic, puis m'installe dans un coin. Aussitôt, mon voisin de gauche tourne la tête pour dire bonjour. Qu'est-ce qu'ils sont accueillants, ces Irlandais, hein !

« 'Jour. »

Minute : celui-là a l'accent du sud de l'Angleterre.

« Dites, on se serait pas déjà vus à Brighton ? »

Ô ! joie.

« Vous avez du nez : c'est le meilleur pub de la ville, ici. Y a que des gens du coin, je trouve ça génial. Tous les autres sont bourrés de touristes. Je viens ici trois fois par an, pour mater les oiseaux. Les oiseaux, hein, hè hè ! »

Oh ! misère, un mateur de piafs.

« Vous êtes tout seul ? Ouais, moi aussi. »

Un mateur de piafs solitaire.

« En fait je vous ai vu en ville. Et dans les reportages télé aussi. Ça doit être peinard, comme boulot, d'être payé à se prendre des vacances ! Remarquez, j'aime bien Judith Chalmers[1]. Vous la connaissez pas, des fois ? Moi, je travaille pour Connex South Central, dans les burlingues. »

Connex ? Les enfoirés qui ont repris les chemins de fer dans le sud-est de l'Angleterre une fois la British Rail[2] lâchement torpillée ? Leur premier soin a consisté à sacquer le wagon-restaurant, les sandwiches au bacon et les croque-monsieur que le reste du monde enviait aux banlieusards de Brighton. Il y a maintenant un jeune à casquette qui circule avec un chariot de chips et de thé aromatisé en cannettes, mais il descend à Haywards Heath. J'essaie de mettre ça dans les dents de mon mateur de piafs, mais il nie toute responsabilité.

Il m'explique quelque chose concernant son travail, mais je n'y comprends rien, d'ailleurs j'ai oublié. Puis il finit son verre.

« Bon, faut que je file. Dois me coucher tôt. Je me lève de bonne heure. Plein d'endroits à voir, d'oiseaux à mater, hè hè hè. »

Je suis forcé d'envisager l'effroyable possibilité que tous les types qu'on voit équipés de jumelles, flasques de poche et guides ornithologiques sont lourds au point de passer leur temps à échanger des sous-entendus au ras des pâquerettes.

« Content d'avoir fait votre connaissance. Le prenez pas mal, hein, mais vous avez l'air un peu paumé. Allez, bonne chance. »

C'était il y a une demi-heure. Depuis, personne d'autre ne m'a adressé la parole. Beckham vient de marquer. Je crois que je vais aller me coucher.

1. Auteur de guides de voyages très populaires et animatrice d'émissions télévisées. (*N.d.T.*)

2. Service public cher aux Anglais, la British Rail a été privatisée et rachetée par plusieurs compagnies, dont Connex. (*N.d.T.*)

Je pensais rester seulement une nuit, mais au matin, le ciel est bien dégagé et le Coagh Patrick a l'air engageant, sinon facile. C'était déjà un lieu sacré bien avant que saint Patrick s'amène, et ce serait vraiment dommage de ne pas en profiter alors qu'il se trouve à portée de main. J'ai manqué de peu le grand pèlerinage annuel, où des milliers de gens font l'ascension ensemble. Il était de bon ton de le faire pieds nus, autrefois, mais les frais d'assistance médicale étaient tellement énormes que l'Église a décrété : « Rechaussez-vous ! » J'y monterai peut-être tout seul dans l'après-midi, ou mieux encore, demain matin. Lough Derg attendra un jour de plus.

Westport est une adorable petite ville – du XVIIIe siècle, au centre de laquelle passe une charmante petite rivière qu'on jurerait tracée elle aussi au XVIIIe siècle, où l'on peut pêcher librement. La grand rue est agréable, peuplée de magasins vendant tout le nécessaire, nombre de portes et d'encadrements de fenêtre en bois du XVIIIe siècle ont réussi à survivre à l'invasion du PVC. A priori, ce n'est pas le genre d'endroit susceptible d'exploiter je ne sais quel filon douteux – « Bienvenue à Westport, ville de charme, où ont vécu saint Patrick et un des mecs des Chieftains ». Je suis donc un peu étonné d'y trouver un bar-restaurant du nom de *Thackeray*, bien que ce soit l'hôtel dans lequel ce dernier séjourna.

« La nature s'est montrée généreuse envers la jolie ville de Westport, et après la nature, le voyageur devrait remercier lord Sligo, qui a fait beaucoup, lui aussi. Tout d'abord, il a installé dans le meilleur quartier de sa petite ville l'une des plus charmantes et confortables auberges d'Irlande, dont il a garni les caves de bon vin. Ensuite, lord Sligo a autorisé à ses concitoyens le libre accès au délicieux petit parc qui entoure sa demeure. »

Sligo était un sacré numéro. Ami de George IV et de Quincey, protecteur des arts et des turfistes, il fut en outre gouverneur de la Jamaïque et, à ce titre, contribua à faire affranchir les esclaves. Il traversa la Grèce à dos de mulet avec Byron et remporta 1 000 guinées pour avoir parié qu'il mettrait moins de trente-cinq heures pour couvrir la distance entre Londres et Holyhead[1] en conduisant lui-même son équipage. C'est également lui qui vola les colonnes du trésor d'Atrée de Mycènes, vieilles de trois mille ans, puis soudoya l'équipage d'un navire de guerre britannique pour pouvoir les rapporter en Angleterre, ce qui lui valut quatre mois de prison à Newgate.

Ç'a dû être quelque chose, ce procès. Le jour où Sligo fut libéré de prison – après un rebondissement d'intrigue qu'aucun feuilleton de télé n'oserait faire avaler à ses spectateurs – sa mère épousait le juge qui l'avait condamné.

La maison natale de Sligo, Westport House, est une somptueuse demeure du XVIIIe siècle, édifiée dans un parc magnifique à l'orée de la ville, face à la baie de Clew, ses îles, et l'Atlantique. Je gravis les marches de l'imposant perron de pierre, et butte sur une famille de six personnes qui fait la queue au guichet d'accueil. Les deux filles sont tout excitées.

« Maman, maman, quand est-ce qu'on va voir le lapin ?

– Ça va pas tarder.

– On veut voir Pinky ! »

Le crâne et les bois d'un élan âgé de douze mille ans, que la tourbe d'un ancien marécage a préservés des millénaires durant, ornent le mur du hall d'entrée voûté. Une très belle collection de peintures de la demeure, de la baie et du Croagh Patrick, œuvres du célèbre peintre paysager

1. Holyhead se trouvant à l'extrême pointe ouest de l'île d'Anglesey, au nord du pays de Galles, le trajet en question représente une distance d'environ 400 km. Ce qui, en voiture à cheval, et en moins de deux jours, représente en effet une prouesse. (*N.d.T.*)

irlandais James O'Connor, mettent en valeur le splendide escalier en arc qui s'élève du hall. Et dans l'escalier, qu'il descend d'un pas guilleret en saluant, tout excité, voilà un lapin d'un mètre quatre-vingts en fausse fourrure synthétique rose un peu usée aux entournures. Les gosses trépignent. Au mépris d'un évident danger de mort par décharge d'électricité statique, ils se ruent à l'assaut du grand lapin en nylon.

« Pinky ! Pinky ! Pinky ! »

Le pauvre bougre, à l'intérieur, se recroqueville sous la grêle de bourrades affectueuses qu'il prend sur la tête et dans les reins.

« P'pa ! P'pa ! P'pa ! Prends une photo ! Prends une photo ! »

Ça pourrait en effet avoir son utilité en tant que preuve, lors du procès.

Le costume est tellement épais qu'il est encore humide de la sueur de la veille, ça se voit. Spectacle de mauvais augure, les deux garçons de la famille répètent je ne sais quelles techniques de kick-boxing apprises sur leurs consoles pour les tester sur les abattis de Pinky. Leur père, un homme nerveux et soucieux, sans doute obligé de passer de longs moments de sa vie dans un espace clos en compagnie de ces minininjas surexcités, comprend visiblement qu'il est urgent de créer une diversion pour que le lapin sévèrement molesté puisse battre en retraite jusqu'au bloc opératoire. Mais P'pa est-il vraiment l'homme de la situation ?

« Bon, alors, les enfants, qu'est-ce qu'on va voir en premier ? Les œuvres d'art du XVIIIe siècle… ou le radeau géant ? »

Avec des hurlements d'impatience, les gamins foncent à l'extérieur et dévalent le perron comme des cambrioleurs ayant oublié qu'ils venaient voler quelque chose.

Tout imposante qu'elle soit, la demeure garde une atmosphère simple, et confortable. Les portraits familiaux à l'huile arborent des visages excentriques. Le lord Sligo qui fréquentait Byron est accroché à côté de sa mère qui épousa le juge. Compte tenu de la vie extravagante qu'il mena, il est peut-être normal qu'il ressemble trait pour trait au comédien Mel Smith[1], contrairement au propriétaire actuel de Westport House, son arrière-arrière-arrière-arrière-petit-fils qui, lui, ressemble plutôt au beau Steve Martin[2].

Une heure après mon arrivée, je me retrouve dans un wagonnet poussif qui traverse la luxuriante jungle irlandaise, plongé dans une discussion portant sur le passé historique de l'Irlande avec Jeremy Ulick Browne, lord Altamont, onzième marquis de Sligo, les trois en un. N'étant encore jamais monté dans un manège avec un aristocrate anglo-irlandais protestant, je m'efforce d'être à la hauteur. Il est bardé d'un arsenal d'anecdotes historiques concernant divers dépravés de ses ancêtres. L'Irlande, lui dis-je, a tant d'histoires à raconter.

« C'est vrai, répond-il. Et certaines sont véridiques. »

Le parc dans lequel Thackeray se promena jadis abrite désormais un camping, des bungalows de vacances, un bar, et bien sûr, un radeau géant. Jeremy regarde, ravi, le flot ininterrompu d'enfants pleins d'entrain qui dérivent, agrippés à leur rondin en plastique, trempés comme des soupes, et hurlant pour couvrir de leurs jurons l'opéra de Verdi diffusé par haut-parleurs. Je m'efforce de trouver tout ça vulgaire et populiste, mais je n'y arrive pas. Tout le monde s'amuse, c'est clair, et l'enthousiasme candide, presque juvénile dont ce lord complètement farfelu fait preuve envers ses jouets est plutôt contagieux. Westport House est presque la preuve qu'œuvres d'art et lapins géants peuvent faire bon ménage.

Avant que je prenne congé, nous discutons nationalité et conscience des origines. Un grand nombre de gens, dit-il, ne saisissent pas très bien ce qu'un pair britannique

1. Acteur et réalisateur comique anglais (Mel Smith a notamment réalisé la série *Mr. Bean*). (*N.d.T.*)

2. Acteur américain. (*N.d.T.*)

fabrique ici, à Westport. Je comprends parfaitement ce qu'il entend par là, étant donné que je fais partie de ces gens. Est-il irlandais, britannique, anglais, ou quoi ?

« On nous a posé la question il y a quelques années, dans une émission de télé intitulée *L'Irlande de Wogan*. Terry Wogan arrive, nous faisons notre numéro, et en fin de matinée, il me demande : "Alors comme ça, vous êtes Irlandais ?" »

Il lève les yeux au ciel, un grand sourire aux lèvres.

« Et qu'avez-vous répondu ?

– Je lui ai dit que merde, je n'étais quand même pas chinois, que je sache ! »

Je pense qu'il aurait pu l'être, si ses ancêtres avaient décidé de s'installer à Hongkong au lieu de Westport.

« Les gens ignorant tout des bizarreries du passé historique irlandais s'étonneront de trouver la maison de famille d'un pair britannique dans une région aussi irlandaise de l'Irlande. »

Voilà ce qu'écrivait le père de Jeremy, le dixième marquis. C'est le début de soirée. Installé dans un bar du front de mer, je lis un historique de la famille Sligo. Je préfère lire dans un pub plutôt que dans une bibliothèque ou un bureau, car il est plus facile, en général, de s'y faire servir à boire.

Je m'étais dit que le domaine avait du être donné en récompense à quelque aventurier aristocrate, ou à l'un des hommes de Cromwell, mais le comté de Mayo était semble-t-il considéré comme un endroit morne et inintéressant, généralement perçu comme une destination de bannissement plus qu'une récompense. Si Jeremy se retrouva là, d'après les écrits de son père, c'est parce qu'« en 1580, un certain John Browne, intrépide marginal n'ayant pas grand-chose à perdre dans son pays, arriva à Mayo ». Il s'installa à

Neale, parmi le peuple des fées et ses pierres étranges. Un siècle plus tard, environ, son arrière-petit-fils, un homme de loi, épousa une descendante de Grania O'Maille, la reine des pirates, et vint s'installer à Wesport, ville natale de son épouse, où les Browne se perpétuent, croisant sans cesse leur lignée avec les familles irlandaises qui habitaient sur place bien longtemps avant eux. Cet « apport irlandais », pour reprendre les termes du dixième marquis, se révéla capital.

« Il différenciait les Anglo-Irlandais intégrés, qui s'étaient implantés, de ceux qui restaient foncièrement étrangers, et repartaient. Ces derniers gardaient parfois un domaine qui leur garantissait des revenus, ou un changement de décor agréable dans le calendrier mondain et sportif. L'Irlande, à leurs yeux, était une annexe de l'Angleterre, et les Irlandais eux-mêmes, des êtres inférieurs aux Anglais. Simples d'esprits comiques, ou traîtres dangereux, selon les façons de voir ou leur comportement. »

La soirée étant douce et claire, je dîne dans le jardin du pub, qui donne sur la baie. C'est excellent : sauté de calamars frais légèrement relevés, accompagné de salade grecque et de pain blanc. Cela dit, ça fait deux soirs de suite que je mange des calamars. Et j'en avais pris à Dingle aussi. J'espère ne pas être en train de m'encroûter dans des habitudes. J'ai toujours cru que les produits de la mer étaient très légers, sains et bons pour la santé, mais quelqu'un a dit à la télé que les calamars et les crevettes sont archibourrés de cholestérol. Il me semble avoir compris qu'il y a à peu près quatre fois plus de cholestérol dans les calamars que dans le lard. À moins que ce soit deux fois plus de lard que dans le lard. Quelque chose de cet ordre-là, en tout cas.

De retour du *McCarthy*, je feuillette le journal allongé sur mon lit quand j'ai subitement une révélation : demain matin, à la première heure, je vais me faire l'ascension de cette montagne sacrée. Ça éliminera le cholestérol. On ne sait plus quoi manger, à l'heure actuelle, hein ? Pendant des années, tout le monde s'est extasié sur les vertus du poisson, surtout le poisson gras, comme le hareng. Excellent pour la matière grise, nous disait-on. Et voilà qu'un article dans le journal fait état de nouvelles découvertes scientifiques démontrant que si l'on mange du hareng ou du maquereau plus d'une fois par semaine, on attrape le cancer. Nos gosses, eux, l'attraperont en mangeant du poisson pané. Mais on ne précise pas la marque.

J'éteins.

Le lard, c'est sûrement fait à base de calamars, non ?

Le lendemain matin, le ciel est bleu Corfou quand je file dehors chercher le journal que je vais lire pendant le petit déjeuner. Je remonte la rue d'un pas vif pour regagner le *McCarthy*, quand un petit vieux bondit d'une porte et se plante devant moi, tel un lutin de conte de fées. Il me prend par le bras. Peut-être va-t-il me dire que j'ai droit à trois vœux ?

« Vous marchez trop vite. Ralentissez. Y a pas le feu. »

Je lui explique que je me dépêche parce que je compte monter au sommet du Croagh Patrick et que je ne veux pas en repartir trop tard. Le vieux s'assombrit.

« Alors, soyez prudent. Un homme est mort là-haut, dimanche dernier. Cinquante et un ans. On l'a redescendu en hélicoptère. Et avant lui, c'était une femme. Un berger et son chien ont retrouvé son corps quatre mois plus tard dans un ravin. »

Il est 8 heures et demie du matin, bon Dieu !

« Monter, c'est pas le problème. C'est en descendant qu'il faut faire attention. Il y a un endroit où la pente est comme ça... c'est là qu'on risque de dégringoler. Allez, bonne chance ! »

Je prends un jus d'orange, du muesli, du café, et un petit déjeuner complet pantagruélique. Dans le journal, il y a un rappel des nouvelles de la semaine. Apparemment, un type est mort sur le Croagh Patrick, dimanche dernier. Cinquante et un ans, il avait. Il paraît qu'il a fallu le redescendre en hélicoptère.

Deux minutes après avoir commencé mon ascension, je suis pris de forts élancements à la poitrine. On va peut-être remettre le coup de l'hélicoptère, ma foi. On dirait que saucisses, boudin noir et croquettes de pommes de terre sont allés se loger dans un interstice vital, et cherchent à pénétrer mon organisme. Tout bien réfléchi, depuis plusieurs jours, mon régime alimentaire se compose exclusivement de petits déjeuners complets, de Guinness et de calamars. Ça explique sans doute ce fourmillement tout le long de mon bras.

N'empêche que c'est une journée radieuse, et qu'à mon arrivée, il n'y avait pas trop de voitures au parking. Je ne tomberai donc pas, là-haut, sur des hordes de pèlerins. Le type qui vend des boissons dans une caravane me regarde remplir ma bouteille au robinet. Quand je passe devant lui, il m'interpelle :

« Vous comptez pas boire ça, j'espère ? Non mais regardez un peu la couleur qu'elle a, cette flotte. »

Il doit parler de la légère coloration brunâtre. Ça ferait sûrement un whisky maison très parfumé.

« Remarquez, personne n'en est encore mort, hein ! »

Je vais donc à sa caravane. Un paquet de bâtons grêles est calé contre l'étalage. « Bâtons », spécifie le panonceau avec beaucoup d'à propos. « 1 £ pièce. » Je demande s'il y a un autre point d'eau. Avec un haussement d'épaules, il tourne les yeux vers un grand carton de petites bouteilles d'eau minérale tiède. Sans matières grasses. Pile ce qu'il me faut. J'en prends deux.

« Ça fait 2 £. »

Le sentier se met à grimper sec, sitôt passée la statue de saint Patrick, au pied de la montagne. Je m'efforce de faire passer la crise cardiaque en marchant, mais pour le moment, c'est sans effet. Avec tous ces cailloux pointus, ça doit être un cauchemar de faire ça pieds nus. Je me demande si les pèlerins trichent et marchent sur l'herbe à côté, ou s'ils restent dans les cailloux et les esquilles vu que Dieu est omniscient ?

Je fais une halte près d'un gros rocher, sur lequel traîne une Doc Martens oubliée par un enfant. À moins que ce soit une sculpture ? Soudain, j'entends du bruit, et un homme à barbe grise, ruisselant de sueur dans sa tenue de sport, dévale la pente sous mes yeux. Jogging sacré. La mode pourrait prendre. Plus loin, sur ma droite, à bonne distance du sentier, un autre type est planté dans un fossé. Il porte un short, des socquettes nylon à motifs dans des sandales en plastique, et il filme au caméscope de la bruyère en super gros plan. Si près du parking, et déjà frappés. Je m'en vais témoigner beaucoup de respect à cette montagne.

En très peu de temps, sans même m'en apercevoir, je trouve mon rythme et la douleur disparaît. Devant moi, un homme traîne ses deux fils vers le sommet encore lointain, qu'ils le veuillent ou non. Apparemment, c'est non. Le plus grand lance :

« P'pa, elle est grande, cette montagne.

– Ça tu peux le dire, fils. »

Le gosse a environ sept ans. Il marche tout seul, mais il n'arrête pas de déraper hors du sentier en provoquant des légers glissements de terrain. Le plus petit doit avoir au maximum cinq ans, et P'pa le tient fermement par la main. Chaque fois qu'il trébuche, son père le soulève par le bras, si bien qu'il pédale dans le vide avant de poser à nouveau le pied sur la terre sacrée.

« S'te plaît, Papa, s'te plaît, Papa, à boire, à boire, j'ai soif, Papa.

– Allez, viens, gamin. »

Mais gamin s'arrange pour se dégager et s'assoit sur un rocher, non loin de moi.

« S'te plaît, Papa, s'te plaît, à boire, à boire.

– Bon, très bien. Alors on va être obligés de te laisser là, Joey. Allez viens, Michael.

– P'pa, non, non, s'te plaît, à boire. »

Il est toujours dangereux de s'interposer quand quelqu'un torture ses enfants en public. Mieux vaut ne pas avoir l'air trop critique, sans quoi on risque de finir estropié avant l'arrivée du renfort, surtout en pleine montagne, sacrée ou pas. Je déguise astucieusement mon reproche en proposition :

« Vous n'avez plus d'eau ? Prenez un peu de la mienne.

– Oh ! non, c'est bon. Leur mère en a, mais elle a fait demi-tour pour redescendre. »

Il a donc déjà abandonné sa femme à son triste sort, et maintenant, ses enfants vont mourir de déshydratation. Voilà un type à fréquenter dans les situations difficiles. Il m'emmènerait peut-être volontiers faire de la plongée sous-marine, un peu plus tard ? Je lui lance une de mes bouteilles.

« Allez-y, ça m'allègera un peu. »

Le petit boit goulûment. Je demande à P'pa d'où ils viennent.

« D'Irlande du Nord, comté de Down. Hé, regardez un peu ça ! »

Loin, à nos pieds, l'océan est totalement lisse, et d'une douzaine de tons de bleu différents. Un semis d'îles s'estompe doucement dans une brume de chaleur. « Si de telles splendeurs se trouvaient au large des côtes anglaises, ce serait l'une des merveilles du monde », écrivait Thackeray à propos de la baie de Clew. « Si elles étaient en Méditerranée, ou dans la Baltique, les voyageurs anglais s'y presseraient par centaines. Que ne viennent-ils les admirer en Irlande… un pays infiniment plus méconnu de la plupart des voyageurs que la France ou l'Allemagne. »

« Merci, monsieur », dit Michael.

À eux deux, ils ont fini la bouteille. P'pa n'est pas si méchant que ça, je le vois bien. Seulement il a conduit tout du long depuis le Nord pour grimper au sommet du Reek, et son enthousiasme lutte contre la conscience de plus en plus nette que les garçons n'y arriveront pas. En tout cas, c'est ce qu'il me semble. Ou alors, il a assommé sa femme à coups de pierre et l'a balancée dans une crevasse, et les gosses y passeront à leur tour dès que je serai reparti.

« Au revoir, les enfants. »

À mi-chemin vers le sommet, on atteint une crête, et le vent souffle brusquement en rafales. De cet endroit, on a vue au nord, par-delà la baie, mais également au sud, jusqu'aux montagnes du Connemara. De là, il faut longer un étroit replat, d'où l'ascension vers le sommet paraît difficile et dangereuse. Sur ma droite, le granit du flanc de la montagne est strié de griffures géantes, comme si quelqu'un, en tombant, y avait planté ses ongles et éraflé la montagne tout au long de sa dégringolade.

Une femme musculeuse en grande tenue de rando arrive à ma hauteur et règle son pas sur le mien. Elle vient de Dublin, comme pratiquement tous les week-ends, pour arpenter les sommets escarpés de l'ouest du pays.

« Je la déteste, cette pitin de montagne, dit-elle du sommet le plus sacré de son pays. Toujours en travers de mon chemin, pitin.

– Quoi de neuf à Dublin, ces jours-ci ?

– Bouffé à mort par le cirque irlandais de merde qu'on sert aux touristes.

– Pourquoi ne pas venir vous installer ici ?

– Je suis obligée de rester là-bas. Je suis une pitin de fonctionnaire. »

L'ultime portion avant le sommet est abrupte, on dérape constamment sur les pierres et les esquilles arrachées par le constant passage des pèlerins. Je souffle en mangeant une pomme salvatrice, quand une femme devant moi dévale la pente vertigineuse à une allure délirante, comme si elle portait des bottes de sept lieues. C'est Vicki, la stoppeuse néo-zélandaise, ramassée sur la route il y a quelques jours, qui s'est lancée dans une espèce de course masochiste contre la montre, à l'assaut de la montagne. Les Néo-Zélandais ne feront jamais rien en marchant s'il y a la moindre chance que ce soit plus douloureux en courant. Ils habitent moins un pays qu'un camp d'entraînement. Pourquoi regarder quelque chose si ça peut m'endurcir de foncer dessus la tête la première ? Voilà un peuple entier qui s'astreint de lui-même à un entraînement commando, où jamais la moindre mère de famille n'oserait se montrer en public à moins d'être capable de remonter un terrain de rugby sur trente mètres comme une fusée, un ballon sous le bras et le bras dans le plâtre.

Comme pour illustrer la différence entre les attitudes respectives des hémisphères Nord et Sud vis-à-vis de la condition physique, un homme gris, à la mine cadavérique, finit de grimper en rampant les derniers mètres qui l'amènent jusqu'à nous. Il présente tous les symptômes réunis d'une cuite sévère assortie d'une sale crise de manque et d'une tuberculose en phase terminale. Craignant sans doute que Vicki lui propose un match de rugby un contre un avec une pierre en guise de ballon, il s'effondre à nos pieds avec une mimique de reddition servile.

« Z'auriez pas une clope ? J'ai plus de souffle. »

Plus de souffle est une grave sous-estimation de la situation. En fait, il vrombit comme si ses poumons étaient sur le point de claquer tels de vieux élastiques foutus. Et pendant qu'il ronfle et halète comme un basset tubard pris dans l'engrenage du tabagisme, ses yeux papillotants, troubles, trahissent une myxomatose avancée. Qu'il ait réussi à arriver jusque-là relève du mystère. Peut-être, pris d'une quinte de toux, est-il tombé d'un hélicoptère de la Croix-Rouge qui passait par-là ?

Je ne fume pas, et maintenant je sais pourquoi. Mais Vicki lui propose une cigarette roulée. Son allégresse est telle qu'il lui vient des bulles de salive aux commissures, épaisse comme de la pâte à crêpes. Mais quand elle lui tend le paquet de Old Holborn et les feuilles, il se ratatine de frayeur.

« Ah ! mon Dieu, pas ça. Vous voudriez bien avoir la gentillesse de la rouler pour moi ? »

Elle sourit, comprenant que c'est l'occasion de se muscler les doigts, et roule la clope à gestes rythmés, décidés, profitant de cette activité pour exercer sa force pectorale. Joe-le-Tubard explique qu'il vient de Fermanagh. Saisi d'un brusque fantasme de santé, il a laissé ses clopes dans la voiture. Vicki lui tend la cigarette roulée et il l'allume.

« Ça vous ennuierait de m'en faire une deuxième ? J'ai pas arrêté de demander tout le long du chemin, mais personne fume, bordel. »

Elle s'exécute, d'une main cette fois, histoire de stimuler son potentiel énergétique dans l'avant-bras droit. J'offre au fumeur une demi-barre chocolatée. Il empoche la deuxième cigarette et le Cadbury, se relève tant bien que mal, aspire une longue bouffée, et commence à redescendre la pente au beau milieu des pèlerins.

« Hé, abandonnez pas, vous êtes presque en haut ! crie Vicki.

– Rien à foutre », réplique Joe-le-Tubard en balançant le mégot par-dessus son épaule sur le sol sacré.

Le Croagh Patrick est un lieu de pèlerinage chrétien depuis 1 500 ans, mais les vestiges archéologiques prouvent qu'une forteresse et au moins trente cahutes en occupaient le sommet bien avant l'époque de saint Patrick. Les pèlerinages collectifs qui attirent des foules énormes en juillet et août coïncident avec l'ancien festival de Lughnasa (août en gaélique), où était honoré le dieu païen Lugh, qu'adoraient jadis nos amis les Tuatha de Danaan.

En 1905, une petite église blanche a été érigée au sommet, à côté des ruines d'un oratoire des premiers temps du christianisme qui se dressait là entre 430 et 890 de notre ère, d'après la datation au carbone 14. Quand je débouche là-haut, une bonne quarantaine d'individus sont en train de prendre des photos, de pique-niquer ou de prier sous un soleil radieux, malgré le vent terrible. Un barjot à la mine inquiétante, âgé d'une trentaine d'années, expédie des cailloux très haut dans les airs à coups de crosse de *hurling*. Au sommet des hautes montagnes, comme dans les gratte-ciel ou sur les quais de métro, il vaut toujours mieux ouvrir l'œil pour repérer le cinglé susceptible de nous pousser. Je me réfugie dans l'église.

Un petit homme très concentré, à barbiche blanche, dirige un groupe de jeunes psalmodiant et chantant des dévotions en breton. Ça me rappelle un séjour que j'ai fait en Bretagne, il y a quelques années. Le directeur d'une école primaire bretonnante – frappée d'interdiction pendant des années par les autorités de Paris, mais aujourd'hui autorisée, quoique à contrecœur – nous parla avec passion des affinités qu'il éprouvait envers le gaélique de Cornouaille, du pays de Galles, et particulièrement, dit-il, d'Irlande. Ce doit être difficile, avais-je dit, de savoir qui soutenir à l'occasion des matches de rugby France-Irlande. Il m'avait regardé comme si j'étais fou.

« Non, répondit-il. C'est très simple. L'Irlande, bien sûr. »

Sur le côté de la chapelle, un petit réduit est bourré de bouteilles d'eau minérale, de sachets de fruits, de muesli et de Kit-Kat, mais aussi de toiles et de tubes de peinture à l'huile. Tout ça appartient à Chris, l'artiste en résidence du Croagh Patrick. Si, si, sérieusement. Chris en est presque aux trois quarts d'un séjour de quarante jours et quarante nuits au sommet. Il dit que sa présence est « une sculpture sociale à la mémoire des mystiques du passé ». Les gens du coin parient sur le nombre de jours qu'il tiendra. Pendant que nous discutons, quelqu'un vient lui dire qu'un curry va être acheminé pour lui, ce soir. Oui, oui, il y aura des papadoms. Nature ou épicés ? Sans doute des deux.

Il dit qu'il voit toutes sortes de gens, qui montent ici pour des raisons très différentes.

« Les pélerins viennent en très grand nombre. Ils étaient deux ou trois cents lundi et mardi dernier. Ils sont d'une dévotion incroyable. Ils ont laissé des petits cadeaux et des offrandes partout, dans tous les recoins possibles : lettres, médailles, photos de famille. Un CD d'une star du rock espagnole. Le premier soir que j'étais là, dans ma tente, aux environs d'une heure moins le quart, j'ai d'abord cru que c'était le vent, mais c'étaient des voix, une femme et ses deux gosses. Ils avaient fait l'ascension du Reek en pleine nuit, pieds nus. »

Selon lui, la tradition du pèlerinage pieds nus n'est pas une affaire de pénitence, mais de respect. Il s'agit d'éviter de souiller le sol avec des chaussures.

« Ensuite, en soirée, les athlètes arrivent. Ils sont toute une bande. Ça monte et ça descend au pas de course. Certains font ça tous les jours. Quarante-six minutes, c'est le record. »

Je l'interroge sur ses peintures, mais il en fait peu de cas.

« Boh, c'est juste pour pas m'encroûter, ça me fait fonctionner les méninges. C'est une sculpture sociale. C'est ma présence ici, qui est une œuvre d'art. »

J'ai l'impression vague de comprendre, mais je m'abstiens de pousser plus loin, des fois que non. En échange, je lui demande son avis sur ma crise d'identité.

« Ma foi, vous avez forcément un héritage culturel transmis par votre famille, y a rien de mystique là-dedans. Mais les traditions religieuses et le christianisme primitif parlent de conscience qui se perpétue d'une incarnation à l'autre. Je crois que par moments, les gens se sentent en communion avec un lieu parce que des bribes de leur conscience y sont déjà venues. »

Il doit prendre la grimace que m'arrache le vent froid pour un sourire supérieur, car il me rappelle alors quelque chose que je sais, mais que j'ai tendance à oublier tant je suis impatient d'affirmer un droit d'appartenance à ce pays supérieur à celui des Klaus, Tweedle et autres.

« N'oubliez pas qu'il est facile de se sentir chez soi en Irlande. Je crois que ce peuple a un véritable talent pour lier connaissance. En observant les individus de différentes nationalités qui montent ici, j'ai remarqué l'aisance dont les Irlandais font preuve envers les visiteurs, et entre eux. Ce don-là est moins développé dans d'autres pays, ici, il est tellement instinctif qu'il n'a même pas l'air d'en être un. »

En redescendant dans l'après-midi, j'ai vu un gamin pleurer parce qu'il ne pouvait pas aller plus loin, un type à barbe noire et chemise rouge, très haut à flanc de colline, qui jouait de l'harmonica, un Anglais qui criait à ses enfants qu'ils allaient tous redescendre dans une minute, bordel, s'ils ne se calmaient pas un peu, merde, un chauve à poils roux et à taches de rousseur en pantalon de jogging violet, claquettes, et c'est tout, et une femme portant un foulard aux couleurs du drapeau américain, assise au milieu du sentier, en train de raconter des détails très privés de sa vie intime dans un téléphone mobile jaune. Un gros hors d'haleine m'a demandé en souriant : « Il y aurait une table pour quatre, là-haut ? »

Les descentes sont toujours plus pénibles que les montées, et en arrivant en bas, j'ai les hanches et les genoux douloureux, mais je suis content d'avoir réussi. Et pas uniquement parce que j'ai éliminé mes calamars et mon boudin. Il y a aussi de la satisfaction spirituelle là-dedans, qui vient non pas de je ne sais quel pouvoir de la montagne sacrée elle-même, mais de ce quelque chose insufflé par tout ce monde qui s'y rend (ou s'y est rendu) à toute heure, tous les jours, depuis des millénaires. Pour une fois, le plaisir que je ressens se trouve renforcé par la présence autour de moi de la multitude, chaque individu contribuant à ce phénomène.

Détendu, rassasié, je savoure mon bien-être avec délices, pendant qu'autour de moi des tabourets volent. Un géant pachydermique à chemise jaune d'œuf qui ferait une robe longue à n'importe qui d'autre, balance d'un bout à l'autre de la salle une femme dodue comme une oie, et des gamins de dix-huit ans viennent de virer le gâteau d'anniversaire pour pouvoir danser sur une table. C'est sans doute ça, qu'on appelle le *craic*. Pour le moment, en tout cas, le craicomètre affiche 39,9 et continue de grimper.

Un petit saut dans Westport, peu avant, a confirmé mes soupçons : un système de ségrégation musicale est bel et bien en vigueur. Plus d'une dizaine de bars accueillent des visiteurs majoritairement européens, bien élevés, respectueux – la plupart buvant ouvertement du café ou du jus de fruit –, qui écoutent du *diddly-di* pour intellos. Ici, en revanche, au *P. McCarthy*, au rez-de-chaussée de mes appartements en pin vitrifié, à cent mètres à peine mais à des années-lumière des pubs musicaux officiels de la ville, l'effroyable vérité sur la musique irlandaise attend d'être dévoilée.

Venu boire un dernier verre sur le coup de 23 heures, j'ai débarqué en pleine folie furieuse. Tout le monde est debout, sauf le jeune type à la table, là-bas, en train de se faire couper les cheveux, sous le regard d'une rangée de grandes gueules féminines qui lui braillent des encouragements. En fait, tout le monde braille, hurle ou beugle, là-dedans. Sur scène, un type à chevelure synthétique noire, assortie de rouflaquettes jusqu'au menton, le nez chaussé de lunettes à la Roy Orbison[1], gratte une guitare pour

1. Compositeur et interprète américain (1936-1988), auteur de nombreux succès, qui a notamment écrit pour Fleetwood Mac, Rod Stewart, Greg Allman, Ray Charles, etc. (*N.d.T.*)

accompagner une boîte à rythme qui débite tout un répertoire synthétique de cymbales fracassantes, de roulements de tambour et d'envolées de basse. De toute évidence, la musique traditionnelle qu'il joue éveille une émotion sincère chez son public.

La salle entière tangue et reprend en chœur *Daydream Believer*, en brandissant des tabourets pour rythmer le mouvement. Tout seul au milieu de la salle, un petit type, genre idiot de village, fait des cabrioles en frappant deux cuillères à contretemps – ce qui arriverait à n'importe qui sur *Daydream Believer* – et en imitant les danseurs, mais ça n'a pas l'air de déranger qui que ce soit. Quand on en arrive à *Waterloo*, *Mama Mia* , le jeune a déjà la moitié des cheveux en moins, et roule des pelles à sa coiffeuse. Puis c'est le tour de *Can't Help Falling in Love With You*, et là tout ce monde se met à danser, à se peloter, à s'agripper aux voisins, trois par trois au minimum, l'expérience leur ayant enseigné que plus il y a de jambes, plus stable ce sera si l'équilibre vient à se rompre.

Je me sens seul, au milieu de ce bouillonnement. Et même, terriblement fragile. Loin de l'image bien peignée que présentent les pubs musicaux « traditionnels » de la ville, j'ai débarqué en pleine réalité. Je sais très bien ce qui se passe. Au *Matt Malloy* et dans les autres pubs du même genre, sitôt le dernier Italien parti, le violon et le *bodhran* bien rangés en attendant la prochaine soirée, on baisse les stores, on pousse un soupir de soulagement et on écoute Abba et Neil Diamond. Loin de la respectabilité celtique qu'exige le public des concerts mondiaux des Chieftains, le père Matt lui-même va sûrement s'y mettre et entraîner les natifs du comté de Mayo dans la musique qu'aimaient leurs pères.

« Sweet Caroline… na na na… »

Et si quelqu'un s'apercevait qu'il y a un inconnu dans la salle ? S'ils n'avaient aucune envie que la saumâtre vérité se répande ? Je me sens dans la peau du type des films d'horreur de la Hammer, qui doit se cacher derrière une pierre tombale pendant que Christopher Lee et tous les figurants cagoulés, vêtus de longues robes entrent en file indienne et entonnent des incantations, tout en ligotant des vierges. S'ils se rendent compte que je suis là, ça risque de tourner mal. Encore plus mal.

Lentement, je me glisse en direction de la porte au milieu de la foule trépidante. S'il y avait une robe à cagoule de trop dans le film, c'est moi qui la porterais, en cette minute. Doucement, tout doucement, je passe devant l'homme-montagne en chemise jaune – qui gesticule à présent, bras en l'air faute de place, au rythme de *Crocodile Rock*, pendant que l'idiot du village tâche de l'imiter avec ses cuillères –, je franchis la porte et me voilà en sûreté dans la rue. Dehors, c'est toujours l'Irlande telle qu'on la connaît, ou du moins, telle qu'on nous l'a décrite, où jamais on n'imaginerait ce qui se passe derrière les portes closes. Plus que quelques mètres, avant d'atteindre ma cellule en pin, et avec elle, la sécurité.

Aux premières lueurs du jour, je m'éveille tout à coup, en sueur, frappé d'une éblouissante révélation, et reste figé sur place dans le noir, tremblant. Peut-être la magie de la montagne opère-t-elle, après tout ? L'idiot du village avec ses cuillères ? Bon sang, mais bien sûr. C'était Bono ! Le musicien à perruque synthétique et lunettes ? Christy Moore[1]. Le gros type en chemise jaune ? Van Morrison. Je ne m'y suis pas laissé prendre.

Mais ils n'ont rien à craindre. Avec moi, le ténébreux secret de la musique irlandaise est bien gardé.

1. Chanteur irlandais de ballades aux textes parfois engagés. (*N.d.T.*)

14

Road Movie

C'est une vérité universellement reconnue qu'on ne peut pas tourner de *road movie* en Angleterre. Les distances sont trop courtes. En milieu d'après-midi, le premier jour, on serait déjà à court de route, et il faudrait faire demi-tour. Alors qu'en Amérique, berceau spirituel du *road movie*, il y a de la place à perte de vue, on peut conduire pendant une semaine, et la route continue encore indéfiniment.

Au premier abord, les distances nécessaires pour se déplacer dans l'ouest de l'Irlande peuvent paraître négligeables, mais paradoxalement, la région ferait un territoire à *road movies* de première catégorie, riche de possibilités Kérouaquiennes, ou Wenderssiques. Là, on peut rouler toute la journée, et la route continue indéfiniment, car sur de longues portions, on ne dépasse pas le trente à l'heure, coincé derrière un engin agricole. On dispose aussi de tout un potentiel de mauvaises directions à prendre, option interdite quand on est bloqué sur la voie centrale de l'autoroute M6, un vendredi soir, à la sortie de Birmingham. Thelma et Louise auraient pu faire une escapade dans le Connemara, au lieu de l'Arizona, et se seraient beaucoup plus amusées, par-dessus le marché, alors que ça n'aurait rien donné dans l'ouest des Midlands.

Il suffit de s'armer de patience. On s'est peut-être fixé un but – Lough Derg, par exemple – mais il ne faut pas le poursuivre avec l'obstination rageuse d'un VRP de Leicester, qui a rendez-vous à Newcastle, mais veut être revenu à Bristol à temps, pour assister au dîner avec le directeur des ventes et son ancienne esthéticienne hyper-manucurée de femme. Il ne faut jamais calculer une moyenne en se basant sur une vitesse de cent dix kilomètres heure, et affirmer qu'à telle heure, on sera arrivés, car c'est là que guette la folie. Dublin et sa sphère d'influence sans cesse croissante s'alignent de plus en plus sur des notions jusqu'ici inconnues, aussi aberrantes qu'un carnet de rendez-vous plein, des loisirs à heures fixes, et la mortalité due au stress. Mais sitôt franchi la Shannon – bien que, géographiquement, ça ne représente qu'une courte distance – les règles sont toutes différentes, et la plupart des gens sont encore en phase avec le secret fondamental du bonheur humain : mieux vaut faire peu de choses lentement, que beaucoup à toute vitesse.

Je mesure toute la profondeur de cette vérité éternelle, au pas derrière une quantité impressionnante de lisier de cochon fumant, sur la route entre Westport et Knock. S'il s'agissait d'un *road movie*, imaginez la tension qui s'accumulerait sachant que j'ai à peine quelques kilomètres d'avance sur les méchants qui m'ont pris en chasse. En cette minute même, klaxon bloqué, ils feraient rugir le moteur de leur BMW noire au milieu d'une procession en route vers la grotte-sanctuaire de Notre Dame, un peu plus loin sur le bas-côté. Le chef – Tim Roth – se pencherait vers le conducteur et lui tapoterait l'épaule.

« Bon alors, on y sera quand, à Lough Derg ? »

Le chauffeur – interprété par cet énorme, terrifiant rouquin à moustache qui fait les psychopathes de tous les films situés à Glasgow – tourne la tête au moment où passe un prêtre en surplis et barrette, suivi d'une vieille dame en noir, de quelques génisses, et de six enfants de chœur portant une statue de la Vierge éplorée.

« Dieu seul le sait. »

Le prêtre l'entend et cogne à la vitre avec l'aspersoir. Rouquemoute éteint le moteur, et une poignée de minutes supplémentaires s'évaporent dans l'éther celtique.

Quelques kilomètres plus loin, pendant ce temps-là – revenons à la réalité –, la livraison de lisier de cochon vient de tourner en direction de l'usine d'aliment pour poulets, et moi je file tout droit à la vitesse grisante de soixante à l'heure, plus captivé que jamais par le riche éventail d'obsessions inattendues que recèlent les appels d'auditeurs aux standards de radios.

« J'aimerais attirer l'attention sur cette tendance inquiétante qu'ont les jeunes à traîner autour des cages de buts pendant les matches de foot.

– Précisez un peu, Fergus. Vous voulez dire qu'ils ne se donnent pas à fond pendant le match ?

– Je veux dire qu'ils font même pas partie de l'équipe ! Ils traînent derrière la cage, et quand la balle arrive, ils se tirent avec.

– Ah ! d'accord. Si vous dites vrai, c'est en effet assez embêtant. »

Strictement parlant, Knock ne se trouve pas sur l'itinéraire direct de Westport à Sligo, mais comme il n'y a aucun moyen de savoir si le droit chemin serait plus rapide qu'une errance zigzagante, rien ne s'oppose à une visite. Et puis, ça pourrait faire une bonne halte pour déjeuner. Dans le *road movie*, je serais derrière la vitrine d'un café, en train de manger un sandwich de pain blanc cuit maison au saumon sauvage fumé, quand Tim Roth et Rouquemoute passeraient à toute blinde dans la BMW sans me voir, semant vieilles nonnes et prêtres infirmes dans leur sillage. Ils n'ont toujours pas compris qu'à l'Ouest, rien ne sert de courir. Dans le Connaught, comme dans la vie, ça n'avance à rien de doubler ce qu'on poursuit.

Depuis 1879, date à laquelle Notre Dame est apparue, dit-on, à Knock, la ville est devenue le Lourdes irlandais, avec une saison annuelle de pèlerinage immensément populaire. À mon arrivée, il y a une grande banderole déployée autour d'un rond-point. « Vive Mayo… Bonne chance Pete ! », proclame-t-elle, ce que tout un chacun ne peut manquer de trouver magnifique comme accueil. Soit le message s'adresse à un jeune du coin qui défend les couleurs du comté dans le grand match du week-end, soit c'est un nouveau miracle qui n'est destiné qu'à moi. Je me gare et commence à chercher un endroit où manger. « Vive Mayo… Entre donc Pete, viens déjeuner » : voilà à peu près ce que j'espère.

Il n'y a pas très longtemps, Knock n'était encore qu'un petit village abritant une petite chapelle. Mais aujourd'hui, une énorme basilique moderne a été construite, avec dix-huit, je dis bien, dix-huit fontaines d'eau bénite à déclenchement automatique. Je les ai comptées. Grâce aux efforts déployés par un monsignor très versé dans les micmacs, il y a également un tout nouvel aéroport équipé d'une piste permettant d'accueillir les plus gros Boeings. Les pèlerins peuvent désormais venir d'un coup d'avion d'Adélaïde ou de Chicago sans même devoir traînailler et claquer du fric à Dublin ou à l'aéroport Shannon. L'une des conséquences de ce système de vol-aller/prière/emplettes/vol-retour, c'est la prospérité de l'économie locale, dopée par l'industrie du souvenir kitsch.

Les magasins portent tous des noms de saints : *St Peter*, *St Mark*, etc., sans doute pour afficher l'approbation divine. Je me souviens qu'à Skegness, voilà des années, un magasin, à l'enseigne de « la Maison du Seigneur », proposait des ballons sur lesquels était gravé : « Je suis la Voie, la Vérité et la Lumière. » Visiblement, les bibelots évangéliques ont évolué, depuis. « Bougie officielle de l'an 2000, vue à la télé » se vante un écriteau placardé en vitrine. « Poupées religieuses, genoux articulés : 14,99 £ seulement ». Ces dernières sont toutes équipées avec chapelet, lunettes à la John Lennon, et yeux bleu vif. Je suis curieusement attiré, en revanche, par les moulages en plâtre de la tête de Jésus. Ils sont recouverts d'un enduit légèrement scintillant, avec une couronne d'épines fluo, et le mode d'emploi précise qu'ils font aussi office de baromètre. Leur utilité saute aux yeux. Mais mon chouchou, au prix prohibitif de 1,59 £, c'est le Porte-Vignette Sacré. Il est vendu accompagné de la Prière de l'Automobiliste : « Que le Seigneur bénisse tous ceux qui voyagent dans ce véhicule », et il protège des plus fervents contractuels.

Je sais bien que les pèlerins viennent ici – de même qu'ils vont au Croagh Patrick – avec les motivations les plus sincères, mais le gouffre entre ces deux lieux ne saurait être plus grand. J'ai faim, mais je n'ai pas envie de manger dans une ville qui s'emploie à ce point à délester les visiteurs de leur argent. Je retourne à la voiture, glisse ma vignette dans son étui sacré que je colle au pare-brise. Le moment semble bien choisi pour vérifier mes niveaux d'huile et d'eau, ce que je ne me rappelle pas avoir fait depuis la station-service du pont sur la Severn, à l'entrée du pays de Galles, en venant. Seulement la tirette, sous le tableau de bord, ne fonctionne pas. Il y a quelque chose de coincé, qui empêche l'ouverture. J'inspecte la rue principale, mais il n'y a pas trace d'un concessionnaire Notre-Seigneur-du-Saint-Volvo. Je vais devoir rouler dans un caisson en métal pétaradant hermétiquement fermé à tout jamais. Le dernier bout d'oiseau est sorti du pot voilà quelques jours, mais qui sait quelles horreurs m'attendent encore ?

À la sortie de la ville, je longe une rangée de maisons d'hôtes : « Ma Basilique », « Saint Brendan », « B&B Miséricorde divine », mais avant ladite miséricorde divine, je vais devoir affronter le feu purificateur du purgatoire. Je suis lancé en direction du Donegal et Lough Derg, au volant d'une voiture susceptible d'exploser et de disparaître à tout moment dans un nuage de fumée nauséabonde. Mon sort est entre les mains de Dieu, ou des dieux, ou de mes propres actes, selon le point de vue théologique qu'on adopte.

Après avoir roulé une bonne partie de la journée, un croisement indique la direction du village de Tubbercurry. Ce pourrait être marrant de déjeuner là, dans un restaurant indien ? Malheureusement, personne n'a encore eu la perspicacité d'en ouvrir un, si bien que je dois me contenter d'un sandwich. Tout en déjeunant dans la voiture, je m'aperçois que je suis garé devant un fleuriste dont l'enseigne annonce *Guns'n'Roses*[1], ce qui en fait probablement le premier magasin de fleurs paramilitaire du monde.

À la radio, un groupe de gens débattent du bien-fondé de la légalisation des maisons closes, ce qui n'est pas tout à fait le genre de discussion qu'on aurait pu entendre ici autrefois. Le présentateur s'efforce de rester neutre, mais un des invités, un vieux journaliste fantaisiste, volubile, sans doute même ivre, n'accepte pas cette position.

« Ah ! ça fait trop longtemps que vous travaillez pour RTÉ[2]. Je me souviens d'une époque où vous aviez votre propre opinion. Allons, dites-nous ce que vous pensez de tout ça.

– C'est vous, qui allez d'abord nous répondre. Que pensez-vous de la légalisation des maisons closes ?

– Je pense qu'elle est tout simplement inutile.

– Inutile ?

– Oui. Pourquoi aller dans une maison close alors qu'il suffit de passer un coup de fil pour que la fille vienne chez vous ? »

1. Littéralement : Armes et Roses. *Guns'n'Roses* est le nom d'un groupe de rock. (*N.d.T.*)

2. Radio Telefís Éireann, service public irlandais de radio et télévision. (*N.d.T.*)

Les autres invités émettent un hoquet incrédule. On entend presque la mâchoire du président de la station lui tomber sur la poitrine.

« Mon Dieu ! mais vous ne pouvez pas dire des choses pareilles !

– Je dis ce que je veux. »

On entend des éclats de voix en arrière-plan, à présent, suivis d'une tentative maladroite mais ratée de retirer son micro au journaleux. Il n'y a pas moyen de l'arrêter. Il s'en prend au présentateur :

« Regardez-le ! Non mais, regardez-le ! Il a les yeux révulsés ! La bave lui coule sur le menton. Il devient tout rouge ! Il a peur de perdre son précieux job ! »

Je poursuis ma route, et comme, par bonheur, l'émission continue sur ce ton-là pendant près d'une demi-heure, j'arrive de bonne humeur à Sligo.

« Sligo se trouve dans un endroit particulièrement charmant. De fières collines de calcaire se dressent au nord, tandis qu'à l'est, on trouve le pittoresque Lough Gill. Le port occupe un site d'une importance capitale depuis toujours. Une voie de circulation entre nord et sud menait en effet au gué permettant de franchir la Garavogue. C'est à Sligo que naquit W. B. Yeats, le célèbre poète, en 1865. »

La prose n'a pas l'élégance habituelle de Thackeray, car n'ayant jamais poussé jusqu'à Sligo, il n'est pas l'auteur de ce texte. J'ai cherché activement une autre source d'information ancienne pour éclairer mon périple. L'*Atlas routier illustré de l'Irlande (comprenant Index géographique, Itinéraires, Cartes et Plans de villes), publication AA 1963* fait mon affaire. Il commence par une « Dédicace au lecteur de l'ogham, ancienne écriture runique d'Irlande ».

Bendacht For Cech N-Oen Legfas, y lit-on. « Bénis soient tous ceux qui liront cet ouvrage », entrée en matière superbe et anachronique pour un guide touristique. Avec ses dessins en noir et blanc très évocateurs, ses cartes quadrillées et ses conseils – « Vitesse et confort ne vont pas de pair en raison du relief onduleux des routes » – l'ouvrage fait tout naturellement resurgir un passé noyé depuis longtemps sous le goudron frais. Il évoque l'odeur des sièges en cuir de la Ford Consul que nous avions, quand j'étais enfant. Je me souviens avoir vu hisser celle-ci à bord du bateau pour Dun Laoghaire à l'aide de sangles géantes, sur les quais de Holyhead. C'était avant l'époque des ferries et du système d'embarquement/cuite/débarquement qui se pratique de nos jours. Son numéro d'immatriculation – EHH 604 – est gravé à tout jamais dans ma mémoire, alors que je serais incapable de décliner celui du Tank, ou de ma voiture en Angleterre.

Le vieux guide relié a encore sa couverture originale en papier vert et or, ornée d'une illustration du sigle ailé de la AA. Dans le temps, l'association en donnait un en métal, à fixer à la calandre, mais ensuite les *mods* et les *rockers* ont commencé à se bagarrer, la pilule contraceptive est arrivée, et l'Angleterre tout entière est tombée en quenouille, si bien que la AA a cessé de donner des insignes.

J'ai trouvé cet atlas il y a environ une demi-heure, dans une librairie nichée au fond d'une petite rue, juste après être arrivé à Sligo et avoir décidé d'y passer la nuit. Je le feuillette dans le magnifique intérieur lambrissé de bois sombre et dallé de pierre du *Hargadon Brothers' Bar* d'O'Connell Street, et je regrette de ne pas l'avoir trouvé plus tôt. Toutes les localités du pays, rangées par ordre alphabétique, y ont leur transcription en gaélique aussi bien qu'en anglais, assortie de leur signification. Garvaghy – Garbhochadh : *champ accidenté*. Drimoleague – Drom Dha Liag : *crête des deux piliers de pierre*. Sligo – Sligeach : *la contrée aux coquillages*. Il y a également un passage rappelant que la division nord-sud était beaucoup plus sévèrement observée à l'époque : « Un automobiliste franchissant la frontière par d'autres voies que les routes autorisées indiquées dans cet ouvrage, encourt des peines très lourdes, pouvant aller jusqu'à la confiscation de son véhicule. » Et j'adore la mention sur Yeats, « le célèbre poète », au cas où on l'ignorerait. Mais peut-être qu'au début des années 1960, conducteurs et lecteurs appartenaient à deux catégories sociales bien distinctes ?

Sligo fait partie de ces villes du centre desquelles les montagnes sont visibles, ce que j'ai toujours trouvé très réconfortant. Ça offre une échappatoire. Imaginez le bien que ça ferait à Birmingham. En arrivant, j'étais arrêté à un feu rouge quand un homme en costume bleu et chemise bleue est sorti d'une voiture bleue, puis est entré dans un magasin d'antiquités peint en bleu vif. Le fait qu'il n'y ait que moi comme spectateur renforçait encore l'impression qu'il s'agissait peut-être d'un happening artistique.

J'ai tenté ma chance auprès de deux ou trois B&B affichant « Chambres à louer », mais les propriétaires, comme toujours, m'ont dit qu'ils étaient complets. À l'avenir, je ne m'adresserai plus qu'à ceux qui affichent « Complet », comme la grande maison individuelle, de l'autre côté de la rue. Malheureusement, il n'y avait personne. Je regagnais la barrière du jardin et attendais de pouvoir traverser la rue, quand une femme échevelée, chaussée de mules à pompons, s'est ruée hors d'une cabine téléphonique pour accourir au pas de charge.

« C'est vous qui avez frappé à cette porte ? »

Visiblement, il s'agit d'une folle. Elle vient peut-être tout juste de s'enfuir de l'asile, avant que la sœur arrive pour lui donner ses cachets du soir. Mieux vaut tenter de l'amadouer :

« Oui, c'est moi.

– C'est une chambre, que vous cherchez ? J'en ai plus qu'une, malheureusement sans salle de bains. »

Dans l'Irlande d'aujourd'hui, fraîchement rénovée, c'est un détail qu'on a honte d'avouer, comme on aurait eu honte, il y a vingt ans, de dire qu'on avait un enfant né hors mariage. Mais où est-elle donc, cette chambre ? Dans la cabine téléphonique ? Elle tire une clé de sa poche, et m'entraîne jusqu'à la maison, où elle me fait visiter une chambre confortable au rez-de-chaussée, avec lit double, télé, et lavabo. Le petit déjeuner, hélas, est servi à 8 heures. J'allume la télé dans l'espoir, déçu, d'un nouveau scandale concernant les Frères chrétiens, puis je sors boire une pinte de bière en ville pour célébrer la non-explosion du Tank.

Là, au *Hargadon Brothers*, je m'aperçois vite qu'un index géographique AA classé par ordre alphabétique est une mine à explorer. Le parcourir exhaustivement d'un bout à l'autre équivaudrait à considérer le catalogue IKEA comme un roman, mais je n'ai rien d'autre à lire. Thackeray et Wibberley sont dans mon sac, et je les ai finis. Si je continue à les balader, c'est uniquement parce que, sinon, mon sac serait vide, donc superflu. Mon exemplaire de *La Musique du père* est quelque part au fond du Tank, où il court le risque d'être détruit dans le brasier imminent. Alors que faire ? Je ne peux quand même pas boire en regardant dans le vide ! Les gens me prendraient pour un policier. Je fouille à nouveau mon sac, mais j'ai déjà lu l'étiquette de la bouteille d'eau minérale. Toujours pas de matières grasses. En revanche, tapis dans la poche extérieure, là où vivent les bourres de poussière, se trouvent les prospectus de Lough Derg. Jusque-là, je n'ai fait que les parcourir, de peur qu'ils m'effraient. Mais je n'en suis plus qu'à une heure et demie de route, si le lisier de cochon, les génisses et les statues éplorées le permettent. J'ai l'intention d'y arriver demain. Je devrais peut-être me familiariser un peu avec ce que je vais m'infliger. Je me rappelle avoir lu ce passage : « La veille de son arrivée à Lough Derg, à partir de minuit... »

Minute, mais c'est ce soir !

« … le pèlerin entame un JEÛNE COMPLET DE TOUS ALIMENTS SOLIDES ET LIQUIDES, eau plate exceptée. »

Il n'y aura donc pas de bar sur l'île.

« Le jeûne dure trois jours pleins et prend fin à minuit le troisième jour. La veille est le principal exercice expiatoire du pèlerinage et consiste à se priver totalement de sommeil pendant vingt-quatre heures d'affilée. Elle débute à 22 heures, le premier jour, et s'achève à la même heure le deuxième jour. »

Ouais, bon, mais on n'aura pas fermé l'œil de la journée, donc ça fera plutôt trente-six heures, en fait. Trente-huit si je me lève demain matin pour le petit déjeuner auquel je n'ai pas droit.

« À son arrivée sur l'île, le pèlerin se rend au dortoir – oh, non ! – retire chaussures et chaussettes et entame la première station. »

Suivent trois pages détaillant la quantité inimaginable de prières, d'agenouillements et de purs sévices physiques prescrits. À la fin, au cas où quelqu'un se méprendrait encore sur la nature du voyage pour lequel il a signé, une note de bas de page précise :

« Les pèlerins ne sont pas autorisés à apporter sur l'île de caméras, radios, instruments de musique, articles à vendre, à distribuer ou destinés au jeu. De même, sont interdits les roulages de pelles, danse du ventre et frétillements de popotin. »

La dernière phrase est de mon cru, je viens de l'ajouter au feutre.

L'énormité de ce qui m'attend commence tout juste à m'apparaître. Je me demande vraiment si j'en suis capable. Il y a dans ce descriptif un ton sous-jacent de violence sublimée qui me ramène droit à l'école secondaire. Je revois avec précision l'épaisse lanière de cuir que les traditionalistes préféraient à la badine efféminée et un peu mollassonne des professeurs plus jeunes, et progressistes. La première semaine de mon année de terminale, le directeur, frère Cuthbert, m'avait administré six coups de lanière pour m'être trouvé dans la salle commune des terminales alors que je n'étais pas en terminale. Quand j'ai objecté qu'en fait, j'étais bel et bien dans cette classe, il a répondu que je les méritais de toute façon même s'il ne savait pas pourquoi, et que je ferais mieux de cesser mes jérémiades.

Au point où j'en suis à présent, il me faut aller jusqu'au bout. Si je flanche, il me suffira de quitter l'île plus tôt que prévu. En tuant un prêtre et en volant un bateau, par exemple. Ou en creusant un tunnel sous le lac. Quelque chose dans ce genre-là. Quelle heure est-il ? 10 heures moins dix. Mon jeûne commence à minuit, et j'ai la ferme intention de l'observer rigoureusement.

Au bar, je commande une nouvelle pinte de bière et un paquet de cacahuètes grillées. On peut espérer en garder le goût pendant trois jours.

En retournant à ce qui sera mon dernier lit pendant deux nuits, je croise une foule grouillante piétinant devant l'entrée d'une boîte de nuit. Au coin de la rue, plus loin, je passe devant la vitrine d'un chinois qui affiche « vente à emporter ». Voilà une occasion de manger mon ultime repas à la toute dernière minute. Le chinois de Sligo se révèle un curieux dialecte, mais le service est d'une rapidité impressionnante. Pour à peine 5 £, je peux regagner ma chambre et me gaver avant minuit d'un véritable festin de nouilles sautées.

En m'engageant dans l'allée du jardin, je repense aux panneaux qu'on peut voir dans certains restaurants, clamant qu'il est interdit d'apporter son manger. Et si ma propriétaire refuse de me laisser monter un repas dans ma chambre ? Peut-être est-elle embusquée dans l'entrée, avec une assiette de sandwiches ? Elles font toutes ça. Cela dit, ma chambre donne sur le jardin. Si je peux passer les nouilles par la fenêtre, elle me chopera les mains vides. Penser à l'école a dû réveiller de vieux restes de culpabilité dans les tréfonds de ma conscience.

La fenêtre est hermétiquement close, mais le vasistas, en haut, paraît entrebâillé. Mais je n'arriverai jamais à glisser le bras assez loin pour attraper le loquet de la fenêtre même en grimpant sur le rebord. Ou bien alors, en me mettant sur la pointe des pieds je pourrais lancer les nouilles par le vasistas ? Je dois être sévèrement bourré pour envisager des choses pareilles. Cette découverte clarifie un peu mes réflexions. Je planque le sac en plastique blanc et son précieux contenu de vermicelles de riz accompagnés d'un assortiment de viandes et légumes de saison au curry dans le fond de mon bagage, recouvre le tout avec mon Thackeray, et ouvre prudemment la porte d'entrée.

Personne en vue : je fonce aussitôt tête baissée dans ma chambre. Le radio-réveil numérique, à côté du lit, affiche vingt-trois heures vingt-six. J'allume la télé. C'est un vieil épisode du feuilleton *The Sweeney*. Parfait. Je retire le couvercle de la barquette en aluminium et découvre une masse compacte de nouilles grisâtres, d'aspect cérébelleux, piquée de bouts de porc rose fluo. Et pas de baguettes. J'aurais dû en demander. Trop tard. Je passe la chambre en revue, des fois qu'il y en ait une paire fournie par la maison, mais il n'y a même pas de petite cuillère. Le réveil affiche vingt-trois heures trente-cinq. Les nouilles m'attendent, engageantes. Plus que vingt-cinq minutes. Je vais devoir manger avec les doigts, comme un sauvage ou un étudiant.

Ce n'est pas beau à voir, mais je ne me laisse pas abattre. À l'écran, un Dennis Waterman[1] inimaginablement jeune fait son possible pour exprimer un intérêt sexuel juvénile.

1. Comédien anglais réputé et acteur de séries télévisées (*The Sweeney* était un feuilleton policier très populaire, de même que *Minder* dont il est question ci-après). (*N.d.T.*)

Je me souviens d'une fois où j'ai vu *Minder* doublé en allemand. « *Ach, Terry*, disait George Cole à Waterman, *jetzt gehen wir nach Craven Cottage.* » Sans parler de *Bonanza* doublé en serbo-croate, mais je ne suis pas capable d'en citer une réplique.

À moins dix, j'ai fini de manger, mais l'émission se prolonge encore quelques minutes. Puis l'horloge de la mire s'affiche à l'écran.

Il est minuit et demi.

Le réveil n'était pas à l'heure. Évidemment. C'est toujours comme ça. J'ai donc carotté une demi-heure de mon premier jour de jeûne. C'est affreux. Ils vont le savoir ! Ils vont trouver le moyen de deviner ! Sans doute y a t'il un genre de prêtre spécialisé dans le contre-espionnage religieux, qui observe les nouveaux arrivants à la descente du bateau. Il me regardera, hochera la tête, et là, ils m'emmèneront pour une analyse d'urine et une fouille interne. On me tabassera pour avoir pris un avantage en nouilles de vingt minutes sur les autres participants.

Ma chambre sent Chinatown un dimanche midi. J'ouvre la fenêtre, puis je ramasse de mon mieux les débris. Même quand on a des couverts, les vestiges d'un repas chinois à emporter sont toujours hideux à voir. Tel un médecin légiste à l'issue d'un meurtre collectif entre triades, je rassemble les longues limaces jaunes et les morceaux de viande rose vif qui traînent sur la table de chevet en mélamine tatouée au glutamate, et je les remets dans la barquette que j'enfouis dans son sac en plastique avant de le fourrer dans le sac poubelle de la chambre que j'enferme dans mon propre sac, pour m'en débarrasser au matin. Dieu est au courant de ce que j'ai fait, mais il n'y a aucune raison que ma propriétaire le soit.

Le lendemain matin, je dois passer par la salle du petit déjeuner et regarder tout le monde manger pendant que je règle ma note. Je me félicite d'avoir encore le ventre plein. Un couple exagérément enduit de gel capillaire arrive pendant que j'attends mon reçu. La fille a un suçon près de la clavicule, et lui tient la plus sévère gueule de bois du monde. Il refuse les céréales avec un grognement écœuré, et supplie qu'on lui donne de l'eau. Puis il soupire, bâille, grogne et se frappe la tête contre la table. Dehors, le ciel est très bas, il pleut à verse et je ne peux plus rien manger d'ici à après-après-demain. J'ai connu des matins plus riants.

Généralement, je peux compter sur l'auto-radio pour me remonter le moral, mais ce matin, les questions d'auditeurs concernent l'interdiction de fumer observée dans les locaux de l'hôpital de Limerick.

« Ma mère avait quatre-vingt-six ans, elle était atteinte d'un cancer. J'ai dû la ramener à la maison pour qu'elle puisse fumer une cigarette et mourir heureuse. »

« Mon père avait quatre-vingt-dix ans. Le personnel de l'hôpital lui a refusé la cigarette qui lui aurait permis d'affronter la mort détendu. »

Juste au nord de Sligo, je m'arrête à l'église de Drumcliff pour voir la tombe de W. B. Yeats, le célèbre poète de l'*Atlas routier illustré de l'Irlande, publication AA 1963*, sous un crachin nourri et dans des volutes de brume, tandis qu'au nord, une colonne de fumée s'élève d'une splendide montagne en pain de sucre. Sur le parking, une cabane en rondins expose des tricots irlandais, tout comme Yeats l'aurait souhaité.

La pluie marquant une accalmie à hauteur du petit village de Belleek, je m'arrête au supermarché et achète un assortiment de pansements, de pommade pour les pieds et d'aspirine surpuissante. Des percées dans les bois touffus que traversent les petites routes commencent à laisser entrevoir de belles vues sur le Lough Erne, à l'est. Pas le moindre lotissement neuf en vue. Quelques maisons de construction ancienne ponctuent la campagne déserte. Il règne une atmosphère tranquille, reculée, plus sombre à mesure que je monte au nord. Pettigoe, d'après les brochures, est le dernier village avant l'embarcadère de Lough Derg. À la radio, une femme parle de son travail qui consiste à signer le gaélique, c'est-à-dire à le traduire pour les sourds en langage des signes.

« J'ai signé pour les Spice Girls, une fois. Je me suis sentie une vraie pop star. »

Pettigoe est un mélange de l'Irlande d'hier et de celle d'aujourd'hui, de vieux immeubles aux façades nues et de maisons d'hôtes flambant neuves à l'intention des pèlerins – Bed-mais-pas-Breakfast, je suppose. À la sortie de l'agglomération, en direction de l'embarcadère du *lough*, une lande marécageuse piquée de roseaux borde la route. Des vaches broutent sur les quelques îlots de terre ferme. Au détour d'un virage, je découvre enfin ma destination.

Une arche immense enjambe la route, flanquée de deux piliers en pierre. *Purgatoire St Patrick*, annoncent les lettres qui se découpent sur le ciel sombre, menaçant, encombré de nuages bulbeux. Au-delà d'une étendue d'eau gris plomb, sous la pluie battante, l'île et ses bâtiments pénitentiaires ressemblent à un Alcatraz miniature.

On se sent vraiment au bout de la route. Je ferme le Tank à clé et me dirige vers la grève. Quelque part, là-bas, dans un dortoir qui pue les pieds, Tim et Rouquemoute ajustent leur silencieux, un sourire aux lèvres.

15

Le Purgatoire St Patrick

Sur une carte du monde datant de 1492, le seul nom qui figure pour toute l'Irlande est celui du lieu le plus éminent du pays : le Purgatoire St Patrick.

Le Purgatoire se trouve sur Station Island, au milieu des neuf kilomètres décourageants sur lesquels s'étend le Lough Derg, entouré des montagnes basses, boisées par endroits et tapissées de bruyère, qui forment le comté de Donegal. C'est le seul des sept « purgatoires » – lieux de pèlerinages ardus et rigoureux – qui ait survécu. Bien que rien ne permette d'en être sûr, les traditions et les écrits anciens d'Irlande affirment que saint Patrick séjourna là. Il ne fait aucun doute, en revanche, que le pèlerinage s'est maintenu sans discontinuer pendant au moins mille ans. Tout compte fait, le poids de l'histoire est tel, ici, que le plus fervent des pèlerins y passe pour une demi-portion spirituelle. Et moi ? Moi, je suis pour l'instant terrorisé.

Les premiers pèlerins qui couchèrent par écrit leur témoignage étaient des chevaliers et des moines médiévaux d'Angleterre, de France, d'Espagne, de Hongrie et autres régions de l'Europe continentale. Ils dépeignaient leurs spectaculaires visions miraculeuses survenues dans la grotte où ils s'isolaient. On comprend sans peine que les hallucinations aient pu être monnaie courante. D'après une description de

1353, la grotte mesurait deux mètres soixante-dix de long sur un de large, et elle était juste assez haute pour qu'un homme s'y tienne agenouillé. Le pèlerin devait observer une veille de vingt-quatre heures, durant laquelle il priait, mais s'abstenait de manger, s'étant au préalable sustenté pendant quinze jours de pain et d'eau. Dans les textes médiévaux, il n'est question ni de nouilles sautées, ni de Guinness.

Depuis les premiers temps jusqu'au XVIIIe siècle, le pèlerin accédait à la grotte en tenue mortuaire, prêt à faire face aux souffrances du purgatoire et au jugement du Créateur. Cette réjouissante pratique est tombée en désuétude depuis, et la durée du jeûne a été réduite – d'abord de quinze jours à neuf en 1517, puis à trois en 1804 – mais les privations et le rituel de la prière auxquels le pèlerin doit se soumettre restent tels qu'au cours de nombreux siècles.

En l'an 1200, Pierre des Cornouailles, pratiquant assidu, écrivait : « Prenez garde. Nul ne quitte Lough Derg sans y laisser un peu de son esprit. »

J'ai garé le Tank sur un grand parking au bord du lac, déjà peuplé au bas mot d'une centaine de véhicules. Cela fait un moment qu'assis au volant je regarde la pluie dégringoler sur la file ininterrompue des nouveaux arrivants. Pour moi, qui n'ai pas vu âme qui vive sur les trente derniers kilomètres, leur seule présence tient du miracle. Ce sont de jeunes parents, des couples âgés, des célibataires endurcis, tous munis d'un unique bagage sans fioritures. Aucun n'a l'air aussi découragé que moi. Je suppose qu'ils sont en bonne condition religieuse, alors que pour ma part, je suis irrévocablement rouillé. Si on alignait contre un mur tous les pèlerins qui se présentent aujourd'hui pour que les prêtres choisissent leur équipe, je serais le petit gros dont personne ne veut.

Quand la pluie se calme un peu, et que je suis à court de bonnes raisons de rester dans la voiture, je me plante devant le coffre, sous le crachin, pour composer un modeste sac de voyage. Le cœur gros, je laisse de côté chocolat, cacahuètes et flasque de Jameson, ainsi que les autres fanfreluches interdites, comme les chaussures. J'emporte *La Musique du père*, pour le cas on ne peut plus hypothétique où la lecture serait autorisée, et je me présente à la billetterie. Rien ne dit que c'en soit une, mais il n'y a pas d'autre bâtiment en vue.

Ne reste plus, devant moi dans la file, qu'un couple d'une trentaine d'années. L'homme demande à la fille du guichet d'où viennent les pèlerins de cette fournée.

« Oh ! de partout, répond-elle. Dublin, Mayo, Galway. Et pas mal de Cork.

– Personne d'Angleterre ?

– Si, moi », je bredouille dans son dos.

Mais pourquoi ai-je fait ça ? Pourquoi attirer l'attention alors même que je suis censé être en quête de ma fibre irlandaise ? Sans doute parce que je me sens incongru, ici, si loin au nord, si désarmé face à l'emprise de l'Église – du moins je le serai dans quelques minutes. L'homme se retourne et me regarde, surpris, sans piper mot. Mais d'abord, pourquoi voulait-il savoir si quelqu'un venait d'Angleterre ? Serait-il à la solde de Tim et Rouquemoute ? Quoi qu'il en soit, il tourne les talons et repart sous la pluie en compagnie de sa femme. La fille du guichet me regarde.

« Vous êtes seul ? »

Oh ! non. Elle ne va quand même pas me dire qu'il n'y a plus que des doubles ?

« Ça fera 20 £. »

Elle a l'accent d'Irlande du Nord, bien qu'on soit encore sur le territoire de la République. Son regard plein de gentillesse m'incite à solliciter un peu de réconfort.

« Je ne suis pas sûr d'être à la hauteur.

– Mais, bien sûr que si ! Vous verrez. Vous serez un autre homme en revenant. Ne vous inquiétez pas. Il y aura des prêtres sur place, si vous avez besoin de conseils. Ou de soins. »

À la façon dont elle en parle, tout ça a l'air mystérieux et amusant, mais ne me rassure guère. En me dirigeant vers le bateau qui attend au ponton, je sens mon estomac gargouiller d'inquiétude, et prends conscience qu'à ce moment précis, personne, strictement personne ne sait où je me trouve. Supposons – simple vue de l'esprit – que je doive disparaître là-bas, nul ne saurait où entreprendre des recherches.

Le pilote du bateau m'accueille d'un regard glacial, et je me sens comme Edward Woodward en détective maudit, au début du *Dieu d'osier*, quand il part pour l'île.

Sauf, bien sûr, qu'il ne savait pas, alors, comment se terminait le film.

Moi, si.

20 h 30, Premier Jour

Je n'avais jamais remarqué qu'il existait tant de formes de pieds.

À la plage, unique endroit où l'on en voit autant, d'autres parties du corps sont dénudées, si bien qu'on n'y prête pas tellement attention. Mais là, tout le reste étant protégé de la pluie par des imperméables et des lainages, les pieds sortant, nus, du bas des pantalons attirent immanquablement l'attention. Un peu comme des fesses qui surgiraient des culottes de peau sans fond que portent les cowboys. On pourrait en dresser un inventaire : pieds noueux, pieds minuscules, pieds d'orang-outan, pieds palmés. Certains ont de la corne, d'autres du vernis aux ongles, des varices, des tatouages, ou encore sont boueux. Une dame qui priait à côté de moi, il y a un moment, avait de drôles d'excroissances sous la plante des pieds, vers le gros orteil. Je croyais m'attendre à tout, mais c'est bien la première fois qu'il m'était donné de contempler des pieds ornés d'andouillers.

Voilà sept heures que je suis là, et je me sens très mal. J'ai la tête qui tourne, le vertige. J'envisage déjà de reprendre mon sac et de m'en aller parce que a) je me sens sur la touche, b) malhonnête, et c) il y avait d'autres raisons, je sais qu'il y en avait, mais je suis trop dans les vapes pour les retrouver.

L'unique lueur d'espoir a surgi quand j'ai appris que le jeûne n'était pas total. Tous les jours, vous avez droit à un repas, à prendre à la cantine et à l'heure de votre choix, composé de café ou thé sans lait, ou bien d'eau chaude, de toasts sans rien dessus ou de crackers. Je viens de finir le mien. À ma table, tout le monde a déjà fait ce pèlerinage. Le type assis à côté de moi le fait pour la deuxième fois de l'été, ce qui passerait presque pour du fanatisme, même d'après les critères qui ont cours ici. Tous connaissent la musique. Ils parlent des « lits » – les lits expiatoires, je vous en parlerai dans un moment – avec la familiarité dégagée des routards discutant des plages de Thaïlande.

En arrivant, j'ai eu l'impression d'entrer en prison, dans un camp de réfugiés, ou de me présenter à un poste de contrôle de l'immigration. Pendant que le bateau traversait poussivement les eaux du lac d'un noir d'encre, il régnait à bord une morosité de mauvais augure, du moins à mes yeux. Un paysan célibataire d'une autre ère était assis à côté de moi sur la banquette en bois, et tenait à la main une petite valise marron cabossée comme en avaient les gens dans les films des années 1930. Sa casquette, sa gabardine d'où dépassait un col usé, et sa mine burinée suggéraient qu'il avait traversé d'autres intempéries que celles-là. Il m'avait salué d'un unique hochement de tête, comme pour souligner que nous foulions tous les deux la même terre et finirions un jour par mourir. Le côté désopilant de la situation se révélait déjà irrésistiblement contagieux.

Le bateau avait accosté devant des bâtiments gris, austères, comme l'était l'Irlande autrefois. Des gens pieds nus, groupés devant le ponton, courbés sous le sinistre climat d'août, fumaient et discutaient en scrutant les nouveaux arrivants à la recherche d'amis, de parents, ou d'un complice apportant une lime dans un pain. Leurs pieds froids, mouillés, souillés d'herbe, laissaient deviner une dévotion et une endurance comme jamais je n'en connaîtrai pour ma part, mais je soupçonne qu'ils se servaient de leurs jambes de pantalon pour évacuer la terre du tunnel d'évasion.

Les nouveaux arrivants avaient été dirigés vers un bureau d'accueil, pour y recevoir leur numéro. J'étais le 124D. Personne ne nous avait demandé nos noms. On nous avait également remis un bout de papier sur lequel était écrit : « Un autre pèlerin couche dans ce box ce soir. Vous pouvez laisser vos bagages, mais veuillez ne pas défaire le lit. »

J'avais monté l'escalier qui menait au deuxième étage en me répétant que je n'était plus un homme libre, mais un numéro. Le dortoir comptait une bonne vingtaine de lits à étages, où de solides fermiers étaient en train de ranger des sacs ou de quitter leurs chaussures. Je commençais à me sentir écrasé, comme un petit garçon le premier jour à la grande école. Les lits métalliques et le dépouillement religieux ambiant sortaient droit d'un des premiers romans de James Joyce, avant qu'il se mette à inventer des mots et qu'on doive deviner de quoi il parlait. J'avais trouvé le lit qui allait être le mien le lendemain, mais qui pour l'heure était celui de quelqu'un d'autre. Seamus, qui allait dormir au-dessus quand son actuel occupant lui céderait la place, s'était présenté. Il arrivait de Dublin avec la gueule de bois. J'ai espéré qu'il n'avait rien bu après minuit, sinon j'allais devoir le cafter aux Pères. J'ai quitté chaussures et chaussettes, mis un chapeau et un imper, et suis descendu m'atteler à ma tâche.

Le programme était le suivant :

En plus de la veille ininterrompue et du jeûne, chaque pèlerin devait faire les « stations », une station étant une liste vertigineuse de prières imposées. Certaines étaient dites collectivement, de nuit, à la basilique, mais le plus gros devait être fait seul, en silence, en marchant autour des Lits expiatoires.

Les « Lits » sont les fondations en pierre brute et les ruines des anciennes cellules monastiques autour desquelles, par-dessus et parmi lesquelles on doit marcher. Il y en a une quantité affolante : le Lit de saint Patrick, celui de saint Brendan, les Lits de sainte Brigid, sainte Katherine et saint Columba. Saint Davog et saint Malaise, en revanche, n'ont qu'un Lit pour deux. On doit faire trois fois le tour de chaque Lit par l'extérieur, s'agenouiller à l'entrée, faire trois fois le tour de l'intérieur, puis s'agenouiller au pied de la croix qui se trouve au centre, tout en récitant le nombre fixé de Notre Père et autres. Et comme si ça ne suffisait pas, il faut aussi faire quatre fois le tour de l'extérieur de la basilique, s'agenouiller à divers endroits, baiser diverses croix et se redresser, prier, s'agenouiller, prier, et prier sur les rochers au bord de l'eau. Le tout, pieds nus, n'oublions pas.

Et une fois tout ça terminé, on a fait une station.

Sur la durée du séjour, on devait en faire neuf.

Un calcul rapide révélait que le pèlerin consciencieux totaliserait un score minimum de 2 421 prières. Je vérifierai ce chiffre plus tard, si je survivais. Les dégâts cartilagineux potentiels étaient, eux, incalculables.

En chemin vers le premier Lit, j'ai trouvé revigorant le claquement des pieds nus sur le ciment humide, mais j'ai compris que ça risquait d'être quelque peu irritant au bout d'un moment. Deux prêtres tout en noir m'ont alors croisé, souriants.

Et chaussés.

Alors comme ça, on ne jouait pas dans la même catégorie ! Eux, encadraient et nous, on souffrait. Iraients-ils jusqu'à s'amener sans bruit pour nous marcher sur les pieds si on ne faisait pas ce qu'il fallait ? Dieu merci, à l'école, nous n'étions pas astreints aux pieds nus. Ç'aurait été un carnage.

Les profs auraient fait la queue pour se jeter du haut des placards, en bottes cloutées, sur nos petits petons roses. À propos, je me souviens qu'un jour pluvieux et glacial de février, on nous avait dit qu'il faisait trop froid pour jouer au rugby. Le vestiaire avait poussé un soupir de soulagement. « Vous vous mettrez donc en tenue pour six kilomètres de cross », avait annoncé le frère qui enseignait le sport. Mike O'Neill lui avait alors remis une lettre de son père, un médecin, disant qu'il avait une infection au pied.

« C'est bon, O'Neill, avait repris le frère. Mettez-vous en tenue pour six kilomètres à cloche-pied. »

J'attends sous un léger crachin vivifiant que les quelques dizaines de pèlerins qui me précèdent fassent leur tour du Lit de sainte Brigid, quand tout à coup, la femme immédiatement devant moi s'effondre. Elle tombe comme ça, d'un coup, plaf. Tout le monde se presse autour d'elle pendant que je scrute les bâtiments à la recherche des snipers. Personne ne sait ce qu'il faut faire. Elle a l'air très mal en point, le teint jaune, couleur touches de vieux piano de pub. Tout près, quatre prêtres sont en train de comparer leurs chaussures. Deux roux, un crâne rasé, et un qui porte le bouc. La fille du guichet d'embarquement m'a bien dit qu'on pouvait bénéficier de soins, non ?

« Père ! Père ! Venez voir ! »

Le skinhead arrive sans se presser et prend les choses en main, au moment où trois ou quatre personnes essaient d'asseoir la femme.

« Non. Arrêtez ! Il faut qu'elle reste allongée. Je m'en occupe. »

Son ton autoritaire convainc. La foule recule pendant qu'il passe un bras dans le dos de la femme et lui maintient la tête de l'autre main, puis commence à la rallonger jusqu'à ce qu'elle ne soit plus qu'à vingt centimètres du sol. Là, il retire les mains et la tête de la femme cogne la dalle de pierre avec un craquement sinistre. Oooh ! fait la foule qui tressaille. Une autre femme, peut-être une amie de la première, ou sa maîtresse, fend le groupe et rejoint le prêtre.

« Elle va bien, père ?

– Oh ! je pense que oui. »

Mais elle gît sur place comme si elle allait mourir, et personne n'a l'air de savoir quoi faire. Skinhead appelle alors un des Rouquins qui s'éloigne d'un pas tranquille, il faut bien le dire, en direction d'une porte dans le mur, sur laquelle est inscrit « Premiers Secours ». Ce genre de choses doit arriver à longueur de temps, c'est évident, compte tenu du jeûne et des privations. Il doit y avoir des infirmiers expérimentés quelque part. C'est sûrement obligatoire.

Deux ou trois minutes plus tard, une dame d'âge mûr, très comme il faut dans son tailleur bleu marine, son pull pêche et ses chaussures noires à talons et boucles dorées, surgit des bâtiments avec un gobelet en polystyrène plein d'eau qu'elle essaie de faire avaler à la femme toujours inconsciente.

« Vous vous sentez mieux ? »

Bien sûr que non. Elle est jaune et grise.

« Voulez-vous vous asseoir ? »

Toujours rien. Ils la ramassent et la transportent jusqu'aux « Premiers Secours ». Son amie suit, pendant qu'on continue à faire la queue pour accéder au Lit. Quelques heures plus tard, je tombe sur l'amie et demande comment va la malade.

« Oh ! magnifiquement. Elle se repose.

– Elle est bien soignée ?

– Oh ! oui. Ils lui ont dit que si elle ne finit pas sa station aujourd'hui, elle pourra en faire une supplémentaire demain. »

Moi, je trouve ça très bien de leur part. Des gens plus durs l'auraient disqualifiée.

Lorsqu'enfin, c'est à moi de faire le tour des Lits, je découvre à ma grande surprise que le côté primitif donné par le rythme du rituel, le contact des pierres rêches, humides, glissantes sous le pied, est très agréable. Les prières imposées sont celles que connaissent par cœur les pratiquants, et dont la signification, par conséquent, a moins d'importance que l'effet hypnotique obtenu, mais bien sûr, personne ne sait vraiment si on est en train de prier, de se concentrer sur ses propres pensées, ou de maudire chaque minute qui passe, puisque tout se fait en silence. Je suis bien incapable de manifester la ferveur simple avec laquelle mes deux voisines marmonnent en silence tout en étreignant la croix. À mon avis, c'est les genoux qui vont lâcher les premiers. On s'agenouille sur du roc, on se relève, on s'agenouille, on se relève, si bien qu'au bout d'une heure et demie de ce châtiment, j'ai l'impression que deux gros costauds m'ont tapé dans les rotules à grands coups de traverse de chemin de fer. Je me sens calme, debout au bord du lac, à contempler la campagne silencieuse et déserte, alentour. Il y a des pièces, des médailles et des croix au fond de l'eau. Je jette à mon tour une pièce anglaise de 5 pence pour accroître la valeur de l'ensemble, et aussi pour le plaisir de voir la reine, côté face, contre terre, au milieu du reste.

La messe du soir se déroule dans la basilique octogonale. J'ai une bonne place au balcon, d'où je peux admirer l'architecture. L'un des prêtres rouquins chante magnifiquement bien, accompagné par un ensemble pour ballades celtiques traditionnelles composé d'un orgue, d'une flûte et d'une guitare. Je me surprends à somnoler deux ou trois fois. Plus que vingt-six heures et demie avant d'aller se coucher.

J'ai les pieds gelés et très mal aux genoux. Je crains qu'ils subissent des infiltrations d'humidité. Il est plus de 9 heures du soir, et il fait encore jour. Je crois que je vais passer au dortoir enfiler quelques Damart, une première pour moi au mois d'août.

00 h 05, Deuxième Jour

Quand j'arrive au dortoir, il est déjà occupe par deux gros types en train de se barder de vêtements chauds, qui discutent cuisine chinoise avec une ardeur confinant au fantasme sexuel. Visiblement, la faim les a rendus fous. Aux seuls mots de Crevettes Kung Po, l'un d'eux se plie en deux avec une grimace concupiscente. La meilleure bouffe chinoise et malaise – la plus sexy de la planète, selon eux – est celle qu'on mange à Tullamore. Ils mettent au point des projets élaborés pour conclure leur jeûne sur un festin pantagruélique de poulet au saté, de canard grillé, de porc à la sauce aigre-douce, de bœuf aux haricots noirs et de crabes au piment, qu'ils se feront livrer sur le pas de leur porte, dimanche à minuit. Peut-être devraient-ils envisager de sauter les toasts des deux jours à venir, histoire de se garantir un bon appétit.

Je me suis retranché dans l'ombre nocturne, au fond de la basilique – on peut s'y rendre entre deux séances de prière si l'on rechigne à errer pieds nus, dehors, dans la nuit noire, sous une pluie diluvienne. Autant dire que nous sommes entassés sur de longs bancs. Certains fument, d'autres discutent, ou sirotent de l'eau. Une femme, là-bas, lit la revue *Hello !* J'aurais cru ça interdit. Mais peut-être y trouve-t-on des choses qui ont trait à la religion : des photos exclusives de l'ancien évêque de Galway chez lui avec ses enfants, par exemple ?

Juste en face de moi, est assise une femme osseuse qui a une tête à travailler dans une poissonnerie. Elle porte des jambières, qu'elle a rabattues sur ses pieds. Ça ne peut pas être autorisé, quand même ? Elle triche, c'est sûr. Ce n'est pas juste. Je me surprends à avoir envie qu'un prêtre vienne les lui confisquer. Tout ça commence à prendre de l'importance. On a beau ne pas adhérer à leur philosophie, une fois ici, on s'aperçoit qu'on joue le jeu. Quelque chose en nous prend le dessus, qui devient une affaire d'orgueil. On veut y arriver, marquer des points, finir la course, accumuler les prières. Si les autres y arrivent, pourquoi pas soi ?

Pour l'heure, je n'ai pas envie de m'étendre là-dessus. Je trouve seulement qu'on devrait lui confisquer ses jambières, voilà tout. C'est quand même légitime, non ?

Encore six heures avant qu'il fasse jour.

Je me surprends à penser à quelque chose que j'ai vécu il y a deux ou trois ans, en Australie : j'avais laissé un hippie sur le retour nommé Graham m'enterrer vivant dans la brousse. Ce devait être une sorte de régénération, une cérémonie initiatique au cours de laquelle on brisait ses propres barrières de peur et de malaise, pour renaître neuf. On avait passé toute la journée dans un coin reculé du bush de Nouvelle-Galles du Sud, à creuser ce que Graham appellait notre « propre tombe », perspective réconfortante, puis au coucher du soleil, on s'était allongé dedans pendant qu'un autre hippie, qui venait d'arriver dans un van, jouait du didgeridoo. Puis, Graham nous avait recouvert de terre jusqu'au cou, en ne laissant dépasser que la tête au ras du sol, comme David Bowie dans *Furyo*. À la merci des araignées venimeuses comme on en avait vues toute la journée, des bruits terrifiants de la nuit australienne et du poids écrasant de la terre. Après m'avoir enduit le visage de répulsif à insectes, Graham avait tracé un cercle de sel par terre, autour de mon cou.

« C'est pour empêcher les sangsues de venir te bouffer la figure », avait-il expliqué.

Jusque-là, je n'avais pas pensé aux sangsues, et ç'a avait été le pire moment de tous. On avait décidé que je devais rester enterré aussi longtemps que je pourrais le supporter – toute la nuit, si possible –, mais que Graham étant mon pote, si je lui demandais de me sortir de là, il le ferait. Au bout de quelques heures, je lui ai effectivement demandé, et bien entendu, il a refusé, et c'est alors que la dispute a commencé entre lui et moi, réduit à l'état de tête vociférante plantée dans le sol. Une situation digne d'une pièce de Samuel Beckett.

Le lendemain, en revanche, j'avais beau haïr Graham et ne plus jamais vouloir entendre parler de ce salopard, je me sentais très bien, en paix avec moi-même et plein d'énergie, sentiment qui dura plusieurs jours. C'était peut-être tout simplement le syndrome des coups de tête dans les murs, content que ça s'arrête ? Ou alors, le fait d'avoir relevé un défi, affronté et surmonté quelque chose que je redoutais, m'avait vraiment fait du bien ?

Être ici ce soir revenait sans doute au même que me faire enterrer vivant dans la brousse australienne par un hippie. Si j'en réchappais j'en recueillerais peut-être les fruits... même si ce n'était pas ceux auxquels pensaient les prêtres. Un peu plus tôt, pendant un assez beau moment de chant à la basilique, j'étais bel et bien entré dans une sorte de transe contemplative, ce qui m'avait valu de faire une découverte inattendue : moi, à leur place, j'aurais pris un deuxième plat de fruits de mer, et annulé le bœuf aux haricots noirs.

Apparemment, Skinhead est le Maton, ici, le méchant prêtre dans la distribution classique des bons et des méchants. Il entre et nous annonce qu'il est l'heure de retourner à nos prières. C'était quoi, déjà, cette blague qui circulait à propos de l'enfer ? « Allez les gars, la pause-café est finie, on se remet sur la tête. »

01 h 50, Deuxième Jour

Nouvelle pause après une des stations à l'intérieur de la basilique. On prie à voix haute, collectivement, mais il faut marcher comme si nous étions encore dehors. Des centaines de gens grouillent partout, montent et redescendent les travées, les escaliers et les stalles. Certains de ces connards spirituels, carrément énervants, lancent leur répons avant même que le prêtre ait fini sa partie, puis bredouillent leurs prières à fond la caisse histoire de terminer les premiers. On devrait leur mettre une claque, mais vu qu'on ne confisque même pas les jambières illicites, je vois mal qui s'en chargerait. C'est une scène étrange, un brouhaha désordonné, accru par le fait que certains prient en anglais, et d'autres en gaélique. Je me sens encore plus incongru ici que partout ailleurs dans le pays.

La faim n'a pas l'air d'être un problème, à peine une légère crampe sourde à laquelle on s'habitue vite. Pour autant je n'arrête pas de fantasmer à propos de nourriture. Actuellement, je persiste dans les langoustines à la mayonnaise au whisky, et le filet de bœuf mariné à la thaïe qu'on sert au Couvent, dans l'ouest du comté de Cork, lequel, en cette minute même, ne saurait pas être plus loin. Mis à part ça, je me sens drôlement bien. Cela dit, certains pèlerins n'ont pas l'air au mieux. Peut-être les assidus de la messe regrettent-ils leur lit plus que je ne le fais ? En revanche, mes genoux me font souffrir le martyre. Je comprends ce prêtre qui voulait attaquer la municipalité.

Je me trouve un chouette palier au premier étage où je vais pouvoir aller et venir durant mes prières, avec quelques incursions dans l'escalier pour changer un peu. J'ai toujours été un marcheur. Arpenter ce petit espace me rappelle des soirées passées à aller et venir dans des loges avant d'entrer en scène. Tout à coup, me revient un souvenir très net d'une soirée que j'avais presque oubliée. En tout cas, je n'y avais pas repensé depuis plus de dix ans.

J'assurais la présentation d'un spectacle à Woolwich, dans le sud-est de Londres. Le promoteur avait engagé deux clowns du cirque installé au bout de la rue, à Lewisham. Ils ont sorti un poulet vivant d'un plat recouvert d'une cloche en argent, et l'un des deux a essayé de l'hypnotiser. Malgré tous ses efforts, le volatile n'a jamais voulu se laisser faire. Ils ont quitté la scène dans une envolée de sifflets et de plumes. En passant devant moi dans les coulisses, le clown a dit au poulet : « Tu me refais un coup comme ça, putain je te tords le cou ! » Et ç'a été mon tour d'entrer en scène pour distraire le public.

Qu'un tel souvenir me revienne dans un environnement expiatoire comme celui-ci est finalement assez normal. La vie n'apporte guère d'expériences plus humiliantes que de succéder à un hypnotiseur de poulets raté, et ç'a dû me faire le plus grand bien à l'âme. Je me demande ce qu'est devenu le poulet, à cette heure ? Je marcherais volontiers pieds nus sur de la lave en fusion pour le revoir tout de suite ici, bien grillé, avec des frites.

Il y a un moment, le Maton nous a gratifiés d'une petite allocution depuis l'autel, pour nous mettre en garde contre le risque de céder à « la tentation de s'allonger ». En aucun cas nous ne devons nous étendre, mais nous ne devons pas non plus nous étonner, dit-il, de voir des gens s'endormir debout autour de nous. Avec un art de la psychologie savamment dosé, le Gentil Prêtre – sourire chaleureux, soutane blanche, guitare – a succédé au Maton, et après un sermon bizarre et peu marquant à propos du film *Il faut sauver le soldat Ryan*, il a récupéré son public en laissant entendre que les drôles de moisissures vertes et les bactéries qui infestaient systématiquement le pain au Moyen Âge avaient des propriétés chimiques comparables à celles du LSD, ce qui expliquerait les hallucinations des pèlerins dans la grotte. Ceux d'aujourd'hui, a-t-il poursuivi, n'étaient pas attirés par les perspectives psychédéliques, mais par une expérience spirituelle de plus en plus difficile à concilier avec l'ambiance d'âpreté au gain qui régnait en Irlande, en ces temps de boom économique. Un murmure approbateur a accueilli ses propos, suivi du bruit caractéristique de quelque deux cents personnes se laissant choir sur des rotules endommagées pour une nouvelle série de soixante-treize prières.

03 h 10, Deuxième Jour

Encore une station de faite.

J'ai failli m'endormir debout il y a dix minutes, alors je me suis calé dans l'angle d'une stalle, au balcon. Tout autour de moi, les gens sont assis et somnolent, ou échangent des coups de coude pour se maintenir éveillés. Il y a une femme, là-bas, qui porte un T-shirt de « Lourdes », et j'ai vu une fille, voilà un moment, coiffée d'une casquette barrée de l'inscription « Fatima ». Ça revient à peu près au même que de porter un T-shirt de Glastonbury au festival de Reading. S'il y a des naïfs dans les alentours, ça permet de leur faire croire qu'on fréquente beaucoup ce genre d'endroits.

Rien n'interdit la lecture, mais je reviens sans cesse sur le même passage de *La Musique du père*, car je suis incapable de me souvenir de ce que viens de lire. À l'instant même, je viens de piquer du nez et de lâcher mon livre à deux reprises. Téléphones mobiles et jeux électroniques sont prohibés. La voilà, la preuve, si on en avait besoin : livres bons, ordinateurs mauvais. C'est officiel, décrété par l'Église.

04 h 40, Deuxième Jour

Par la porte de la basilique, j'aperçois des ombres qui marchent dehors dans la nuit et la pluie, en anoraks. On dirait des moines médiévaux encapuchonnés dans leur camail.

J'ai faim, mais plus encore sommeil. Si j'étais chez moi, à l'heure qu'il est, j'irais directement me coucher sans prendre la peine de manger. Thackeray aurait-il supporté pareille épreuve ? C'est peut-être pour ça qu'il n'est pas venu. Il aimait les Irlandais, mais il n'a jamais caché qu'il ne tenait pas en grande estime leur religion et leurs prêtres. Qu'est-ce qu'il a dit à leur sujet, d'ailleurs ? Il faudra que je cherche, si je sors d'ici vivant. (« Si ces révérends messieurs adoraient Moloch, ou Baal, ou tout autre divinité exigeant sacrifices, rituels féroces, destructions et tortures, on pourrait comprendre qu'ils incitent le peuple aux répugnantes pénitences que ces malheureux pratiquent ici. Mais on a trop de mal à croire que de nos jours, les prêtres d'une religion, quelle qu'elle soit, puissent prendre plaisir à orchestrer d'aussi abominables sacrifices. »)

Merde. Je me suis trahi tout seul. La tension narrative est anéantie. Maintenant vous savez que j'ai survécu, sans quoi jamais je n'aurais retrouvé la citation. Mais poursuivez quand même. Ça n'a pas été facile.

06 h 00, Deuxième Jour

Il ne pleut plus, et les premières lueurs du jour éclairent faiblement le lac sombre. Je ne sais plus vraiment ce qui s'est passé ensuite, mais je crois qu'il a été question d'aller à la messe.

Dans l'abri de nuit, j'ai lu une coupure de journal punaisée au mur : « Quatorze mille personnes viennent chaque année faire l'un des pèlerinages les plus durs du monde chrétien. » À mes côtés, un paysan célibataire se passe un peigne métallique dans les cheveux. Il se penche vers moi d'un air complice : « Ah ! pitin, lâche-t-il. Comment voulez-vous prier le ventre vide ? »

J'ai décidé qu'à 10 heures ce soir, à la fin du dernier office, je serai juste devant la porte pour pouvoir courir au dortoir, m'emmitoufler dans les couvertures et m'endormir avant même que la plupart des autres barjots sommeilleux aient quitté l'église. Je commence aussi à rêver de la douce vie que je mènerai jusqu'à la fin de mes jours, une fois que cette torture aura pris fin.

Je trouve une place sur un banc et continue à lire Bolger. J'en suis à la description d'une séance musicale dans un pub de Donegal. On vient d'apporter une assiette de sandwiches aux musiciens. Je commence à gamberger : des sandwiches à quoi ? Au bœuf ? Saignant ? Avec de la moutarde chaude ? Le pain de mie était-il coupé en triangles ? Est-ce qu'on en avait retiré les bords ? Le beurre était-il salé ? Misère. Un roman complexe qui dégénère en fantasme alimentaire.

Attention. Skinhead le Maton est de retour. Il avait disparu pendant une bonne partie de la nuit. Six heures de sommeil, au bas mot, je parie. Ses chaussures ont l'air bien cirées et imperméables. S'il y avait un soulèvement spontané des pèlerins, ce serait lui le premier prêtre aligné contre le mur. Des bagarres éclateraient dans les lits expiatoires quand des fermiers sous-alimentés souffrant d'hallucinations se disputeraient ses chaussettes.

« Puis-je vous demander de bien vouloir regagner la basilique, à présent ? »

Le moment est venu d'aller s'écouter une petite messe roborative de 6 heures et demie, histoire de relancer la journée. Tout le monde se met aussitôt en route sans poser de questions, mais ça ne lui suffit pas.

« Allons ! Debout ! Sortez ! »

En me levant, je me surprends à me demander si je vais pouvoir trouver une place contre le mur, en bout de travée, au balcon. Voilà à quoi se résume désormais la vie : comploter pour avoir la meilleure place de l'église. Ça doit fonctionner pareil en prison : on cherche à s'assurer de petits buts et récompenses, histoire de donner structure et sens à la vie.

Je fais en sorte de lui marcher sur le pied en passant devant lui, mais à travers un cuir aussi épais, je ne pense pas qu'il ait senti.

09 h 08, Deuxième jour

Je viens de retourner à l'abri pour lire quelques pages supplémentaires de *La Musique du père*. L'intrigue tisse un suspense insoutenable dans de minuscules villages reculés du Donegal, tout près d'ici. Enfermé comme je le suis dans l'île, j'ai l'impression que les événements décrits par l'auteur sont en train de se dérouler là-bas, en ce moment même.

Je somnole de loin en loin, de façon incontrôlable, pendant la messe. Mes genoux cèdent tout à coup, par deux fois, et je manque de tomber, comme une victime flapie. Dehors, il fait jour à présent, et roulent des nuages lourds. Le sol est mouillé et froid sous le pied, ce qui suscite de nouveaux fantasmes, d'îles tropicales cette fois, avec lits et restaurants. Aucun doute, si on doit aller à l'église pieds nus, les Fidji valent bien mieux qu'ici. Les îles Fidji. Voilà un pays où le rapport au temps est tranquille ! À côté, les Irlandais ont l'air d'un peuple d'inspecteurs bavarois de la ponctualité.

09 h 20, Deuxième Jour

Le type qui était assis à côté de moi dans le bateau vient de s'amener sans bruit. C'est la quatorzième fois qu'il fait ce pèlerinage, me confie-t-il. Ses pieds sont tout noueux, comme de la vieille vannerie. Nous sommes dans les toilettes du dortoir des hommes, où pour la forme, je viens d'asperger ma tronche émaciée d'un peu d'eau et de me brosser les dents en attendant impatiemment les toasts d'aujourd'hui. Je n'ai jamais aimé les toilettes collectives, avec leurs bruits d'intestins, les mecs en marcel, le visage plein de mousse à raser, et assez d'eau chaude et de boue par terre pour pouvoir repiquer un champ de riz. Je préfère rester sale. C'est d'ailleurs ce que je fais.

De retour à la basilique, une bonne dizaine de prêtres en habits blancs et chaussures confortables sont alignés, prêts à entendre les confessions, mais je crains que là, ce soit vraiment trop pour moi. Ça ne suffit donc pas qu'on soit bon pour aller se faire refaire les genoux chez les meilleurs plasticiens du Donegal ? Il faut ajouter à ça l'épreuve de la confession quasi publique de nos péchés ? Quand j'étais enfant, la confession était une affaire beaucoup plus relax. J'entrais dans le confessionnal le samedi soir à 6 h 10 – pas une minute plus tôt –, et je déclarais : « Bénissez-moi mon Père car j'ai péché. Je ne me suis pas confessé depuis deux semaines. »

La voix du père Murphy chuchotait alors, de l'autre côté du rideau :

« C'est toi, Pete ?

– Oui, Père.

– Tu veux bien aller m'acheter le *Football Pink ?* »

Je ressortais donc et filais à la librairie Eyre prendre la dernière édition du *Liverpool Echo* qui contenait un supplément football. Voilà pourquoi je n'allais me confesser qu'à 6 h 10. Les journaux n'étaient pas livrés avant. Le père Murphy avait un abonnement pour suivre les matchs de l'équipe d'Everton – je crois que c'était obligatoire parmi les prêtres, à l'époque. J'allais donc me confesser une fois tous les quinze jours, quand Everton jouait à l'extérieur, pour qu'il puisse lire le compte rendu de la rencontre dans le *Pink*. Il n'allait pas aux matchs à l'extérieur, car il n'aurait pas pu rentrer à l'heure pour les confessions.

J'ai encore deux stations à me taper aujourd'hui si je veux rester à jour, alors autant m'y mettre dare-dare. Il y a moins d'embouteillages qu'hier, étant donné que la plupart des pèlerins sont à l'intérieur, en train de se confesser devant tout le monde. On est moins obligé de jouer des coudes en traître pour accéder aux lieux saints. La pluie ne tarde pas à recommencer, mes pieds dérapent sur les pierres et mes genoux accusent vingt-cinq ans de plus que le reste de mon corps. J'essaie de hisser mes pensées à un niveau plus élevé, mais l'organisme est vraiment mis à rude épreuve. Le paysage semble se refermer à mesure que la pluie s'intensifie, et l'endroit tout entier prend un air profondément lugubre. Suis-je seulement en train de perdre trois jours de ma vie ? Les bateaux, là-bas, attendent les gens qui ont dormi dans les lits à étage la nuit dernière, pour les ramener sur la terre ferme. Je pourrais me mêler à eux, ni vu, ni connu. Personne ne le saurait. Sauf moi.

Je fais en sorte de chasser mes idées de fuite et adopte un rythme de marche. Les désagréments physiques commencent à me procurer un plaisir franchement pervers. Ouah ! là, ça m'a fait mal au pied, super ! Et voilà la sale caillasse glissante avec un bord coupant. Génial ! Tout en me punissant, je me dis que le grand événement de la journée consistera à décider quand m'accorder le repas. J'ai besoin de l'énergie qu'il m'apportera, mais j'ai aussi cruellement besoin de quelque chose à attendre, or personne n'a l'air parti pour m'inviter à une fête. J'ai le droit de manger à l'heure de mon choix, n'importe quand au cours des onze heures à venir, mais une et une seule fois. J'y songe avec autant de délectation qu'à une soirée dans un grand restaurant. Ce sera le purgatoire deux étoiles au guide Michelin.

À ma surprise, je constate que je ne meurs pas d'envie de boire une pinte.

10 h 40, Deuxième Jour

Une heure vingt. Voilà, elle est faite, cette station. Souffrance, mais profond sentiment de réussite. Du reste, une fois franchi son seuil de douleur, on oublie qu'on n'a pas de chaussures.

Je crois que je vais m'en faire une autre.

16 h 30, Deuxième Jour

Le restaurant du Purgatoire St Patrick est une grande salle bruyante, animée, semblable à une cantine, et aménagée comme le Conran [1], mais avec un mobilier plus intéressant. Pour commencer, je commande une *Galette Lough Derg* – galette d'avoine nature, servie sur une assiette. Mon compagnon – disons plutôt le type assis à côté de moi, il préfèrerait certainement cette appellation – a opté pour la *Galette Sucrée sauce de l'eau* [2], une galette d'avoine trempée

1. Restaurant londonien conçu par sir Terence Conran, créateur des magasins Habitat et Conran Shop. (*N.d.T.*)

2. (*sic*) En français dans le texte. (*N.d.T.*)

dans une tasse d'eau chaude, puis généreusement saupoudrée de sucre. Les deux versions sont bourrées de saveur. Ensuite, je tente *Les Toasts bruns sans beurre et son garni*[1], une tranche de pain brun sec toastée, parfaitement conçue, vierge de tout accompagnement chichiteux, et là encore, servie dans le style de la maison, sur une assiette. Mon compagnon, lui, a sélectionné dans le *Menu gastronomique :* les *Toasts variés, rien d'autre* – pain de mie brun et blanc toasté, sans le moindre ornement superflu. Le tout, arrosé de copieuses quantités de thé en sachets Barry 99, dont on se garde bien de noyer l'inimitable bouquet dans du lait, et de Nescafé noir non millésimé. À 40 £ pour deux, tarif comprenant également pourboire, retour en bateau, une nuitée, neuf stations, quatre messes, deux pieds déchiquetés et autant de rotules explosées, c'est une affaire. Pas étonnant que les gens reviennent tant et plus.

Cinq étoiles.

17 h 30, Deuxième Jour

Le problème, c'est qu'une fois pris le repas de la journée, il n'y a plus rien à attendre. C'est le déclin. Cette fois encore, j'étais le seul de la tablée à ne pas être déjà venu, et le seul non-Irlandais aussi. Je m'attendais au mélange cosmopolite qu'on trouve à Killarney ou Dingle, mais d'après ce que j'ai vu jusqu'à maintenant, personne d'autre que moi ne vient de l'étranger, et encore, moi, je ne compte pas vraiment. Mes compagnons de table ont été stupéfaits quand je leur ai dit que je venais d'Angleterre.

« Eh bien ! dites donc, chapeau !

– Voilà quelqu'un de bien. »

Le jeune type en face explique, tout en lorgnant la dernière galette d'avoine, qu'il n'a pas aimé du tout son premier pèlerinage.

1. En français dans le texte. (*N.d.T.*)

« J'ai trouvé ça beaucoup trop strict. »

Alors pourquoi est-il revenu quatre fois par la suite ?

« Figurez-vous que je n'en sais rien. Mais cette fois, je ne reviendrai sans doute pas avant longtemps.

– Moi, ça me donne l'impression de tirer un trait et de remettre les comptes à zéro vis-à-vis de Dieu, déclare une femme de Cavan, solidement charpentée, qui porte une housse plastique de pressing en guise d'imperméable. J'éprouve un sentiment de renaissance intérieure. »

Un homme de Belfast, à grosses binocles, est assis au bout de la table. Comme il ne dit pas grand-chose, nous nous tournons vers lui pour le questionner.

« J'ai un travail très stressant, alors venir ici, ça me sort de tout ça. »

Quel genre de travail peut-il bien faire ?

« Un travail très stressant. »

Apparemment, il a suivi un entraînement en techniques anti-interrogatoires, on en reste donc là.

Dehors, le soleil se montre pour la première fois en deux jours. La file d'attente s'allonge à l'abreuvoir pour remplir d'eau bénite bouteilles et flacons de la Body Shop. Assis sur un banc face au lac et à la terre ferme, j'exerce mes genoux pulvérisés tout en poursuivant *La Musique du père*. Plus que cinquante pages. Tracey a traversé Killybegs en route pour Glencolumbkille, de l'autre côté des collines que je vois d'ici, mais on sait que Luke, le Méchant de Dublin, la talonne. Déchirée entre son éducation anglaise et son héritage culturel irlandais, elle risque fort de finir égorgée dans un fossé.

Il arrive qu'on apprécie tellement un livre qu'on doit en fractionner la lecture pour le faire durer. Je m'oblige à garder vingt-deux pages, histoire d'attendre autre chose au coucher que la compagnie de quarante-sept autres ronfleurs.

20 h 00, Deuxième Jour

La messe chantée vient de prendre fin à la basilique, et voilà que je meurs de faim à nouveau. Je ne sais pas s'il existe un terme médical pour la boiterie des deux jambes à la fois, mais en tout cas, c'est ce qui m'arrive.

Un diacre du Ghana est présent, qu'on a applaudi d'être ghanéen. Le Gentil Prêtre nous a gratifiés de chants et de modulations de première catégorie qui ont installé une atmosphère très sereine, puis le Maton est venu tout gâcher avec une nouvelle liste de choses à faire et ne pas faire, principalement à ne pas faire.

Je viens de monter au dortoir pour admirer mon lit, le tapoter, m'asseoir au bord, mais je sais que JE NE DOIS PAS M'ALLONGER DESSUS AVANT 22 HEURES ! Je ne m'étais pas plié à un règlement aussi strict depuis l'année où j'ai passé le bac et, du coup, échappé aux Frères. J'ai l'impression d'avoir remonté le temps. Si l'un d'eux en surgissait en cette minute même pour m'accuser de quelque chose que je n'ai pas fait, je serais incapable de riposter. Demain, à la même heure, j'aurai retrouvé ma liberté, mais pour le moment, je ne me souviens même pas de ce que je pourrais bien vouloir en faire. Il me semble avoir ici tout ce que je peux désirer pour l'instant, et je perçois de plus en plus clairement qui je suis véritablement.

Je suis 124D, non ?

22 h 05, Deuxième Jour

Notre veille absolue est terminée.

C'est une expérience étonnante que de faire partie de vingtaines, de centaines de gens qui, sitôt sortis de l'église, se précipitent directement au lit puisque a) c'est ce qu'on leur a dit de faire, et b) il n'y a rien d'autre à faire. La dernière demi-heure a été un moment assez mystique, de mélopées étranges, mélodieuses et répétitives – ça porte le nom de Tai Ze d'après ce qui a été dit – qui se répercutaient dans toute la basilique. Après le matraquage physique qu'on s'est infligé, ça créait une ambiance spirituelle comparable au fait d'être bordé dans des draps blancs, tout propres, par une infirmière replète qui nous appliquerait des poches de glace. Je crois que je me fais à tout ça.

Mais pas de draps blancs pour moi, ce soir. J'ai apporté un duvet en plume d'oie de l'armée, pour me protéger des rigueurs de l'été irlandais sous abri. Chaque couchette dispose de deux fines couvertures, conçues pour tenir presque mais pas tout à fait assez chaud. Je viens de les prêter au petit célibataire aux quatorze pèlerinages, mon voisin de bateau, qui est juste en face, dans le dortoir. Il sort de sa valise antédiluvienne un pyjama en pilou fané. Jamais il n'arrivera à enfiler ça par-dessus son imper.

J'étais dans le groupe des trente pèlerins, sortis les premiers de la basilique, qui se sont rués dans l'escalier du dortoir, leurs pieds nus giflant la dalle de béton froide. Je suis déjà au lit, que certains des mecs arrivent encore à l'entrée du dortoir. Mais je me suis fait coiffer au poteau par un grand costaud, d'une soixantaine d'années, qui occupe la couchette du bas à cinquante centimètres de la mienne. A-t-il triché ? En tout cas, il est allongé, immobile, et totalement silencieux. Je passe le bras sous mon lit pour y attraper *La Musique du père*. L'espace d'un instant, pris de panique, je crois qu'il a disparu, que je l'ai laissé à l'église, mais je sens la forme rassurante sous mes doigts. Voyons, où en étais-je ? Page 365.

« Je trouvai le chemin du dortoir, une pièce spartiate encombrée de lits superposés à trois étages, aux matelas de crin sur des cadres métalliques. »

Formidable ! Quelle parfaite synchronisation ! Et juste assez de pages pour m'amener en douceur à un sommeil profond et mérité. « Je m'étendis sur la couchette du bas et regardai disparaître les derniers rais de lumière. Les dortoirs de Saint-Raphael devaient être plus grands pour abriter les quatre-vingts garçons qui rêvaient de voitures, de vengeance et de femmes… »

Clic !

« Bonne nuit, Pete », murmure Seamus, depuis la couchette du-dessus.

Il fait noir !

Mon livre tombe à terre. Ces salopards ont éteint les lumières, pourtant il n'y a pas le moindre prêtre en vue. Il doit y avoir quelque part un interrupteur central, qu'actionne je ne sais quel ecclésiastique revanchard. Il est sans doute dans le grand bâtiment en pierre près du ponton, ce gros feignant d'empaffé, vautré dans un fauteuil en cuir avec un cigare cubain et un verre d'armagnac, devant une rediffusion d'*Alerte à Malibu*. L'interrupteur général doit être fixé à la plinthe, de manière à lui permettre simplement d'étirer une jambe bien reposée pour nous plonger tous dans le noir, du bout de sa richelieu italienne cousue main. Il lâche alors un rire bronchitique, caresse le chat persan qui dort sur ses genoux, et appelle le room-service pour qu'on lui monte un club-sandwich.

J'imagine que j'ai des enseignements à en tirer. Quel est l'intérêt d'économiser les plaisirs de la vie, de garder les pages de son livre pour plus tard, si on doit être précipité dans l'abîme des ténèbres à une heure arbitraire ? Si la vie est un livre, alors lisons-le pendant que nous le pouvons. N'en gardons aucune page pour plus tard, car il n'y aura peut-être pas de plus tard.

Mais rien à faire. Il va falloir dormir.

22 h 20, Deuxième Jour

Je n'arrive pas à dormir.

22 h 30, Deuxième Jour

Ah ! c'est super, non ? Je suis crevé et moulu comme si je n'avais pas fermé l'œil depuis un mois, qu'on m'avait traîné face contre terre dans des rues pavées derrière une Land-Rover turbo conduite par « Mad » Frankie Fraser[1]... et est-ce que j'arrive à m'endormir, hein ? Non. Je suis allongé, et je regarde fixement le sommier métallique de la couchette de Seamus, ou le gros costaud, sur ma gauche, qui n'a toujours ni bougé, ni émis le moindre son. Peut-être fait-il le mort, et en profite-t-il pour tout écouter ? Et si c'était une balance, qui guette l'instant où il verra quelqu'un manger un snack en douce, ou s'endormir les mains sous les draps, pour pouvoir le dénoncer au Maton dès la première heure, demain matin ? J'essaie de compter les moutons, mais ça n'a sans doute jamais marché pour personne, hein ?

Je compte donc les Paisley. Des petits Ian Paisley, sautant par-dessus une barrière. Ah ! mais, minute : il refuse. Il ne veut pas sauter. Même pas en entendre parler. Bon. Dans ce cas, on va aller chercher la fourche. Ouais, il s'y met ! Et encore un ! Trois Paisley. Quatre. On n'aimerait pas se retrouver coincé dans un ascenseur avec tout ça, bon sang ! Cinq, six...

06 h 20, Troisième Jour

Je n'ai été réveillé qu'une fois, cette nuit, en sursaut, par un vacarme effroyable. J'ai mis quelques secondes à me rappeler que j'étais dans une chambrée pleine de fanatiques religieux ravagés et épuisés. Quarante-sept types sous-alimentés, ça peut faire un bruit incroyable. Je ne crois pas avoir jamais l'occasion d'entendre à nouveau des ronflements en quadriphonie numérique Nicam effet Dolby spatial d'une telle qualité. Pas le moindre affreux grognement porcin, puisqu'il n'y avait aucun ivrogne parmi nous, mais toutes les autres tonalités étaient représentées, tous les registres, tous les tempos, toutes les notes : ronflements

1. Célèbre gangster londonien qui sévissait dans l'East End pendant les années 1960. (*N.d.T.*)

aériens, poitrinaires, nasaux, menaçants, sibilants, stridents, ronronnants, une ample muraille sonore variée et polyrythmique, s'élevant dans l'obscurité totale. Une petite quinzaine de Paisley plus tard, je me rendormais lourdement.

Une sonnerie nous a réveillés à 6 heures, comme promis, bien que personne n'ait parlé du bip qui s'est déclenché à moins dix pour nous signaler que la sonnerie allait bientôt retentir. Si j'arrive à dénicher la boîte à idées, je compte suggérer qu'on instaure une sirène pour annoncer le bip dix minutes à l'avance. En ajoutant par là-dessus deux ou trois coqs et un chien enchaîné ayant jeûné pendant trois jours, on devrait être sûr que personne ne risque la panne d'oreiller.

Quand j'arrive à la salle de bains, elle est pleine des ronfleurs nocturnes, tous en slip kangourou, torse nu et fleurant bon le dentifrice et le savon pour mâle. Je patauge une minute dans les éclaboussures des autres pour soulager mes pieds douloureux, puis je me joins au raz-de-marée humain qui se déverse vers la basilique sous un ciel étonnamment bleu. Les Lits expiatoires sont déserts, étant donné que L'ACCÈS EN EST TOTALEMENT INTERDIT JUSQU'À LA FIN DE LA MESSE, COMPRIS ? Je me retrouve à côté de Seamus, mon voisin du dessus.

« Bonjour, Pete. Ça va ?

– Bien, merci.

– Fatigué ?

– Pas trop, non.

– Moi non plus. Ça doit être parce qu'on ne mange pas. »

Là, il est sans doute sur le point de craquer. Qu'est-ce qu'il raconte, nom de Dieu ?

« Comment ça ?

– Ah ! mais manger consomme beaucoup d'énergie, vous savez, avec tout ce que la digestion implique. Donc, moins on mange, moins on se fatigue. »

08 h 10, Troisième Jour

La messe de 6 heures et demie s'est révélée plus agréable que prévu. Le Gentil Prêtre est à nouveau venu émettre ses gazouillis célestes, ce qui est très apaisant, dans notre état. Il règne parmi les pèlerins un sens extraordinaire de la collectivité et de l'expérience partagée, c'est indéniable. Ils ont tellement d'idées en commun à propos de la vie, du salut, et de tout le reste, qu'ils ne sont jamais à court de sujets de conversation. On comprend à quel point les croyances partagées peuvent avoir un effet positif et souder un pays. Cela dit, c'est également ce que pensait Pol Pot.

À la fin de la messe, les pèlerins qui, autrefois, auraient été les premiers à lever la main pour postuler comme martyres, se ruent pieds nus vers la porte pour ne pas avoir à faire la queue aux Lits. Tout le monde doit se faire une dernière mailloche autour, avant le départ. En ce moment même, pour aller baiser la croix de saint Patrick, il faudrait plonger dans une mêlée infernale. J'étais à l'instant en train de parler avec une mère de famille de Derry au regard radieux, qui vient chaque année sans ses quatre enfants et son mari. Je lui demande ce qu'elle trouve ici.

« Pendant trois jours, je peux vivre dans le présent immédiat. »

Je comprends parfaitement ce qu'elle entend par là. Quand on se lance dans une entreprise comme celle-là, l'effort purement physique prend une place telle, dans le quotidien, qu'il chasse les soucis de la vie de tous les jours. On met de côté ses autres tracas. On ne subit même plus le stress d'aller faire les courses, ou de décider quoi manger, puisqu'on n'a pas le droit de le faire.

Tout en faisant le tour des ruines, les gens quittent leurs coupe-vent himalayens et leurs combinaisons polaires, car le soleil est très vif, à présent. Les pieds encourent un vrai risque de coups de soleil. J'ai bien fait de ne pas les laver. Toute cette crasse doit bien valoir un indice 25. Et de toute façon, pourquoi les vouloir propres ? Ces écorchures boueuses révèlent au monde que mon âme a été lavée et purifiée, ou en tout cas, que je me suis décarcassé pour. Partir d'ici et retourner au monde réel, ce sera comme revenir d'Espagne bronzé. Pendant deux ou trois semaines, on aura envie de quitter ses chaussures pour que tout le monde voit d'où on vient.

Allez, allez. Qu'est-ce qu'on attend ? On retourne aux Lits, une dernière fois.

Midi, Troisième Jour

Le lac scintille comme la Méditerranée sous un soleil radieux pendant la traversée. Si c'était un film, ce serait un cliché ridicule, péché et morosité transformés en grâce et lumière par la magie rédemptrice du pèlerinage. Mais étant donné que c'est dans la réalité, je fais de mon mieux pour ignorer la portée symbolique du phénomène et me contenter d'apprécier le climat. Cela dit, je me sens bien, impossible de le nier. Tout a une fraîcheur, une netteté qui ne doit rien au soleil. Ce séjour m'a magnifiquement remis d'aplomb. Et si ça me fait cet effet-là à moi, comment les vrais croyants doivent-ils se sentir ?

Quand on est montés dans le bateau, il y a quelques minutes, le Gentil Prêtre était là pour nous serrer la main un par un, pendant que le Maton s'en prenait aux traînards trop épuisés pour marcher, leur piétinant les doigts au besoin. Simple supposition de ma part, bien sûr. En tout cas, le Gentil Prêtre a dû repérer mon accent, parce qu'en me serrant la main, il m'a demandé :

« Vous êtes d'où ? »

J'ai hésité. Je ne sais pas pourquoi. « Euh… d'Angleterre. »

Il a eu l'air interrogateur.

« D'Angleterre et de Cork. »

Il a souri.

« Et où habitez-vous ?

– C'est ce que j'essaie de déterminer.

– Alors bonne chance. Et Dieu vous bénisse. »

16

Souvenirs de vacances

Il s'est écoulé une semaine depuis que j'ai accosté dans le Donegal et ravagé mon organisme purifié de frais en rompant le jeûne n'importe comment.

Pendant les quelques jours qui ont suivi, tandis que j'oubliais les rigueurs de Lough Derg, la vie a pris une intensité accrue, irréelle. À présent, ma conscience bousculée semble enfin revenue à la normale. Les nouvelles du journal que je lis au petit déjeuner, en revanche, sont toujours aussi vaseuses :

« John O'Connor, fermier de soixante-cinq ans, a comparu hier devant la Cour de Killorglin pour répondre d'une accusation d'atteinte à l'ordre public sous l'emprise de l'alcool. Invité à se justifier, le prévenu a déclaré qu'il ne reconnaissait pas la Cour. Quand le juge lui a demandé pourquoi, O'Connor a répondu : "Ça a été repeint depuis la dernière fois que je suis venu." Au bout de quelques instants d'hilarité, O'Connor a été condamné à deux mois de prison pour insolence. »

Après avoir passé quelques jours dans le Donegal pour me remettre, je suis revenu dans l'ouest de Cork pour me remettre des quelques jours passé dans le Donegal. Pendant le long trajet vers le sud, hier, j'écoutais une émission de radio sur la grande vogue des châteaux-relais, aussi bien en Angleterre qu'en Irlande. Un couple était interrogé, qui payait 200 £ la nuit pour une chambre avec Jacuzzi à l'eau de source. Moyennant un supplément de 30 £, ils pouvaient avoir aussi un enveloppement aux algues bio. Quand le journaliste leur a demandé si ce n'était pas un peu cher, la femme a dit que non, qu'on pouvait garder les algues toute la journée si on voulait. Mais comme c'était à la radio, on ne pouvait pas savoir si les manches de sa blouse s'attachaient devant, ou derrière.

Le choix ne manquait pas entre tous les châteaux-relais dont regorge la campagne irlandaise, mais je savais très bien où j'avais envie de séjourner. Le Couvent, où j'avais recouvré la santé mentale après la nuit sur le ferry, voilà où je voulais être, et tout de suite. Là, tout n'était que draps blancs immaculés pour mon corps moulu, compost pour mon âme labourée de frais. L'endroit était tenu par des individus, et non par du personnel, il n'y avait pas de télé, et une nuit y coûtait moins cher qu'une heure dans la fosse aux algues du Château d'Escroquebourge.

En descendant au village avant le petit déjeuner pour acheter le journal, j'ai trouvé Mrs. Herlihy, la propriétaire, devant sa vitrine, en train de chasser les mouches à l'aide d'une tapette. Dans un scénario de comédie, on aurait coupé une scène aussi caricaturale. Une Hollandaise au nez piercé attendait dans la boutique. Elle a demandé des tampons. Mrs. Herlihy a fait un bond en arrière, tel un prêtre menant un exorcisme particulièrement difficile.

« Je ne fais que l'autre modèle. »

Elle désigne l'article non sacrilège, préemballé dans du papier kraft, sur le rayon.

« Vous saffez où sche peux trouver ?

– Essayez à la station-service. »

Au petit déjeuner, j'ai pris les toasts nature et du thé noir. Oh ! pardon, j'ai dû me croire encore là-bas, je veux dire des harengs fumés et deux œufs pochés. Tout en mangeant, j'observe les deux couples qui occupent la table à côté du vitrail. Tout le monde sait ce qui s'est passé hier. Il n'y a pas de secret qui tienne, ici. Après un somptueux dîner – bouillabaisse de lotte et langoustines, salade aux herbes du jardin, filets de maquereau du jour au tamarin et piment – ils ont emporté deux bouteilles de Shiraz australien au salon pour boire un dernier verre. Pendant la nuit, un des mecs s'est levé pour pisser, a ouvert sa fenêtre, au premier, et s'est réveillé en s'écrasant au sol. Heureusement, il a atterri sur la pelouse, et pas dans les pierres, le gravier, ou sur mon gros tank Volvo bleu. Il est rentré par la porte principale, remonté dans sa chambre où sa femme dormait encore, et s'est recouché. Ce matin, il n'arrivait pas à se rappeler s'il avait rêvé, ou si l'incident s'était vraiment passé. Puis sa femme lui a fait remarquer qu'il s'était cassé les dents.

Après le petit déjeuner, je vais à l'abbaye pour plonger dans le puits qui guérit les verrues la drôle de tache que j'ai au coude, puis je me rends en voiture jusqu'à une immense plage déserte où je me promène à pied. C'est bon d'être de retour dans le comté de Cork ! J'ai encore des choses à faire ici, mais un déjeuner léger s'impose d'abord. Ça fait des lustres que je ne me suis pas offert un Toast spécial. Je roule sans but, au gré des petites routes dépourvues d'indications qui sillonnent le promontoire, et arrive finalement dans un village d'une grosse dizaine de maisons qui, apparemment, ne figure pas sur ma carte.

Le pub, attenant au magasin, se compose d'une salle rudimentaire au sol en béton. Les tabourets du bar sont occupés par un fermier irlandais rougeaud et un gros Allemand à casquette de marin, plongés dans une étrange conversation. Il n'y a pas de menu, mais bien entendu, me dit la dame qui tient le bar, elle peut me faire un Toast spécial. Le temps que ma pinte de bière repose, je déambule dans la salle en regardant les photos épinglées au mur : des bateaux en pagaille, et des gens tout sourire brandissant de grands poissons morts. Plus une photo en noir et blanc du naufrage du vapeur *Norwegian*, en 1917. À côté, sur une autre photo, des barils de Guinness repêchés après le naufrage en question. Plus loin, Jimi Hendrix au volant d'un tracteur.

Je me rapproche pour mieux voir. On dirait une publicité des années 1960 pour du matériel agricole. Jimi a un grand sourire, de même que les deux autres musiciens du groupe, accrochés de part et d'autre du tracteur : Mitch Mitchell, précise la légende, et Noel Redding.

« Tenez, votre bière. Je vais vous faire votre Toast, maintenant. »

À côté du dernier cliché, sur une coupure de journal toute jaunie, on voit Noel Redding devant sa ferme, dans l'ouest du comté. Voilà donc pourquoi l'ancien de Woodstock jouait au pub de Clonakilty, il y a des mois !

« Ah ! Vous vous intéressez à Jimi Hendrix, c'est ça ? »

Drôle de question de la part d'une vieille dame dans un pub désert, mais j'ai l'impression que j'ai rompu avec la routine et le prévisible depuis bien longtemps.

« Non, pas vraiment. Je l'ai toujours trouvé un peu trop, euh…

– Je comprends, je comprends. Très bruyant. »

Je me rappelle ce pub, près des quais, le soir où j'ai pris le ferry.

« Mais il reste très populaire au pays de Galles.

– Ah, oui ? Il faudra que je le dise à Noel.

– Alors comme ça, Noel habite par ici ?

– Juste en face. »

Elle consulte sa montre.

« À mon avis, il sera là dans dix minutes. Vous voudrez que je vous présente ?

– Non ! » Je ne veux pas importuner cet homme. Il a sans doute bien assez de mal à se dépêtrer des nostalgiques de Hendrix dans des coins comme l'Ohio, avec tous leurs sites Internet et leurs armes automatiques. « Non, merci. Je suis sûr qu'il préfère qu'on le laisse tranquille. »

Elle me regarde d'un air étonné, comme si une idée pareille ne lui était encore jamais venue à l'esprit. Un quart d'heure plus tard, je viens de me brûler la langue en mordant dans le jambon-fromage-tomate-oignon en fusion, quand la porte s'ouvre sur une silhouette mince à bonnet de laine et lunettes. Noel Redding entre, suivi d'une femme d'environ soixante-dix ans qui porte une minerve. La dame du bar tourne la tête vers moi d'un air entendu.

« Ah ! le voilà, avec sa mère. »

Je souris faiblement, en espérant qu'elle va s'en tenir là.

« Ah, Noel ! Venez donc un peu là ! Voilà quelqu'un qui meurt d'envie de vous connaître ! »

Je paie donc une pinte de bière à Noel, et je discute avec lui et sa mère, une femme adorable, très aimable, originaire du Kent. Elle vit ici avec son fils depuis maintenant des années, ce qui n'est sans doute pas tout à fait le scénario qu'ils envisageaient l'un et l'autre à l'époque de la photo qui fait la couverture de l'album *Electric Ladyland*. Noel m'explique qu'il joue au *De Barra* tous les vendredis soirs, sauf quand il part à l'étranger. Il y sera demain soir. L'équilibre de mon voyage exige que j'y aille.

Que j'aie réussi à revenir dans le comté de Cork tient du miracle. J'ai bien failli sombrer sans laisser de trace dans le trou noir du Donegal – un monde crépusculaire où le petit déjeuner se prend à 1 heure et demie de l'après-midi, et où il faut supplier à genoux pour sortir du pub à 4 heures du matin. Voilà ce que c'est que d'accepter l'hospitalité d'un musicien.

Paul est un guitariste compositeur dont j'ai fait la connaissance en Angleterre et qui vit depuis cinq ans dans le Donegal. Il gagne sa vie en se produisant en public et grâce aux droits que lui rapportent les chansons écrites pour des spectacles irlandais. J'avais décidé de passer le voir le jour où je quitterais Lough Derg. Après m'être arrêté pour finir *La Musique du père* dans le parc, au beau milieu de la ville de Donegal, où personne ne risquait d'éteindre les lumières, j'étais arrivé chez Paul aux environs de 2 heures de l'après-midi. N'obtenant aucune réponse, je m'étais d'abord dis qu'il était sorti. Il ne m'était pas venu à l'idée qu'ayant joué, la veille, il dormait encore.

À ma surprise, et à mon ravissement, je m'étais aperçu qu'à l'issue de mon séjour à Lough Derg, je me sentais d'humeur agréable, légère, chaleureuse, positive, tout comme me l'avait prédit la fille au guichet d'embarquement – quoique à l'heure à laquelle on était ressorti du pub attitré de Paul, soit au petit matin, le lendemain, cet effet s'était légèrement dissipé. J'étais désormais en mesure de confirmer qu'après avoir jeûné trois jours, douze heures de *stout* – avec un simple bol de soupe aux fruits de mer dans le ventre pour absorber – déclenchent très vite les plus violents symptômes propres aux amibiases tropicales mortelles. Et se lever à 2 heures de l'après-midi pour faire cuire du bacon sur le grill d'un célibataire n'arrangeait en rien les choses.

J'avais continué comme ça pendant quatre jours, en complet décalage horaire du fait de la nuit sautée au Purgatoire, et d'un emploi du temps que seuls un musicien, une chouette ou un blaireau pouvaient encaisser.

C'était génial.

Les après-midi, on partait explorer les montagnes inhumaines et les côtes battues par les vents du Donegal. L'endroit est pratiquement coupé du reste de la République par la pointe ouest du comté de Fermanagh, et ça fait un drôle d'effet, si loin au nord de Dublin, d'être pourtant encore en République d'Irlande. La frontière avec le Royaume-Uni étant toute proche, les commerces et les garages affichent qu'ils acceptent les livres sterling, mais au fond, l'endroit est aussi éloigné de l'Angleterre qu'on peut l'être. Je ne m'étais pas préparé au mélange de l'accent du Nord marqué et du gaélique, très répandu dans la région, si bien que je me sentais complètement étranger, quoique on ne peut mieux accueilli.

« Salut, Pete ! s'était écrié un jeune de dix-huit ans débordant d'entrain, à 2 heures du matin. Je m'appelle Sean, et je suis un pitin de craignosse ! »

Il avait sauté par-dessus le bar derrière lequel il officiait, avait tapé le numéro de la chanson du *Full Monty* sur le juke-box, et entamé un strip-tease pendant que sa sœur essayait de passer la serpillière autour de lui. J'avais interrogé quelques autres épaves noctambules à propos de la souplesse des lois de répression de l'alcoolisme.

« Il y a un ancien *garda* qui a ouvert un bar. Personne va l'embêter, alors ils peuvent pas vraiment chercher des crosses à qui que ce soit d'autre.

– Hé, mais c'est pas seulement un bar ! C'est un centre social et culturel, voilà comment ça s'appelle. Et une auberge de jeunesse. Chambres avec salle de bains attenante, et toutes lambrissées en pin. Et attention, hein, il a eu des subventions pour construire tout ça !

– Il s'y est pris comment pour les obtenir ?

– Oh ! y a rien de louche là-dessous. C'est juste de la corruption. »

Un peu plus tôt dans la soirée, Paul et son batteur m'avaient mis au parfum.

« Ce type, là-bas… le meilleur trompettiste de la région. Putain, il pourrait t'en raconter, des trucs sur Van Morrison.

– Et lui, tu le vois ? Il a joué pour Omagh, au match de charité contre Manchester United.

– Le type qu'y a au fond, là-bas. Il dit jamais la vérité, c'est un principe chez lui. Lui, il dit : pourquoi répondre à une question alors qu'on peut raconter une histoire ? »

Apparemment, la plupart des gens ont un parent français, ou un grand-parent écossais, ou une femme espagnole.

« Les seuls vrais Irlandais qui restent, avait affirmé un soir le meilleur ingénieur du son de tout le pays, c'est les voyageurs New Age, et regardez un peu comment on les traite. »

La discussion s'était ensuite orientée vers la religion. Toutes les obédiences étaient représentées, mais l'ambiance était restée détendue et pacifique.

« Tu te souviens, y a quelques années, quand toutes les statues de la Vierge du pays entier se sont mises à bouger, et les gens à avoir des visions miraculeuses ? Eh ben ! y a que dans le Donegal que ça s'est jamais produit. On avait un groupe à l'époque, on s'appelait les *Stationary Statues*, les statues immobiles. »

Même le dangereux mélange politique/alcool fort n'avait pas réussi à assombrir l'humeur.

« Vous savez que les Britiches ont fini par comprendre comment il fallait s'y prendre ? Ils ont entendu dire que Adams et Paisley tenaient des réunions secrètes. Alors les commandos de paras britanniques ont envoyé leur meilleur sniper, et voilà le gusse qui se planque sur un toit, derrière l'hôtel où ça se passe. Et bien sûr, qui voilà ? Paisley et Adams qui sortent tous les deux par la porte de service à l'heure dite. Seulement entre eux deux, y avait Daniel O'Donnell. »

Le chanteur de country irlandaise le plus adulé du pays est natif du Donegal, et notoirement fier de l'être.

« Et bon, l'ennui, c'est que le sniper, on lui avait donné que deux balles en argent. »

Pause, et gorgée de bibine.

« Alors, il a tiré deux fois sur Daniel O'Donnell. »

La veille de mon départ, Paul et son trio ont joué. Il avait plusieurs formations, selon les différents types de musique. La politique du trio consistait à ne jouer aucune chanson écrite par Elvis après son passage au service militaire. Au bar, je m'étais retrouvé en train de discuter avec un type marié depuis trente ans à une diseuse de bonne aventure. Puis Paul et moi, on avait discuté tard devant une flambée, dans sa maison délabrée du XVIIIe siècle. Il m'avait expliqué à quel point la vie ici semblait affranchie de toute restriction, par rapport à l'Angleterre. Le temps était régi par d'autres lois. Mais la plus grande différence, avait-il ajouté, c'est l'attitude des gens envers les musiciens.

« En Angleterre, tout le monde nous prend pour des zonards. Trouvez-vous un vrai boulot, bande de feignants, voilà ce que les gens pensent. Ici, on est des membres de la collectivité respectés. On distrait les gens. Alors ils prennent soin de nous et ils nous honorent pour ça. La musique est au cœur de tout. Il m'arrive même d'être invité à dîner chez le médecin. Ça serait jamais arrivé à Leeds. »

Je lui avais annoncé que j'allais retourner dans le comté de Cork pendant que j'avais encore l'énergie de m'arracher au Donegal.

« J'y étais le mois dernier, tiens. À Clonakilty. On a tapé le bœuf avec Noel Redding. »

J'arrive chez *De Barra* sur le coup de 8 heures du soir, bien que de mémoire d'homme, jamais personne, dans un pub irlandais, n'ait pris un instrument avant au moins 9 heures et demie. Au mur, à côté de mon tabouret, il y a une photo de Noel, un bras autour des épaules de Janis Joplin, et l'autre sur celles de Bob Dylan, qui porte une chemise imprimée zèbre ouverte jusqu'au nombril. Soit c'est à Woodstock, soit la maman de Noel a pris cette photo alors que Bob et Janis étaient venus en vacances à Clonakilty.

« Alors, vous les avez trouvées, vos racines ? »

C'est à moi que parle le type du tabouret voisin, au bar, et pendant un instant, je n'arrive pas à le remettre. Puis je remarque la cicatrice, et je me souviens du steak au beurre aillé. C'est le maçon que j'ai rencontré le jour de mon arrivée par le ferry, celui qui a vendu du bois à Jeremy Irons, et qui pense que le truc génial, dans ce foutu bon Dieu de pays, c'est la pluie. Il me paie un verre.

« Alors, vous vous êtes fait quelques festivals ? Pitin, vous savez qu'y en a un par jour pendant tout l'été ? »

Je m'aperçois que je n'y suis pas allé une seule fois. Ça ne présentait pas vraiment d'intérêt. Il se passait déjà tout un tas de choses.

« La Rose de Tralee, pitin, c'est là qu'y fallait aller cette année. »

La Rose de Tralee est un concours de beauté qui se tient chaque année depuis la nuit des temps, avec de la musique et à boire, pour que tout le monde y trouve son compte.

« Vous savez qui a joué là-bas, cette année ? »

Je regarde le mur et lance au hasard :

« Bob Dylan ?

– Non. James Brown ! Avec un orchestre de trente-huit musiciens, pitin. Gratuit. Dans la rue. À Tralee, pitin ! »

Je suis mortifié d'avoir loupé ça. James Brown, le Parrain de la Soul, à Tralee, pitin, comme dirait mon voisin de bar. Le père James venait sans doute faire son arbre généalogique. Très peu de gens sont au courant que le Chanteur de Soul Numéro 1 est un célèbre Irlandais d'Amérique de plus, mais si on regarde bien, sa coupe de cheveux le trahit. Tout le monde se souvient de *Sex Machine* et *Papa's Got a Brand New Bag*, c'est sûr, mais les gens connaissent moins bien le travail novateur de James en tant que membre fondateur des Chieftains. La prochaine fois que vous irez en Irlande, entrez dans un magasin de disques et demandez les premiers enregistrements de James Brown et des Chieftains. Les vendeurs seront ravis. Et la poésie est de bonne qualité, avec ça : écoutez attentivement *Get on Up (in the Celtic Twilight)*, fruit de la collaboration réputée de Brown et W. B. Yeats.

Et Noel Redding ? C'est bien le cousin d'Otis, non ?

Le groupe commence à 10 heures, dans une arrière-salle du pub. On est neuf, en me comptant, mais le public s'étoffe à mesure que l'heure avance. Un fermier curieux et complètement bourré s'amène sur ces entrefaits pour jeter un œil. Il se met tout d'un coup à danser comme un fou sur place, puis s'arrête et fonce en direction des toilettes. Une heure plus tard, il est de retour, me dit quelque chose que je ne comprends pas, puis pose la tête sur le bar. Une odeur irrespirable de produits laitiers et de fumier, sur fond de Noel Redding chantant *Love Minus Zero/No Limits*, de Dylan, ça ne s'oublie pas comme ça.

À la fin de la soirée, je propose à Noel de boire un coup, mais il doit se lever tôt le lendemain matin.

« Désolé, vieux. Je joue à un congrès. Je dois prendre l'avion pour San Francisco. »

On a du mal, parfois, à se représenter la vie des autres.

Le lendemain matin, j'entre dans la ville de Cork, et gare le Tank près de l'endroit où j'avais laisser cette saleté de chignole de location le jour de la Saint-Patrick, puis je pars me balader de l'autre côté de la rivière, au Marché anglais. Comme je ne vais pas tarder à rentrer en Angleterre, ce serait criminel de ne pas faire provision d'olives correctes. Le sujet est rarement évoqué dans les guides touristiques, mais c'est à Cork qu'on trouve les meilleurs étalages d'olives après ceux de Casablanca.

Le marché n'a rien d'anglais, mis à part qu'il est recouvert d'un toit, ce qui de l'autre coté de l'océan aurait paru une innovation audacieuse, à l'époque de sa construction, au XVIIIe siècle. À un bout de la halle, au premier étage, le café-restaurant, entouré de balustrades ornementales en fer forgé, a vue sur les échoppes. Les olives sont à l'angle, quand on entre, noires, vertes, épicées, aux herbes, pimentées, dans d'énormes barils. Il y a aussi une douzaine d'huiles différentes, venant de régions comme la Sardaigne, ou Kalamata, et vendues dans des bouteilles d'eau gazeuse à bouchon de liège et étiquettes manuscrites. Dans un tonneau, de l'ail au vinaigre attend les clients au palais déjà endommagé qui souhaiteraient réitérer l'expérience. Une fois mes provisions faites, je flâne devant les étalages de poissons exotiques, qui croulent sous les requins, les saint-pierre et les énormes coquilles Saint-Jacques à forme d'éventail. Je ne rapporterai pas de poisson dans mon sac, car je ne voudrais pas qu'il se perde et n'arrive qu'un mois et demi plus tard. En revanche, comme Karen, du Couvent, m'a donné sa recette de filets de maquereau, j'achète un pot de pâte de tamarin pas cher à l'étalage des Chutney Farfelus & Sauces Bizarres. Le duty-free n'existe peut-être plus, mais croyez-moi, les visiteurs anglais en mal de bonnes affaires viennent de plus en plus nombreux en Irlande faire provision de tamarin. Un saut à Tralee en prime, pour aller voir James Brown, et on a le parfait week-end culturo-culinaire.

Dehors, devant la halle, je refuse un *Big Issue* à une femme aux vêtements tout brodés, dont la tête et la chevelure sont couverts d'un foulard. Cent mètres de remords cuisants plus loin, je m'arrête et en achète un exemplaire à une autre femme habillée dans le même genre, aussi enceinte que la première. Je lui demande de quel pays elle vient, mais elle ne comprend pas l'anglais. Je peux seulement supposer que ce sont des réfugiées des Balkans, ou d'une des anciennes républiques soviétiques. Les journaux parlent tous abondamment du spectacle qu'offrent les rues de Dublin, où, depuis la fermeture d'un foyer, des réfugiés d'Europe de l'Est et d'Afrique vivent et dorment par dizaines sur les trottoirs du pimpant quartier financier. J'ai entendu un des députés au Parlement irlandais à la radio, hier : « Notre pays, qui a exporté ses habitants par millions dans le monde entier, peut sans doute accueillir ces pauvres gens à l'heure où ils sont dans le besoin, d'autant que, pour la première fois de notre histoire, nous connaissons la prospérité. Il semble malheureusement qu'en se faisant plus variée sur le plan racial, notre société devienne également plus raciste. »

Comme pour confirmer son propos, une femme à l'accent de Dublin a aussitôt appelé : « Ce n'est qu'un prétexte pour réclamer des aides, et pour que des criminels viennent s'installer chez nous. En plus, ils ont tous des enfants à ne plus savoir qu'en faire. Qu'est-ce qui va se passer une fois qu'ils seront incrustés chez nous ? Il va falloir qu'on supporte le même bazar qu'à New York ou à Londres ? L'Irlande aux Irlandais, voilà ce que je dis, moi. »

Je suis frappé par l'emploi qu'elle fait du mot « incruster », et son choix de débattre de sujets brûlants à l'aide de termes aussi péjoratifs.

Cette intolérance, je ne l'avais jamais rencontrée ici auparavant, et j'espère qu'elle n'est pas répandue. L'État britannique, somme toute, n'a rien fait de franchement glorieux vis-à-vis des Irlandais, pourtant moi qui viens ici depuis toujours, je n'ai jamais eu droit au moindre désagrément, ni même à un commentaire acide, dû à mon accent anglais. D'ailleurs un jour, un homme est venu nous trouver, mon père et moi, dans un pub de l'ouest de Cork et s'est excusé des chansons antianglaises qu'on entendait ce jour-là.

« Ce n'est pas un problème, a répondu mon père. On les aime beaucoup chez nous aussi. »

L'arbre généalogique de la famille est déployé devant nous, sur la table basse de mon oncle, à la sortie de la ville. Pour le moment, il est remonté jusqu'en 1700. Quand je lui demande où il a pu consulter les archives, il a l'air étonné.

« Ce sont juste les renseignements que j'ai glanés en discutant avec les gens, ajoutés à ce que je savais déjà moi-même. »

Je me rappelle des promenades que nous faisions quand j'étais enfant. Il me montrait un paysan dans un champ, ou un homme qui marchait sur le bord de la route, et disait : « Tu vois ce type, là ? Eh bien ! vous êtes cousins, au deuxième degré, du côté de ta grand-mère. Son père et le mien… »

Je me disais alors qu'à l'entendre, on se serait cru parent avec tout le monde, or d'une certaine façon, c'était le cas, je suppose. Une des premières choses qui me surprend, dans l'arbre généalogique, c'est que, des deux côtés, aussi loin qu'on remonte, tout le monde s'appelle McCarthy. Mon grand-père et ma grand-mère étaient cousins au troisième degré. Ça allait de soi. Les choses se passaient comme ça à une époque où le fonds de population était plutôt restreint et où personne ne s'aventurait très loin de son lieu de naissance. En fait, les gens se mariaient au sein de la tribu. Mis à part un ancêtre mort avec les siens sur un des navires de la famine – les bateaux-cercueils, comme on les appelait – en route pour l'Amérique, il n'y a pas eu d'émigration. Et d'après ce que je constate, ma mère et deux de ses frères ont été les premiers à quitter le pays. Nous sommes donc la première génération née à l'étranger.

Les liens intriqués sur lesquels je me penche me fascinent. Je me sens inclus dans un système cohérent et tangible. Mon oncle est capable de me décliner l'alpha et l'oméga de tous les noms sur lesquels je pose le doigt. L'ampleur et la profondeur de ses connaissances sont étonnantes. À partir de sa génération, la famille étant devenue plus mobile, plus éparpillée, les informations se sont disséminées et perdues. Quantité de gens consultent désormais des généalogistes pour comprendre d'où ils sont issus, mais nous sommes bien peu à pouvoir nous tourner vers quelqu'un qui a recueilli oralement les renseignements et su les intégrer au tout dont ils font partie.

Heureusement, il n'y a pas de vilaine découverte à la clé, comme ce fut le cas il y a quelques années pour ce syndicaliste anglais à la retraite qui, après avoir rêvé toute sa vie d'établir son arbre généalogique, découvrit en moins d'une demi-heure qu'il était parent avec Margaret Thatcher.

Lire l'histoire au travers des noms se révèle incroyablement passionnant. Certains phénomènes sautent aux yeux. Aux prénoms chrétiens d'Irlande – Tadhg, Peig, Cormac, Aindriu – succèdent des prénoms anglais à mesure que le gaélique est interdit par la loi. Une note à côté du prénom de ma grand-tante maternelle, la tante Annie qui nous gavait de poulet et de jambon, précise qu'elle enseigna des années à l'école du village que fréquentent aujourd'hui le fils de Dominic et tous les enfants des voyageurs New Age – un parallèle sympathique. Je découvre un lien de famille quelque peu macabre à Skibbereen, un parent éloigné qui déambulait en boîtant dans la ville, conséquence, d'après l'anecdote, d'un passage par la fosse commune de la famine, celle-là même que j'ai vue à Abbeystrewery, où il avait été laissé pour mort. Voilà qui incite à l'humilité, et fait paraître tout à coup sans relief les petits travers de notre propre vie.

Un point attire particulièrement mon attention. Au départ des deux branches de l'arbre, figure le prénom chrétien Tadhg, qui se prononce « Teïg » et correspond à Tim. Le prénom Patrick ne s'est répandu en Irlande qu'après 1800, si bien qu'avant, on n'appelait pas les Irlandais des *Paddy*, mais des *Tadhg*, ou des *Tim*, terme péjoratif toujours en vigueur de nos jours dans l'Ulster et en Écosse. En tout cas, au début des années 1700, l'un de ces Tadhg MacCartai avait cinq fils, lesquels, d'après le document que j'ai sous les yeux, « s'enfuirent tous en France, pourchassés par les Soldats rouges [1] ». Le communisme n'existant pas encore à l'époque, j'en conclus que le terme fait référence aux Anglais. Mon oncle connaissait cette anecdote depuis l'enfance.

1. En anglais, « Redcoats », surnom populaire des soldats anglais du XVIIIe siècle qui faisait allusion au manteau rouge de l'uniforme. (*N.d.T.*)

« Comme ils avaient les soldats aux trousses – je ne sais pas pourquoi – ils se sont réfugiés dans une chaumière à Drimoleague, juste derrière la maison où on a grandi, ta mère et moi. Les soldats ont brûlé la chaumière, mais les fuyards ont réussi à s'échapper, Dieu sait comment, et ils ont pris un bateau pour la France à Glandore. On n'a plus jamais entendu parler d'eux par la suite. »

Vous m'excuserez, mais je raffole de ce genre d'histoires.. Ainsi donc, la France doit regorger de membres de ma famille. Il y a là-bas un château McCarthy très connu pour ses excellents bordeaux, et je sais depuis toujours que le propriétaire est d'origine irlandaise. Peut-être de la famille ? Je passerai au domaine réclamer ma part d'héritage.

« Les propriétaires des vignobles étaient des comtes, Pete. Et nous, des petits fermiers. Ces cinq types ont probablement fini comme chair à canon dans les armées de Napoléon, et ils sont morts dans les neiges de Moscou. »

Il a sûrement raison. Mais ça reste délicieusement romantique, non ?

Ça circule mal en ville. Je me gare et pars à la recherche d'un distributeur de billets, car j'ai dépensé tout mon liquide en olives et en tamarin. Je me retrouve dans la rue où les Relents de Clapier jouaient au pub, le jour de la Saint-Patrick, il y a des mois. C'était au *An Siol Broin*, un petit pub pas très reluisant, plein de caractère, l'endroit idéal où passer une demi-heure à ruminer les implications de ma généalogie. Je croise un groupe d'Indiens en anoraks bon marché et chaussures grises. Ils ont l'air de descendre tout droit de leur bateau. Minute. Je suis allé trop loin. Ça doit être un peu plus haut, dans la rue. Non, pas là non plus. Ce n'était donc pas à côté de cette agence de taxis ?

Le pub pas très reluisant n'est plus. Le *Shelbourn*, annonce l'enseigne chic qui orne la façade en bardeaux noirs. Dessous, en lettres minuscules, on peut lire : *An Siol*

Broin. Un bar « traditionnel » flambant neuf a englouti le boui-boui enfumé plein de caractère. Derrière la grande vitrine ultraclaire, deux agents immobiliers et une consultante en management sirotent du Malibu coupé d'Aqua Libra et de jus de canneberge, du moins ça en a l'air, vu de la rue. Je passe la tête à l'intérieur. On met la dernière main au décor. On teinte les planches neuves qui remplacent les vieilles planches, pour qu'elles aient l'air anciennes. Ça sent la sciure et l'après-rasage au lieu de fleurer la *stout* et le cradingue.

Certains diront que c'est le progrès.

Sur la route de Drimoleague, le lendemain matin, je m'arrête à Dunmanway pour acheter le journal et boire un thé. La une corrobore de façon éclatante ma théorie sur l'abondance des devises étrangères et la prolifération des portails télécommandés et des interphones dans l'ouest du comté de Cork. L'article commente la photo d'un yacht grouillant de *gardai* : « Trois Anglais ont été arrêtés hier, au large de la côte du comté de Cork, à bord d'un chalutier reconverti. Une fois le bateau ramené à quai à Schull Harbour, on a découvert à son bord 1,2 tonne de cannabis « marocain jaune », d'une valeur marchande de quinze millions de livres. Les prises effectuées dans la région au cours des six dernières années s'élevaient jusqu'alors à un total de 2 000 kilos. »

Je ne suis pas sûr que ce soit fait exprès, mais la deuxième page apporte un plaisant complément : « Interrogés à l'occasion d'un sondage publié ce jour, des adolescents ont déclaré dépenser 25 £ d'alcool par semaine, 19 £ de cigarettes, et 23 £ de drogues diverses. » Soixante-sept livres par semaine ? Ça, c'est ce qui s'appelle l'économie du Tigre ! À ce rythme-là, le shit du bateau des Anglais ne va pas faire un demi-trimestre aux ados du coin.

Une grande affiche, aux abords de la ville, annonce qu'un groupe donnera ce week-end un concert d'hommage à Queen, dans un hôtel de catégorie B. Je me demande s'ils y passeront la nuit, histoire de faire un bon vieux carnage rock'n roll comme dans le temps ? Les télés sont tellement haut perchées qu'il leur faudrait la grande échelle pour pouvoir les flanquer par la fenêtre. J'ai rencontré Freddie Mercury, une fois. Queen débutait et n'avait pas encore enregistré de disque. Ils jouaient dans une boîte pour jeunes, à St Helens. Il est entré dans une salle de bar bourrée de mineurs et de verriers avec du vernis aux ongles noir et un manteau de fourrure. Freddie, pas les ouvriers. Ça se voyait, qu'il irait loin.

Le prospectus du pèlerinage de Lough Derg – celui qui, en fait, a déterminé le cours de mon année – n'est plus affiché sous le porche de l'église de Drimoleague. Je m'en doutais. Était-ce un pur hasard s'il s'est trouvé là, précisément le jour de mars où je suis passé ? Un pur hasard que j'y jette un coup d'œil et sois tenté d'entreprendre mon périple ? Peut-être un prêtre armé de jumelles m'avait-il vu arriver, et s'était empressé d'envoyer sa bonne sœur la plus dévouée punaiser le prospectus au mur ? Mais il leur aurait fallu des walkie-talkie.

« Un peu plus bas, encore. Remontez. Voilà. Pile au bon endroit, cet enfoiré ne pourra pas le louper. Il ne pourra pas résister. Vite, il arrive ! Couchez-vous dans une des stalles. Et dès qu'il sera reparti, enlevez l'annonce, passez-y un coup de fer, et rangez-la dans le tiroir. »

Quelles que soient les forces qui m'ont poussé là-bas – et je serais moi-même bien incapable de les nommer – je suis content d'avoir fait le pèlerinage de Lough Derg. L'expérience fut étrange et forte et je m'en souviendrai toute ma vie, mais l'aventure a aussi suscité en moi des changements difficiles à définir. Quand j'étais dans le Donegal, après mon retour du pèlerinage, en convalescence dans l'univers parallèle opaque et ébrieux que peuplent les musiciens et autres créatures de la nuit, il m'a semblé entrevoir la nature de mes relations avec l'Irlande. Ainsi, même si je ne supporte pas les prêtres et leurs chaussures impeccablement cirées, les tourments physiques et spirituels qu'ils orchestrent m'ont donné, semble-t-il, une clarté d'esprit et une résolution auparavant inexistantes. Et ne partageant presque aucune des convictions qui sont les leurs ou celles de mes compagnons de pèlerinage, a eu étonnamment peu d'importance. Je me rappelle une citation de Joyce, extraite de son *Portrait de l'artiste en jeune homme*, lu pour la première fois quand j'avais quinze ans et que je n'ai jamais oublié.

« C'est une chose bien curieuse, vois-tu, dit Cranly d'un air impartial, de voir combien ton esprit est sursaturé de cette religion à laquelle tu avoues ne pas croire. Y croyais-tu quand tu étais à l'école ? Je parie que oui. »

Je monte me promener derrière l'église, sur la colline qui surplombe le village, d'où l'on peut voir les vestiges d'une abbaye et d'un ancien cimetière dont j'ignorais jusqu'ici l'existence. J'ai dû visiter plus de cimetières cette année que dans le reste de mon existence. Faut-il y voir l'indice d'une saine conscience de ma propre mortalité, ou l'emprise d'une obsession morbide ? Je regarde les pierres tombales presque illisibles, alentour, et décide qu'en tout état de cause, ce cimetière sera le dernier. Ce soir, je vais rester au village, et demain, je rentrerai en Angleterre.

« Vous ne croyez pas, vous, que si les Irlandais sont si ouverts, c'est parce qu'ils sont nombreux à croire en une vie après la mort ? On n'a pas peur de la mort, donc on peut profiter de la vie.

– Ouais, bon, moi je pense… je suis pas sûr, hein, je pense… que là, vous êtes sûrement en train de dire de grosses conneries. »

Je n'ai pas saisi le nom du type avec lequel je discute, parce qu'au fond de la salle, un mec est en train de faire à lui tout seul un récital façon Jim Reeves[1] avec synthétiseur, boîte à rythme et pull en V. Entre deux bordées de décibels, on attrape quelques bribes de conversation. Je suis passé chez mon cousin Sean, qui exploite à présent la ferme où ma mère a vécu toute son enfance. Il s'est fait construire un pavillon neuf presque à l'endroit où se trouvait autrefois la chaumière aux cinq frères. Je suppose que rien n'est jamais sûr, en ce bas monde, mais Sean semble quasi certain que l'armée britannique ne viendra pas incendier cette maison-là.

Il est bien loin, le temps où, comme dans mes souvenirs d'enfance à la ferme, on ramassait les œufs tous les matins, on trayait les vaches à la main et on moissonnait tous ensemble, avec les amis et les voisins. Ça ne rapportait sans doute pas grand-chose, mais on conservait un sentiment d'autosuffisance, l'impression que toutes ces activités faisaient partie d'un tout harmonieux. De nos jours, c'est tout du laitier, dit Sean, et ça demande des monceaux de paperasse pour la Communauté européenne. Il ne pense pas que son fils lui succèdera. Au lieu d'exploiter le petit lopin que la famille entretient depuis trois cents ans et plus, la génération montante surfera sur Internet et fera du commerce virtuel à Dublin, ou à Dubaï. Il est déjà question de main-d'œuvre bon marché importée du pays de Galles et d'Angleterre pour faire le travail dont les Irlandais ne veulent pas.

Le fils de Sean regarde un match de foot avec l'Irlande, à la télé, mais il porte un T-shirt David Beckham. Je lui

1. Chanteur américain de ballades country, très en vogue dans les années 1950. (*N.d.T.*)

demande qui il préfère, l'Irlande ou Manchester United ? Il sourit :

« Manchester, pardi ! »

Ma tante, qui était à Dublin la dernière fois que je suis passé, est à Londres, cette fois. Je descends au village avec Sean pour voir ce qui a changé. Pas grand-chose, en fait. Il n'y a pas de restaurants exotiques. Pas de restaurants du tout, même. Aucun Allemand ou Hollandais n'est venu bâtir de maison avec portail électrique et grands aigles au sommet des piliers. Le bar *McCarthy* de la rue principale n'a pas changé depuis sa dernière modernisation, à l'époque Formica. On y brûle toujours des briques de tourbe découpée à la main. Le propriétaire, un parent moyennement éloigné, me présente deux ou trois parents très éloignés. On traverse la rue pour entrer dans le bar le plus crade des environs, qui reste sans rival crédible à ce jour. On m'a dit qu'on voyait passer la rivière par un trou du plancher des toilettes pour dames. Cela dit, c'est pire côté messieurs : on a dû y faire péter quelques pains de Semtex et laisser tel quel pour des experts en assurance qui ne sont jamais venus.

Je discute ferme avec un homme à cheveux gris qui soigne une gueule de bois mitonnée la veille jusqu'à 4 heures à l'issue du dîner au Pitchempoute [1] – c'est ce qu'il a dit, j'en suis à peu près sûr – quand tout à coup, je me rends compte que c'est Billy, du petit chemin de derrière. Gamins, on jouait ensemble. Il est stupéfait que je m'en souvienne, et que je me rappelle son nom.

« Moi, j'ai aucun souvenir avant l'âge de quatorze ans. »

Le type assis à la table voisine se révèle être un cousin au deuxième degré, de même que le vieux de quatre-vingts ans en train de boire un whisky au bar, qui a épousé la meilleure amie de ma mère. Je bataille pour décoder son

1. « Pitch-and-Put », c'est-à-dire minigolf. (*N.d.T.*)

accent. Je dois comprendre à peu près soixante pour cent de ce qu'il dit. L'ancien accent de l'ouest du comté de Cork, celui d'avant la télé satellite, est très musical, mais une fois qu'on a oublié l'air, on a du mal à le retrouver. Je fais mon possible pour suivre la conversation qu'il entretient avec Sean.

« Pardi, vu que c'est contre le mur, on pourrait y couler du prompt.

– Le prompt, ça serait peut-être pas le mieux, tu sais, Dan.

– Va falloir rassembler le clan, déclare le vieux Dan. Et prendre une décision. Tu as promis à ton père, et moi aussi. »

Sean m'explique ce qui se passe, et nous décidons d'aller voir demain matin ce qui peut être fait. En retraversant la rue pour un dernier verre au bar où se déroule le festival Jim Reeves, je remarque une voiture de *gardai* garée à côté de la camionnette à frites. Le bruit court que certain officier de police abuserait de l'alcootest pour se venger des médisances concernant sa vie privée, mais ce n'est pas le genre d'information qu'on voudrait voir diffusée.

Plus tard, sur le chemin du retour, tout en longeant les maisons bien alignées construites à l'emplacement des anciens ateliers infernaux du forgeron, je m'émerveille encore du mot qu'a employé Dan.

Le Clan.

Je me suis trompé, hier. Il reste encore un cimetière à visiter : dans un endroit du nom de Caheragh, à cinq ou six kilomètres de là, sur la route de Skibbereen. C'est un endroit sauvage, reculé mais pas négligé, et gardé par d'énormes corbeaux. La tombe occupe un emplacement anonyme, contre un mur. Dan avait raison. On pourrait facilement y couler un peu de ciment prompt, mais personne n'y tient vraiment. Après tout, c'est là que repose notre grand-mère, celle que nous avons en commun, Sean et moi, et qui est morte en donnant naissance à son père.

Ça remonte aux années 1920, et pour une raison inconnue, la tombe n'a jamais eu d'inscription. Sean veut y remédier.

« Mais rien de trop fantaisie », précise-t-il.

Les années 20. Ça paraît incroyablement loin. Pourtant, j'ai connu son mari. C'était lui qui s'esclaffait quand je me faisais courser par la truie. Je regarde Sean, qui se découpe à contre-jour sur le ciel matinal bleu clair. Si différentes que soient nos vies respectives, nous voilà liés l'un à l'autre, par-delà l'espace et le temps, par cette femme que ni l'un, ni l'autre n'avons connue. C'est un instant unique, et c'est bien que nous soyons là tous les deux.

En rentrant à la maison, on s'arrête pour franchir une barrière branlante qui mène à un pré attenant aux terres de Sean. Après nous être frayé un chemin à coups de coudes parmi des génisses bougonnes, on arrive à une énorme pierre dont j'ai vu une photo dans le guide des hauts lieux du néolithique qui traîne au fond du Tank. C'est un lieu de sépulture.

« Il est venu deux types de l'Université. Ils ont dit que ça datait de trois mille ans. »

Dans ces conditions, on ne peut guère faire moins que se fendre d'une petite pierre tombale à Caheragh.

Mais pour l'heure, il est temps de partir. De rentrer en Angleterre. Loin des tombes, des pierres, et des fantômes.

17

Lieu de résurrection

« Vous avez perdu votre chat ? Regardez donc sous mes pneus ! »

Il est midi, la cloche de l'angélus retentit à la radio pendant que je lis l'autocollant fixé à la vitre arrière de la voiture qui me précède. Ce traditionnel appel à la prière semble curieusement anachronique dans l'Irlande moderne, mais il est possible que la circulation se soit arrêtée à Dublin parce que les conducteurs ressentent encore le besoin impérieux de respecter ce moment sacré. C'est peut-être une prière, et non des jurons, que marmonne ce chauffeur de taxi.

Depuis les abords de la ville, j'essaie de trouver le port de Dun Laoghaire en suivant scrupuleusement les panneaux sur lesquels figure le dessin d'un gros bateau. Je sais, maintenant, que seul un détour par Derry et les îles Blasket aurait pu rallonger mon itinéraire jusqu'au ferry. Pour ma dernière nuit en Irlande, je m'offre une chambre avec vue sur la mer dans un des hôtels XIXe siècle du littoral. Mon bateau part à 11 h 10 pour « la morne ville de Holyhead », sur « la morne île d'Anglesey », comme disait Thackeray. Il parlait sans doute d'un autre Holyhead.

Jamais je n'aurais pensé ramener le Tank en Angleterre. J'ai toujours eu dans l'idée de m'en débarrasser ici, bien que les chances de revendre une vieille Volvo dans un pays rêvant désormais de BMW me paraissaient ténues. J'avais vaguement envisagé d'en faire cadeau aux voyageurs New Age de la Montagne Sauvage, de la monnayer au prix d'un repas au Couvent, ou pourquoi pas, de la vendre 5 £ à quelqu'un qui ferait le pied de grue devant l'agence de locations de voitures, à l'aéroport de Cork. Seulement voilà, j'y suis trop attaché pour l'abandonner, et bien que les Volvo ne soient pas des véhicules très démonstratifs, je tiens pour certain que c'est réciproque.

Ç'a été l'unique constante de mon périple, une compagne de voyage sûre et patiente. Elle a même le sens de l'humour, comme l'a facétieusement démontré l'oiseau de l'échappement. Elle pétarade, gronde, et je ne peux pas ouvrir le capot, mais vraiment, je n'ai pas le cœur de la planter là. Son paysage intérieur m'est devenu aussi familier que tous ceux de l'Irlande, avec ses immenses sièges chauffants, ses cartes et livres éparpillés, son sac de couchage et ses papiers de bonbons, son plancher incrusté de fumier. Je me résigne à perdre ses merveilleuses séances de questions radiophoniques et il va falloir que je me débarrasse de la pile de journaux jaunis, mais le véhicule lui-même mérite une retraite honorable. Je lui achèterai un autocollant de Grand Invalide de Guerre au marché noir, dans un pub de Brighton, et j'irai la garer sur les emplacements interdits du front de mer, à Eastbourne. Elle pourra contempler la mer et écouter les vieux s'exclamer : « Oh ! regarde. Ça, c'était des voitures. De vrais tanks ! »

J'ai le reste de la journée pour moi. Je pourrais aller dans le centre de Dublin, faire un tour à Trinity College, ou une balade sur St Stephen Green, assortie d'une pinte de bière au *James Toner*, ou d'un thé à l'hôtel Shelbourne. Mais franchement, je n'ai pas une envie terrible de faire quoi que ce soit, alors je me contente de rester là, les jambes calées en l'air, à contempler la baie. Une revue pour hommes d'affaires traîne sur la table de chevet. Je ne résiste pas, et la feuillette avec un frisson coupable, comme si j'étais moi aussi dans les affaires. Il n'y a pratiquement rien à lire, seulement des publicités sur papier glacé vantant des centres de conférences, des lignes aériennes et des accompagnatrices que, sur simple coup de fil, vous verrez dans votre chambre, mais dont le nom n'apparaîtra pas sur votre relevé de carte bancaire. Un encart retient mon attention : LE PUB IRLANDAIS, clame-t-il, UN EXCELLENT INVESTISSEMENT. « Dans plus d'une centaine de grandes villes du monde, entre Madrid et Moscou, Paris et Prague, Helsinki et Hong Kong, Abu-dhabi et Atlanta, les pubs irlandais nouvelle génération continuent à se multiplier. Une nouvelle ouverture presque chaque jour dans le monde... »

L'accompagne la photo d'un barman souriant en train de servir une pinte, et de gens jouant de la flûte et du *bodhran* devant une grosse flambée, à Bangkok. Ça me rappelle le début de mon voyage, à Budapest. Suivent un numéro de téléphone et une adresse à Dublin.

Une heure plus tard, je suis dans une salle de réunion avec Paul, du service marketing, à qui je demande quels sont les endroits les plus insolites où ils se sont implantés récemment.

« Ouzbékistan. Kazakhstan. Sibérie. Las Vegas. Pour le moment, la progression a l'air irrésistible. Nous chevauchons la vague. »

Quelle est l'Irlande qu'ils vendent ? Celle de James Joyce et d'Oscar Wilde ? de Van Morrison et de U2 ? Est-ce que les gens s'identifient à l'opprimé, apprécient le romantisme de la rébellion ? Ou simplement, ayant entendu dire que les Irlandais picolent bien, cherchent-ils à s'approprier un peu de leur gloire par procuration ?

« Rien de tout ça, en fait, quoique certains aspects y contribuent. N'oublions pas que dans un grand nombre de ces pays, personne ne sait localiser l'Irlande, et n'en a peut-être jamais entendu parler. En Italie, c'était différent. Nos supporters de foot y sont allés en 1992, ils y ont fait une java d'enfer et ça leur a mis le feu, aux Italiens. En moins d'un an, on a ouvert soixante-dix pubs là-bas. D'ailleurs les Italiens sont comme nous : ils attachent de l'importance à la famille, à la religion et à la fête. Mais l'Italie reste une exception. »

Mais alors, que vendent-ils au reste du monde ?

« De la chaleur humaine ! Un accueil. Les gens prennent goût au concept du moment passé à discuter avec quelqu'un qu'on n'a jamais vu de sa vie. Nous créons une atmosphère qui amène les gens à fréquenter un pub dans des pays où personne ne fait ça. Nous modifions les habitudes. »

Le personnel irlandais – ou en tout cas, un directeur irlandais, au minimum – est l'ingrédient essentiel pour que ça marche.

« Les Irlandais sont très doués pour ce qui est de bousculer les schémas programmés au sein de diverses sociétés. Au lieu de commander quelque chose et d'être servi, on établit un contact humain par-dessus le bar. Les Américains ont toujours des problèmes avec ça, et il n'y a pas de formule toute prête. Nous essayons de déprogrammer les membres du personnel, de les inciter à être eux-mêmes. Quelqu'un qui arrive en disant : "Bonjour, je m'appelle Dale, c'est moi qui vais vous servir ce soir", il se fait sacquer. On ne peut pas tolérer ce genre de conneries. »

On part boire une pinte et manger un morceau dans un faux pub traditionnel, installé dans un hôtel des années 1960, en banlieue de Dublin, par la compagnie où travaille Paul.

Le déjeuner terminé, alors que nous roulons vers le local d'exposition, la radio diffuse Elvis Costello, qui habite Dublin. Je demande si la musique compte beaucoup dans leur système.

« C'est essentiel pour réguler l'humeur des gens tout au long de la journée. On va passer, mettons, Planxty au déjeuner, puis Enya dans l'après-midi, comme ça les clients décompressent et restent plus longtemps. Puis on chauffe un peu en soirée. Les Cranberries, par exemple, ou Brown Eyed Girl. »

Les clients n'écoutent quand même pas la même musique à Las Vegas et dans l'Ouzbékistan, ce n'est quand même pas la même programmation ?

« Euh, si, en fait. C'est établi d'avance. »

On entre dans un hangar plein de vieilles bicyclettes, d'escaliers, d'engins agricoles, de bocaux, de bouteilles, et de publicités fanées pour des marques de cigarettes.

« N'oubliez pas qu'à l'origine, les pubs irlandais étaient le poumon de la communauté, et que les meilleurs le sont encore. Donc, dans nos pubs à nous, les jeunes de dix-huit ans sont contents de côtoyer des gens qui en ont soixante-cinq. Ça en rajoute dans l'authenticité. Boire, ça a toujours été un des ingrédients, mais jamais l'élément clé. Vous savez qu'on se situe à peine à mi-hauteur de l'échelle de consommation d'alcool en Europe ? Ça fera peut-être rire les Anglais, mais les Irlandais n'ont jamais été de grands buveurs. »

Le local sur lequel donne le hangar est aménagé d'un côté avec des reproductions de réclames Guinness, des comptoirs et des placards victoriens en bois. De l'autre, en revanche, le mobilier est résolument ultramoderne : tables en verre fumé, tabourets de bar chromés, chaises de designers, et toute sorte de bibelots d'avant-garde.

« Les trucs anciens, c'est pour l'étranger. Le moderne, c'est pour l'Irlande. Dublin, principalement. Les temps changent. Le design traditionnel est synonyme de passé. Les gens veulent s'asseoir à des tables en verre, maintenant, avec des chaises bizarres, et de belles femmes. »

J'apprécie l'honnêteté de Paul, qui ne cherche pas à faire mousser ce que fait sa compagnie. Or ce qu'elle fait, c'est d'abord de gros bénéfices. Avant que je monte dans le taxi qui va me reconduire à Dun Laoghaire, il me donne une dernière précision.

« Nous n'affirmons pas que l'hospitalité est une exclusivité de l'Irlande. Voyez l'Espagne, ou l'Italie. Ou même les États-Unis. Mais nous sommes les seuls à l'avoir conditionnée et mise sur le marché. »

À l'arrière du taxi, je repense à la politique touristique de la compagnie de Paul, qui dans le fond est celle pratiquée à l'échelle de l'Irlande tout entière avec un succès phénoménal. Littérature, passé historique, paysages, pêche, sont des bonus, mais ce qui fait vendre le pays, c'est sa chaleur et son sens de l'accueil. On peut craindre cependant que le phénomène modifie la réalité, que cette chaleur et cet accueil finissent par se tarir, comme toutes les autres ressources. Alors que le marché, lui, est éternel.

En un rien de temps, me voilà à Dun Laoghaire. Tout à mes réflexions, je n'ai même pas pris le temps de demander son avis au chauffeur. Pauvre crétin d'Anglais pas sociable que je suis.

J'irais volontiers manger au bistro sexy installé dans l'ancienne gare de Dun Laoghaire, mais comme il y a un restaurant chinois à peine plus loin dans la rue, le devoir, la quête entreprise et le sens des bienséances exigent que j'aille y prendre mon repas d'adieu. Dans ce pays éminemment sociable, où je viens de passer l'après-midi à débattre des vertus de la discussion avec des inconnus, je dîne à nouveau seul.

La cuisine est excellente, surtout les nouilles sautées, et une fois de plus ridiculement cher. J'ai lu ce matin que l'Irlande est désormais le deuxième pays le plus riche d'Europe, après le Luxembourg. J'ai toujours rêvé de manger chinois au Luxembourg, mais puisque c'est comme ça, je raie cette ambition de ma liste.

Quand je passe prendre ma clé à la réception de l'hôtel, une Anglaise aux seins tubulaires flanquée de sa fille à tignasse en brosse, toutes les deux rondes comme des queues de pelles, réclament le taxi qui doit les conduire en boîte.

« Ah ! tiens, lance la mère en tendant au gérant une bouteille de vodka à demi vide, vous pouvez mettre ça dans le casier, avec ma clé ?

– On voit que vous n'êtes pas Irlandaises ! » lance le gérant en guise de flèche du Parthe quand les deux femmes s'éloignent.

Et vous savez quoi ? J'ignore complètement ce qu'il entendait par-là.

Dans ma chambre, toutes les chaînes de télé anglaises fonctionnent, mais ce serait une trahison de regarder la BBC le dernier soir. Les programmes de la télé irlandaise étant tous merdiques, je ne les regarde pas non plus. Mais comme il y a une radio intégrée dans le chevet du lit, je m'allonge et j'écoute.

Le hasard veut que l'émission en cours traite des réglementations laxistes observées ces vingt dernières années, qui, bien entendu, se révèlent aujourd'hui entachées de corruption. Un Anglais snob, spécialiste de l'architecture, est interrogé sur les dégâts esthétiques causés par les styles de construction disparates, et la conversation dérive inévitablement vers l'utilisation du PVC.

« C'est un matériau hideux, minaude le spécialiste, un matériau immoral et pervers dans son omniprésence.

– De nos jours, pourtant, reprend l'animateur, le design a évolué. On fait des fenêtres à guillotine en PVC qui ont exactement l'air de fenêtres en bois.

– Encore pire. L'unique principe indiscutable du modernisme, c'est qu'un matériau doit être authentique, et ne jamais avoir l'air de ce qu'il n'est pas. Il va se passer en Irlande la même chose qu'en Angleterre à l'heure actuelle : les fenêtres et portes supposées impérissables sont devenues tellement moches qu'on les remplace par celles qu'on a enlevées il y a vingt ans. Tout ça est vraiment d'une ironie delle-licieûze. »

Le téléphone sonne, mais loin, comme à l'extérieur. Je vais à la fenêtre pour regarder, et ne vois qu'un gros vapeur à l'ancienne qui s'éloigne. Le gens à bord me font signe. Quelque chose attire alors mon attention. Le linteau de la fenêtre en plastique blanc est cassé, et un morceau est tombé. Derrière la façade, on voit l'intérieur. Je me penche pour examiner.

Des nouilles.

Toutes les fenêtres PVC du pays sont fabriquées à base de nouilles compressées ! Pas étonnant que ça coûte les yeux de la tête au restaurant. Les entrepreneurs et les politiciens corrompus ont monopolisé le marché et gonflé les prix. J'appellerai la radio demain à l'heure des questions d'auditeurs. Mais pour le moment, il vaudrait mieux répondre à ce téléphone. Où est-il ?

« Allô ?

– Mr. McCarthy ? Vous aviez demandé qu'on vous réveille par téléphone. Il est 7 heures et demie. »

Je ne m'étais même pas déshabillé. Je me lève, ouvre les rideaux et un soleil radieux entre à flots par la fenêtre à guillotine en bois.

Après le petit déjeuner, je vais me promener sur le front de mer jusqu'à la tour Martello de Sandycove, un ouvrage fortifié destiné à la surveillance des côtes. On sent venir le premier froid de l'automne, mais la mer est incroyablement lisse, et la clarté scintillante de la lumière me donne l'impression d'avoir atterri dans une petite ville portuaire échappée de l'imagination de Dylan Thomas, qui aurait dérivé par-delà la mer d'Irlande. Les portes d'entrée du XVIIIe siècle, surmontées d'élégantes impostes, sont peintes dans des tons profonds de rouge, vert, bleu et jaune. Au pied des barrières de jardins, les dunes herbeuses descendent en pente douce vers l'estran rocheux ponctué de trous d'eau. Quelques matinaux au regard brillant se promènent à pied ou à vélo, comme placés dans le champ par un réalisateur. Tout a l'air si parfait, si ouvertement pittoresque, que je m'arrête, un peu étourdi, et m'assieds sur un banc de pierre.

Derrière le promontoire sur lequel se dresse la tour Martello, des gens se baignent, descendent des rochers par une échelle métallique, ou plongent d'un peu plus haut. « Bain de Douze mètres pour Messieurs », indique un panneau. C'est là que les hommes de Dublin – et dernièrement, m'a-t-on dit, les femmes aussi, bien qu'il n'y en ait aucune en vue aujourd'hui – viennent traditionnellement exercer leur droit à se baigner nus. Sur un des rochers, un vieux monsieur nu prend la pose, mains sur les hanches, comme un mannequin pour catalogue de sous-vêtements sans sous-vêtements.

Je vais jusqu'à la tour, qui est désormais un musée James Joyce, mais je ne suis pas d'humeur à visiter, aujourd'hui. Je repense à ce que Dara Molloy disait l'autre jour sur Inishmore, quand nous redescendions de la forteresse. Il parlait de la magie que détiennent certains endroits, de l'atmosphère particulière qui englobe paysage, passé historique et associations personnelles, mais qui, curieusement, déborde tout cela.

« Énergie. Esprit. Manifestation des fées, même… appelons ça comme on veut. Ce sont juste des mots pour décrire une expérience réelle qu'on ne peut pas expliquer, quand on ressent un frisson ou qu'on a les cheveux droits sur la tête. Le mot qu'on emploie n'a pas d'importance. Mais le sentiment est là, lui, et on ne peut pas le nier. »

Mais alors, lui avais-je demandé, qu'en est-il de mon sentiment à moi ? Une véritable impression de nostalgie est-elle possible dans mon cas, ou ne suis-je qu'une victime de plus de l'exploitation commerciale impitoyable de la sentimentalité qu'inspire l'Irlande ?

« Non, je ne crois pas que ce soit ça. Mais je ne pense pas non plus qu'il soit question de mémoire génétique. Et selon moi, ça va plus loin que les joyeux étés de l'enfance, bien qu'ils y soient pour quelque chose, de toute évidence. »

On s'était arrêtés près d'une structure en pierre, une dalle plate posée sur deux autres, à un mètre de hauteur. Il n'y a pas si longtemps, les gens de l'île abattaient encore les moutons dessus, bien que personne ne sache de quand elle datait.

« Je crois que chacun de nous a une voix intérieure, et qu'on peut tous apprendre à l'écouter. Inutile de chercher à analyser d'où elle vient, il suffit de se mettre au diapason. Si on apprend à se laisser guider par cette voix, elle nous mènera à l'accomplissement. C'est pour ça que je suis venu ici. »

On avait redescendu la colline jusqu'à la route, au-dessus de sa maison, face au Connemara.

« Les moines celtiques parcouraient l'Europe jusqu'à ce qu'ils trouvent l'endroit qui les appelait. Alors ils s'y établissaient et fondaient leur communauté. Ils appelaient ça chercher leur lieu de résurrection. Ils se croyaient ainsi placés sous le point précis du firmament qui les mènerait un jour au ciel »

Je suis des yeux un ferry arrivant du large, quand je m'aperçois que c'est celui qui va me ramener en Angleterre. Je consulte ma montre : j'ai intérêt à me dépêcher.

Quand je repasse devant le bassin de douze mètres, un homme d'une soixantaine d'années est assis sur le mur, en chemise et pantalon, et se sèche les pieds.

« Ah ! pourquoi courir ? »

Exactement comme le vieil homme qui m'a arrêté un matin à Westport.

« Allez donc vous baigner ! Pas besoin de frusques, même pas d'une serviette. Allez-y. C'est la meilleure chose du monde. Ça fait vingt-cinq ans que je pratique, et je ne me suis jamais senti aussi vivant.

– Impossible. J'ai un bateau à prendre.

– Vous venez d'où, en Angleterre ? Je suis allé du côté de Bristol, il y a quelque temps. C'est joli, par là-bas. Mes parents m'ont toujours dit que dans la vie, les meilleures choses ne coûtaient rien, mais bien sûr, il a fallu que j'explore le reste avant de finir par les croire, et venir nager dans ce bassin. Mais je vous le dis, ici, c'est l'endroit à ne pas rater, en ce moment.

– Ce bassin ?

– Non ! Dun Laoghaire, Dublin, l'Irlande. Ça bouge, mais les gens continuent de prendre le temps de faire connaissance. De se parler. »

Je voudrais bien avoir inventé cet homme, mais ce n'est pas le cas. Il est bien réel, là, devant moi, aussi vivant qu'une illusion, comme envoyé par un autre écrivain pour me fournir ma toute dernière conversation. Il me regarde droit dans les yeux, et je sais ce qu'il va dire, mais il le dira quoi qu'il advienne.

« C'est ici que vous devriez vivre. »

Il soutient mon regard une ou deux secondes, puis recommence à s'essuyer les pieds.

« Eh bien ! au plaisir. »

Ouais. Au plaisir.

Remerciements

Je tiens à remercier un grand nombre d'Irlandais pour l'aide, l'hospitalité et les anecdotes dont ils m'ont gratifié, en particulier Adrienne MacCarthy, Dominic Mogridge, Paul Buckley, Con McLoughlin, Karen Austin, Noel Mannion, Sean McCarthy, Con McCarthy, Connie Murphy et Dara Molloy. Toute ma gratitude à Sebastian Barfield, pour les recherches, et à Angela Herlihy et Mary Pachnos pour leur compétence et leur enthousiasme communicatif. Je remercie également les membres de ma famille de m'avoir apporté leur soutien, et d'avoir fait bonne figure chaque fois que j'ai taxé de « travail » mes divagations dans les montagnes et les bars de l'ouest de l'Irlande. Jamais travail n'a été à ce point amusant.

J'ai mentionné les quelques livres suivants, que j'avais emportés ou trouvés en chemin[1] : *L'Album irlandais** de W. M. Thackeray (*The Irish Sketch Book 1842* ; Sutton, 1990) ; *Le Problème irlandais (ou anglais, selon le point de vue qu'on adopte)** de L. P. O'Connor Wibberley (*The Trouble*

1. Les titres suivis d'une astérisque n'ont pas fait l'objet d'une traduction. Certains figurent en français dans le corps du présent texte : il s'agit alors d'une traduction littérale destinée à éclairer le lecteur sur le contenu de l'ouvrage. (*N.d.T.*)

with the Irish (or the English Depending on Your Point of View) [Holt & Co., NY, 1956] , *West Cork, A Sort of History, Like**, de Tony Brehony (Kestrel, 1997) ; *Exploring West Cork**, de Jack Roberts (Key, 1988) ; *Un médecin en guerre**, de Aidan MacCarthy (*A Doctor's War* ; Robson 1979) ; *Discover Dursey**, de Penelope Durrell (Ballinacarriga, 1996) ; *La Musique du père*, de Dermot Bolger (*Father's Music* ; Flamingo, 1998) ; *N le Maudit*, de Kinky Friedman (*Roadkill* ; Faber and Faber, 1998) ; *Guide de poche d'Árainn : Légendes des paysages**, de Dara O'Maoildhia (*Pocket Guide to Árainn – Legends in the Landscape* ; Aisling Árann, 1998) ; *Beara – A Journey Through History**, de Daniel M. O'Brien (Beara Historical Society, 1991) ; *Westport House and the Brownes**, du 10e marquis de Sligo (Westport House, 1998) ; et *Atlas routier illustré de l'Irlande** (publication de l'Automobile Association, 1963).

Si toutefois vous envisagez d'écrire à l'Office du tourisme pour demander un exemplaire du *Guide des 100 meilleurs Bed & Breakfast tenus par de dangereux fanatiques religieux dévorés de curiosité*, sachez qu'il s'agit d'une invention de ma part.

J'aimerais également remercier feu Mike Mann. Pour rien de particulier : j'aimerais le remercier, c'est tout. À bien y réfléchir, en fait, il m'a permis d'écrire le prologue de cet ouvrage dans sa cuisine.

P McC, mars 2000

Table

Cet ouvrage a été composé par les Ateliers du Dragon
Impression réalisée par

BUSSIÈRE
GROUPE CPI

à Saint-Amand-Montrond (Cher)
en avril 2005

N° d'impression : 051791/1.
Dépôt légal : avril 2005.

Imprimé en France

ISBN : 2-84230-168-4